Versailles – St. Germain – Trianon
Umbruch in Europa vor fünfzig Jahren

Unter Mitarbeit von

WINFRIED BAUMGART, FRITZ FELLNER
KOLOMAN GAJAN, PÉTER HÁNAK
PETER CLAUS HARTMANN, FRIEDRICH PRINZ
HELMUT RUMPLER
GEORG E. SCHMID und KURT WESSELY

herausgegeben von
KARL BOSL

R. OLDENBOURG, MÜNCHEN UND WIEN 1971

Für Form und Inhalt der einzelnen Beiträge tragen die Verfasser die Verantwortung.

Gesamtherstellung: Buchdruckerei Georg Appl, 8853 Wemding
Umschlag- und Einbandgestaltung: Gerhard M. Hotop, München
ISBN 3 – 486 – 47321 – 2

INHALT

Fritz Fellner: Die Pariser Vororteverträge von 1919/20 7

Koloman Gajan: Masaryk, Beneš und Kramář und ihre Einflußnahme auf die Gestaltung der Friedensverträge 25

Péter Hanák: Ungarn im Auflösungsprozeß der Österreichisch-Ungarischen Monarchie. Grundlagen und Folgen 37

Winfried Baumgart: Brest-Litovsk und Versailles. Ein Vergleich zweier Friedensschlüsse 49

Peter Claus Hartmann: Das Friedensprojekt: Grundstein der französischen, antideutschen und antibolschewistischen Hegemonialpolitik? 77

Friedrich Prinz: Die USA und die Gründung der ČSR 93

Helmut Rumpler: Die Sixtusaktion und das Völkermanifest Kaiser Karls. Zur Strukturkrise des Habsburgerreiches 1917/18 111

Georg E. Schmid: Selbstbestimmung 1919. Anmerkungen zur historischen Dimension und Relevanz eines politischen Schlagwortes 127

Kurt Wessely: Die Pariser Vororte-Friedensverträge in ihrer wirtschaftlichen Auswirkung 143

Hauptprobleme der Diskussion 167

Fritz Fellner

DIE PARISER VORORTEVERTRÄGE VON 1919/20[*]

Als vor etwa einem Jahrzehnt Golo Mann seine „Deutsche Geschichte des 19. und 20. Jahrhunderts" veröffentlichte, da fällte er ein geradezu vernichtendes Urteil über den Versailler Vertrag und damit über den Komplex der Pariser Vororteverträge. „Das Produkt dieser sich streitenden Willensmeinungen [der Großen Vier] war widerwärtig; ein dichtmaschiges Netz von Bestimmungen, das ‚gerecht' sein sollte und es in vielen Einzelheiten unbestreitbar war, das Ungerechte, von Bosheit, Haß und Übermut Inspirierte aber einließ, wo es nur unter irgendeinem Vorwand geschehen konnte, und zwar in dem Maße, daß das Ganze, aller einzelnen Gerechtigkeit ungeachtet, dann doch als ein ungeheures Instrument zur Unterdrückung, Ausräuberung und dauernden Beleidigung Deutschlands erschien[1]."

Und ungefähr zur gleichen Zeit hat Albert Schwarz, dessen Darstellung der Geschichte der Weimarer Republik in dem von Just herausgegebenen Handbuch der deutschen Geschichte sich durch sachliche, maßvolle und objektive Urteile auszeichnet, seine Darstellung der Friedensschlüsse von 1919 mit den Worten zusammengefaßt: „Der Inhalt des Vertrages, den Deutschland in Versailles zu unterschreiben gezwungen wurde, ist allerdings weitgehend ungerecht. Dieser Friede ist daher für jede Betrachtung, die nicht in formalen Gesichtspunkten steckenbleibt, als Friede der Gewalt zu bezeichnen[2]."

---

[*] Die nachstehenden Ausführungen basieren auf langjährigen Detailforschungen, die unter meiner Leitung im Rahmen eines von der Ludwig-Boltzmann-Gesellschaft zur Förderung der Wissenschaft unterstützten Forschungsprojektes am Historischen Institut der Universität Salzburg durchgeführt wurden. Teile des nachstehenden Artikels sind von mir in anderen Zusammenhängen schon in den in Fußnote 10 angeführten Aufsätzen veröffentlicht worden. Weitere Arbeitsergebnisse dieses Forschungsprojektes sind in Form von noch ungedruckten Dissertationen bereits veröffentlicht worden: S c h m i d, Georg E.: Die Coolidge-Mission und Aspekte der österreichischen Friedensregelung. Phil. Diss. Salzburg 1968; M r e s c h a r, Renate: Die öffentliche Meinung und die Pariser Friedenskonferenz 1919. Phil. Diss. Salzburg 1970; andere stehen noch in Bearbeitung: M a s c h l, Heidrun: Die Einrichtung der „International Labour Organisation"; H o f f m a n n, Robert: Oberst Cuninghame und die englische Haltung gegenüber Österreich im Jahre 1919; Z e l g e r, Karl: Die Tätigkeit der italienischen Waffenstillstandskommission in Wien 1918/1919; zwei umfassende Dokumentationen zur Geschichte der Behandlung des Österreichproblems auf der Pariser Friedenskonferenz sind in Vorbereitung: Quelleneditionen zum „Notenwechsel zwischen der österreichisch-ungarischen Regierung und Amerika im Herbst 1918" (Georg E. Schmid) und den „Friedensverhandlungen von Saint Germain Mai bis September 1919" (Hanns Haas) und werden in der neuen Reihe „Böhlau-Quellen-Hefte" erscheinen. Bedeutende Vorarbeiten für meine Forschungen verdanke ich auch Hanns H a a s, dessen Dissertation über „Österreich-Ungarn als Friedensproblem" vom Collegium Carolinum großzügig unterstützt wurde.

[1] M a n n, Golo: Deutsche Geschichte des 19. und 20. Jahrhunderts. Frankfurt/Main 1958, S. 653.

Jahrzehnte nach Abschluß der Verträge klingt das Urteil der Historiker noch fast immer im Wortlaut so emotionell wie jene ersten Stellungnahmen, mit denen die deutschen und österreichischen Politiker des Jahres 1919 die Friedensverträge zurückgewiesen haben, so wie damals, als im österreichischen Parlament der Vertragsentwurf für den Frieden von Saint Germain bekannt wurde, der großdeutsche Abgeordnete Dinghofer diesen Frieden als „Ausdruck eines wahnsinnigen Vernichtungswillens, der nur das Recht der brutalen Gewalt kennt", bezeichnete[3].

Was war aber nun wirklich so außergewöhnlich an den Bestimmungen dieser Verträge, daß man sie damals mit so extremer Heftigkeit ablehnte und daß man sie heute noch, so wie Golo Mann, ein „ungeheures Instrument zur Unterdrückung, Ausräuberung und dauernden Beleidigung" nennen kann? Das eben zitierte Urteil von Albert Schwarz gibt uns vielleicht den Schlüssel zum Verständnis der Einstellung, die das Urteil der Politiker der Zentralmächte damals und der deutschen und österreichischen Historiker zum Teil bis heute bestimmt hat, und ich möchte es daher mit wenigen Worten analysieren, ehe ich auf die Entstehung und Bedeutung der Pariser Vororteverträge näher eingehe: Schwarz spricht von dem „Vertrag, den Deutschland zu unterschreiben gezwungen war", wobei er – vielleicht ihm selbst in dieser Strenge gar nicht bewußt, aber gerade deshalb sein Urteil umso mehr bestimmend – durch den besonderen Hinweis auf den Zwang den Eindruck erweckt, als ob diese Nötigung etwas nur für den Versailler Frieden einmalig Charakteristisches sei, während doch jede Friedensregelung der Geschichte, die einen bis zu Sieg und Niederlage durchgefochtenen Krieg beendete, dem Besiegten aufgezwungen worden ist. Nicht nur der Friede von Versailles und die damit verknüpften Pariser Vororteverträge waren „Frieden der Gewalt", sondern auch jener von Frankfurt 1871, jener von Paris 1815, von den verschiedenen Friedensschlüssen der napoleonischen Zeit ganz zu schweigen. Und machtpolitische Überlegungen haben bei diesen früheren – und auch bei späteren – Friedensschlüssen weit bestimmender auf die Verträge eingewirkt als in den Pariser Vororteverträgen, die nicht zuletzt dadurch zu so umfangreichen und komplizierten Instrumenten geworden sind, weil die entscheidenden Staatsmänner bestrebt waren, Rechts- und Machtgrundsätze in Übereinstimmung zu bringen. Schon ein Blick auf den Umfang der Friedensverträge läßt den wesentlichen Unterschied erkennen, der zwischen den Pariser Vororteverträgen und allen Verträgen des 19. und 20. Jahrhunderts bis herauf zum Frieden von Brest-Litowsk zu erkennen ist. Der Friede von Frankfurt vom Mai 1871 umfaßt ganze 18 Artikel und begnügt sich damit, im Artikel 17 festzustellen, daß die Regelung der „nebensächlichen Punkte", die sich aus der Verwirklichung dieses Vertrages ergeben, Gegenstand weiterer Verhandlungen sein würde[4]. In den Verhandlungen

---

[2] Schwarz, Albert: Die Weimarer Republik. In: Handbuch der Deutschen Geschichte. Neu hrsg. v. Leo Just. Bd. 4, S. 19.
[3] Stenographische Protokolle der konstituierenden Nationalversammlung der Republik Österreich. Sitzung vom 7. Juni 1919. Wien 1919, S. 525–527. Vgl. zur Haltung des österreichischen Parlaments die ungedruckte Wiener Dissertation von Schuster, Heinrich: Die Friedensverhandlungen von St. Germain und das österreichische Parlament. Wien 1964.

der Pariser Konferenz von 1919 hingegen diskutierte man in endlosen Kommissionssitzungen, um einen einigermaßen akzeptablen Kompromiß zwischen den einander widersprechenden Überlegungen machtpolitischer, rechtlicher und nationaler Natur zu finden. Doch der sachliche Gehalt dieser Besprechungen – die durchaus nicht frei waren von machtpolitischen Interessen – hat in die wissenschaftliche Literatur kaum Eingang gefunden, die Beurteilung der Pariser Konferenz und der Verträge ist nach wie vor von den negativen Urteilen beeinflußt, die eine irregeleitete, schlecht informierte und – was noch bedeutsamer ist – in völliger Unkenntnis der politischen Realitäten stehende Öffentlichkeit damals über die Konferenz fällte. Die Historiker haben diese Urteile übernommen und sie zu belegen versucht, anstatt sie zu analysieren und auf ihre Ursachen und ihre Berechtigung zu prüfen. Man hat, um die Fehler und die Härten der Pariser Vororteverträge entsprechend herauszuarbeiten, in historischen Werken immer wieder versucht, die Pariser Ordnung von 1919 mit jener des Wiener Kongresses von 1815 zu vergleichen[5] – ein Vergleich, der schon in der Vorbereitung der Konferenz seinen Ursprung hat, denn im Rahmen des britischen Stabes zur Vorbereitung der künftigen Friedensregelung hat Charles Webster seine bekannte Studie über den Wiener Kongreß von 1814/15 geschrieben[6] – und man hat in diesem Vergleich vor allem darauf verwiesen, daß die Ordnung von 1815 eine langdauernde Friedensepoche eingeleitet hat, während die Pariser Verträge von 1919 in das Unheil des zweiten Weltkrieges hineingeführt hätten. Man hat bei diesen Interpretationen allerdings nicht beachtet, daß die Wiederherstellung der alten europäischen Ordnung im Jahre 1815 zu einer langen Friedensperiode führen konnte, weil zumindest die leitenden Staatsmänner, wenn auch nicht die verschiedenen nationalen und liberalen Parteiungen, diese Ordnung grundsätzlich anerkannt haben. Der Friede von Prag von 1866 und jener von Frankfurt von 1871 konnten Bestand haben, weil die besiegten Nationen zwar gegen den Frieden protestiert hatten, die Regelung als solche jedoch grundsätzlich anerkannten und sich bemühten, die Bedingungen zu erfüllen und sich der ihnen in bewußten Angriffskriegen aufgezwungenen Ordnung zumindest für den Augenblick zu fügen. Die besiegten Nationen von 1919 jedoch haben vom ersten Augenblick an kein Hehl daraus gemacht, daß das Endziel ihrer Politik die Zerstörung der in Paris aufgerichteten neuen Ordnung sein werde und daß ihr Ziel nicht nur, wie im französischen Revanchedenken der Jahrhundertwende, in der Wiedergewinnung zweier verlorener Provinzen, sondern im völligen Umsturz des in den Pariser Friedensverträgen gesicherten Staatensystems liegen würde. Hierin liegt aber der entscheidende Punkt für die Beurteilung der Friedenskonferenz von 1919: man nimmt in der herrschenden Beurteilung die Tatsache, daß die neue Ordnung binnen kurzem zusammenbrach, als Beweis für die Schwäche jener Ordnung. Man übersieht dabei aber, daß diese Ordnung von 1919 nicht „zerbrach", sondern in bewußter Zerstörungswut „zer-

---

[4] Frankfurter Friedensvertrag vom 10. Mai 1871. In: Die Große Politik der Europäischen Kabinette 1871–1914. Bd. 1. Dok. Nr. 17, S. 38–43; Art. 17, S. 43.

[5] Erdmann, Karl Dietrich: Die Zeit der Weltkriege. In: Gebhardt: Handbuch der Deutschen Geschichte. Bd. 4. 3. verb. Nachdruck. Stuttgart 1959, S. 107 f.

[6] Webster, Charles: The Congress of Vienna. 1814–1815. (Erste Auflage durch das Foreign Office im Jahre 1919 besorgt.) London 1965.

schlagen" worden ist. Und man übersieht, daß diese bewußte Zerstörungspolitik nicht möglich gewesen wäre, wenn nicht von Anfang an die führenden politischen und militärischen Kreise der besiegten Länder in berechnender Verdrehung der tatsächlichen Situation Klischee-Vorstellungen über das Unrecht und die Härte des Friedens, über die Unfähigkeit der Friedensmacher geformt hätten, die das historische Denken bis zum heutigen Tag bestimmen. Wenn wir zu einer korrekten Beurteilung der Geschehnisse und Leistungen jener Konferenz von 1919 in Paris kommen wollen, dann müssen wir uns frei machen von den politischen Ressentiments, die aus der Propaganda einer totalen Kriegsführung herausgewachsen waren, wir müssen zurückkehren zur Situation von 1918 und zu den Ereignissen, die zu dieser Konferenz geführt haben. Wir müssen uns zuerst bewußt werden, daß die sogenannten Folgen des Friedensvertrages Folgen seiner Ablehnung und nicht seiner Erfüllung gewesen sind. Wir müssen uns aber auch davon lösen, die Friedenskonferenz ausschließlich vom deutschen Gesichtspunkt her zu beurteilen, ja wir müssen selbst aufhören, das deutsche Problem weiterhin als das Hauptproblem der Konferenz zu betrachten. Gewiß, die Alliierten selbst haben in der deutschen Frage ein zentrales Problem gesehen und die Diskussion des deutschen Friedens als Voraussetzung jeder anderen Regelung betrachtet[7]. Die Konferenz hat sich darüber hinaus aber noch mit zahlreichen anderen Problemen zu beschäftigen gehabt. Sie war mehr als eine Friedenskonferenz, sie brachte in mancher Hinsicht eine unglückliche Verknüpfung allgemeiner Probleme weltweiter Neuordnung mit den Aufgaben eines Friedensschlusses mit sich. Die Konferenz hatte sich aber – und hierin liegt der entscheidende Unterschied zum Wiener Kongreß von 1815 – nicht mit der Wiederherstellung einer alten Ordnung zu beschäftigen, sondern mußte, unter den erschwerenden Umständen einer durch vier harte Kriegsjahre vergifteten Atmosphäre, eine in den Tagen des militärischen Zusammenbruches der Mittelmächte unorganisiert entstandene Neuordnung der europäischen Staatenwelt in friedlich geordnete Bahnen lenken, während das Gespenst der kommunistischen Revolution wie ein drohender Schatten über allen Beratungen lastete. Daß die Konferenz in Ausführung dieser Aufgabe manche Entscheidung traf, die den Widerspruch aller Beteiligten hervorrufen mußte, ist bei der komplizierten und unauflöslich verwickelten Situation in Mitteleuropa wohl verständlich. Die Neuordnung ließ sich nur im Kompromiß der einander widersprechenden Forderungen, nur im Kompromiß selbst mit vorher verkündeten hohen ethischen (und ethnischen) Prinzipien durchführen und blieb unbefriedigend wie jeder Kompromiß. Daß die Staatsmänner der Pariser Konferenz diese Entscheidung leichtfertig und unvorbereitet getroffen haben, ist ein Vorwurf, der heute zwar noch oft erhoben wird, der aber ernsthafter Forschung nicht standhält.

Darüber hinaus muß man aber auch feststellen, daß die Pariser Konferenz gar nicht als Friedenskonferenz geplant gewesen ist.

---

[7] Sitzung des Zehnerrates. Papers Relating to the Foreign Relations of the United States. The Paris Peace Conference 1919. (Hinfort zitiert: FR, PPC) 13 Bde. Washington, D. C., 1942–1947, hier Bd. 4, S. 85–97. Vgl. auch den betreffenden Bericht bei Lloyd George: The Truth about the Peace Treaties. 2 Bde. London 1938, hier Bd. 2, S. 794–800.

Schon auf der Londoner Konferenz im November/Dezember 1918 hatte man sich dahin verständigt, daß zuerst eine Vorfriedenskonferenz der verbündeten Mächte abgehalten werden sollte, ehe man eine Konferenz mit den besiegten Staaten einberufen würde[8]. In informellen Besprechungen, die zwischen Wilson, Lloyd George, Clemenceau und Orlando vom 12. bis 17. Jänner 1919 in Paris abgehalten worden waren, hatte Clemenceau drei Arten von Konferenzen vorgesehen: ganz zwanglos informelle Besprechungen in der Art wie sie eben durchgeführt wurden, dann die formale Vorbereitungskonferenz interalliierter Natur, und schließlich den eigentlichen Friedenskongreß[9]. Diese drei Arten von Konferenzen müssen wir auch auseinanderhalten, wenn wir die Organisation und den Verlauf jener Besprechungen verstehen wollen, welche gemeinhin unter dem mißverständlichen Sammeltitel „Pariser Friedenskonferenz" oder gar der „Versailler Friedenskonferenz" laufen: Die gesamten Beratungen vom Jänner 1919 bis zum Überreichen der Friedensbedingungen an die Deutschen im Mai 1919 waren formal eine interalliierte Konferenz zur Vorbereitung der Friedensverhandlungen. Von diesem Zeitpunkt an lief die interalliierte Konferenz neben den einzelnen Friedenskonferenzen mit Deutschland, Österreich, Bulgarien, der Türkei und Ungarn weiter.

Aus diesem speziellen Charakter der „Vorkonferenz" erklärt sich nun aber auch ohne Schwierigkeiten, wie es zur unterschiedlichen Behandlung der einzelnen Nachfolgestaaten kam: die Exilregierungen der Tschechoslowakei und Polens waren noch im Sommer 1918 als kriegführende Regierungen anerkannt worden. Rumänien war im Herbst 1918 noch einmal in den Krieg eingetreten, das eben vereinigte Königreich der Serben, Kroaten und Slowenen sah sich als Nachfolger Serbiens an; alle vier Staaten waren daher als „alliierte Nationen" zur Teilnahme an der Vorkonferenz berechtigt (daß es im Hinblick auf die Vertretung Serbiens zu Diskussionen kam, sei hier nur am Rande erwähnt). Für Ungarn und Deutsch-Österreich aber bestand nicht diese Anerkennung als Alliierte, ganz im Gegenteil: die revolutionären Regierungen dieser beiden Staaten hatten in den Herbsttagen des Jahres 1918 entscheidende, wenn auch aus der damaligen Situation heraus durchaus verständliche Fehler gemacht, die es den siegreichen Alliierten erleichterten, diese beiden Länder als Feindmächte und nicht als neugeschaffene Staaten zu betrachten[10]. Man identifizierte sich in Wien mit der Außenpolitik der eben gestürzten Regierung und deren Vergangenheit – und schloß sich damit selbst aus der Vorkonferenz aus; und ähnlich erging es der ungarischen Regierung. Die Regierung Károlyi hatte zu den Waffenstillstandsverhandlungen in der Villa Giusti keine Vertreter entsandt und an-

---

[8] Schon der französische Plan von Mitte November 1918 hatte eine derartige Form der Abwicklung der Konferenz vorgeschlagen. Diesen Plan teilte House Lansing am 15. Nov. 1918 mit. Vgl. FR, PPC I, 344–352. Im Zusammenhang mit der Besprechung der Agenden der „Preliminary Conference", die am 17. Jänner im Rat der Zehn stattfand, wurde diese Zweiteilung der Konferenz bereits als feststehend angenommen. Vgl. Rat der Zehn, Sitzung vom 17. Jänner 1919, 15 Uhr. FR, PPC III, 601–611.
[9] Besprechung des Zehnerrates vom 12. Jänner 1919, 16 Uhr, FR, PPC III, 493.
[10] Siehe dazu: Fellner, Fritz: L'Austria e gli stati successori. In: Atti del XLIV congresso di storia del risorgimento Italiano. Trieste, 1–4 novembre 1968. – Ders.: Zur Frage der Pariser Friedenskonferenz. In: Egyetemes Történeti Tanulmányok 1968. Heft 2, S. 55–66. – Ders.: Comments. In: Austrian History Yearbook 3 (1967) 238–249.

erkannte daher auch nicht den am 3. November geschlossenen Waffenstillstand, sondern schloß am 13. November in Belgrad einen eigenen Waffenstillstand mit alliierten Vertretern ab[11]. Damit aber war die ungarische Regierung rechtlich ein Feindstaat geblieben, Rechtsnachfolger jener Regierung, die im Juli 1914 in den Krieg eingetreten war. Sie hatte sich selbst von den Vorkonferenzen ausgeschlossen.

Man kann nun den Vertretern der Alliierten, die vom Jänner 1919 bis in das Jahr 1920 hinein die Neuordnung Europas diskutierten, nicht vorwerfen, daß sie an den Schwierigkeiten der strittigen Fragen leichtfertig vorbeigegangen sind, im Gegenteil: die seit 1942 im Rahmen der Papers Relating to the Foreign Relations of the United States in 13 Bänden der Wissenschaft vorgelegten – und leider bis heute in Mitteleuropa wenig beachteten – Dokumente zur Friedenskonferenz, und noch mehr die Hunderte von Faszikeln in den Archiven in Washington, London und Rom erweisen in jedem Satz, wie sehr man bestrebt war, einen Ausgleich zwischen den Forderungen der Machtpolitik und dem Wunsch nach Rechtspolitik zu finden, ebenso wie ein Studium dieser Quellen erweist, mit welcher Sachkenntnis und mit welchem Ernst man in Paris die Friedensverträge und die Neuordnung Mitteleuropas beraten hat[12]. Das französische Mitglied der Friedenskonferenz, Tardieu, hat in seinem Buch über den Frieden berichtet, daß in der Zeit vom 18. Jänner bis 28. Juni 1919 insgesamt 58 Kommissionen nicht weniger als 1646 Sitzungen abgehalten haben, die durch zahlreiche Untersuchungen an Ort und Stelle ergänzt worden sind. Der sogenannte Rat der Zehn, das Hauptberatungsgremium, in dem die Regierungschefs der USA, Großbritanniens, Frankreichs, Italiens und Japans mit ihren Außenministern die Weltprobleme diskutierten, ist in dieser Zeit insgesamt 72mal zusammengetreten, der Rat der Außenminister 39mal, der Rat der Vier, in dem Wilson, Clemenceau, Lloyd George und Orlando seit März alle noch offenen und meist auch die umstrittensten Fragen zu lösen suchten, traf sich in dieser kurzen

---

[11] Vgl. Low, Alfred D.: The Soviet Hungarian Republic and the Paris Peace Conference. Philadelphia 1963. In: Transactions of the American Philosophical Society. New Series. Vol. 53, Part 10, S. 13–15.

[12] Zur 13bändigen Ausgabe der Foreign Relations vgl. noch: Mantoux, Paul: Les Délibérations du Conseil des Quatre (24 mars–28 juin). Notes de l'Officier Interprète Paul Mantoux. 2 Bde. Paris 1955. – La paix de Versailles. 13 Bde. Paris 1928–1939 (La Documentation Internationale). – Recueil des actes de la Conference de la Paix. 45 Bde. Paris 1922–1934. – I Documenti Diplomatici Italiani. Sesta Serie: 1918–1922. Bd. 1 (4 novembre 1917–gennaio 1919). Rom 1956. – Documents on British Foreign Policy, 1919–1939. Hrsg. v. E. L. Woodward und Rohan Butler. 1st series. Bd. 1 und 6. London 1947 und 1956. Als erste zusammenfassende Dokumentation vgl. Curato, Federico: La Conferenca della Pace, 1919–1920. 2 Bde. Mailand 1942 (Documenti di Storia e di Pensiero Politico). ARCHIVE: Public Record Office, London: Foreign Office, Serie 608: Paris Peace Conference; National Archives, Washington, D.C.: General Records of the American Commission to Negotiate Peace, 1918–1919, 537 Vols.; manche Materialien finden sich ebenfalls in den National Archives unter: State Department Records Relating to Political Relations of Austria with Serbia, 1910–1929 (763.72); des weiteren auch in der Library of Congress. Washington, D.C. (hier vor allem Materialien von und über Woodrow Wilson) sowie in der Hoover Library on War, Revolution, and Peace an der Stanford-Universität in Kalifornien (hier vornehmlich Materialien zu wirtschaftlichen und Ernährungsfragen).

Zeit von drei Monaten nicht weniger als 145mal. Die eigentliche Vorfriedenskonferenz, d. h. die Vollversammlung der Delegierten der verbündeten Mächte, hielt insgesamt acht formale Sitzungen ab[13]. So sehr diese Vollsitzungen aber auch im Rampenlicht der Öffentlichkeit gestanden sind, für den Verlauf der Konferenz waren sie von völlig untergeordneter Bedeutung. Viel interessanter und aufschlußreicher wäre eine detaillierte Darstellung der Tätigkeit der Fachkomitees und Spezialausschüsse, in denen die Fragen der Neuordnung Mitteleuropas, vor allem die Probleme der Grenzziehung und der wirtschaftlichen Reorganisation bis in alle Einzelheiten durchdiskutiert wurden. Die Neuordnung Mitteleuropas in dem System der Nachfolgestaaten war nicht das Ergebnis wohl geplanter Kriegszielpolitik der Siegermächte gewesen, sondern hatte sich aus der Auflösung des Habsburgerreiches in der Schlußphase des Krieges fast natürlich entwickelt. Die Staatsmänner in Paris betrachteten es gar nicht als ihre Aufgabe, mögliche Alternativlösungen zu diskutieren, sondern suchten nur die einander widerstreitenden Interessen und Ansprüche der Nachfolgestaaten im Kompromiß zu lösen. Die Schwierigkeiten dieser Aufgabe können aber nur verstanden werden, wenn wir uns von der nationalen Blickweise lösen und das Geschehen in Mitteleuropa in jener Zeit im Gesamtzusammenhang des Weltgeschehens zu betrachten suchen. Die stenographischen Aufzeichnungen, die sich der Chefdolmetscher der Konferenz, Paul Mantoux, bei den Beratungen der Großen Vier gemacht hat[14], vermitteln uns ein eindrucksvolles Bild von der Verflechtung weltpolitischer Entwicklungen in den Problemen, denen sich die Konferenz gegenüber sah: für die Staatsmänner in Paris waren die sich aus dem Zerfall des türkischen Reiches ergebenden Probleme mindestens ebenso wichtig wie die Grenzprobleme zwischen Polen und der Tschechoslowakei. Die Neuordnung des Nahen und Mittleren Ostens, mit deren Legalisierung sich die Konferenz ebenfalls zu befassen hatte, steht in ihrer weltgeschichtlichen Bedeutung der Neuordnung Mitteleuropas in keiner Weise nach[15]. Wir wissen, daß der Streit um Fiume die Fortdauer der Konferenz bedrohte, doch nur wenige sind sich bewußt, daß die Frage der Zuteilung der ehemals vom Deutschen Reich kontrollierten Gebiete in China die Konferenz fast zur gleichen Zeit in eine ähnliche gefährliche Krise stürzte[16]. Und kaum

---

[13] Tardieu, André: La paix. Paris 1921, S. 107.
[14] Mantoux, Paul: Les Délibérations du Conseil des Quatre (24 mars–28 juin). Notes de l'Officier Interprète Paul Mantoux. 2 Bde. Paris 1955.
[15] Vgl. Fellner, Fritz: Der Zerfall der Donaumonarchie in weltgeschichtlicher Perspektive. In: Die Auflösung des Habsburgerreiches. Zusammenbruch und Neuorientierung im Donauraum. Hrsg. v. Richard Georg Plaschka und Karl Heinz Mack. Wien 1970, S. 32 bis 42. – Dazu noch Evans, Laurence: United States Policy and the Partition of Turkey. 1914–1924. Baltimore 1965. – Vgl. Oehlrich, Conrad: Die Friedensregelung für die türkischen und arabischen Gebiete nach dem Ersten Weltkrieg. In: Ideologie und Machtpolitik 1919. Plan und Werk der Pariser Friedenskonferenz 1919. Hrsg. v. Hellmuth Rößler. Göttingen 1966, S. 167–186; dazu vom gleichen Verfasser: Der Friede von Lausanne und die Neubildung der arabischen Staaten. In: Die Folgen von Versailles. 1919–1924. Hrsg. v. Hellmuth Rößler. Göttingen 1969, S. 64–78.
[16] Vgl. Sitzung des Rates der Vier vom 25. Juni 1919, in der über den Brief der chinesischen Friedensdelegation debattiert wurde, in dem diese angekündigt hatte, den deutschen Friedensvertrag wegen der Regelung der Shantung-Frage nur unter Protest zu unterzeichnen. Mantoux II, 516.

eine Sitzung der Großen Vier ging vorbei, in der nicht die katastrophale Ernährungs- und Wirtschaftslage in den europäischen Ländern, vor allem aber im mitteleuropäischen Bereich, zur Diskussion stand. Es waren nicht nur humanitäre Gründe, welche die Staatsmänner in Paris immer wieder auf dieses Thema brachten. Hinter den Bemühungen um Verbesserung der Lebensverhältnisse in Mitteleuropa stand die sehr reale Furcht vor der Revolution. Ja noch mehr: Die Regierungen aller Nachfolgestaaten, selbst jene, in denen sozialistische Politiker die Außenpolitik leiteten, benützten diese Furcht vor der Revolution als Druckmittel, um von den alliierten Staatsmännern die ungeschmälerte Erfüllung ihrer Wünsche zu erpressen. Arno J. Mayer hat in seinem jüngsten Buch nachgewiesen, daß die Haltung der Staatsmänner gegenüber der russischen Revolution und damit die Furcht vor einem Übergreifen dieser Revolution auf die Gebiete der besiegten Staaten einer der wesentlichsten Aspekte der Konferenz war[17]. Vielleicht werden spätere Generationen diesem Gesichtspunkt der Pariser Konferenz von 1919 besondere Bedeutung beimessen und ihn noch über jenen Konflikt stellen, der meist unter dem Stichwort des Gegensatzes von Machtpolitik und Idealismus, des Gegensatzes von Clemenceau und Wilson behandelt wurde. Daß die machtpolitische Auseinandersetzung weit mehr ein Konflikt zwischen Lloyd George und Clemenceau als zwischen Clemenceau und Wilson war, das hat die neuere Forschung schon aufzeigen können. Fast will mir scheinen, daß Clemenceau und Wilson in ihrem Bemühen, die mitteleuropäische Neuordnung zum cordon sanitaire auszugestalten, von zwei verschiedenen Intentionen geleitet wurden: für Clemenceau sollte die ostmitteleuropäische Staatenwelt ein Element der Kontrolle Deutschlands sein, für Wilson ein Schutzwall gegen die drohende kommunistische Gefahr.

Auf Einzelheiten der Friedensbestimmungen kann hier nicht eingegangen werden. Sie sind in ihren Details genügend bekannt; sie in allen Aspekten der daraus sich ergebenden politischen und historischen Kontroversen zu diskutieren würde zu weit führen. Doch scheint es mir bei der Beurteilung der Friedensverträge, vor allem des Vertrages von Versailles, nicht unerheblich darauf hinzuweisen, daß sie weder im Charakter noch in der Härte sich wesentlich von früheren Friedensschlüssen abhoben. Auch der Friede von 1815 hat dem Besiegten finanzielle Lasten – übrigens nicht als Reparation zur Wiedergutmachung von Schäden, sondern als Kriegskontribution ohne rechtliche Begründung – auferlegt und eine Besetzung des Landes zur Sicherstellung der Zahlungen stipuliert, ähnlich wie der Vertrag von Frankfurt 1871. Und verglichen mit dem Vertrag von Brest-Litowsk, den jene zu verantworten hatten, die nachher am heftigsten gegen den Vertrag von Versailles agierten, sind die Bestimmungen des Versailler Vertrages geradezu als milde anzusprechen.

Doch weit wesentlicher als der Streit, ob die (nie voll bezahlten) Reparationen die deutsche Wirtschaft vernichten mußten, scheint mir ein anderer, bisher wenig beachteter Aspekt des Versailler Vertrages und der übrigen Vorortverträge. Diese Verträge befaßten sich ja nicht nur mit der Regelung territorialer Veränderungen und wirtschaftlicher Strafbestimmungen, sondern enthielten Bestimmungen, die bis

---

[17] Mayer, Arno J.: Politics and Diplomacy of Peacemaking. Containment and Counterrevolution at Versailles, 1918–1919. New York 1967.

zu diesem Zeitpunkt noch nie in Friedensverträgen mit behandelt worden sind. Die Aufnahme der Artikel des Covenants des Völkerbundes sollte neue Prinzipien zur Basis zukünftiger nationaler Beziehungen machen und man hätte vielleicht gerade aus diesen Artikeln eine evolutionäre Revision des Vertrages entwickeln können, wenn man ihn nicht grundsätzlich verdammt hätte. Die Verträge hatten aber auch einen eigenen Abschnitt, welcher die Regelung sozialer, arbeitsrechtlicher Fragen enthielt, welche für die Besiegten ebenso wie für die Sieger bindend sein sollten. Zum ersten Mal wurden damit soziale und nicht nur territoriale-diplomatische Probleme zum Gegenstand einer Friedensregelung erhoben und wenn man im Rückblick auf die Geschichte des 20. Jahrhunderts feststellen muß, daß über alle Katastrophen der Weltkriege hinweg die Bemühungen um Lösung der sozialen Probleme das eigentliche Charakteristikum unseres Jahrhunderts sind, dann kann man diese – auf der Konferenz nicht nur nebenhin, sondern sehr bewußt gleichrangig mit machtpolitischen Fragen diskutierten – Bestimmungen nicht einfach aus der Betrachtung und Aufzählung weglassen, wie dies im Vertrags-Ploetz geschieht.

Die Diskussion über die „Folgen von Versailles" hat die Behandlung der übrigen, im Laufe des Herbstes 1919 und in den folgenden Jahren geschlossenen Friedensverträge stark in den Hintergrund gedrängt. Ihre Beurteilung muß aber in unmittelbarem Zusammenhang mit dem Vertrag von Versailles gesehen werden, weil nur aus der Wechselwirkung der Beratungen und der Zielsetzungen die Bestimmungen auch dieser Verträge richtig eingeordnet werden können. Man war sich nun selbst unter den großen Vier keineswegs einig, in welcher Form man Österreich und Ungarn behandeln solle, und noch am 26. Mai 1919 kam es in einer Besprechung der großen Vier zu einer langen Auseinandersetzung über die völkerrechtliche und staatsrechtliche Stellung Österreichs[18]. Bis zu diesem Zeitpunkt, Ende Mai 1919, ist die Frage des Vertrages mit Österreich im Rat der Vier überhaupt nicht behandelt worden. Am 22. Feber 1919 hatte sich der Rat der Zehn längere Zeit mit der Frage des österreichischen Vertrages beschäftigt, als es zu entscheiden galt, ob man den deutschen Vertrag alleine vorantreiben, oder gleichzeitig an allen Verträgen, also auch an denen mit Ungarn, Bulgarien und der Türkei, arbeiten sollte[19]. Dabei fand sich Baron Sonnino, der italienische Außenminister, mit seinem Wunsch nach gleichzeitiger Behandlung der Friedensverträge völlig als Außenseiter. Vor allem die englischen wie auch die amerikanischen Vertreter wollten sich völlig auf den deutschen Vertrag konzentrieren. Alle Staatsmänner waren sich jedoch einig, daß die Frage des Vertrages mit Österreich und Ungarn besonders schwierig sei, da die ehemalige Feindmacht sich in eine Reihe von Staaten aufgelöst habe, und daß man daher den Abschluß des deutschen Vertrages nicht an etwaige Verzögerungen in der Beratung der österreichisch-ungarischen Probleme binden dürfe. Doch gelang es Sonnino, seine Kollegen von der Wichtigkeit der gleichzeitigen

---

[18] Sitzung des Rates der Vier vom 26. Mai, 16 Uhr. Vgl. Mantoux II, 214–217, bzw. FR, PPC VI, 26–30. Über die Rechtsnachfolgefrage vgl. auch: Haas, Hanns: Österreich-Ungarn als Friedensproblem. Aspekte der Friedensregelung auf dem Gebiet der Habsburgermonarchie in den Jahren 1918–1919. Phil. Diss. Salzburg 1968, S. 60–131.

[19] Sitzung des Rates der Zehn; FR, PPC 1919, IV, 85–97. – Vgl. dazu auch den betreffenden Bericht bei Lloyd George: The Truth about the Peace Treaties II, 794–800.

Beratung der Friedensverträge mit Österreich und Ungarn zu überzeugen, und es wurde daher am gleichen Tag, dem 22. Feber 1919, eine Resolution beschlossen, welche feststellte: Die Konferenz stimmt darin überein, daß es wünschenswert sei, ohne Verzögerung mit der Beratung der vorläufigen Friedensbedingungen mit Österreich-Ungarn vorzugehen und die nötigen Untersuchungen mit möglichster Schnelligkeit durchzuführen. Die mit diesen Aufgaben beauftragten Kommissionen sollten ihre Berichte spätestens am 8. März vorlegen.

Es ist interessant, daß diese Resolution, welche im übrigen auch noch den Umfang der vorläufigen Friedensbedingungen näher umschreibt, immer nur von „Österreich-Ungarn", nicht aber von Österreich und Ungarn (also zwei getrennten Staaten) spricht. Man war sich bewußt, daß auf dem Boden der alten Monarchie eine Reihe von neuen Staaten entstanden war, doch solange die Stellung dieser Staaten nicht definiert war (Jugoslawien z. B. war damals noch nicht anerkannt), wollte der Rat der Zehn kein Präjudiz schaffen und begnügte sich daher damit, sich auf den früheren Zustand zu beziehen.

In den folgenden Monaten wurden die verschiedenen territorialen, wirtschaftlichen, finanziellen und rechtlichen Probleme in den Ausschüssen behandelt, auf welche, wie wir aus Memoirenwerken wissen[20], Vertreter der Nachfolgestaaten in verschiedenster Weise Einfluß zu nehmen suchten. Es ist aber völlig falsch, wenn immer wieder, wie etwa von Gschließer anläßlich des 40. Jahrestages des Friedensschlusses 1959, behauptet wurde: „Als Experten in Österreichfragen dienten den großen Vier Dr. Kramář und Dr. Beneš, und andere tschechische, auch südslawische Politiker, die im täglichen Umgang mit den maßgeblichen Männern der Friedenskonferenz und deren Büros die Ergebnisse der Verhandlungen zugunsten ihrer Staaten zu beeinflussen reichlich Gelegenheit hatten[21]." Abgesehen davon, daß Beneš und

---

[20] Die verläßlichste Quelle für die Kommissionssitzungen sind die gedruckten Protokolle des Paix de Versailles, die aber nur für die erste Zeit der Vorbereitungen des österreichischen Friedens vorliegen. An Memoirenwerken vgl. Aldrovandi-Marescotti, Luigi: Der Krieg der Diplomaten. Erinnerungen und Tagebuchauszüge. München 1937 [Übersetzung aus dem Italienischen: „Guerra Diplomatica. Ricordi e Framenti di Diarie"]. – Baker, Ray Stannard: Woodrow Wilson and the World Settlement. Written from the unpublished personal material. 3 Bde. Garden City–New York 1922. – Crespi, Silvio: Verlorener Sieg. Italien und die Alliierten 1917–1919. München 1937 [Übersetzung aus dem Italienischen: „Alla difesa d'Italia in Guerra e a Versailles"]. – Smuts, Jaan Christian: Selections from the Smuts Papers. Bd. 4: November 1918 bis August 1919. Hrsg. von W. K. Hancock and Jean van der Poel. Cambridge 1966. – Beneš, Edouard: Souvenirs de guerre et de révolution. La lutte pour l'indépendance des peuples. 2 Bde. Paris 1928–1929. – Nicolson, Harold: Peacemaking 1919. London 1965. – Seymour, Charles: Letters from the Paris Peace Conference. Hrsg. von Harold B. Whiteman. New Haven–London 1965. – Speranza, Gino: The Diary. Italy 1915–1919. Hrsg. von Florence Colgate Speranza. 2 Bde. New York 1941. – Thompson, Charles F.: The Peace Conference Day by Day. A Presidential Pilgrimage Leading to the Discovery of Europe. New York 1920. – Vgl. für eine Gesamtinterpretation der Pariser Vororteverträge noch das große Sammelwerk, das schon in den zwanziger Jahren von englischer Seite vorgelegt wurde: Temperly, Harold W. V. (Hrsg.): A History of the Peace Conference of Paris. 6 Bde. London 1920–1924.

[21] Gschließer, Oswald: Die Katastrophe von St. Germain. Don 2. Sonderheft (1960) 5–6.

andere Politiker nur zu den Büros, keineswegs aber zu den leitenden Staatsmännern Kontakt hatten, blieb man auch von österreichischer Seite nicht untätig. In den Papers Relating to the Foreign Relations der Vereinigten Staaten sind in Band VIII bis XII Dokumente der amerikanischen Friedensdelegation abgedruckt, die zeigen, wie sehr man sich in Wien bemühte, auf den Gang der Friedenskonferenz einzuwirken[22]. Die Mitglieder der verschiedenen amerikanischen Vertretungen in Mitteleuropa, wie Hoover oder Coolidge, sandten zahlreiche Memoranden nach Paris, in denen die Wünsche und Bedenken der österreichischen Regierung genau und meist sehr überzeugend dargelegt wurden[23]. Und sowohl die Amerikaner als auch die Engländer hatten ihre Experten, die über die mitteleuropäischen Verhältnisse weit mehr Bescheid wußten, als man bei uns wahrhaben will. Im Mai, nach Abschluß der Beratungen über die Friedensbedingungen für Deutschland nahmen der Rat der Zehn, der Rat der Außenminister und schließlich auch der Rat der Vier die Beratung der österreichischen Fragen auf.

Diese hier nur angedeuteten Verhandlungen über die Besprechungen des österreichischen Vertrages lassen erkennen, wie ernsthaft man in Paris diese Frage studierte, und wie sehr man sich der Schwierigkeiten jeder Lösung bewußt war. Man scheute auch nicht davor zurück, selbst kleinste Detailfragen immer und immer wieder durchzubesprechen, wie z. B. das Problem der Südbahngesellschaft, deren Eisenbahnnetz nun auf vier Staaten verteilt werden sollte[24]. Und bezüglich des gerade in Österreich immer wieder erhobenen Vorwurfes, daß man in Paris rücksichtslos österreichisches Kulturgut verschachert hätte, möchte ich nur erwähnen, daß in der Sitzung vom 4. Juni 1919 Wilson sich energisch gegen die verschiedenen bis in das 18. Jahrhundert zurückreichenden Forderungen gewisser mitteleuropäischer Staaten wandte und erklärte: „Ich habe mein Leben in den Universitäten verbracht und ich weiß, wie bedauerlich es sein würde, diese Sammlungen zu verstreuen. Ich hoffe, daß unsere Juristen dem bei der Untersuchung der Ansprüche Rechnung tragen werden[25]."

Daß trotzdem der Vertrag Härten für Österreich enthielt, kam dadurch zustande, daß viele Streitfragen zugunsten der anderen Nachfolgestaaten entschieden wurden. Es ist heute schwer festzustellen, wie weit die Haltung der österreichischen Regierung und Bevölkerung für diese Entscheidung ausschlaggebend gewesen ist. Sicherlich war die Abneigung, ja der Haß der sogenannten befreiten Nationen gegenüber Wien so stark, daß auch eine andere Politik die Haltung dieser Nationen nicht viel hätte verbessern können. Kein Zweifel kann auch daran bestehen, daß die „befreiten

---

[22] Siehe die österreichischen Noten aus Paris in: Bericht über die Tätigkeit der deutschösterreichischen Friedensdelegation in St. Germain-en-Laye. 2 Bde. Wien 1919 (Stenographische Protokolle. Beilage 379).
[23] Georg E. S c h m i d hat exemplarisch eine dieser Sondermissionen und ihren Einfluß auf die amerikanische Haltung auf der Friedenskonferenz untersucht; siehe seine schon erwähnte Dissertation: Die Coolidge-Mission und Aspekte der österreichischen Friedensregelung.
[24] Selbst im Rat der Vier wurde diese Frage behandelt. Vgl. M a n t o u x : Délibérations II, 550–551.
[25] Sitzung des Rates der Vier, 4. Juni 1919, 11.30 Uhr; M a n t o u x : Délibérations II, 291.

Staaten" auf jede Art versuchten, sich von den aus der Vergangenheit entspringenden Verpflichtungen wirtschaftlicher und finanzieller Art auf Kosten Österreichs und Ungarns zu lösen. Aber durch das Beharren auf dem Standpunkt, daß die österreichische Regierung im Namen aller Deutschen der ehemaligen Habsburgermonarchie spreche, hat man auch jene Staatsmänner der Großmächte gegen sich eingenommen, die ursprünglich durchaus zu einer verständnisvolleren Haltung gegenüber Österreich bereit waren. Im Mai 1919 noch hatte Wilson z. B. den Standpunkt vertreten, daß alle aus dem Bereich der ehemaligen Donaumonarchie gebildeten Staaten in entsprechenden Anteilen an der Wiedergutmachung und den finanziellen Verpflichtungen beteiligt werden sollten, und Lloyd George, Wilson und Clemenceau waren sich darin einig, daß im Falle des jugoslawischen Staates z. B. die auf die ehemals österreichisch-ungarischen Provinzen entfallenden Anteile der Wiedergutmachungsleistungen gegen die Reparationsansprüche Serbiens ausgeglichen werden sollten[26]. Gerade aus diesem Bemühen um gerechte Aufteilung der Lasten und aus der Erkenntnis, daß man Österreich nicht alleine verantwortlich machen könnte, entsprangen ja die Verzögerungen in der Überreichung der Friedensbedingungen an die österreichische Delegation.

Die Beurteilung des Vertrages von St. Germain wurde und wird bis heute weitgehend von der Niederlage bestimmt, welche die österreichische Delegation in der Forderung nach den deutschböhmischen und deutschmährischen Gebieten erlitten hat. Es hat sich ja schon in den Tagen des Umsturzes im Herbst 1918 eine eigentümliche Verkehrung der Fronten ergeben. Jene Nationen, die seit Jahrzehnten mit dem Schlagwort des nationalen Selbstbestimmungsrechtes ihre Freiheit zu erlangen suchten, waren zu Vertretern historischer Grenzen geworden, während die deutschösterreichischen Politiker, welche bis 1918 die historische Einheit des Gesamtstaates schützen wollten, nun das Prinzip der nationalen Selbstbestimmung zum Grundsatz der Friedensregelung erhoben wissen wollten. Wenn Österreich, wie es die österreichische Delegation behauptete und die Alliierten auch schon vorher akzeptiert hatten, ein erst im Jahre 1918 konstituierter Staat geworden ist, dann konnte es sich zunächst nur innerhalb der historischen Grenzen der nun zusammengehörigen Provinzen konstituieren, wie dies auch durch die Beitrittserklärungen der Erbländer geschehen ist. Einen Rechtsanspruch auf die übrigen deutschsprachigen Länder der Monarchie hatte dieses Österreich nicht und die freigewählten deutschen Abgeordneten des Sudetenlandes, die innerhalb der Provinz Böhmen gewählt waren, konnten auch rechtlich nur innerhalb dieser Provinz gegen die Schaffung des tschechischen Staates protestieren, sich aber nicht rechtlich durch die Wiener Regierung vertreten lassen. Die Forderung, daß diese deutschen Gebiete aus nationalen Gründen an Österreich abgetreten werden sollten, wäre moralisch und ethnisch berechtigt gewesen, war aber verfassungsrechtlich und völkerrechtlich zweifelhaft. Doch hier standen die machtpolitischen Realitäten einmal mehr gegen die nationalen Wünsche, und die auch nach der Ablehnung durch die Alliierten unverändert ausgesprochene Forderung, daß Deutsch-Österreich nur als Bestandteil der Deutschen Republik existieren

---

[26] Siehe dazu die Diskussion des Problems im Rat der Vier vom 18. April, 11 Uhr vormittags; Mantoux: Délibérations I, 275.

könne, ließ es nicht ratsam erscheinen, diese Republik gegenüber den Nachbarstaaten zu stärken. Abgesehen von der Kärntner Frage und der Burgenlandfrage war die österreichische Delegation nach Berücksichtigung der nationalen Belange völlig erfolglos geblieben – und es mag als Ironie der Geschichte angesehen werden, daß die Erfolge im Burgenland und in Kärnten im wesentlichen auf die nachdrückliche Unterstützung des österreichischen Standpunktes durch die italienischen Staatsmänner zurückzuführen sind. Der am 10. September 1919 im Schloß St. Germain unterzeichnete Vertrag war ein mühseliges Instrument von 381 Artikeln und zahlreichen, umfangreichen Annexen zur Regelung der vielen, sich aus der Auflösung der Doppelmonarchie ergebenden Streitfragen wirtschaftlicher, rechtlicher und politischer Natur. Im Friedensvertrag von St. Germain eine Vergewaltigung Österreichs zu sehen, ist man dann berechtigt, wenn man Deutschösterreich als den konstitutiven Kern der alten, zerfallenen Monarchie ansieht, als das Staatszentrum, welches die übrigen Länder beherrscht hat. Nur dann kann man davon sprechen, daß sich die Nachfolgestaaten aus Österreich herausschnitten, was ihnen begehrenswert erschien, denn abgesehen von Südtirol und den südsteirischen Gebieten hat keine der Gebietsabtretungen zu den nun in der Republik vereinigten Provinzen gehört. In ähnlicher Form kann man den Vertrag als eine Vergewaltigung Deutschösterreichs ansehen, wenn man sich den Standpunkt Otto Bauers und der Großdeutschen zu eigen macht, welche aus dem Zerfall der Monarchie das natürliche Recht aller Deutschen des Habsburgerreiches zum Anschluß an Deutschland ableiten, der im Vertrag in Artikel 88 ausdrücklich verweigert wurde.

Wenn man jedoch, wie es der Auffassung der österreichischen Regierung wie der Alliierten entspricht – denn nirgends im Vertag wurde die Republik mit der alten Monarchie identifiziert –, die Republik als neugeschaffenen Staat ansieht, dann enthält der „Staatsvertrag" von St. Germain, wie er von der österreichischen Regierung bezeichnet wurde, zwar schwere wirtschaftliche Belastungen, Ungerechtigkeiten in der Betonung der besonderen – keineswegs aber einseitigen und alleinverantwortlichen – Kriegsschuld und rechtliche Komplikationen, jedoch keine Verletzung „historischer oder natürlicher Rechte".

Die abschließenden Gespräche über den Friedensvertrag mit Österreich waren allerdings, das wäre von der Forschung noch stärker zu beachten, schon unter entscheidend veränderten personellen Bedingungen durchgeführt worden. Am 28. Juni war der Rat der Vier nach der Unterzeichnung des deutschen Friedensvertrages noch einmal – zum letzten Male – zusammengetreten, um einige Detailfragen zu besprechen, u. a. Bethmann-Hollwegs Angebot, sich statt des deutschen Kaisers als Kriegsverbrecher zu stellen, und die Frage der Protokolle der Sitzungen des Rates der Vier[27]. Doch genau am gleichen Tag reisten Wilson und Lloyd George von Paris ab und es war daher schon am Tage vorher beschlossen worden, den Rat der Zehn zu reaktivieren und nun zum obersten politischen Entscheidungsorgan der Konferenz zu machen. In diesem neugeschaffenen Rat der Zehn, der formell den Titel Rat der

---

[27] Notes of a Meeting Held in the Foyer of the Senate Chamber of the Château at Versailles Shortly After the Signature of the Treaty of Peace With Germany at 5 p.m., 28. Juni 1969, FR, PPC VI, 751-758.

Delegationsführer trug, im Rat selbst und auch im sonstigen Verkehr jedoch als Supreme Council (Oberster Rat) bezeichnet wurde, haben dann vom Juli bis Dezember 1919 die Beratungen am Quay d'Orsay stattgefunden, in welchem die Entwürfe der einzelnen Ausschüsse koordiniert worden sind[28]. Wilsons Abschied von der Konferenz, bevor noch alle Probleme gelöst waren, mag vielleicht doch als die entscheidende Ursache dafür angesehen werden, daß manche Aspekte der mitteleuropäischen Lösungen härter ausgefallen sind, als dies nach den ursprünglichen Beratungen der großen Vier zu erwarten gewesen wäre. Es scheint doch bei der Durchsicht der Protokolle, als ob Lansing, der amerikanische Secretary of State, nicht die hohe ethische Auffassung der Rolle Amerikas als Friedensstifter, und Mr. Polk, der undersecretary of State, der nachher die USA vertrat, nicht die gleiche fachliche Qualifikation wie der Präsident besessen hatte, um den Ansprüchen der Sieger unter den Kleinstaaten mit der gleichen Entschiedenheit entgegenzutreten. Vom Juli 1919 an dominierte Clemenceau die Konferenz, und er und Balfour waren bald viel mehr vom machtpolitischen Gegensatz zu Italien beherrscht als dies bei aller Schärfe der Auseinandersetzungen zwischen Wilson und Orlando je der Fall gewesen war. Vielleicht auch wäre die Neuordnung des Balkanraumes doch noch stärker als Auswirkung des englisch-französisch-italienischen Kampfes um das türkische Erbe anzusehen, als dies bisher geschehen ist. Frankreich als Förderer jugoslawischer Ansprüche, und England in der Unterstützung griechischer Pläne sahen darin nur ein Mittel, die in ihrer Berechtigung nur zum Teil anfechtbaren italienischen Wünsche zu konterkarrieren. Die italienischen Staatsmänner andererseits wußten nur zu gut über die Hintergründe Bescheid, wenn sie sich zum Anwalt Bulgariens in der Regelung der Balkangrenzen machten und sich dabei – ein interessantes Beispiel für das Fluktuieren der Bindungen – im Einverständnis mit dem amerikanischen Vertreter befanden.

Die Beratung der bulgarischen Grenzen war im übrigen ein Wiederaufflammen der Begehrlichkeiten der Balkankriege und all die Argumente, die 1912/13 die Londoner Konferenzen beherrscht hatten, wurden nun in Paris bis zur Unterzeichnung des Vertrages erneut durchdiskutiert. Der am 27. November 1919 in Neuilly-sur-Seine unterzeichnete Friedensvertrag ist in seinem Aufbau und weitgehend auch in seinem Inhalt dem deutschen und österreichischen Friedensvertrag nachgebildet. Die 295 Artikel des Vertrages enthalten ebenfalls das Statut des Völkerbundes, Bestimmungen über internationale Arbeitsgesetze und Luftschiffahrt, und auch die Bestimmungen über die Reparationszahlungen und Lieferungen sind den deutschen Bestimmungen nachgebildet. Sicher ist jedenfalls, daß Bulgarien entschieden günstiger abgeschnitten hat als Ungarn, welches erst am 4. Juni 1920 – zu einem Zeitpunkt, als die eigentliche Konferenz schon seit Monaten beendet war – seinen Friedensvertrag in Trianon unterzeichnet hat. Die Ungarn haben den Verlust ihrer Machtstellung im Donauraum besonders hart empfunden, obwohl auch in diesem Falle die pathetische nationale Phrase, die auf den „Raub von zwei Drittel des Territoriums" hinweist, dahingehend zu berichten ist, daß sowohl Siebenbürgen als auch Kroa-

---

[28] Die Protokolle über die Sitzungen des Supreme Council sind abgedruckt in FR, PPC, Bd. 7–9.

tien seit alters her nur lose mit der ungarischen Krone verknüpft waren. Der Verlust von fast dreieinhalb Millionen Madjaren an die Nachbarstaaten traf den Nationalstolz dieses Volkes noch schwerer als die Bestimmungen des Versailler Vertrages die Deutschen. Und es ist noch immer als eine besondere Schwäche der in den Pariser Vorortverträgen verankerten Liquidation der Donaumonarchie angesehen worden, daß die drei siegreichen Nachfolgestaaten, die Tschechoslowakei, Rumänien und Jugoslawien, genau die gleiche multinationale Struktur aufwiesen wie das zerfallene Reich; allerdings wird dabei meist übersehen, daß die Vorortverträge nicht losgelöst von den übrigen Abmachungen der Pariser Konferenz betrachtet werden dürfen. Nicht allein den sogenannten „Besiegten", Österreich und Ungarn, sind von den Großmächten in Paris Verpflichtungen auferlegt worden, sondern auch den alliierten Nachfolgestaaten. Und diese Verpflichtungen waren z. B. eine der wesentlichsten Ursachen, weshalb Rumänien die Unterzeichnung des ungarischen und Jugoslawien die des österreichischen Vertrages verweigern wollten. Minderheitenschutzverträge, zu denen auch die alliierten Kleinstaaten verpflichtet wurden, waren integrierende Bestandteile der Pariser Ordnung und sollten nicht unterschlagen werden, wenn man die alliierten Staatsmänner der Verletzung nationaler Rechte zeiht. In weit größerem und weit rücksichtsloserem Maße sind die Rechte der Bevölkerung in der Liquidation des türkischen Reiches mißachtet worden, wobei nicht nur die hohen Ideale des amerikanischen Präsidenten unerfüllt blieben, sondern selbst die von England und Frankreich getroffenen geheimen Abmachungen und Versprechungen gebrochen wurden. Entscheidend für die Betrachtung ist in diesem Zusammenhang weniger die Tatsache, daß in den alliierten Geheimabmachungen der Kriegszeit das Territorium des Osmanischen Reiches unter völliger Mißachtung der Rechte und Wünsche der Bevölkerung unter den alliierten Großmächten verteilt worden ist – die Aufteilung der Türkei nach dem zu erwartenden Zerfall war ein beliebtes Gesellschaftsspiel europäischer Diplomaten seit dem Berliner Kongreß. Viel wesentlicher, und für die weitere Entwicklung wie auch für die Regelung der Friedensverträge bedeutsamer, war der Umstand, daß in den Diskussionen während der Pariser Konferenz und in den machtpolitischen Aktionen der gleichen Zeit die unter den vier Hauptalliierten getroffenen Vereinbarungen in rücksichtsloser Verfolgung der eigenen Machtpolitik von allen Seiten gebrochen worden sind. Die ganze Frage der Neuregelung der Balkangebiete, der Streit um Fiume und Dalmatien, zeigt sich in einem anderen Licht, wenn man bedenkt, daß zur gleichen Zeit, in der diese Fragen in Paris diskutiert wurden und zur vorübergehenden Abreise der Italiener führten, ein machtpolitischer Wettlauf im kleinasiatischen Raum entstanden war, wo gleichzeitig mit dem griechischen Vorgehen auch italienische Truppen an der kleinasiatischen Küste landeten. Und während die deutsche Delegation den Vertragsentwurf beriet, kam es im Rat der großen Vier zu einem Zusammenstoß zwischen Lloyd George und Clemenceau über die Frage der Zukunft Syriens, wo Lloyd George auf einmal die französische Einflußzone beschränken wollte[29]. Wenn man sich die Gleichzeitigkeit dieser Ereignisse vor Augen

---

[29] Siehe Sitzungen des Rates der Vier vom 21. Mai 1919; Mantoux: Délibérations II, 137–143, und vom 22. Mai 1919, ebenda 159.

hält, beginnt man die Haltung Lloyd Georges, die ein Nachgeben auf die deutschen Einwendungen auf Kosten Frankreichs zu erzielen strebte, ganz anders, d. h. weit machtpolitischer zu sehen. Die bisher übliche rein geographische Gliederung der Pariser Verträge unter Zurückstellung der Geschichte der Verhandlungen hat diese Zusammenhänge bisher weitgehend überdeckt. Nur in der Erkenntnis jedoch der gegenseitigen Abhängigkeit und des Wechselspieles des machtpolitischen Interesses Frankreichs an der staatlichen Neuordnung in Ostmitteleuropa und der englischen Realpolitik in der Aufteilung des türkischen Erbes, d. h. also des Balkans und Kleinasiens, eines Wechselspiels, in dem die an der Kontrolle des Ostmittelmeeres und der Ägäis interessierte italienische Politik zerrieben wurde – wobei alle drei Tendenzen der idealistischen Zielsetzung Wilsons widersprachen –, nur in der Erkenntnis dieser Wechselwirkung können wir zum Verständnis der Aufgabe, der Leistung und auch des Versagens der Pariser Konferenz vordringen.

Das Ergebnis der Konferenz war ein System von Verträgen, welches weit über den Bereich des Versailler Vertrages hinausreicht; vom Völkerbundstatut über Grenzverträge und Wirtschaftsvereinbarungen bis zu den zahlreichen Garantie- und Schutzpakten, zu denen auch die Siegerstaaten verpflichtet wurden, reicht dieses Vertragsgebäude, das den Fortbestand des Friedens in rechtlicher Form sichern wollte. Von 1922 bis 1933 hat diese Ordnung funktioniert, von 1924 bis 1929 Europa eine Zeit des wirtschaftlichen und kulturellen Aufblühens gebracht und einer friedenswilligen Generation die Hoffnung auf eine gesicherte Zukunft geboten. Doch dieses Faktum ist heute vergessen, da die Historiker sich ausschließlich das Urteil jener Politiker zu eigen gemacht haben, welche aus oft persönlichen und auch nationalen Zielen heraus die Leistung der Konferenz geringschätzten und die Ergebnisse verdammten, da nur darin Berechtigung und Rechtfertigung für das aus hemmungsloser Machtpolitik entstandene Revisionsstreben liegen konnte.

Es mag den Politikern der Zwischenkriegszeit wie den Politikern aller Zeiten zugestanden sein, daß sie in der Verfolgung ihrer Ziele das Recht haben, Geschehnisse, Entscheidungen und Probleme einseitig und verzerrt darzustellen, da ihnen nur auf diese Weise die Beeinflussung ihrer Anhänger zu williger Gefolgschaft gelingen kann. Das nationale Denken der Zwischenkriegszeit mußte als oberstes Ziel die Revision der Verträge haben und die Anklage, der Haß, der Kampf gegen die Pariser Ordnung muß aus dem Denken jener Zeit heraus verstanden und erklärt werden. Der Historiker jedoch sollte imstande sein, sich vom emotionellen Urteil der Politiker zu lösen, und frei von den Verzerrungen der Tagespublizistik und -politik dem tatsächlichen Geschehen nachzuspüren, die Mißverständnisse, Mißdeutungen und bewußten Verfälschungen aufzudecken, deren sich Politiker und Publizisten in der Zwischenkriegszeit wie zu allen Zeiten schuldig gemacht haben. Der Historiker sollte sich aus der Erkenntnis der Gesamtsituation auch nicht von dem oft nur scheinbaren Erfolg blenden oder von dem – immer nur temporären – späteren Ergebnis in seinem Urteil bestimmen lassen. Der Historiker sollte vor allem die jeder Phase und Entscheidung innewohnenden ungenützten Möglichkeiten erkennen und in seiner Darstellung herausstellen, wenn nicht ein ganz wesentlicher und manchmal vielleicht sogar viel wertvollerer Teil unserer Geschichte verloren gehen soll. Und wenn manche heute mit sicherem Urteil feststellen, daß die Friedensregelung von 1919 die Ursache des zweiten Weltkrieges gewesen ist, so urteilen sie unhistorisch aus dem Wissen über das, was später kam, sie übersehen, daß der zweite Weltkrieg nicht eine Folge der Pariser Ordnung war, sondern aus deren Negation entsprang, sie vergessen, daß es ganz anders hätte kommen können, wenn nicht jene, die guten Willens gewesen sind, sich jenen anderen unterworfen hätten, die von Anfang an auf Zerstörung aus gewesen sind. Vielleicht läßt sich das Urteil über die Pariser Vororteverträge nicht besser ausdrücken als durch eine Bemerkung Gustav Stresemanns, der während der Konferenz noch zu den entschiedensten Gegnern des Vertrages gehörte und der später in der Zeit seiner Ministerschaft einmal sagte, daß man sich klar machen müsse, daß die Hetze und moralische Entrüstung gegen diesen Vertrag nur deshalb so groß war, weil „diejenigen, die geglaubt haben, die Römer zu sein, nun die Karthager waren"[30].

---

[30] Thimme, Anneliese: Gustav Stresemann. Eine politische Biographie zur Geschichte der Weimarer Republik. Hannover–Frankfurt/Main 1957, S. 34.

Koloman Gajan

MASARYK, BENEŠ UND KRAMÁŘ UND IHRE EINFLUSSNAHME AUF DIE GESTALTUNG DER FRIEDENSVERTRÄGE

Durch den Sieg der alliierten Großmächte im ersten Weltkrieg erreichte die tschechische Politik die Anerkennung der staatlichen Selbständigkeit – jenes Ziel, welches T. G. Masaryk schon zu Beginn des Weltkrieges in seinem Programm festlegte. Die Zerschlagung der Österreichisch-Ungarischen Monarchie – obwohl sie nicht zu den ursprünglichen Absichten der Entente-Staaten gehörte – ist Wirklichkeit geworden.

In den ersten Kriegsjahren hatte Masaryks Streben nach der Zerschlagung Österreich-Ungarns und der Gründung selbständiger mitteleuropäischer Staaten keine allzu große Chance realisiert zu werden und konnte zu jeder Zeit durch Kriegsereignisse ganz vereitelt werden. Ein gewisser Umschwung entstand erst nach dem Scheitern vieler Verhandlungen der Entente-Mächte mit Wien. Damals begannen die Alliierten dem Widerstand der nicht gleichberechtigten Völker Österreich-Ungarns gegen die zentralistische Macht der Habsburger eine größere Aufmerksamkeit zu widmen. Die Anerkennung eines selbständigen tschechoslowakischen Staates lag noch in weiter Ferne.

Zum gesteigerten Interesse der alliierten Politiker um die tschechische Frage trug zweifellos der militärische Konflikt zwischen den tschechoslowakischen Legionen in Sibirien und der sowjetischen Macht im Mai 1918 bei. Durch ihre erfolgreiche Aktion wurden die tschechoslowakischen militärischen Einheiten in Rußland – in gegebenem Augenblicke – zu einem wichtigen militärisch-machtvollen internationalen Faktor. Diese Tatsache äußerte sich in Paris in der fortschreitenden Anerkennung des Tschechoslowakischen Nationalrates als dem höchsten Organ, das sämtliche Interessen des Volkes vertritt.

Über die endgültige Gestaltung des tschechoslowakischen Staates sollte natürlich erst die Friedenskonferenz entscheiden. Die führenden tschechoslowakischen Politiker setzten jedoch alles daran, um noch vor Beginn der Friedenskonferenz eine vorläufige Zustimmung zu der Besetzung jener Gebiete zu erlangen, die sie beanspruchten. Als vorderstes Problem erschien die Erreichung der Anerkennung der historischen Grenzen der drei wichtigsten Länder der böhmischen Krone, die Zustimmung zur Einverleibung der Slowakei (und Fortsetzung einer optimalen Grenze mit Ungarn) und schließlich die Lösung der Grenzfragen mit Polen.

Im Zusammenhang mit der Frage der historischen Grenzen tauchte von allem Anfang an das Problem der Deutschen in den böhmischen Ländern auf, die sich kurz nach der Verlautbarung des tschechoslowakischen Staates für die Schaffung von 4 autonomen deutschen Provinzen – Deutschböhmen, Sudetenland, Deutschsüdmähren und Böhmerwaldgau – und ihre Angliederung an Deutschösterreich erklärten. Die deutschösterreichische Regierung in Wien stellte sich hinter diese Aktion und unterstützte sie.

Es bestand kein Zweifel darüber, daß die französische Regierung diesen Anspruch ablehnen würde, und dies um so eher, als sich der deutschösterreichische Staat am 12. November 1918 als Bestandteil des deutschen Reiches erklärte. Die tschechoslowakischen Politiker fürchteten sich jedoch vor der Haltung der angelsächsischen Staaten, besonders der Vereinigten Staaten von Amerika, deren Politiker großes Gewicht auf das Selbstbestimmungsrecht der Völker legten, wenn auch ihre Konzeption in dieser Hinsicht etwas abstrakt und nebelhaft war.

Das Problem der Slowakei, welche zur Zeit der Gründung des tschechoslowakischen Staates noch unter der Kontrolle der Ungarn war, war von etwas anderem Gepräge. Die neue ungarische Regierung, mit dem liberalen Politiker Graf M. Károlyi an der Spitze, leitete eine neue Nationalitätenpolitik ein, deren Ziel schließlich und endlich die Erhaltung der Integrität des großen Ungarn war. Diese Absichten bedrohten natürlich die tschechoslowakischen Ansprüche an die Slowakei. Károlyi begann gleichzeitig mit dem französischen Oberbefehlshaber der Orientarmee, dem General Franchet d'Esperey, über einen Waffenstillstandsvertrag für Ungarn zu verhandeln, der dann auch am 13. November 1918 in Belgrad unterschrieben wurde. In den Bedingungen hieß es u. a., daß das ganze Gebiet Ungarns – mit Ausnahme Kroatiens und Slawoniens – unter ungarischer Verwaltung bleibt.

Auch die Frage der Grenzen mit Polen blieb unaufgeklärt. Es handelte sich insbesondere um das ehemalige Fürstentum Teschen, auf das – wie bekannt – von Anfang an beide Seiten Anspruch erhoben.

Welche Voraussetzungen hatte die Tschechoslowakei für die Erlangung dieser ihrer Ansprüche? Vor allem muß man bedenken, daß die ČSR, obwohl sie ein neuer und bisher unbekannter Staat war, zu den siegreichen Staaten gehörte, was gegenüber den besiegten Staaten Deutschland, Österreich und Ungarn bestimmt ein Vorteil war. Gegenüber den anderen, ebenfalls sich neu konstituierenden Staaten hatte die Tschechoslowakei den Vorteil, daß sie vor allem eine anerkannte Regierung hatte, und daß es zwischen den inländischen und ausländischen Politikern sofort zu einer vollkommenen Übereinstimmung kam. Diese Tatsache ist dem gut durchdachten Vorgehen der politischen Führer, wie auch der allgemeinen Reife des Volkes als Ganzem, zuzuschreiben.

Für den neuen tschechoslowakischen Staat und seine internationale Stellung war es von höchster Bedeutung, daß an seiner Spitze eine Persönlichkeit wie T. G. Masaryk stand, ein Politiker, der vor allem durch seine Fähigkeit, brauchbare politische Konzeptionen zu bilden, weit den Durchschnitt überragte. Dies offenbarte sich schon am Anfang seiner politischen Tätigkeit im Ausland und gipfelte in seinem großen Programm einer Umbildung des alten Europas in eine moderne demokratische Struktur. Obgleich seine konsequent demokratischen Ideen in der Realität immer wieder auf den Widerstand einer viel stärkeren Welt stießen, als sich ihm Möglichkeiten zu ihrer Verwirklichung boten, gewann er in der Welt ein dauerndes Prestige, den Ruf eines bedeutenden und gelehrten Politikers und Schöpfers eines europäischen, demokratischen Programms.

In den letzten Phasen des Krieges – zur Zeit der anwachsenden nationalen Befreiungsbewegung der unterdrückten Völker – gewann Masaryk große Aufmerksamkeit mit seinen Anschauungen über die Lösung der Probleme der kleinen Völker. Masaryk lehnte eine zentralistische und reine Machtpolitik von „der Position der

Kraft" aus ab und stellte die Forderung nach der gleichberechtigten Stellung kleiner Völker auf. „Das Problem liegt darin" – hob Masaryk hervor –, „daß große Völker, die bis jetzt die kleinen Völker und gleichzeitig eins das andere bedrohten, auf den Grundsatz eingehen, daß alle Völker, die großen und kleinen, gleichberechtigte staatliche und kulturelle Individuen sind[1]." Masaryk schuf jedoch diese Konzeption nicht aus irgendwelcher Naivität oder Unkenntnis – wie ihm dies später rechtsorientierte Kreise vorwarfen –, denn er war wohl mit allen Tatsachen der Weltpolitik gut vertraut. Er stellte seine Konzeption bewußt als eine ideologische Waffe gegen die Politik der Macht und Gewalt auf, und zwar so, daß sie eben den Interessen der kleinen Völker diente. Er wußte, daß kleine Völker nur unter demokratischen Bedingungen frei leben und sich ihre Existenz erhalten können, und dies wiederum nur unter der Voraussetzung der Erhaltung demokratischer Methoden und Prinzipien in der internationalen Politik. „Die Unterdrückung eines Volkes durch das andere ist in der allgemeinen Demokratie nicht möglich; die demokratische Freiheit ermöglicht auch den kleinen Völkern Selbständigkeit[2]."

Masaryk gewann in den Ländern der Entente großes Ansehen auch durch seine konkreten Kenntnisse vieler Weltprobleme. Er war ein guter Kenner Mitteleuropas und der Balkan-Länder und wurde besonders geschätzt – insbesondere in den Vereinigten Staaten von Amerika – als Expert für die russische Frage. Auf Grund seiner Kenntnisse der russischen Problematik kam er mit dem Präsidenten der USA, W. Wilson, in Kontakt. Eine beträchtliche Unterstützung wurde ihm auch seitens der jüdischen Kreise zuteil, und zwar infolge seiner bekannten Kämpfe zur Zeit der Hilsneriade.

Der zweite Mann, der vor der Aufgabe stand, die tschechoslowakischen Ansprüche auf dem internationalen Forum durchzusetzen, war E. Beneš, Masaryks engster Mitarbeiter. Beneš war ein junger, bis dahin wenig bekannter Mann. Bei seiner Tätigkeit während des Krieges sammelte er jedoch große Erfahrungen auf internationaler Ebene; er drang in den Mechanismus der europäischen Politik ein, eignete sich die Methoden der kontemporären Diplomatie an und knüpfte eine Reihe von Bekanntschaften, die für die praktische Realisierung seiner Politik größere Bedeutung hatten als etwaige Kontakte mit Persönlichkeiten von Rang. Beneš hatte außerdem die Fähigkeit, die wirkliche Position des neuen tschechoslowakischen Staates zu erkennen; er selbst machte sich darüber keine Illusionen – wenngleich er sie aus taktisch-politischen Gründen daheim manchmal verbreitete – und zerbrach sich nicht allzusehr den Kopf über Prestige-Fragen.

Eine relative Konsolidierung der inneren tschechoslowakischen Verhältnisse ermöglichte es Beneš, daß er sich als Außenminister der ČSR von Anfang an an den Verhandlungen der Alliierten und Vorbereitungsaktionen für die Friedenskonferenz beteiligte. Beneš blieb so auch nach Beendigung des Krieges in Paris und kehrte erst nach der Unterzeichnung der Friedensverträge mit Deutschland und Österreich nach Prag zurück[3].

---

[1] Masaryk, T. G.: Světová revoluce [Die Weltrevolution]. Prag 1930, S. 502 f.
[2] Ebenda 504.
[3] Am 15. November 1918 schrieb Kramář an Beneš, daß es notwendig sein wird, daß er

Angehörige von seit langer Zeit existierenden und stabilisierten Staaten können sich sicherlich kaum in die Atmosphäre eines Landes einfühlen, welches soeben seine Selbständigkeit und eigene politische Macht gewann, ebensowenig wie in die Gefühle eines bis dahin fast unbekannten Politikers, der zum erstenmal offiziell die Arena der Weltpolitik betrat. Gestatten sie deshalb, daß ich an dieser Stelle aus Benešs Buch: Světová válka a naše revoluce [Der Weltkrieg und unsere Revolution] zitiere:

„Ich zögere nicht, zu gestehen, daß ich stark erregt war, als ich am 4. November in das Auto – geschmückt mit unserer Flagge – einstieg und durch Paris, den Wald von Boulogne, über St. Cloud und Sèvres nach Versailles fuhr. Als ich in Versailles zum erstenmal in den Saal eintrat, wo alle Mächtigen dieser Welt versammelt waren – mächtig besonders in diesen Augenblicken, in denen sie über das Schicksal dreier Kaiserreiche in Europa und Asien entschieden –, und mich niedersetzte neben Vesnic und Venizelos, konnte ich dem allen nicht einmal recht glauben. Vor drei Jahren floh ich bei Asch über die böhmische Grenze, ... und heute sitze ich hier mit den Vertretern Frankreichs, Englands, der Vereinigten Staaten, Italiens, Japans, Serbiens, Griechenlands, Belgiens und Portugals und soll meine Stimme in die Waagschale legen, auch über das Schicksal Kaiser Wilhelms und Kaiser Karls entscheiden und die Bedingungen ihrer Kapitulation unterzeichnen[4]."

Die tschechoslowakischen Politiker konnten zur Erreichung ihrer Ansprüche in der ersten Zeit mit dem tschechoslowakischen Militär in Sibirien operieren, welches zur gegebenen Zeit einen wichtigen machtpolitischen Faktor darstellte, auf den sich noch immer das internationale Interesse konzentrierte. Außerdem hoben Masaryk und Beneš die Bedeutung der neuen Tschechoslowakei für die Konsolidierung Mitteleuropas hervor, wo es zu Ausbrüchen eines Nachkriegsradikalismus und sozialer Gärung kam. Von tschechoslowakischer Seite wurde betont – wenn dem auch nicht immer so war –, während in den Nachbarländern die bolschewistische Revolution drohe, bleibe die Tschechoslowakei eine „Insel der Ruhe und Ordnung[5]".

Die Repräsentanten des neuen tschechoslowakischen Staates konnten sich bei der Erfüllung ihrer Ansprüche in erster Linie auf Frankreich stützen, das in seinen stra-

---

vor der Friedenskonferenz nach Prag kommt, „damit wir hier alles besprechen und ich selbst durchkontrolliere, ob wir alle Vorbereitungen fertig haben".
Archiv ministerstva zahraničních věcí [Archiv des Ministeriums für auswärtige Angelegenheiten]. Pařížský archiv 29/3310 (im Folgenden zitiert: AMZV-PA). – Auch später wurde Beneš gebeten, nach Prag zu kommen; er zog es jedoch vor, bis zum Schluß in Paris zu bleiben.

[4] Beneš, E.: Světová válka a naše revoluce [Der Weltkrieg und unsere Revolution]. Teil 2. Prag 1935, S. 449 f.

[5] Kramář schildert in seinem Schreiben an Beneš vom 24. November folgendes: „Es scheint, als wenn man dort in Paris meine, daß bei uns ein Eldorado von Ordnung und Ruhe herrscht, während wir hier inzwischen vor Angst schaudern, was uns die nächsten Tage bringen werden und wie auf eine Erlösung warten wir auf alliiertes Militär, welches uns hier eine ruhige Entwicklung sichern soll... Es ist höchste Zeit, daß wir ohne Hindernisse die Verwaltung des ganzen Landes in unsere Hände bekommen. Jetzt ist die schwierigste Zeit, da wir in Ruhe abwarten müssen... Dazu ist jedoch die Anwesenheit Masaryks und alliiertes Militär notwendig..." AMZV-PA 29/3313.

tegischen Plänen mit der Tschechoslowakei als Bestandteil seines künftigen machtpolitischen Systems in Mitteleuropa rechnete. Zwischen den beiden Staaten wurden auch sofort vorläufige Vereinbarungen über eine militärische Zusammenarbeit abgeschlossen; in die ČSR wurde eine französische Militärmission entsandt, unter deren entschiedener Assistenz man die tschechoslowakische Armee zu bauen begann.

Zur Frage der Orientierung auf Frankreich muß bemerkt werden, daß sie eher ein Resultat der konkreten Lage war, wie sie nach dem Kriege entstand, als Masaryks ursprüngliches, programmatisches Ziel. Masaryk persönlich hätte sich viel eher eine militärisch und politisch etwas weniger exponierte Orientierung gewünscht, denn er selbst inklinierte eher in Richtung auf die angelsächsische Welt, die ihm näher stand als die zu dieser Zeit dominierenden militärischen Kreise in Frankreich.

Mit dem Beginn der Friedenskonferenz, die definitiv auch über die Forderungen der ČSR entscheiden sollte, konnte man vorläufig nicht rechnen. Sie sollte erst zu Beginn des Jahres 1919 eröffnet werden. Die tschechoslowakische Regierung stand jedoch unmittelbar vor der Lösung des sehr dringenden Problems der territorialen Konstituierung ihres Staates. Sie konnte deshalb auf die Ergebnisse der Friedenskonferenz nicht warten und versuchte, mittels des Ministers Beneš, der die außenpolitischen Angelegenheiten des Staates ganz in seinen Händen hatte, die vorläufige Anerkennung ihrer wichtigsten Ansprüche bei den Alliierten zu erreichen.

Vor allem war hier die Frage der Grenzgebiete der böhmischen Länder, die zumeist von Deutschen bewohnt waren. Die politische Repräsentanz der Deutschen fuhr in ihrer Abwehr gegen den neuen tschechoslowakischen Staat weiterhin fort, während Beneš in Paris diese Aktion mit diplomatischen Mitteln zu vereiteln suchte. In seinen Weisungen in die Heimat drängte er jedoch darauf, daß man in der deutschen Frage sehr vorsichtig vorgehe. Entschieden wünschte er nicht, daß es zu einer äußeren Zuspitzung des Konfliktes komme und in Paris der Eindruck entstehe, daß die Stellungnahme der Deutschen zum neuen Staat ganz unversöhnlich sei. Die Regierung in der Heimat versuchte nun eine friedliche Lösung; wenn die Verhandlungen zu keinem Ergebnis führten, entschloß sie sich, die Grenzgebiete militärisch zu besetzen.

Die Besetzung der Grenzgebiete stieß in Paris auf keinerlei ernsten Widerstand, u. a. auch deswegen, weil sie verhältnismäßig ruhig verlief.

Die deutschen Führer in den böhmischen Ländern und die Wiener Regierung protestierten gegen die Besetzung mehrere Male bei den Alliierten und den USA[6].

Beneš entfaltete jedoch eine weitgehende Argumentation, in der er vor allem mit der Gefahr des Bolschewismus operierte und der Notwendigkeit, das ganze Gebiet der ČSR zu konsolidieren. Er versprach auch, daß die Tschechoslowakei das leidende Österreich mit Kohle und Nahrungsmitteln versorgen würde[7].

---

[6] Die deutsch-österreichische Regierung forderte in ihren Noten vom 13. und 16. Dezember 1918 ein Plebiszit oder einen Schiedsspruch für die Deutschen in Böhmen. In der ersten Note vom 13. Dezember erhob sie Einspruch gegen die Besetzung. AMZV-PA 2/88, 2/91, 108/12140.

[7] Die Konzepte aller Noten sind im sog. Pariser Archiv des Prager Außenministeriums. AMZV-PA 5/391, 5/392, 5/393, 89/11001, 4/349, 108/12143, 108/12152. Ziemlich detailliert sind diese Ereignisse zuletzt in folgenden Arbeiten dargelegt: Perman, D.: The

Den tschechoslowakischen Ansprüchen kam die französische Regierung bereitwillig entgegen; sie hatte vor allem daran Interesse, daß das deutsche Territorium nicht vergrößert und verstärkt wurde.

Etwas schwieriger verliefen die Verhandlungen mit Großbritannien und Italien, die jedoch auch die Forderungen Wiens ablehnten. Eine bedingte Zustimmung zu den historischen Grenzen gaben schließlich auch die Vereinigten Staaten von Amerika, nachdem ihnen Beneš verbindlich erklärte, die tschechoslowakische Regierung werde sich den definitiven Beschlüssen der Friedenskonferenz bedingungslos fügen[8].

Im Ganzen kann behauptet werden, daß Beneš in der Frage der historischen Grenzen der böhmischen Länder seine Ziele noch vor Beginn der Friedenskonferenz erreicht hat.

Etwas schwieriger gestaltete sich, wie schon erwähnt, das Problem der Grenzen mit Ungarn, wobei sich die tschechoslowakische Seite nicht auf das „historische Recht" stützen konnte, auch nicht, wo die Festsetzung der Grenzen ausschließlich vom Ergebnis des Kräfteverhältnisses abhing. Nicht einmal der Standpunkt Frankreichs war hier so eindeutig wie in der Grenzfrage mit Deutschland. Schließlich gelang es Beneš – nach fieberhaften Bemühungen in Paris um Aufhebung der Belgrader Waffenstillstandsklausel und Festlegung einer neuen günstigen Demarkationslinie –, daß am 24. Dezember 1918 Oberstleutnant Vyx die ungarische Regierung aufforderte, die Slowakei bis zur neu festgelegten Demarkationslinie zu räumen. Bis Ende Januar 1919 besetzten dann tschechoslowakische militärische Einheiten die Slowakei (bis zur vereinbarten Demarkationslinie, d. h. längs der Flüsse Donau und Eipel, einschließlich Preßburgs, der Großen Schüttinsel, Komorns und Kaschaus) und im Februar auch die Karpatenukraine.

Offen und ungelöst blieb bloß die Frage der Grenzen mit Polen; Anfang Januar 1919 entbrannte ein offener militärischer Konflikt zwischen Polen und der Tschechoslowakei um das schwer umstrittene Teschener Gebiet[9].

---

shaping of the Czechoslovak State. Leiden 1962. – G a j a n o v á, A.: ČSR a středoevropská politika velmocí 1918–1938 [Die ČSR und die mitteleuropäische Politik der Großmächte 1918–1938]. Prag 1967. – G a j a n, K:. Německý imperialismus a československoněmecké vztahy v letech 1918–1921 [Der deutsche Imperialismus und die tschechoslowakisch-deutschen Beziehungen in den Jahren 1918–1921]. Prag 1962. – B i r k e, E.: Der erste Weltkrieg und die Gründung der Tschechoslowakei 1914–1919. In: Handbuch der Geschichte der böhmischen Länder. Hrsg. von Karl B o s l. Bd. 3. Lfg. 6. Stuttgart 1968.

[8] Am 20. Dezember 1918 telegraphierte Beneš an Kramář, daß er die Forderungen der deutsch-österreichischen Regierung kategorisch ablehne und daß in diesem Sinne auch eine Antwort der Alliierten vorbereitet sei. AMZV-PA 108/12140.
Am 22. Dezember resümierte dann Beneš in einem Telegramm nach Prag über seine Verhandlungen und erzielten Erfolge. AMZV-PA 108/12144.

[9] Am 2. Januar 1919 schrieb Kramář an Beneš: „Die Polen haben soviel Kühnheit, daß sie sich bei Oberstleutnant Vyx beklagen, daß wir das ganze Trentschiner Komitat und in der Zips Gebiete, die durch die Demarkationslinie festgesetzt würden, besetzen, und fordern ihn auf, daß er uns davon abbringt, denn sonst komme es zu einem Zusammenstoß zweier slawischer Völker. Wir haben Oberstleutnant Vyx klargemacht, daß die Polen Friedens- und Ordnungsstörer sind. Vyx glaubt gutmütig, daß die Polen verträglich sind und von uns angegriffen werden. Tun sie alles, daß er von seiner Regierung über den wahren Stand der Dinge belehrt wird. AMZV-PA 102/11722, 102/11723.

Beneš gelang es also – bis auf Teschen –, mit der Methode der Faits accomplis vor die Pariser Friedenskonferenz mit der vorläufigen Anerkennung der Grenzen des neuen tschechoslowakischen Staates zu treten. Dies gelang ihm vor allem mit Hilfe Frankreichs, dessen Position in Europa entscheidend war. Eine gewisse Rolle spielte hier auch das nicht allzu große Interesse der angelsächsischen Länder an Mitteleuropa und deren geringe Kenntnis der dortigen Verhältnisse.

Die Friedenskonferenz wurde am 18. Januar 1919 in Paris eröffnet. Die tschechoslowakische Delegation leitete Ministerpräsident K. Kramář; eine viel wichtigere Rolle spielte jedoch bei allen Verhandlungen der Außenminister E. Beneš[10].

Am 29. Januar 1919 wurden Kramář und Beneš zum erstenmal vor den Zehnerrat geladen, um zum Teschener Streitfall Stellung zu nehmen.

Am 5. Februar referierte Beneš vor dem Zehnerrat über die territorialen Ansprüche der tschechoslowakischen Republik.

In dem mehr als 3stündigen Exposé schilderte Beneš zuerst die allgemeine Lage, sprach darüber, was die Tschechen und Slowaken während des Krieges machten, mit welchen Tendenzen sie den Kampf gegen die Zentralmächte führten und betonte, daß dieser vom demokratischen Standpunkte aus geführt wurde und „daß die Idee der nationalen Freiheit bei uns identisch mit der Idee der Demokratie ist ... Wir haben bewiesen, daß wir einen politischen Sinn haben, daß wir organisieren können und daß wir in Mitteleuropa ein schaffendes und starkes Element sein werden, mit dem man rechnen muß".

Dann ging Beneš zur Formulierung der territorialen Ansprüche der ČSR über. Er forderte die Anerkennung der drei Länder der böhmischen Krone: Böhmen, Mähren und Schlesien in ihren historischen Grenzen (mit einigen Rektifikationen gegenüber Preußen, Sachsen, Bayern und Österreich), einen Teil des Glatzer Gebietes wie auch einen Teil Oberschlesiens und des Marchfeldes und die Angliederung der Slowakei. Diese Ansprüche stellte Beneš kategorisch. Die weiteren Ansprüche hingegen: die Angliederung der Karpatoukraine, die Lösung der Frage der Lausitzer Serben, die Verbindung der Tschechoslowakei mit Jugoslawien durch die Schaffung eines Korridors, die Internationalisierung mancher großer Flüsse, Eisenbahnen, Häfen usw. wurden in einer konzilianteren Form dargelegt[11].

Am 9. Januar 1919 beklagte sich der tschechoslowakische Verteidigungsminister Klofáč in einem Schreiben an Beneš über die verzweifelte Lage in der ČSR, die hauptsächlich durch die Zustände im Teschener Gebiet hervorgerufen wurde. „Vergeblich warten wir auf den schon versprochenen Befehl Marschall Fochs, daß wir im Namen der Entente das Teschener Gebiet besetzen dürfen, das doch unser eigenes Land ist ... Ganze Städte sind ohne Kohle ... und nur Teschen kann uns helfen. Die Maßgebenden Leute der Entente sollten endlich begreifen, daß wir im Teschener Gebiet einen Verteidigungswall gegen den Bolschewismus erbauen müssen, dessen Agitatoren Lenin auch zu uns schickt. Wenn die Entente den Bolschewismus aufreiben will, darf sie ihn selbst nicht unterstützen, und zwar dadurch, daß sie den polnischen Bolschewiken ganz freie Hand läßt." AMZV-PA 68/6432.

[10] Zur tschechoslowakischen Delegation gehörten weiter: Dr. Štefan Osuský, Plessinger-Božinov, Dr. Slavík, Dr. Dušek und Experten für wirtschaftliche, militärische, soziale u. a. Fragen.

[11] AMZV-PA 43/4725.

Im Anschluß an Beneš Exposé wurde dann ein Ausschuß geschaffen, der alle territorialen Ansprüche der tschechoslowakischen Delegation prüfen und die Ergebnisse dem Obersten Rat zur Billigung vorlegen sollte[12].

Die tschechoslowakische Delegation stellte dann der Friedenskonferenz ihre Territorial- wie auch sonstigen Ansprüche in der Form von 11 schriftlich verfaßten Memoranden zur Verfügung[13].

In ihrem Wesen stellten die tschechoslowakischen Ansprüche das ursprüngliche nationale Programm dar, welches Masaryk im Laufe seiner Befreiungsaktion formulierte. In die Memoranden war jedoch noch eine Reihe weiterer Forderungen eingeschoben – Schlesien, Glatz, ein Korridor mit Jugoslawien, weitere Gebietsansprüche gegenüber Ungarn, Österreich, die Frage der Lausitzer Serben u. w. –, deren Initiator in erster Linie der Ministerpräsident Karel Kramář war.

Neben Masaryks und Beneš gemäßigter Richtung wurde, auf dem Boden der Friedenskonferenz und in der tschechoslowakischen Außenpolitik überhaupt, eine zweite Richtung durchzusetzen versucht, und zwar eine ausgeprägt nationalistische und expansive. Ihr Hauptrepräsentant war eben Kramář. Dieser tschechische Politiker gehörte zwar zu Masaryks Generation und beide traten in derselben Zeit und auf derselben Plattform in die Politik ein, inzwischen war es aber zwischen ihnen zu starken Meinungsverschiedenheiten gekommen. Kramář blieb ein konservativer Politiker und es gelang ihm, auch nach der Gewinnung der nationalen Selbständigkeit die nationalistischen Forderungen in Grenzen zu halten.

Der prinzipielle Unterschied in der Konzeption beider Richtungen war das Verhältnis zu Rußland; er betraf bereits das vorrevolutionäre Rußland. Kramář war ein bekannter Russophile, während Masaryk das zaristische Rußland sehr kritisch betrachtete.

Masaryk orientierte sich in seiner Auslandsaktion ausdrücklich auf die westlichen Großmächte, obwohl er die Bedeutung Rußlands als Machtfaktor nie aus den Augen verlor. Kramář blieb jedoch seiner Orientierung auf Rußland und seinem Programm einer slawischen Föderation auch nach der Oktoberrevolution treu. Von dieser Position gingen auch alle seine Bemühungen nach einer Intervention in Rußland und einer Restauration eines – wenn auch etwas reformierten – Rußlands aus. In diesem Sinne begann er auch sofort nach seiner Ankunft in Paris mit verschiedenen Repräsentanten des ehemaligen zaristischen Rußlands zu verhandeln[14]. Deswegen geriet er immer mehr in Konflikt mit Masaryk und Beneš, die nach Erwägung der international-politischen und innenpolitischen Lage alle Interventionspläne bereits seit Anfang Februar fallen gelassen hatten[15].

---

[12] Mitglieder dieser Kommission für die tschechoslowakischen Angelegenheiten waren: Sir Joseph Cook und Harold Nicolson für England; Prof. Charles Seymour (später A. C. Coolidge und Allan W. Dulles) für die USA; Jules Cambon und Laroche für Frankreich und Marquis Salvago Raggi und Stranieri für Italien.

[13] AMZV-PA 72/6996.

[14] Siehe dazu: Kramářův soud nad Benešem [Kramářs Meinung über Beneš]. Prag 1938. – Lemberg, Hans: Karel Kramář. Russische Aktion in Paris. JbGO 14 (1966).

[15] AMZV-PA, B – 805, 6727, 9/1043. – Masaryk äußerte sich im Gespräch mit dem Sonderkorrespondenten des Pariser Blattes Le Temps, Alexander de Guillerwille, zur Frage

Ihre verschiedenen politischen Einstellungen führten zwischen Kramář und Beneš allmählich zu Spannungen, die gegenseitiges Mißtrauen erweckten. Kramář fühlte sich durch Beneš zurückgestoßen und billigte auch nicht seine taktischen Methoden. Immer wieder verglich er seine Position auf der Friedenskonferenz mit seiner früheren Stellung in Wien, wobei er vergaß, daß er dort der Repräsentant eines der entwickeltsten Völker Österreich-Ungarns gewesen war, während er hier ein kleines, bis jetzt wenig bekanntes Volk und einen eben erst entstandenen Staat auf internationalem Boden vertrat. Schwer vertrug er auch Benešs demütiges Verhalten gegenüber den Großmächten, denn er war der Meinung, daß sich durch selbstbewußte und radikale Forderungen viel mehr erreichen ließe. Vermutlich ist in Paris bei ihm ein Gefühl der Minderwertigkeit entstanden, welches er durch Träume von der Schaffung eines großen slawischen Reiches kompensierte, eines Reiches, in dem die Tschechen und er selbst eine führende Rolle spielen könnten.

Wie bereits erwähnt, war die tschechoslowakische Delegation in Paris entschlossen, die Anerkennung der historischen Grenzen der böhmischen Länder als ihre wichtigste Forderung unter allen Umständen durchzusetzen. Bereits am 27. Februar 1919, auf der ersten Sitzung der Kommission für die tschechoslowakischen Angelegenheiten unter dem Vorsitz des Franzosen Jules Cambon, wurden von allen Mitgliedern der Kommission ohne Schwierigkeiten und binnen einiger Minuten die historischen Grenzen als Ausgangspunkt für die Arbeit der Kommission anerkannt. Zu gewissen Differenzen kam es dann beim Verhandeln über eigene Grenzberichtigungen, wobei die Amerikaner die Abtretung der nordböhmischen Zipfel von Friedland und Rumburg und des Egerlandes an Deutschland vorschlugen. Frankreich stellte sich jedoch entschieden dagegen und lehnte jedes territoriale Zugeständnis an Deutschland ab. Dazu ist notwendig zu bemerken, daß Präsident Masaryk in seinen vorangegangenen Verhandlungen mit den Amerikanern in der Frage der Grenzregelung keine Unnachgiebigkeit gezeigt hatte. Es ist wohl bekannt, daß Masaryk immer Angst vor einer allzu großen deutschen Minorität hatte. Schließlich entschieden strategische Gründe, mit denen Frankreich operierte und die sich im gegebenen Augenblick mit den Interessen der ČSR deckten.

Im Verlauf der Friedenskonferenz komplizierten sich von neuem alle Fragen und zwar hauptsächlich infolge des verschärften anglo-französischen Streites.

Die Ausrufung der Räterepublik in Ungarn am 21. März 1919 rief auf der Konferenz eine echte Panik hervor, die eine Reihe von neuen Komplikationen und vor allem Angst vor einer weiteren Verbreitung der bolschewistischen Revolution nach sich zog. In dieser Situation entstand am 25. März Lloyd Georges bekannte Denkschrift von Fontainebleau, in der er sich gegen die französische Sicherheitspolitik in

---

einer möglichen Intervention in Rußland in dem Sinne, daß „ein Einschreiten in Rußland jetzt unmöglich ist; nach Jahren fürchterlichen Krieges können die Ententestaaten von ihren Soldaten nicht verlangen, daß sie nach Rußland für bestimmte Zwecke kämpfen gehen". Zur Lage der tschechoslowakischen Armee in Sibirien sagte er, „sie hat schon von allem genug und will in die Heimat zurückkehren".
Masaryk, T. G : Cesta demokracie I, str. 81–82.

Ostmitteleuropa wandte und sich in nicht allzu qualifizierter Art auch über die mitteleuropäischen Staaten und die Grenzen der Tschechoslowakei äußerte[16].

Am 4. April 1919 kam die Frage über die definitive Festlegung der Grenzen mit Deutschland vor den Obersten Rat. In bezug auf die gespannte Lage in Ostmitteleuropa wurden – unter Clemenceaus Leitung – der ČSR ohne Diskussion die historischen Grenzen zugesprochen.

Man muß wissen, daß es sich bei den Verhandlungen auf der Friedenskonferenz im Grunde genommen um einen Machtkampf handelte, um die Kodifizierung der Kriegsergebnisse, um die Aufreibung des Gegners. Die Methoden, deren man sich dabei bediente, waren nicht immer sehr wählerisch. Deutschland war besiegt und deshalb in einer ungünstigen Position, die es zwang, das Diktat der Sieger anzunehmen. Außer diesem prinzipiellen Gegensatz erschien hier der Gegensatz zwischen großen und kleinen Staaten, und zwar auch in den Reihen der Sieger. Auch hier kämpfte man mit Mittel aller Art um den Gewinn maximaler Positionen und Vorteile. Von dieser Auffassung ausgehend halten wir es im Sinne der Wissenschaft für wenig wichtig, sich detailliert mit der Frage zu befassen, in welchem Maße diese oder jene Argumentation richtig oder falsch war. Wenn wir heute die Denkschriften lesen, die der Friedenskonferenz vorgelegt wurden, muß uns klar sein, daß jeder solche Argumente benützte, die für seine Ansprüche am besten schienen; man ging dabei bis an die Grenze des Möglichen[17].

Komplizierter als mit Deutschland gestaltete sich die definitive Festlegung der Grenzen mit Ungarn. Der Sieg Béla Kuns gab der tschechoslowakischen Delegation auf der Friedenskonferenz Hoffnung, noch einen größeren Gebietsgewinn – auf Kosten Ungarns – zu erreichen. Inzwischen kam es jedoch zum bolschewistisch-ungarischen militärischen Konflikt. Im Einvernehmen mit Marschall Foch und ohne Wissen der alliierten politischen Repräsentanten auf der Friedenskonferenz überschritt das tschechoslowakische Militär die Demarkationslinie. Der Mißerfolg der tschechoslowakischen militärischen Einheiten in Ungarn, die Gegenoffensive der ungarischen Roten Armee, die sich auf slowakisches Gebiet ausdehnte, und der Widerstand der angelsächsischen Politiker gegen die militärische Aktion der Prager Regierung schwächten die Position und das Prestige der tschechoslowakischen Delegation in Paris. Die Hoffnungen auf einen weiteren Gebietsgewinn auf Kosten Ungarns wurden zerschlagen. Die ursprüngliche Demarkationslinie blieb im wesentlichen erhalten.

Die Verhandlungen der Friedenskonferenz mit Ungarn wurden erst nach dem

---

[16] Inzwischen wandte sich Beneš (und auch Masaryk) an Clemenceau und die anderen Vertreter der Alliierten und der USA mit Noten, in denen er die kritische Lage der ČSR, die von allen Seiten vom Bolschewismus bedroht sei, schilderte, und er versprach, wenn die Wünsche der Tschechoslowakei erfüllt würden, dann „werden wir die Ordnung und Disziplin auf unserem Gebiete erhalten". AMZV-PA 4/233, 5/401, 5/403, 7/730, 87/10757, 5/364.

[17] So wurde z. B. Beneš deutscherseits beschuldigt, die Konferenz bewußt betrogen zu haben, wenn er um eine Million Deutsche in den böhmischen Ländern weniger angab, als dies den Tatsachen entsprach. Dieser Vorwurf ist bestimmt richtig, doch wurde andererseits in den österreichischen Memoranden wieder eine Million Deutsche mehr angegeben.

Fall der Regierung Béla Kuns und der Regierungsbildung Admiral Horthys fortgesetzt. Kurz darauf versuchten Horthy und seine Leute eine prinzipielle Änderung der tschechoslowakisch-ungarischen Grenze zu erreichen, und zwar in Zusammenhang mit den Vorbereitungen des polnischen Feldzuges gegen Sowjetrußland. Die ungarische Regierung stellte ein weitgehend revisionistisches Programm auf (das sie nie aufgab), war jedoch gezwungen, im Juni 1920 den Vertrag von Trianon zu unterzeichnen.

Sehr stürmisch verliefen die Verhandlungen über die tschechoslowakisch-polnische Grenze, an deren Anfang ein offener militärischer Konflikt stand. Hier war die Frage besonders für Frankreich sehr delikat, denn beide Staaten gehörten zu den Siegern, beide waren Frankreichs Verbündete im Osten und beide sollten nach den französischen Plänen zu Teilen des cordon sanitaire gegen Sowjetrußland werden. Dies war die Ursache dafür, daß der Konflikt lange ungelöst blieb; die Grenzen wurden erst in der Zeit des polnisch-russischen Krieges auf der Konferenz in Spa festgelegt.

Die Teschener Frage rief einen besonders schweren Konflikt zwischen Beneš und Kramář hervor, der auch weitgehende innenpolitische Folgen hatte. Er zeigte auch einen tiefgreifenden Unterschied zwischen dem Vorgehen des Außenministeriums, das immer eine Kompromißlösung zu finden versuchte und die Dinge nie bis zum Äußersten trieb, und dem militant nationalistischen Kramář und seiner Partei, die eine Machtpolitik um jeden Preis, und sogar ohne Rücksicht auf die wirklichen Möglichkeiten, betrieben. Beneš stimmte – in Übereinkommen mit den Großmächten – der Teilung Teschens zu, die auch so für die Tschechoslowakei günstig war, während Kramář eine Kampagne gegen ihn entfesselte, in der er ganz Teschen und noch weitere Gebiete verlangte. Mit dieser Kampagne korrespondierte eine ähnliche Bewegung auf polnischer Seite.

Viel einfacher (als mit Ungarn und Polen) verliefen die Verhandlungen mit Österreich. Nach der Unterzeichnung des Friedensvertrages mit Deutschland, der die tschechoslowakisch-deutsche Frage definitiv festlegte, standen zwischen diesen beiden Ländern keine ernsten Grenzprobleme mehr; bloß kleine Grenzrektifikationen wurden noch durchgeführt[18]. Durch die Unterzeichnung des Friedensvertrages am 10. August 1919 im Schlosse von Saint Germain anerkannte Österreich die historischen Grenzen der böhmischen Länder, „die vollständige Unabhängigkeit des Tschecho-Slowakischen Staates, einschließlich des autonomen Gebietes der Ruthenen im Süden der Karpaten"[19].

---

[18] Noch vor der Unterzeichnung des Friedensvertrages mit Deutschland in Versailles versuchte Beneš Nicolson und Seymour in einem Schreiben vom 19. Juni nochmals zu überzeugen, daß der Inhalt von Renners Note an die tschechoslowakische Kommission, die Deutschen in Böhmen betreffend, nicht den Tatsachen entspräche, und er berief sich dabei auf die Ergebnisse der letzten Kommunalwahlen: „Elles démontrent" – schrieb Beneš – „que les régions purement allemand n'existent pas..." AMZV-PA 6/640.

[19] Am 12. Juli 1919 telegraphierte Beneš an Masaryk über die Verhandlungen mit Österreich: „In der heutigen Sitzung der Konferenz wurde uns der Brückenkopf bei Preßburg als Kompensation für kleinere Zugeständnisse bei Gmünd und Feldsberg zugesprochen. Es bleibt uns aber die Eisenbahn bei Gmünd und Feldsberg. Wir mußten auch das rechte

In der Politik und bei den Verhandlungen mit Österreich zeigten sich ernste Differenzen zwischen Masaryk und Beneš auf der einen und Kramář auf der anderen Seite. Es handelte sich hauptsächlich um die Frage der Hilfe für Österreich, um die Lieferungen von Kohle und Nahrungsmitteln. Diese Hilfe hatte Masaryk seinerzeit den Amerikanern versprochen und Beneš setzte sie von Paris aus durch. Beide Staatsmänner, Masaryk und Beneš, hatten schon deswegen an Österreich Interesse, weil in beiden Ländern demokratische Regime an der Macht waren und weil sie Österreich als neuen Staat mit einer demokratischen Ordnung betrachteten, mit dem man in Zukunft korrekte und freundschaftliche Beziehungen anknüpfen könnte.

Demgegenüber bemühte sich die Rechte, im Bewußtsein des Volkes die Kontinuität der jetzigen österreichischen Regierung mit dem gewesenen „schwarz-gelben Wien" zu erhalten, denn damit konnte sie die ausbeuterischen Gelüste mancher Kreise der tschechischen Industrie rechtfertigen. Die versöhnliche Politik Masaryks und Beneßs betrachteten diese Kreise als schwächlich und unpatriotisch.

Zum Schluß kann kurz zusammengefaßt werden: Die Pariser Friedenskonferenz erfüllte die meisten und wichtigsten territorialen Ansprüche der tschechoslowakischen Delegation. Keine Unterstützung fanden nur ihre extremen Forderungen (Korridor mit Jugoslawien, weitgehende Gebietsansprüche gegenüber Ungarn und Polen, u. a.), die zumeist aus den Kreisen der tschechischen nationalistischen Rechten hervorgegangen waren. Unerfüllt blieben jedoch auch die tschechoslowakischen Ansprüche auf Reparationen.

Ufer der March verlassen, sonst hätten wir den Brückenkopf nicht bekommen. Die March ist internationalisiert und uns bleiben alle Rechte gesichert. Einen Teil des Korridors erhält Österreich." AMZV-PA 109/12408.

Péter Hanák

UNGARN IM AUFLÖSUNGSPROZESS DER ÖSTERREICHISCH-UNGARISCHEN MONARCHIE

Grundlagen und Folgen

Am 14. April 1849 verkündete ein jahrzehntelang nachklingender Beschluß in der Hauptkirche von Debrecen: „Wir, die Nationalversammlung, die den ungarischen Staat gesetzlich vertritt, versetzen Ungarn durch diese feierliche Erklärung in seine unveräußerlichen, natürlichen Rechte zurück, gliedern es in die Reihe der selbständigen, unabhängigen europäischen Staaten ein und erklären das treubrüchige Haus Habsburg-Lothringen vor Gott und der Welt für entthronisiert." Siebzig Jahre später, am 20. Oktober 1918, kündigte der ungarische Ministerrat – der vorletzte vor dem Zusammenbruch – den Ausgleich von 1867 auf und stellte die Selbständigkeit der Länder der Heiligen Ungarischen Krone fest. Bereits wenige Wochen später proklamierte die Volksrevolution die unabhängige ungarische Republik.

Die Geschichte war also – so schien es – zu ihrem Ausgangspunkt zurückgekehrt. Die Ungarn hatten erhalten, was sie im Jahre 1849 trotz opfervoller Kämpfe nicht erreichen konnten: den unabhängigen Staat. Die Ideen von 1848 waren nach den Prüfungen und dem Umweg von sieben Jahrzehnten schließlich doch siegreich.

Die geschichtliche Parallele zwischen diesen beiden revolutionären Endpunkten ist jedoch formal und irreführend. Unter ähnlicher Form verbirgt sich in Wirklichkeit ein entgegengesetzter Inhalt. Im Jahre 1848 war die Selbständigkeit das progressive Ergebnis einer Revolution, 1918 das zwangsläufige Ergebnis der Niederlage und des Zusammenbruchs. Im Jahre 1848 kämpfte Ungarn im Einklang mit den Hauptzielen der europäischen Demokratie gegen die konservativen Großmächte, 1918 um Großmachtziele, teilweise gegen die Freiheit anderer Völker. Wieso kam es zu diesem Rollenwechsel? Wie wurde aus dem Ungarn von 1848, das den konservativen status quo der Habsburgermonarchie aktiv leugnete, innerhalb weniger Jahrzehnte der starrste Beschützer des noch konservativeren status quo Ostmitteleuropas? – Diese Frage steht für mich sowohl logisch als auch historisch vor der anderen: Wie ging der Zerfall des historischen Ungarn vor sich und welche Folgen brachte er mit sich?

***

Wie bereits betont, gehörte Ungarn um die Mitte des 19. Jahrhunderts nicht zu den unbedingten Anhängern der Aufrechterhaltung des Habsburgerreiches. Die ungarische führende Schicht – der liberale und teilweise verbürgerlichte Adel – zeigte starke Tendenzen zu einer grundlegenden Neuordnung Ostmitteleuropas, die mit der demokratischen Einigung Deutschlands und Italiens im Einklang standen; 1849 tendierte er sogar zum Ausgleich mit den Nationalitäten und zur Anerkennung ihrer nationalen Individualität und ihrer Rechte. Der revolutionäre Weg zur Reorganisation Ostmitteleuropas wurde jedoch durch die Niederlage und die Machtverhältnisse versperrt. Die Aufrechterhaltung der konservativen Ordnung Europas und ihrer wichtigen Säule, der Habsburgermonarchie, stand im

Interesse der Großmächte, vor allem Rußlands, und die Mehrheit der in den Rahmen der Monarchie eingeschlossenen Nationen hielt von ihrem Standpunkt aus ebenfalls den Bestand der Monarchie für sicherer als deren Auflösung.

Das Habsburgerreich kam also aus der existenzgefährdenden Krisenzeit von 1848/49 unversehrt heraus, bis zu einem gewissen Grad modernisiert, und blieb für das folgende halbe Jahrhundert die unabänderliche Realität der Geschichte der Donauvölker. Das geschlagene und besetzte Ungarn mußte sich in diesem Rahmen seinen Platz suchen, vor allem als offenbar wurde, daß die schwersten äußeren Konflikte der Monarchie, die Einigung Italiens und Deutschlands, nicht ihre Auflösung verlangten und nach sich zogen.

Es wäre freilich einseitig und eine Vereinfachung zu behaupten, daß bloß die Zwangslage, die nüchterne Abwägung der Machtverhältnisse die ungarische führende Schicht zur Aussöhnung mit der Dynastie und der Reichseinheit, zum Ausgleich von 1867 bewogen habe. Das Leitmotiv war die Sicherung der nationalen und der Klassenhegemonie der ungarischen Grundbesitzer, die Konservierung jener nationalen Suprematie und sozialökonomischen Struktur, die bereits 1848 und später, zur Zeit des Neoabsolutismus, von den Autonomieforderungen der Nationalitäten und den antifeudalen Bewegungen der Bauern bedroht wurde. 1848 geriet die ungarische adelige führende Schicht wahrhaftig in ein Kreuzfeuer. Ihr nationaler Verfassungskampf wurde „von oben", von dem durch den Zarismus unterstützten Absolutismus, und gleichzeitig „von unten", von den nichtmagyarischen Völkern mit bäuerlicher Mehrheit, angegriffen. Die bitteren Erfahrungen dieses Zangenkampfes ließen in ihr die Einsicht reifen, daß, unter den ethnischen Machtverhältnissen des neuzeitlichen Ostmitteleuropas, das Magyarentum, eingekeilt zwischen zwei Riesenmächten, selbst nicht stark genug sei, die Selbständigkeit des Landes zu erkämpfen und zu schützen. Nicht nur weil es ein von Großmächten umgebener Kleinstaat, sondern weil es auch ein Vielvölkerstaat war, in dem das Ungarntum nur die Hälfte der Bevölkerung ausmachte und zu schwach war, um gleichzeitig beides, sowohl die Unabhängigkeit als auch die territoriale Integrität – und innerhalb dieser die eigene Suprematie – zu bewahren.

Aus dieser Erkenntnis zog die postrevolutionäre Generation des Vormärz zwei einander entgegengesetzte politische Konsequenzen. Die intransigenten Anhänger der Selbständigkeit, vor allem die mit dem Namen *Lajos Kossuths* symbolisierte Emigration, suchte die Sicherung der Selbständigkeit der kleinen Donauvölker im Zusammenschluß. Der Donaukonföderationsplan Kossuths aus dem Jahre 1862 zielte auf einen Staatenbund des engeren Ungarn und der kleinen Nachbarstaaten auf der Grundlage der vollkommenen Gleichberechtigung der Mitgliedstaaten und der demokratischen Regelung des ungarischen Nationalitätenproblems ab. Für die Mehrheit der führenden Schicht war jedoch die Sicherheit ihrer sozialen und nationalen Hegemonie „suprema lex" der Politik. Diese Partei, nach *Ferenc Deák* benannt und aus seinen Anhängern bestehend, glaubte die Integrität Ungarns, selbst um den Preis der Beschränkung der Souveränität, nur mit der Hilfe und im Bunde mit einer Großmacht aufrechterhalten zu können. Die geographische Lage, die historische Tradition und die gemeinsamen Interessen machten für sie gleichermaßen die Erbländer der Habsburger (kurz: Österreich) zum natürlichen Bundesgenossen.

Sowohl die Konzeption Kossuths als auch die Deáks ging also von der drohenden Möglichkeit einer Auflösung des *multinationalen Ungarn* und der Sicherheit seiner Stellung in Ostmitteleuropa aus; die erstere hielt jedoch den Kompromiß mit dem parallelen und aufeinanderprallenden Nationalismus der kleinen Donauvölker, letztere den Kompromiß mit der Dynastie Habsburg, bzw. mit Österreich, für sicherer. Wie fortschrittlich und, besonders aus einer Distanz von hundert Jahren, anziehend auch der Konföderationsplan Kossuths gewesen wäre – unter den damaligen Machtverhältnissen und gegen die Strömung des expansiven Nationalismus war er nicht zu verwirklichen –, stellte er doch keine reale Alternative zur Konzeption Deáks dar, die im Ausgleich von 1867 eine dauerhafte staatspolitisch-staatsrechtliche Form annahm.

***

Die österreichischen Historiker schilderten häufig, der Ausgleich habe die Reichseinheit zersetzt, das Reich dem Chauvinismus des ungarischen grundbesitzenden Adels ausgeliefert, die Nationalitäten entfremdet; folglich sei der Ausgleich der Beginn des Unterganges gewesen. Die ungarischen Historiker haben noch öfter betont, daß der Ausgleich das fortschrittliche Ungarn von 1848 an das Schicksal der zum Untergang verurteilten Habsburgermonarchie gekettet habe, Ungarn wurde zum Scheiterhaufen, auf dem die Geschichte den Doppeladler verbrannte.

In Wirklichkeit wurde die Monarchie und Ungarn, durch den objektiven Prozeß der modernen bürgerlich-nationalen Entwicklung *bereits zerrüttet,* gerade durch den Ausgleich konsolidiert, gerade *das* verlängerte ihren Bestand um ein gutes halbes Jahrhundert. Die Ursache des Zusammenbruchs war daher weder Österreich noch Ungarn, auch nicht das durch den Ausgleich neugeregelte staatsrechtliche Verhältnis, sondern die multinationale bzw. gemischtnationale Zusammensetzung dieses historisch verknüpften ostmitteleuropäischen Flächenraumes, jene soziale und ethnische Struktur, deren adäquaten staatspolitischen Aufbau die führenden Kreise der Monarchie weder vorher noch 1867 schaffen konnten. Ob es für diese Aufgabe überhaupt eine reelle Lösung gab, darauf hat die Geschichte noch keine Antwort gegeben. Fest steht, daß der österreichisch-ungarische Dualismus die nationale Frage antidemokratisch, die verfassungsmäßige bürgerliche Umgestaltung des Vielvölkerstaates unvollkommen gelöst hat, als er die dynastische Reichsidee mit der ungarischen nationalen Staatsidee schlecht und recht in Einklang brachte.

Folglich hat der Ausgleich die Krankheitserreger des Zerfalls nicht beseitigt, nur geschwächt, obwohl der Zerfall damals bloß erst Tendenz war, nicht Schicksal. Diese Tendenz wurde allmählich, im Laufe des Zusammentreffens zahlreicher äußerer und innerer Faktoren, als Folge des wegen sozialer und nationaler Verhältnisse inadäquaten Staatssystems zur Notwendigkeit. Welche Rolle spielte Ungarn, die ungarische führende Schicht und die demokratische Linke darin?

Wenn wir die Frage objektiv betrachten, können wir nicht behaupten, daß die ungarische führende Schicht in der Monarchie von Anfang an eine eindeutig konservative, retrograde Funktion ausgeübt hätte. Es war die Generation Deáks und Eötvös', die den parlamentarischen Konstitutionalismus geschaffen hat. Nach dem Ausgleich war Ungarn die Ostgrenze Europas, wo der Liberalismus als im Staatssystem gesetzlich und institutionell festgehaltene herrschende Idee zum Durchbruch gelangte. Aber als herrschende Idee des ungarischen Groß- und Mittelgrundbesitzstaates wurde sie im Laufe der Verwirklichung stark deformiert. Die Beschränktheit des Liberalismus war die Folge des sozialen Konservativismus und Nationalismus der herrschenden Schichten sowie ihrer widersprüchlichen Situation in der Monarchie: „nach oben" waren für die Ungarn, gegenüber den weiterlebenden Tendenzen des Absolutismus und gegenüber dem stärkeren Partner Österreich, der Konstitutionalismus, die liberalen Einrichtungen, notwendig – gegenüber ihren eigenen Nationalitäten und bäuerlichen Massen jedoch waren sie auf die Machtorgane des Absolutismus angewiesen, „nach unten" war für sie die liberale Verfassungsmäßigkeit lästig. Die ungarische führende Schicht versuchte den Gegensatz zwischen Liberalismus und Nationalismus auf politischer Ebene durch die Einengung der bürgerlichen Rechte und der willkürlichen, sog. „diskretionären" Rechtsausübung vor allem in der Exekutive und in der Verwaltung, auf prinzipieller Ebene durch den Begriff der „politischen Nation" aufzulösen. Demnach sind die verschiedenen Nationalitäten Ungarns gleichberechtigte Mitglieder der „einheitlichen ungarischen politischen Nation". Diese politisch-juridische Fiktion bildete die prinzipielle Grundlage der *ungarischen Staatsidee,* die in dieser Zeit zu einem überparteilichen, heiligen und unverletzlichen Dogma wurde.

Die Anhänger der Konzeption von 1867 – der Regierungspartei – waren trotz dem Widerspruch von Liberalismus und Nationalismus insofern konsequent, daß sie sich dieses Widerspruches bewußt waren und gerade deshalb auf der *Unveränderlichkeit* der Doppelmonarchie bestanden, auf ihrer außen- und innenpolitischen Stärkung, auf den von Deák und Andrássy aufgestellten Richtlinien. Für das andere große Lager der ungarischen Politik, die nationale Opposition, war diese Konsequenz nicht charakteristisch. Die nationalradikale Opposition wies sowohl den dynastischen Zentralismus als auch das 1867er System und auch die föderativen Bestrebungen zurück. Sie kritisierte ständig die Opportunität der Regierung, ihre Ergebenheit Wien gegenüber und prangerte diese an, gleichzeitig aber unterstützte sie ihre chauvinistische Nationalitätenpolitik, ja überbot sie oft sogar.

Aber sowohl das dualistische System als auch die Befriedung der berechtigten Ansprüche der nichtmagyarischen Völker abzulehnen, die Selbständigkeit des ungarischen Staates sowohl Österreich gegenüber als auch gegen die Mehrheit der die Bevölkerung ausmachenden Nationalitäten anzustreben – das war auf jeden Fall eine irreale Zielsetzung und zeugte von einer Überschätzung der Kraft des Magyarentums, von einer Verkennung der internationalen und der intermonarchischen Lage, von politischem Illusionismus.

In den vier Jahrzehnten nach dem Ausgleich hatten sich jedoch die internationalen und die inneren Kräfteverhältnisse grundlegend geändert. In Ostmittel- und Südosteuropa hatte die letzte große Welle der Bildung von Nationalstaaten eingesetzt, im Westen spitzten sich die imperialistischen Konflikte der großen, zu Kolonialreichen angewachsenen Nationalstaaten zu. Diese beiden unterschiedlichen historischen Prozesse trafen sich in Südosteuropa und prallten gerade auf dem Gebiet der Türkei und der Doppelmonarchie, bzw. in der Frage ihres Fortbestandes, aufeinander. Die rasche kapitalistische Entwicklung brachte ebenfalls tiefgreifende strukturelle Änderungen mit sich. Neue Gesellschaftselemente mit neuen sozialen

Problemen traten auf, die sozialökonomische Basis der Nationen innerhalb der Monarchie kräftigte sich, ebenso wie die der angrenzenden kleinen Nationalstaaten. Am Ende des vergangenen Jahrhunderts wurden die sozialen und nationalen Konflikte zahlreicher, der Rahmen des Dualismus wurde durch die ungeheuren Kräfte der nationalen Autonomie und des Föderalismus angespannt, und auch separatistische Tendenzen machten sich bereits bemerkbar. Die dualistische Monarchie geriet in eine Krise.

Die Herausforderung der Veränderung und der Krise wurde von den ungarischen herrschenden Schichten auf zweierlei Art beantwortet. Jene, die die imminenten Gefahren überhaupt erkannten – der Kreis um Graf István Tisza kann als solche Richtung betrachtet werden – antworteten mit der Zurückweisung jedweder Reform, mit der allseitigen Konservierung der gesellschaftlichen und staatlichen Ordnung. Vor einem großen Teil der herrschenden und auch mittleren Schichten, das breite und heterogene Lager der Unabhängigkeitspartei kann dazu gewählt werden, verdeckte der nationalistische Illusionismus die Tiefe der Krise und deren Antriebskräfte. Der Verlust des historischen Maßstabs war so groß, daß die Schwächung der kohäsiven Kräfte der Monarchie, die immer häufigeren funktionalen Störungen des Dualismus als günstige Umstände zur Änderung der staatsrechtlichen Ordnung von 1867 im Interesse Ungarns angesehen wurden, zur Erlangung größerer Selbständigkeit, ja sogar des Übergewichtes in der Monarchie, deren Rahmen und soziale Ordnung jedoch auch sie unverändert aufrechterhalten wollten. Der antisozial eingestellte oppositionelle Nationalismus beantwortete den dualistischen Konservativismus und die österreichischen Reichsreformpläne mit „nationalem Widerstand" ständischer Tradition, mit der Verstärkung des Nationalismus und mit der Provozierung und Vertiefung der Krise.

Keine der Antworten war als Gegengewicht zur Krise oder der Auflösung geeignet. Ungarn begünstigte eigentlich vor dem Krieg, sei es als starrster Machtfaktor der unveränderlichen Konservierung der Doppelmonarchie, sei es als Repräsentant der Veränderung des Dualismus im Zeichen der ungarischen Sonderinteressen, den Fortgang der Krise und der Auflösung.

***

Trotz der immer häufigeren Krisensymptome und der Schwächung des inneren Zusammenhaltes würde ich es nicht wagen, die Auflösung um die Jahrhundertwende als unvermeidlich oder notwendig hinzustellen. Gegenüber der Politik der herrschenden Schichten, die auf das dualistische System erstarrend und gleichzeitig zersetzend wirkte, stand noch immer die demokratische Alternative offen, *das Programm der demokratischen Integration,* das von der Sozialdemokratie und dem bürgerlichen Radikalismus vertreten wurde. Diese Strömungen erstrebten eine grundlegende, mit der sozialen und nationalen Struktur harmonisierende Umwandlung der Doppelmonarchie. Für sie war die Umwandlung des politischen Systems und der sozialen Verhältnisse Hauptproblem, aber auch die nationale Frage wurde nicht außer Acht gelassen. Sie erkannten die anziehende und spannende Kraft der nationalen Idee, die Neuregelung des staatlichen Zusammenlebens der Donauvölker bildete einen organischen Teil des Programms des Austromarxismus, sie anerkannten jedoch nicht die Zweckmäßigkeit und Progressivität der kleinstaatlichen Desintegration.

Der Standpunkt der Sozialdemokratie in der rationalen Frage wurzelte in dem von der Aufklärung geerbten nationalen Freiheitsideal – in marxistischer Interpretation: im Ideal der gesellschaftlichen Gleichheit –, in der Illusion, daß der Sturz des Kapitalismus die nationale Unterdrückung und daher auch die nationalen Konflikte abschaffen würde. Aus diesem Ansatz folgte logischerweise der Primat des Klassenkampfes, die Unterordnung der nationalen Frage, des nationalen Kampfes unter den Klassenkampf des Proletariats. Das Programm der demokratischen Integration hingegen wurde von der marxistischen Entwicklungsprognose des Kapitalismus angeregt, daß nämlich die rasche Konzentration von Kapital und Produktion die Herausbildung großer wirtschaftlicher Einheiten und gleichzeitig die supranationale Integration des Proletariats mit sich bringe. Obwohl die österreichische und die ungarische Sozialdemokratie, ausgehend von theoretischen Erwägungen, gegen die kleinstaatliche Desintegration waren, näherten sie sich in der praktischen Politik Standpunkten, die die Integration auf nationalistischen Grundlagen verteidigten. Dementsprechend wurden die Beziehungen zwischen den Sozialisten der einzelnen Nationen der Monarchie schwächer, und nach der Jahrhundertwende – in Ungarn nach 1910 – näherten sich die sozialdemokratischen Parteien ihren eigenen Linksnationalen.

Weshalb kam es nicht zur Bildung einer – wenn auch nur vorübergehenden – gesamtmonarchischen Zusammenfassung der gegen das Dualistische System kämpfenden demokratischen Kräfte, zu einem gemeinsamen Programm? Oder wenn wir die Frage aus einem anderen Aspekt formulieren: Warum zerfiel die einstige internationale Einheit der Sozialisten der Monarchie? Das Letztere betreffend, wurde – meiner Meinung nach – die Grundlage für die Absonderung durch den Prozeß der Nationswerdung geschaffen, der am Anfang des vergangenen Jahrhunderts begonnen hatte und im 20. Jahrhundert seinen Höhepunkt erreichte, und in dessen Verlauf sich die *intranationale* Integration – einschließlich der Eingliederung der Arbeiterschaft in die nationale Gemeinschaft – als stärker erwies als die *internationale* Integration der Proletarierklassen. Diese dominierende Tendenz schloß zwar den zeitweiligen Zusammenschluß der einzelnen nationalen Demokratien nicht aus, jedoch stand bei den Deutschösterreichern und bei den Magyaren der Demokratismus nicht im Einklang sondern meist im Konflikt mit dem Nationalismus. Infolgedessen wurden jene Kräfte, die die Demokratie, bzw. den Internationalismus auch in der Nationalitätenfrage vertraten, in der öffentlichen Meinung der eigenen Nation isoliert, jene Demokraten und Sozialisten hingegen, die sich mit der eigenen nationalen Linken zusammenschlossen, entfernten sich von den ähnlichen Richtungen der übrigen Nationen.

Die ungarische Demokratie konnte diesen Konflikt – der ein schweres inneres Dilemma darstellte – nicht lösen, sie konnte kein demokratisches Programm aufstellen, das alle nationalen Ansprüche der Monarchie, bzw. Ungarns befriedigt hätte, was auf diesem Territorium mit gemischten Nationen, wo Nationalismen mit expansivem Grundcharakter aufeinanderprallten, auch kaum möglich gewesen wäre. Die Schwäche der österreichischen und der ungarischen Demokratie, ihr Schwanken zwischen der ehrlichen Übernahme des Kampfes gegen das dualistische System, gegen den Zweibund einerseits und ihren sich an die Aufrechterhaltung der Integrität knüpfenden Interessen und theoretischen Erwägungen andererseits, zeigte sich bereits vor dem Krieg, wurde aber erst während des Krieges entscheidend.

***

Während des Krieges führte die ungarische Oberschicht ihre konservativ-nationalistische Machtpolitik mit verstockter Besessenheit weiter, wie der Spieler, der alles auf eine Karte setzt. Die Regierung Tisza und ihre Nachfolger verharrten fest an der Seite des verbündeten Deutschen Reiches, vertrauten auf dessen militärische Macht und Sieg. Die regierenden Kreise wiesen bis zum allerletzten Moment jedwede Reform, jedwede Veränderung des Dualismus – auch Kaiser Karls Oktobermanifest – zurück, eher kehrten sie tragikomischerweise zu 1848 zurück, was sie siebzig Jahre hindurch verleugnet hatten.

Wollte die reaktionäre Oberschicht die Macht bis zum letzten Moment erhalten, so getraute sich die ungarische demokratische Linke nicht, diese zu ergreifen, obgleich sie rasch genug die verhängnisvollen Folgen des Krieges erkannte. Mihály Károlyi schnitt bereits im Dezember 1915 den Gedanken einer neuen außenpolitischen Orientierung und einer Friedensaktion an. Seine Partei verkündete im Sommer 1916 das Programm der Selbständigkeit, demokratischer Reformen und eines Friedens ohne Annexion. Die ungarische Linke wählte gegenüber der Kriegszensur und den Verfolgungen mutig diese progressive, pazifistische Plattform, blieb aber auf dieser stecken. Im letzten Akt waren ihr Programm und ihre Tätigkeit hinter dem beschleunigten Tempo der Ereignisse, der revolutionären Radikalisierung der Volksstimmung und der nationalen Forderungen, zurückgeblieben. Sie konnten durch eine politische Ambivalenz charakterisiert werden: sie wünschten die innere Umgestaltung, fürchteten jedoch die Explosion, sie förderten zwar die revolutionäre Gärung, wollten sie aber in Schranken drängen und wollten vor allem die historische Integrität Ungarns – wenn auch auf einer demokratischen Grundlage – retten.

Da keine gesellschaftliche Kraft, keine der Parteien aus dem Bannkreis der nationalen Staatsidee, die Monarchie hingegen nicht aus ihrer Gebundenheit an Deutschland ausbrechen konnte, wurde der Sturz des Systems und damit die Auflösung des Landes und der Monarchie während des Krieges endgültig unvermeidbar.

***

Wenn meine Behauptung stimmt, daß die Auflösung der multinationalen Monarchie, bzw. Ungarns wegen der ungelösten strukturellen Widersprüche des ganzen Systems notwendig war, dann müssen wir die Existenzberechtigung der Neuregelung nach dem Krieg nicht besonders beweisen. Wir können auch die sterile Diskussion über die Kriegsschuldfrage ausklammern, da es ja offensichtlich ist, daß die Gebietsverluste in keinem Verhältnis zum „Kriegsverbrechen" standen. Auf Grund dieser Prämisse fassen wir den Friedensvertrag von Trianon nicht als Strafe auf, wie auch der Krieg im Grunde genommen eher historischer Anlaß, vielleicht Propagandaargument, aber nicht Ursache des Zerfalls war.

Weiters, wenn meine Behauptung stimmt, daß die ungarische Gesellschaft nicht aus dem Bannkreis der nationalen Staatsidee und der Hegemonie ausbrechen konnte, dann müssen wir auch akzeptieren, daß die unvermeidliche Umgestaltung durch äußere Faktoren mit Gewalt durchgeführt werden mußte. Daraus folgt jedoch logischerweise, daß die konkrete Form der Auflösung nicht von den ungarischen Interessen, sondern von äußeren Faktoren, namentlich den Interessen der Alliierten und der Nachbarstaaten, bestimmt wurde. Die logische Richtigkeit ist freilich nicht unbedingt historische Berechtigung. Ich nehme einen Standpunkt weder ein noch an, der bereit ist, im Namen der historischen Notwendigkeit oder des Fortschritts jedwedes Mittel und jedwede Form der Realisierung zu rechtfertigen. Im Falle der Neuregelung von 1919 jedoch trugen die Mittel und Methoden in großem Maße zu dem bei, was die Führer der Alliierten und der Nachbarvölker nicht wollten: zur Schaffung eines extrem konservativen, chauvinistischen Systems, das sowohl für die Konsolidierung der Neuregelung als auch deren Korrektion eines der großen Hindernisse wurde.

Wie war die Haltung der Alliierten und ihrer Verbündeten gegenüber dem besiegten Ungarn? Natürlich sahen sie die von der Budapester Oktoberrevolution von 1918 geschaffene ungarische Volksrepublik als Rechtsnachfolger des dualistischen Ungarn an. Sie respektierten nicht, daß sich die Regierung Károlyi auf eine konsequent pazifistische, Entente-freundliche Grundlage stellte, die Ideen des Wilsonismus zur Basis ihrer Außenpolitik, die Demokratie zur Basis ihrer Innenpolitik machte. Es stimmt, daß die neue Regierung nicht ganz auf die Integrität des Landes verzichtete. Sie anerkannte nur den tschechischen, polnischen und südslawischen Staat, nahm aber die Unabhängigkeitserklärung des Slowakischen Nationalrates vom 30. Oktober sowie das Arader Memorandum des Rumänischen Nationalrates vom 9. November nicht an und bot den slowakischen und rumänischen Führern bloß Autonomie an. Die Regierung wollte zumindest bis zum Friedensvertrag die Oberhoheit der ungarischen Verwaltung auf dem gesamten Gebiet des engeren Ungarn aufrechterhalten, auch dort, wo sie im Waffenstillstand von Belgrad vom 13. November der Besetzung zugestimmt hatte.

Die Kritik an den nationalistischen Ansprüchen des neuen Systems, seiner Bindung an eine zerronnene Staatsidee und seinem Illusionismus kann aber die Frage, ob diese Fehler den Pariser Beschluß beeinflußt haben, weder abwenden noch lösen. Die Tatsachen, die Ereignisse beweisen, daß für die Alliierten und ihre Verbündeten in der Formulierung ihrer Ansprüche und Beschlüsse nicht die rechtlichen Prinzipien Ungarns, nicht der Demokratismus seiner Regierung, seine Nationalitätenpolitik ausschlaggebend waren, sondern, wie bereits oben erwähnt, ihre eigenen Machtinteressen.

1918 hatten die Alliierten vielfältige Interessen zu vereinigen. Ihre Neuordnungspläne können schließlich in ein Koordinatensystem eingesetzt werden, dessen eine Achse die dauerhafte Sicherung des Sieges, Deutschlands Schwächung – von französischer Seite ausgesprochen die Übernahme der Hegemonierolle Deutschlands in Ostmitteleuropa –, die andere Achse hingegen die Lokalisierung und Liquidierung der russischen sozialistischen Revolution bildete. Obwohl die Zerschlagung der Monarchie am Anfang noch nicht als Kriegsziel gesetzt war, fiel sie im letzten Abschnitt des Krieges bereits voll und ganz in den Bereich der Optimalfunktion der Neuordnung, da sich die Monarchie vom deutschen Imperialismus nicht lösen konnte, ja sogar in dessen immer größere Abhängigkeit geriet, und ihre Widerstandskraft gegenüber der Revolution, die auch den Westen bedrohte, rapid abnahm. Für die Alliierten bedeuteten vom Standpunkt beider Grundinteressen die nationalstaatlichen Bestrebungen, die die politischen Ziele und Wünsche der Mehrzahl der betreffenden Völker zum Ausdruck brachten, eine stabilere Garantie. Die grundlegende territoriale Neuregelung wurde von den während des Krieges geschlossenen Verträgen, später durch die Anerkennung des Tschechoslowakischen Nationalrates als Bundesgenossen, vorbereitet. Der rasche Ausbau der neuen, zwischen Deutschland und Sowjetrußland eingekeilten Nationalstaaten – des oft erwähnten „Kordons" – wurde auch durch das Vakuum, das mit dem Zerfall der Monarchie auf diesem gärenden, labilen Gebiet entstanden war, beschleunigt.

In dieser letzten Phase des Krieges arbeiteten auch die nichtmagyarischen Nationen ihre Pläne zur Neuordnung aus. Das Hauptziel ihrer *nationalbewußten* führenden Schichten war die Befreiung von der Herrschaft Ungarns, die Konstituierung der eigenen Staatsmacht, ihr Hauptordnungsprinzip die Vereinigung ihrer nationalen Gebiete. Dieses an sich progressive Prinzip wurzelte im Nationalismus, der die ganze neuzeitliche Geschichte Europas hindurch den Begriff der „natürlichen Grenzen", die Festlegung des „nationalen Gebietes" immer elastisch deutete und die potentielle Bestrebung nach Expansion in sich barg. Der tschechische, slowakische, rumänische, südslawische Nationalismus unterschieden sich nämlich nicht in der Grundnatur sondern nur in der Position vom magyarischen, und mit der Änderung der Position kamen gleichzeitig auch die Expansionsansprüche zum Vorschein. Die tschechoslowakischen, rumänischen und südslawischen Neuordnungspläne gingen von Anfang an über die national-ethnischen Grenzen hinaus.

Die Grundfragen der Zerschlagung der Monarchie bzw. Ungarns wurden also schon lange vor der Pariser Konferenz, ja sogar schon vor dem tatsächlichen Zusammenbruch entschieden. Ende 1918 und später auf der Konferenz konnten nur noch Details, wie die genaue Ziehung der Grenzen, zur Diskussion – und zwar zu einer ziemlich einseitigen Diskussion – stehen. Gegenüber dem großen historischen Prozeß und den ihn realisierenden Mächten waren die Argumente und Grundinteressen der ungarischen Volksrepublik ohne Gewicht. An dieser Lage hätte sich auch nichts geändert, wenn die Regierung Károlyi von Anfang an die Tatsache der Auflösung völlig akzeptiert und sich auf den Schutz der rein magyarischen Gebiete innerhalb der ethnischen Grenzen beschränkt hätte. Schon durch die Demarkationslinie von Belgrad und später durch die Reihe von Modifikationen (3., 23. Dez., 10. Jänner, 20. März 1919) wurden immer größere von Ungarn bewohnte Gebiete besetzt. Auf der Pariser Konferenz honorierten die zentrale Territorialkommission unter dem Vorsitz Tardieus und die Sachkommissionen ebenfalls weitgehend die bald historischen bald strategischen und wirtschaftlichen Argumente der Nachfolgestaaten bei der endgültigen Bestimmung der Grenzen. Darin wurden die Alliierten, vor allem Frankreich, das in ostmitteleuropäischen Angelegenheiten entscheidenden Einfluß besaß, zum Teil von früheren Versprechungen und Abmachungen geleitet, vor allem aber von dem Hauptmotiv, die ostmitteleuropäischen Pfeiler ihres Einflusses, die Nachfolgestaaten, im allgemeinen und im besonderen während der laufenden antisowjetischen Intervention zu stärken.

In diesen neuen Rahmen konnte man die ungarische Volksrepublik nicht einfügen. Es ist schwierig, klar zu entscheiden, ob die französischen Politiker und Militärs – im Gegensatz zu den gerechteren Angelsachsen – von Gehässigkeit geleitet wurden und bewußt die Zerstörung der ungarischen demokratischen Regierung anstrebten. Soviel steht fest, daß sie wenig Verständnis für ihre ungeheuren Schwierigkeiten, ihr ungewisses Schicksal zeigten und die im Grunde genommen gerechte Neuordnung im einzelnen auf sehr ungerechte Weise, willkürlich, häufig auf verletzende Art durchführten. Dies ist zum Großteil die Ursache, daß Anfang 1919 in Ungarn die westliche Orientation, der Wilsonismus und mit ihm zusammen die demokratische Ordnung bankrott machte und bald darauf gestürzt wurde.

Stieß schon die demokratische Republik auf geringes Verständnis, so konnte die ungarische Räterepublik von seiten der Alliierten und der Nachbarstaaten mit noch weniger, ja sogar nur mit offener Feindseligkeit rechnen, obwohl die Räteregierung – das müssen wir trotz der auch in der jüngsten Literatur häufig wiederkehrenden Anschuldigungen feststellen – mit dem ungarischen Nationalismus ein Ende machte. Sie erklärte des öfteren, so z. B. in dem an die tschechische, rumänische und serbische Regierung gerichteten Memorandum vom 30. April, daß sie von der territorialen Integrität Abstand nähme und das Selbstbestimmungsrecht der Nachbarvölker sowie deren gerechtfertigten Anspruch auf ihre nationalen Gebiete anerkenne. Die Führer der Räterepublik hielten die Grenzfrage nicht für erstrangig wichtig. Sie hielten sich für die Vorhut der Weltrevolution, vor ihren Augen schwebte die bevorstehende Verwirklichung der europäischen sozialistischen Revolution, und unter diesem Aspekt hatte die Diskussion über nationale Grenzen keinen besonderen Sinn. Die Räterepublik wünschte ein friedliches Verhältnis mit ihren Nachbarn, bis die tschechische und rumänische Regierung eine Intervention gegen sie begannen, in der sich antirevolutionäre Einstellung und Nationalismus, einander verstärkend, verbanden. Die Interventionsmächte mißachteten jetzt nicht nur das Selbstbestimmungsrecht der ungarischen Bevölkerung der abgetrennten Gebiete sondern auch des selbständigen Ungarn und stürzten die Räterepublik mit Gewalt.

Trotz alledem können wir objektiv feststellen, daß die Tatsache der sozialistischen Revolution keinen besonderen Einfluß auf die Beschlüsse der Pariser Konferenz in bezug auf Ungarn ausübte. Obwohl die Alliierten die Revolution an sich mit verschiedenen Vorstellungen und Methoden liquidieren wollten, spielte diese Absicht bei der Entscheidung der umstrittenen Grenzfragen keine beachtenswerte Rolle. Die Mitte Juni überreichten Bedingungen enthielten jene Gebietsbestimmungen, die bereits in den Kommissionssitzungen vom Februar und März umrissen worden waren und später im Friedensvertrag von Trianon festgehalten wurden.

***

Die in Trianon sanktionierte Auflösung war für das Ungarntum eine schwere, qualvolle aber notwendige Operation. Wenn sich die Nachbarvölker von der ungarischen Herrschaft befreien mußten, so mußte sich das ungarische Volk von der eigenen Herrschaft freimachen, vom Zauber Großungarns, der sein Bewußtsein verformte, sein Verhältnis zu den Nachbarn vergiftete, die Demokratisierung seiner gesellschaftlichen Beziehungen und die reale Erkenntnis seines Platzes in Ostmitteleuropa verhinderte. Die Operation gelang nicht vollkommen. Der Kranke blieb zwar am Leben, verlor aber zuviel Blut, viele gesunde Teile wurden herausgeschnitten, die Wunde war tief, das Trauma anhaltend. Die ungerechten Momente der Neuregelung – so die Abtrennung von 3 Millionen Ungarn – verzögerten die Genesung und erweckten die Illusion, bzw. erleichterten die bewußte Bildung der Illusion, daß die Auflösung der Monarchie nicht das Ergebnis eines seit langem gereiften historischen Prozesses, sondern der brutalen Willkür, der ungerechten Bestrafung durch die Sieger war.

Es wäre jedoch einseitig, sich dem Problem der Auflösung der Monarchie nur vom Blickpunkt Ungarns oder irgendeiner anderen Nation zu nähern. 1918 war die Station eines allgemeinen, säkularen Prozesses, der die praktische Durchführung der Selbstbestimmung förderte und die Einigung der zerrissenen Nationalgebiete Ostmitteleuropas begünstigte. Die dominierende Tendenz der Nationswerdung verlangte zwar im Prinzip nicht unbedingt die vollkommene kleinstaatliche Desintegration – die in dieser Region gar keinen reinen Nationalstaat geschaffen hat –, aber unter den militärischen und politischen Bedingungen sowie dem Bewußtseinszustand am Ende des Krieges stellte dies die realste Lösung dar.

Trotz aller positiven Seiten der Auflösung gab es doch auch negative Folgen, alte Probleme wurden gelöst, gleichzeitig aber neue geschaffen. Bei einer solchen radikalen Neuordnung war dies unvermeidlich, auch ihre gerechteste Form hätte den Widerstand, die Revanchegelüste der Besiegten hervorgerufen, was im gegebenen Fall noch von den tatsächlichen Ungerechtigkeiten geschürt wurde. Eine der Schwächen der Regelung von 1918/19 sehe ich darin, daß die radikale nationale Umwandlung nicht Hand in Hand mit einer ähnlich tiefen gesellschaftlichen Umgestaltung ging; in den meisten Ländern blieben die Hauptträger und Hauptschichten des Nationalismus an der Macht. Damit steht im Zusammenhang, daß die nationalistischen Konflikte zwischen den Donauvölkern durch die Neuregelung nicht gedämpft, sondern eher verschärft wurden. Dadurch konnte es geschehen, daß sie abermals gespalten, gegeneinander ausgespielt und Anhängsel der Großmächte wurden, genauso oder noch stärker als zur Zeit der Herrschaft der Habsburger. Die Lockerung der wirtschaftlichen Beziehungen zwischen den Donaustaaten stellte sich als großer Nachteil heraus, jene organische Kooperation zerfiel, die in den vorangegangenen Jahrzehnten eine große Mobilität und das rasche Wachstum der Produktionsfaktoren ermöglicht hatte. In der Zwischenkriegszeit verlangsamte sich die wirtschaftliche Entwicklung jener Länder, ja stagnierte auf mehreren Gebieten, keines konnte mit den neuen Anforderungen der wirtschaftlichen Modernisierung Schritt halten.

Wegen dieser Schwächen und Nachteile ist es meiner Meinung nach nicht begründet, die Ordnung von 1918/19 entweder restlos zu rechtfertigen oder sie voll und ganz zu verwerfen. Ohne Vorbehalte kann nur der diese Ordnung befürworten, der sie für die beste Lösung hält, ganz verwerfen kann sie nur der, der voraussetzt, daß es überhaupt eine gute Lösung gab. Meiner Ansicht nach kann die demokratische Regelung der aufgestauten historischen Konflikte in dieser babylonischen Region Europas nur das Ergebnis eines langen Prozesses von mehreren Etappen sein, und zwar hauptsächlich das Ergebnis des Vergleichs zwischen den hier lebenden Völkern untereinander.

Winfried Baumgart

BREST-LITOVSK UND VERSAILLES

Ein Vergleich zweier Friedensschlüsse*

Methodische Vorbemerkung. Friedensverträge und Friedensschlüsse zu vergleichen, ist ein ebenso reizvolles wie schwieriges Unternehmen. Es ist bemerkenswert, wie wenig die Historie von diesem methodisch grundsätzlich legitimen und im Ergebnis sicher fruchtbaren Erkenntnismittel bisher Gebrauch gemacht hat. Es gibt kaum Vorbilder vergleichender Untersuchungen von Friedensschlüssen[1], ganz zu schweigen von einer irgendwie ausgereiften und allgemein anerkannten Systematik der hierin anzuwendenden Methode. Dabei hatte und hat der Politiker, besonders der „Friedensmacher", ein elementares Bedürfnis, sich an Präzedenzfällen zu orientieren, sie als Leitbild oder als Warnschild zu benutzen, als Trost oder als Rechtfertigung, als Beispiel für die Vergänglichkeit und Zerbrechlichkeit dieses – wie es häufig in Vertragspräambeln heißt – „für die Ewigkeit" geschaffenen Menschenwerks oder als Vorbild jahrzehntelanger Dauer einer auf Gerechtigkeit und Weisheit aufgebauten Ordnung. Das beweisen die Protokolle von Friedensverhandlungen, die Paragraphen von Friedensverträgen und ihre Umsetzung oder Nichtumsetzung in die Wirklichkeit zur Genüge. Auch die Bedeutung, die in einer Zeit des Rationalen dem Gewicht des Symbolischen immer noch beigemessen wird, gehört in diesen Zusammenhang; Versailles und der 28. Juni 1919 – sowohl der Ort als auch das Datum – sind beziehungsreiche Symbole.

Wie sehr die Friedensmacher des 19. und 20. Jahrhunderts sich historischer Parallelen und Analogien bedienten und wie sehr sie in, durch die europäischen Friedensschlüsse entwickelten, völkerrechtlichen Kategorien dachten, wird an zwei Beispielen aus der Geschichte der Verhandlungen von Brest-Litovsk und Versailles deutlich. Als Trockij am 10. Februar 1918 in der russischen Zitadelle von Brest-Litovsk die Verhandlungen mit seinem berühmten Theatercoup, der Erklärung „Weder Krieg noch Frieden", unterbrach, war die Verwirrung unter den Delegierten der Mittelmächte und ihre Betroffenheit anfänglich groß. Der deutsche Ministerial-

---

* Ein Vorabdruck erschien mit freundlicher Genehmigung Herrn Prof. Dr. Karl Bosls in der HZ 210 (1970) 583–619.

[1] Vgl. etwa R a u m e r, Kurt von: 1648/1815. Zum Problem internationaler Friedensordnung im älteren Europa. In: Forschungen und Studien zur Geschichte des Westfälischen Friedens. Vorträge bei dem Colloquium französischer und deutscher Historiker vom 28. April bis 30. April 1963 in Münster. Münster 1965, S. 109–126 (Schriftenreihe der Vereinigung zur Erforschung der Neueren Geschichte e. V. 1). – S c h e u n e r, Ulrich: Die großen Friedensschlüsse als Grundlage der europäischen Staatenordnung zwischen 1648 und 1815. In: Spiegel der Geschichte. Festgabe für Max Braubach zum 10. April 1964. Hrsg. v. Konrad R e p g e n und Stephan S k a l w e i t. Münster 1964, S. 220–250. – H a z e n, Charles Downer/T h a y e r, William Roscoe/L o r d, Robert Howard: Three Peace Congresses of the Nineteenth Century. Cambridge/Mass. 1917. – Über die Technik und Kunst des Friedensschließens (durchweg mit scharfer Kritik an Versailles): H e n t i g, Hans von: Der Friedensschluß. Geist und Technik einer verlorenen Kunst. Stuttgart 1952.

direktor und Rechtssachverständige Kriege, der sich sogleich auf die Suche nach Präzedenzfällen gemacht hatte, konnte schließlich berichten, daß eine einseitige Friedenserklärung nur bei einem Krieg zwischen Griechen und Skythen vor mehreren tausend Jahren festzustellen sei[2]. Als entsprechendes Beispiel aus den Versailler Verhandlungen greife ich das Buch des britischen Sachverständigen und Historikers Charles Webster über den Wiener Kongreß heraus, das, im Auftrag des Foreign Office geschrieben, im Dezember 1918 erschien und den ausgesprochenen Zweck hatte, die in Paris versammelten Staatsmänner auf die Mängel, nicht so sehr auf die positiven Elemente jenes säkularen Friedenswerks hinzuweisen. Es ist bekannt, daß der damals als beispiellos angesehene Ausschluß deutscher Unterhändler von der Friedenskonferenz wenigstens zum Teil auf die in dem Buch erhobene Warnung Websters, den Deutschen die Möglichkeit zu geben, die Rolle eines Talleyrand zu spielen, zurückging[3].

Der Wiener Kongreß und das Versailler Friedenswerk. Wien und Versailles, diese beiden bedeutendsten Friedenswerke des 19. und 20. Jahrhunderts, sind überhaupt häufig – zwar nicht in systematischer, sondern mehr in zweckbestimmter oder beiläufiger Form – von Politikern und Historikern verglichen worden. Dabei wurde als Fazit allgemein festgestellt, daß das Werk des Wiener Kongresses mehr Elemente einer dauerhaften Ordnung in sich getragen habe als das Versailler Friedenswerk. Es darf allerdings nicht vergessen werden, daß die Größe und Schwere der Aufgaben, vor die sich die Staatsmänner von 1815 und 1919 jeweils gestellt sahen, sehr unterschiedlich waren. 1815 ging es darum, dem in langen Jahrzehnten europäischer Geschichte bewährten, von Napoleon aus den Angeln gehobenen Prinzip des Gleichgewichts der Mächte und den Grundsätzen der Restauration und Legitimität wieder Geltung zu verschaffen, während 1919 die revolutionierenden Theorien des Nationalitätenprinzips und des Selbstbestimmungsrechts der Völker zum erstenmal in großem Maßstab in die Wirklichkeit umgesetzt werden mußten. Der Wiener Kongreß wurde einzig und allein von den dort versammelten Staatsmännern geleitet, Einflüsse von außerhalb dieses Kreises wirkten nicht ein oder konnten, falls sie bestanden, gefahrlos übergangen werden. Von diesem Geiste traditioneller Diplomatie und Staatskunst sind alle weiteren Friedensschlüsse des 19. Jahrhunderts, der Pariser Kongreß von 1856 wie besonders der Berliner Kongreß von 1878, besonders

---

[2] Wheeler-Bennett, John W.: Brest-Litovsk. The Forgotten Peace March 1918. London 1939 [Neudruck 1963], S. 228. – Die Völkerrechtspraxis nach dem Ersten Weltkrieg kennt allerdings mehrere Fälle einer einseitigen Erklärung über die Beendigung eines Krieges: Die USA erklärten durch eine „Presidential Proclamation" von 1921 den Kriegszustand mit Deutschland als beendet (ähnlich auch China und Costa Rica); der Kriegszustand zwischen Deutschland und den Westmächten nach dem Zweiten Weltkrieg wurde 1951 von den Westmächten als beendet erklärt. Vgl. Ottensooser, D.: Termination of War by Unilateral Declaration. The British Yearbook of International Law 29 (1952) 435–442.

[3] Die Warnung steht in einer eigens für die Mitglieder der britischen Delegation angefertigten Denkschrift Websters („General Observations on the Congress of Vienna and the Applicability of its History to the Present Time"), die Webster erst in der zweiten Auflage seines Buches veröffentlichte: Webster, Charles: The Congress of Vienna 1814 to 1815. London ²1934 [Neudruck 1950], S. 175–189 (die Warnung selbst auf S. 183).

geprägt. Hinter den Staatsmännern von 1919 dagegen standen – das waren das Ergebnis des Demokratisierungsprozesses der Diplomatie und mehr noch die tiefgreifenden Wirkungen des ersten totalen Krieges und ersten wirklichen Volkskrieges der Geschichte – die unüberhörbaren und unkontrollierbaren Forderungen einer zutiefst von den wilden Leidenschaften des vergangenen Krieges geformten öffentlichen Meinung[4].

Die Feststellung solcher Unterschiede ließe sich fortsetzen. Sie ist jedoch nicht unsere Aufgabe, soll uns aber als methodische Rechtfertigung dafür dienen, daß ein Vergleich historischer Phänomene nicht den Erweis ihrer mehr oder minder vollkommenen Identität zum Ziel hat, sondern über die quantifizierbare Ausarbeitung von Gemeinsamkeiten und Unterschieden hinaus die zahlreichen Vergleichsergebnisse unter höheren Gesichtspunkten ordnen, das Wesentliche vom Zufälligen, das

---

[4] Als instruktives Beispiel für die daraus sich ergebende Last, an welcher die an den Friedensschlüssen von 1918/19 beteiligten Männer schwer zu tragen hatten, seien entsprechende Äußerungen Kühlmanns und Seymours angeführt. Am 23. Januar 1918 berichtete Staatssekretär Kühlmann vor Vertretern der Parteien über seine in Brest-Litovsk gewonnenen Eindrücke. Er sagte dabei u. a.: „Wenn ich noch eines hinzufügen darf, so möchte ich sagen, daß dieselben [die Verhandlungen] ganz unendlich erschwert worden sind durch die leidenschaftlichen Kontroversen, wie sie in einem Teil der Zeitungen in einer selbst bei uns unerhörten Schärfe hinter der Front sich abgespielt haben. Die russischen Herren pilgerten jeden Tag sofort nach Eintreffen des deutschen Schnellzuges nach dem Zeitungskiosk und zogen mit Ballen deutscher Zeitungen beladen nach Hause, und der Sekretär der russischen Delegation hat einem unserer Offiziere gesagt: unser bester Sekundant ist die deutsche Presse. [...] Ich glaube, in dieser Beziehung hat die deutsche Presse unser aller Sache [...] den denkbar schlechtesten Dienst geleistet. Dem Manne, der einmal im Feuer steht und die Fahne seines Landes trägt, darf man nicht in den Rücken schießen. Man kann zwanzigmal anderer Ansicht sein, aber wenn die Ansichten, die ich dargelegt habe, die Ansicht der stetig geführten deutschen Politik [...] sind, so mag man sich vorher darüber auseinandersetzen in jeder beliebigen Schärfe und nachher den Mann hängen oder rädern, wenn er nach Hause kommt erfolgreich oder mit Mißerfolg. Aber während er draußen steht, kann ein solches Verhalten nur schaden und niemandem nützen. [...] Diese Dinge schaden uns mehr als ein gesunkenes Panzerschiff und mehr als eine verlorene Schlacht." Der Interfraktionelle Ausschuß 1917–18. 2. Teil. Bearb. v. Erich Matthias unter Mitwirkung von Rudolf Morsey. Düsseldorf 1959, S. 147 f. (Quellen zur Geschichte des Parlamentarismus und der politischen Parteien. Erste Reihe. Bd. 1/II). – In einem Rückblick auf Versailles schrieb Seymour entsprechend: „These men [der Zehner-Rat] were by no means all-powerful. There is a price to be paid for democratic diplomacy. Had they been as wise as Nestor they were still responsible to the people back home. It was the paradox of this war waged in the cause of democracy that the very triumph of democracy gave to chauvinistic public opinion a power to determine policies which were destined to sow the seeds of another war, waged again to save democracy. [...] When Lloyd George preached a moderation of the German terms, the Northcliffe Press howled at his heels. Clemenceau, in order to save his government from overthrow was forced to insert the guilt clause in the German treaty and by his compromise in the Rhineland lost his chance of becoming President of the French Republic. Orlando, when he came back to Rome without Fiume, was ousted from the Italian premiership. The disavowal of Wilson by the American Senate was ratified by the American people in the election of 1920." Seymour, Charles: Geography, Justice, and Politics at the Paris Conference of 1919. New York 1951, S. 13 (Bowman Memorial lectures, Series one).

Typische vom Einmaligen unterscheiden und bisher nicht gesehene historische Bezugspunkte erschließen soll.

Lenin: Tilsit, Brest-Litovsk und Versailles. Bevor wir unseren Vergleich in dieser Form anstellen, sei noch einmal auf einen Friedensschluß des 19. Jahrhunderts zurückgegriffen.

Ebenso wie die Versailler Friedensordnung der Arbeit des Wiener Kongresses gegenübergestellt wurde, ist der Brest-Litovsker Vertrag mit dem Tilsiter Frieden von 1807 verglichen worden. Es war Lenin, der in den Februartagen 1918, als er in erbitterten Auseinandersetzungen mit seinen Parteigenossen und den Sozialrevolutionären über die Frage der Unterzeichnung des Friedens mit den Mittelmächten oder der Inszenierung eines revolutionären Krieges stand, sich mit einer historischen Analyse des Tilsiter Friedens beschäftigte[5]. Seine Pravda-Artikel und seine Reden vor Parteiversammlungen vom Februar und März 1918 klingen ständig in dem Refrain aus: „In seinen Verträgen mit Preußen unterjochte und zerstückelte Napoleon I. Deutschland zehnmal so sehr, wie Hindenburg und Wilhelm jetzt uns niedergedrückt haben[6]." Lenin mag aus dem Tilsiter Frieden angesichts der verzweifelten Lage des bolschewistischen Regimes Trost geschöpft haben. Er hat seine Anrufung jedenfalls zur innerpolitischen und innerparteilichen Rechtfertigung für seinen Standpunkt, den Brest-Litovsker Vertrag bedingungslos zu unterzeichnen, benutzt. Er griff danach wie nach einem Rettungsanker und verband damit den festen Glauben in den endlichen Sieg der eigenen Sache. „Wir haben einen T i l s i t e r F r i e d e n geschlossen. Wir werden auch zu unserem Sieg gelangen, zu unserer Befreiung, ebenso wie die Deutschen nach dem Tilsiter Frieden von 1807 ihre Befreiung von Napoleon in den Jahren 1813 und 1814 erlangt haben. Der Zeitraum, der unseren Tilsiter Frieden von unserer Befreiung trennt, wird wahrscheinlich kürzer sein, denn die Geschichte schreitet schneller voran[7]."

Lenin trieb die Parallele auch noch weiter: Er wies auf die Umgehungen des Tilsiter Friedens durch Preußen hin und bekundete damit seine Absicht, den Brester Vertrag seinerseits nicht als sakrosankt zu betrachten: „Der damalige Hoffmann – Napoleon – ertappte die Deutschen bei der Verletzung des Friedens, und uns wird Hoffmann ebenfalls dabei ertappen. Nur werden wir uns bemühen, daß er uns nicht so bald ertappe[8]." Bei der Ausführung dieses historischen Vergleichs hat Lenin seine berühmte Theorie der Atempause (peredyška) entwickelt: „Die Epochen der Kriege lehren uns, daß der Frieden in der Geschichte nicht selten die Rolle einer Atempause und die Sammlung der Kräfte für neue Schlachten gespielt hat. Der Tilsiter Frieden war die größte Erniedrigung Deutschlands und gleichzeitig eine Wendung zu einem gewaltigen nationalen Aufschwung. [...] Wenn also Rußland jetzt – woran nicht

---

[5] Vgl. Lenins Bemerkungen zu dem Buch von K a r e e v, Nikolaj Ivanovič: Istorija zapadnoj Evropy v novoe vremja [Geschichte Westeuropas in der Neuzeit]. Bd. 1–6. St. Petersburg ⁵1908–1915; abgedruckt im Leninskij sbornik. Bd. 11. Moskau-Leningrad 1929, S. 49–51.

[6] L e n i n, W. I. [Vladimir Il'ič]: Werke. Ins Deutsche übertragen nach der vierten russischen Ausgabe. Bd. 27. (Ost) Berlin 1960, S. 68–69.

[7] E b e n d a 69.

[8] E b e n d a 92.

gezweifelt werden kann – vom ‚Tilsiter' Frieden einem nationalen Aufschwung [...] entgegengeht, so ist der Ausweg für diesen Aufschwung nicht der Ausweg zum bürgerlichen Staat, sondern der Ausweg zur internationalen sozialistischen Revolution[9]."

Eine derart von Geschichts- und Selbstbewußtsein getragene Stimme auf deutscher Seite im Augenblick eines vergleichbaren Tiefstands nationaler Geschichte – während und nach Versailles – ist uns nicht bekannt, es sei denn, man suchte sie im Lager der Linken. Tatsächlich finden sich in der Rede des USPD-Abgeordneten Haase vor der Nationalversammlung am 22. Juni 1919 ähnliche Gedankengänge, wenn auch ein historischer Vergleich – dafür hätte sich jetzt gerade Brest-Litovsk angeboten – nicht gezogen wurde. Haase ließ das Motiv der Atempause anklingen und rechnete wie Lenin fest mit dem Kommen der Weltrevolution: „Wir brauchen den Frieden, denn sonst kommen wir nicht zum Wiederaufbau unseres Volkskörpers. [...] Die Weltrevolution schreitet vorwärts [...], und aus diesem Grunde muß der Friedensvertrag unterschrieben werden. Wir haben die volle Zuversicht [...], daß der Friedensvertrag schließlich durch die Solidarität des internationalen Proletariats, das überall zur Herrschaft kommen wird, abgeändert werden wird[10]."

Beim Bekanntwerden der alliierten Friedensbedingungen in den Monaten nach Compiègne war es wiederum Lenin, der mit dem Blick auf frühere Friedensschlüsse sogleich eine kritische Distanz – im Gegensatz zu der allgemeinen Betroffenheit und Lähmung der Geister in Deutschland – zu dem neuen „Friedens"werk gewann. Die Charakteristik, daß der Friede, den die Alliierten Deutschland bescherten, „hundertmal erniedrigender, gewaltsamer und räuberischer" sei als „unser Brester Frieden"[11], taucht in seinen Referaten Ende 1918 und 1919 häufig auf. Ihm erschien Versailles, mehr noch als Brest-Litovsk, als das „Musterbeispiel brutaler Gewaltmaßnahmen"[12]. Mit Schadenfreude versuchte er, die Scheinheiligkeit der alliierten Friedensmacher zu entlarven, indem er von dem „weitaus bestialischeren und niederträchtigeren Frieden von Versailles" sprach, den die „demokratischen" Republiken Amerika und Frankreich und das „freie" England Deutschland diktiert hätten[13]. Solchen Charakteristiken ist, anders als in der Brester Periode, auch das Gefühl des Triumphes beigemischt. Mit diesem Frieden, frohlockte Lenin, würden die Alliierten ihren eigenen Verderb vorbereiten[14]. „Denn das spielt sich ja nicht in Zentralafrika ab, sondern im 20. Jahrhundert in den zivilisierten Ländern." Den Werktätigen auf der ganzen Welt seien jetzt die Augen aufgegangen. „Und wir sagen mit absoluter Gewißheit, daß diese vollgefressene Bestie [der englisch-französische Kapitalismus] jetzt ebenso in den Abgrund stürzen wird, wie die Bestie in Gestalt des deutschen Imperialismus herabgestürzt ist[15]."

---

[9] Ebenda 149, 150.
[10] Die Deutsche Nationalversammlung im Jahre 1919 in ihrer Arbeit für den Aufbau des neuen deutschen Volksstaates. Hrsg. v. Eduard Heilfron. Bd. 4. Berlin [1921], S. 2757.
[11] Lenin: Werke Bd. 28. (Ost) Berlin 1959, S. 206.
[12] Lenin: Werke Bd. 30. (Ost) Berlin 1961, S. 269.
[13] Lenin: Werke Bd. 22. (Ost) Berlin 1960, S. 195.
[14] Lenin: Werke Bd. 28, S. 155.
[15] Ebenda 154.

Zieht man diesen Worten die demagogische Hülle ab, so findet sich ihr Kern auch in der Kritik an Versailles auf seiten der Siegermächte wieder: Es war der Wirtschaftssachverständige Keynes, der das Versailler Vertragswerk einen toten Vertrag („a dead treaty") nannte, weil es die Notwendigkeit „wirtschaftlicher Solidarität" Europas und der Welt verkenne und durch das Ziel, das Wirtschaftsleben Deutschlands zu zerstören, die „Gesundheit und Wohlfahrt" der Alliierten selbst untergrabe[16]. Auch in der Behauptung Lenins, Versailles sei hundertmal räuberischer als Brest-Litovsk, steckt ein wahrer Kern. Wenn man beide Verträge sozusagen in Gold aufwiegt, d. h. das Maß der in beiden Verträgen bzw. in ihren späteren Ausführungsbestimmungen festgelegten Kriegsentschädigungen vergleicht[17], trifft die Leninsche Charakteristik ins Schwarze.

Hitler: Brest-Litovsk und Versailles. Zweifellos haftet Lenins Aussagen über Versailles Demagogie, d. h. tagespolitische Berechnung an. Noch stärker tritt uns dieses Moment in der fast gleichzeitig, 1920, betriebenen „Aufklärung" Hitlers über die Friedensverträge von Brest-Litovsk und Versailles entgegen. Hitler beschreibt in „Mein Kampf" seinen Versuch, als Propagandaredner der NSDAP den breiten Massen den Unterschied zwischen beiden Verträgen klarzumachen[18], ihnen die „Lügenhaftigkeit" der Propaganda der anderen Parteien bloßzulegen, die dazu geführt habe, daß Millionen von Deutschen im Friedensvertrag von Versailles nur mehr eine gerechte Vergeltung für das zu Brest-Litovsk von Deutschland begangene Verbrechen sähen. Etwas verblüffend in der Formulierung lautet dann Hitlers Feststellung über den Erfolg seiner Gegenpropaganda: „Ich stellte die beiden Friedensverträge gegeneinander, verglich sie Punkt für Punkt, zeigte die in Wirklichkeit geradezu grenzenlose Humanität des einen Vertrages im Gegensatz zur unmenschlichen Grausamkeit des zweiten, und das Ergebnis war ein durchschlagendes. [...] Wieder war aus Herzen und Gehirn einer nach Tausenden zählenden Menge eine große Lüge herausgerissen und dafür eine Wahrheit eingepflanzt worden."

---

[16] Keynes, John Maynard: The Peace of Versailles. Everybody's Magazine 43 (1920) 36–41.
[17] Keynes (ebenda) hatte 1919 40 Mrd. Dollar an geschätzten Reparationsleistungen Deutschlands errechnet, der französische Finanzminister Klotz 75 Mrd. Dazu ist jeweils der Wert der beschlagnahmten deutschen Auslandsguthaben, Überseekabel, Handelsflotte, der Sachlieferungen etc. hinzuzusetzen. – Rußland hatte gemäß dem Berliner Ergänzungsvertrag vom 27. August 1918 5 Mrd. (bzw. 6 Mrd.) Rubel zu zahlen, die nicht eigentlich als Kriegsentschädigung anzusehen sind (darüber unten S. 71). – Die tatsächlichen Reparationsleistungen Deutschlands beliefen sich auf 21,807 Mrd. Goldmark (nach alliierter Bewertung) bzw. 67,673 (nach deutscher Bewertung); die russischen Rubel- und Goldlieferungen September/Oktober 1918 ergaben zusammen etwa 500 Mill. Mark.
[18] Hitler, Adolf: Mein Kampf. München 1932, S. 523–524. – Herr Prof. Ernst Deuerlein weist mich freundlicherweise darauf hin, daß der Wortlaut des Vortrags unter den Beständen des Bayerischen Hauptstaatsarchivs, Abt. Kriegsarchiv vorhanden sein dürfte. Vgl. auch seine Dokumentation: Hitlers Eintritt in die Politik und die Reichswehr. VfZ 7 (1959) 177–227 (besonders 188 und 206; ferner die Dokumentation von Phelps, Reginald H.: Hitler als Parteiredner im Jahre 1920. VfZ 11 (1963) 274–330 (besonders 275, 277, 280, 307, 320). In dem ebenda 320–321 wiedergegebenen Bericht über einen Hitler-Vortrag vom 22. Sept. 1920 im Hofbräuhausfestsaal heißt es: „Nun kommt Hitler auf den Frieden von Brest-Litowsk zu sprechen, der von deutscher Gutmütigkeit spricht, und der ein Kinderspiel gegen die heutigen Friedensverträge sei."

Der Wortlaut dieses Vortrags, den Hitler nach eigener Aussage als den in seinem Repertoire wichtigsten der damaligen Tagespolitik ansah und den er daher Dutzende Male in immer neuer Fassung wiederholte, scheint nicht bekannt zu sein. Die in dem Vortrag wiedergegebenen Grundsätze einer deutschen Ostpolitik, wie sie aus anderen Stellen von „Mein Kampf" her bekannt sind, wurden später ein wesentlicher Bestandteil der nationalsozialistischen Propaganda auf außen- und raumpolitischem Gebiet, ohne daß Brest-Litovsk als einer ihrer Ursprünge dann noch genannt wurde. Diese später verdeckten Zusammenhänge hat man vor Ausbruch des Zweiten Weltkrieges vor allem in England aufgespürt. Der englische Historiker John Wheeler-Bennett, der 1938 sein danach mehrmals neu aufgelegtes brillant geschriebenes Buch „Brest-Litovsk. The Forgotten Peace" veröffentlichte, hat darin auf diese Zusammenhänge hingewiesen und geradezu von einer in Deutschland herrschenden Brest-Litovsk-Mentalität gesprochen[19].

Brest-Litovsk – Vorbild für Versailles? Bevor wir den Vergleich zwischen Brest-Litovsk und Versailles nun selbst, im Lichte des heutigen Forschungsstandes, anstellen, ist noch der naheliegenden Frage nachzugehen, ob und gegebenenfalls in welcher Form sich die Siegermächte von 1919 bei ihrem Friedenswerk auf Brest-Litovsk, als Rechtfertigung etwa, berufen haben. Eine dementsprechende Durchsicht des bisher veröffentlichten Aktenmaterials, vor allem der dreizehnbändigen Edition der amerikanischen Akten und auch der Aufzeichnungen des Dolmetschers Mantoux[20], ergibt die bemerkenswerte Feststellung, daß in den Beratungen des Zehner- und Viererrats Brest-Litovsk, wie überhaupt die gesamten sogenannten Ostfriedensschlüsse des Jahres 1918, darunter vor allem noch der Bukarester Frieden, nur im Zusammenhang des Artikels 15 des Waffenstillstandsabkommens von Compiègne oder der entsprechenden Artikel des Friedensvertrags-Entwurfs, in denen Deutschland die Ungültigkeit dieser Friedensschlüsse anzuerkennen hatte, erwähnt wurde. Nirgends ist in diesen Dokumenten, soweit ich sehe, von Brest-Litovsk als Vorwand für das eigene Handeln die Rede. Allerdings findet sich in Quellen privater Natur hier und da eine entsprechende Erwähnung des Brester Friedens. So hat der südafrikanische General Smuts, der bekanntlich für die verhängnisvolle Ausdehnung des Reparationsbegriffs auch auf die Pensionen der entlassenen Soldaten usw. mitverantwortlich war, die Härten des Vertrages innerlich als Früchte des Zorns empfunden, die schließlich auch den Siegern bitter schmecken und teuer zu stehen kommen würden. In einem Brief aus England vom 4. Mai 1919, dessen Inhalt seiner Überzeugung entsprach, wie seine Antwort darauf zeigt, wurde ihm geschrieben[21]: „We are going to treat the Germans as they treated the Russians at Brest-Litovsk,

---

[19] Wheeler-Bennett: Brest-Litovsk S. XIV. – Vgl. ferner Pragmaticus: The Lessons of Brest Litovsk. SEER 15 (1937) 328–343 (besonders 330 und 343).

[20] Papers Relating to the Foreign Relations of the United States 1919. The Paris Peace Conference. Bd. 1–13. Washington 1942–1947. – Mantoux, Paul: Les délibérations du Conseil des Quatre (24 mars – 28 juin 1919). Notes de l'Officier Interprète. Bd. 1–2. Paris 1955.

[21] Selection from the Smuts Papers. Hrsg. von W. K. Hancock and Jean van der Poel. Bd. 4. Cambridge 1966, S. 146. – Smuts' Antwort ebenda 151. – Vgl. auch ebenda 256–259, 268–275.

and our sin will recoil upon us as their sin did upon them." Smuts hat seine Unterschrift dann auch mit starken Vorbehalten unter das Vertragswerk gesetzt.

Der hier zum Vorschein kommende innere Bezug zwischen beiden Friedensschlüssen muß den damals beteiligten Staatsmännern wohl deutlich vor ihrem geistigen Auge gestanden haben. Daß sie ihm nicht beredteren Ausdruck in ihren Beratungen untereinander wie auch vor allem in ihrem schriftlichen Notenverkehr mit der deutschen Delegation seit Mai 1919 gaben, ist wohl nur dadurch zu erklären, daß ihnen als Kontrahent oder vielmehr als Rezipient ihrer harten Friedensbedingungen nicht mehr die Vertreter der von ihnen so gebrandmarkten preußischen Militärkaste – Ludendorffs und Wilhelms II. – gegenüberstanden, sondern nach ihren eigenen demokratischen Prinzipien gewählte Volksvertreter. Die Sieger konnten sich für ihre Handlungsweise schließlich nicht auf das böse Beispiel von Militaristen und Autokraten berufen, die sie gemäß Artikel 227 bis 230 zu Kriegsverbrechern stempeln wollten[22].

Der Leiter der deutschen Delegation, Brockdorff-Rantzau, dem irgendein Anteil an den Ostfriedensschlüssen nicht nachzusagen war, konnte es sich in seiner Lage allerdings leisten, mit dem Finger auf dieses ungute deutsche Vorspiel und Beispiel zu weisen: „Wo in diesem Kriege der Sieger zum Besiegten gesprochen, in Brest-Litovsk und Bukarest, waren seine Machtworte nur eine Aussaat künftigen Unfriedens." General Smuts könnte diesen Satz geschrieben haben. Er wird wie die Hauptverantwortlichen von Versailles der von Brockdorff-Rantzau gezogenen Schlußfolgerung ihre tagesbezogene innere Berechtigung nicht haben absprechen können: „Die hohen Ziele, die zuerst unsere Gegner für ihre Kriegführung aufgestellt haben, das neue Zeitalter des Rechtsfriedens, erfordern einen Vertrag von anderer Gesinnung[23]."

Die Alliierten und Brest-Litovsk im Jahre 1918. Die hier angerufenen Ziele können uns in die Zeit der Verhandlungen von Brest-Litovsk direkt zurückführen und uns die Antwort auf die Frage liefern, wie die alliierten Staatsmänner, die Wilson, Lloyd George und Clemenceau, das deutsche Machtwort im Osten damals beurteilten und sich danach einrichteten, und uns weiterführen zu der bedeutsamen Frage, ob der Friede von Brest-Litovsk einen sogenannten Verständigungsfrieden, wie ihn Brockdorff-Rantzau für Versailles forderte, mit den Gegnern unmöglich gemacht hat.

Es ist zwar bekannt, aber noch zu wenig nachhaltig in das allgemeine Bewußtsein

---

[22] Clemenceau hat das allerdings doch einmal, soweit ich sehe – wenn auch in indirekter Form –, getan, als er am 20. Mai die deutsche Note vom 13. Mai bezüglich der Kriegsschuldfrage beantwortete und darin schrieb: „She [Germany] did not act upon the principle she now contends for [gemeint: Verständigungsfriede] either in 1871 as regards France, after the proclamation of the Republic, nor in 1917 in regard to Russia after the revolution which abolished the Tsarist régime." (Papers Relating to the Foreign Relations of the United States 1919. The Paris Peace Conference. Bd. 5. Washington 1946, S. 742.) – Brockdorff-Rantzau hat es sich denn auch nicht entgehen lassen, auf diese Anspielung direkt zu antworten und sie in eine umgekehrt an die Adresse der Alliierten gerichtete Anklage umzumünzen. Vgl. Brockdorff-Rantzau, Graf [Ulrich von]: Dokumente und Gedanken um Versailles. Berlin ³1925, S. 80 (Note vom 24. Mai 1919).

[23] Ebenda 87 (Note vom 29. Mai 1919).

eingedrungen, daß die Veröffentlichung der Vierzehn Punkte Wilsons am 8. Januar 1918 nicht zufällig in die Zeit der Verhandlungen von Brest-Litovsk fällt, daß Wilson zu ihrer Verkündigung durch diese Verhandlungen erst veranlaßt worden ist und sie als Antwort auf das russische Friedensdekret vom 8. November 1917 wie auf das Sechs-Punkte-Friedensprogramm des russischen Verhandlungsleiters Ioffe in Brest-Litovsk angesehen hat. Darüber hinaus waren die Vierzehn Punkte ein direkter Appell an das russische Volk zum Weiterkämpfen an der Seite der Verbündeten. Trotz des bemerkenswerten terminologischen Zusammenspiels Amerikas und Sowjetrußlands, wie es in den Friedensgrundsätzen Wilsons und den Friedenserklärungen der russischen Regierung zum Ausdruck kommt, unterschieden sich beide Programme doch wesentlich in der Auffassung des Nationalitätenrechts und des Selbstbestimmungsrechts der Völker. Lenin hat dieses Prinzip im klaren Bewußtsein auch der möglichen Folgen für Rußland selbst radikal auf die Spitze getrieben und das Recht jeder Völkerschaft auf Selbstbestimmung bis zur Sezession aus dem alten Staatsverband öffentlich verkündet. Wilson ließ sich durch seinen Staatssekretär Lansing, wie wir aus dessen Nachlaß wissen, am 2. Januar 1918 vor einer solchen radikalen Verwirklichung des Prinzips warnen[24]. Mit dem Blick auf das Britische Empire und seine Dependenzen in Irland und Indien beschwor Lansing den Präsidenten, dagegen etwas zu tun, da seine Anwendung zur totalen Anarchie bestehender Staatsformen führen würde. Tatsächlich findet sich der Terminus Selbstbestimmungsrecht nicht unter den Vierzehn Punkten ausdrücklich genannt, und Wilson hatte damals keineswegs, wie uns heute bekannt ist, etwa die Auflösung des Habsburgerreiches mit Hilfe dieses Sprengmittels im Auge. Für die deutsche Regierung unterschied sich die Botschaft Wilsons zwar im Ton vorteilhaft von früheren Kundgebungen, dem Inhalt nach mußte jedoch das Wilsonsche Programm bei dem damaligen Stande des Krieges in wichtigen Punkten unannehmbar, ja indiskutabel erscheinen.

Über die englische Reaktion auf Brest-Litovsk sind wir besonders durch die jüngsten Forschungen Ullmanns unterrichtet[25]. Danach lastete der Gedanke an eine deutsche Beherrschung des gewaltigen Ostraums auf den englischen Militärs wie ein Alptraum, der das Weltkriegsende in unbestimmte Ferne rücken würde. Aus den Äußerungen des Außenministers Balfour in dieser Zeit spricht sowohl zynischer Vernichtungswille gegen Deutschland als auch die Hoffnung auf ein zweckbedingtes Zusammengehen mit den Bolschewisten: „Wir müssen die Bolschewisten möglichst dazu bringen, das antibürgerliche Jahrtausend solange zu vertagen, bis sie und wir die Deutschen geschlagen haben[26]."

Clemenceaus Reaktion auf Brest-Litovsk kommt am prägnantesten und schneidendsten in seiner Rede vor der französischen Kammer am 8. März zum Ausdruck[27]: „Ma politique étrangère et ma politique intérieure, c'est tout un. Politique inté-

---

[24] Papers Relating to the Foreign Relations of the United States. The Lansing Papers 1914 to 1920. Bd. 2. Washington 1940, S. 346–349.
[25] Ullman, Richard H.: Intervention and the War. Princeton 1961 (Anglo-Soviet Relations, 1917–1921. Bd. 1).
[26] Randvermerk auf einem Aktenstück vom April 1918: Dugdale, Blanche E. C.: Arthur James Balfour, First Earl of Balfour. Bd. 2 [1906–1930]. London 1936, S. 256.

rieure, je fais la guerre; politique extérieure, je fais toujours la guerre. Je fais toujours la guerre. [...] La Russie nous trahit, je continue de faire la guerre. La malheureuse Roumanie est obligée de capituler: je continue de faire la guerre, et je continuerai jusqu'au dernier quart d'heure."

Brest-Litovsk und der „Verständigungsfrieden" mit dem Westen. Die angeführten und noch andere Äußerungen der alliierten Staatsmänner über Brest-Litovsk zeigen, daß der deutsche Machtfriede im Osten sie in der Überzeugung bestärkte, daß sie von einem siegreichen Deutschland keinen Frieden des Ausgleichs zu erwarten hatten[28]. Die genannten Belege lassen den eindeutigen Schluß zu, daß der Kampfwille der Gegner im Westen durch Brest-Litovsk bestärkt wurde und die Interessengegensätze der beiden Lager sich vertieften. Ebenso unzweideutig ist es aber auch, daß eine Verständigungsbereitschaft der Alliierten durch Brest-Litovsk nicht zerstört worden ist, weil es sie gar nicht gegeben hat. Die Kriegsziele der Alliierten standen in ihren Grundsätzen lange vor Brest-Litovsk, d. h. vor dem Vertragsabschluß fest. Es ist dabei zu berücksichtigen, daß im Januar 1918, als Frankreich, England und Amerika in öffentlichen Kundgebungen ihre Kriegsziele umrissen haben, die Konturen des deutschen Ostfriedens noch nicht festlagen, geschweige denn dem Gegner bekannt waren. Wir werden auf diesen interessanten Punkt noch zurückkommen. Auch aus diesem Grunde konnte Brest-Litovsk für Versailles nicht als Vorbild dienen.

Trotz dieser durch die Forschung geklärten Zusammenhänge haben damals deutsche Politiker – entgegen einer heute noch vertretenen Meinung[29] – das bittere Dilemma empfunden, daß deutsche Erfolge im Osten die Kluft zu den Westmächten unüberbrückbar machen würden. Kein anderer als Kühlmann, dessen Unterschrift der Vertrag von Brest-Litovsk trägt, der gleichwohl für die Gestalt dieses Vertrages nicht verantwortlich zu machen ist, war von dieser Überzeugung zutiefst durchdrungen. Das beweisen nicht nur sein unablässiger Kampf mit der Obersten Heeresleitung, sondern auch entsprechende Äußerungen. Sein Verhandlungsprogramm, das er kurz vor seiner Abreise nach Brest-Litovsk Weihnachten 1917 vor Parteiführern erläuterte, gründete sich auf die Überlegung: Bei dem ganzen Friedensschluß müsse man im Auge behalten, daß die Westmächte daraus Konsequenzen ziehen würden[30]. Auch Parteiführer, besonders Erzberger und Ebert, waren sich, nachdem der Brester

---

[27] Clemenceau, Georges: Discours de guerre. Publiés par la Société des Amis de Georges Clemenceau. Nouv. éd. revue et complétée. Paris 1968, S. 172 f.

[28] Der englische Ausdruck „the German peace" erhielt damals diese Bedeutung. Vgl. etwa A History of the Peace Conference of Paris. Hrsg. von H. W. Temperley. Bd. 1. London 1920, S. 186: „It was the Brest-Litovsk negotiations, that orgy of strategic and economic aggression, which first taught an astonished world the inner meaning of a ‚German peace'."

[29] Vgl. zuletzt Kielmansegg, Peter Graf: Deutschland und der Erste Weltkrieg. Frankfurt/M. 1968, S. 608.

[30] Der Interfraktionelle Ausschuß. 1. Teil. Bearb. v. Erich Matthias unter Mitwirkung von Rudolf Morsey. Düsseldorf 1959, S. 640 (Quellen zur Geschichte des Parlamentarismus und der politischen Parteien. Erste Reihe. Bd. 1/I). – Vgl. auch ebenda S. 640 Anm. 9, S. 638 Anm. 7. – Der zitierte Passus lautet in der Niederschrift des Protokollführers: „Mäßigung bei Behandlungen der Friedensfrage wegen Ausland." (Deutsch-sowjetische Be-

Vertrag und vor allem der im Sommer 1918 vereinbarte deutsch-russische Ergänzungsvertrag in Berlin geschlossen waren, der Unvereinbarkeit des Ostfriedenswerkes mit dem erstrebten allgemeinen Frieden bewußt[31]. Daher war als wichtiger Punkt im Programm des Interfraktionellen Ausschusses, der Keimzelle der späteren Weimarer Koalition, die Revision des Ostfriedens vorgesehen[32].

Die Grundtendenzen des Versailler Friedenswerkes. Bevor wir zu dem eigentlichen materiellen Vergleich zwischen Brest-Litovsk und Versailles kommen, ist noch eine Reihe grundsätzlicher Vergleichspunkte und -möglichkeiten zu beleuchten.

Beiden Friedenswerken ist gemeinsam, daß sie nicht nur, wie jeder Friedensschluß, Kriege (hier jeweils einen Teil des Weltkrieges) beendeten, sondern in unlöslicher Verbindung mit innerpolitischen Umbrüchen standen. Krieg und Revolution stehen überhaupt in einem eigenartigen spezifischen Zusammenhang. Er kennzeichnet die großen europäischen Friedensordnungen der Neuzeit von 1648 bis 1815. Zuletzt war noch der Krimkrieg mächtiger Anstoß zu umfassenden innerpolitischen Reformen des Zarenreiches gewesen.

Neben diesen in größerem Zusammenhang stehenden angedeuteten Gemeinsamkeiten lassen sich weitere Übereinstimmungen beobachten. Wir wissen heute, daß das Bild des Duells, das zwischen Wilson, der das Prinzip einer gerechten freien Demokratie („make the world safe for democracy") verfochten habe, und Clemenceau, Vertreter einer überlebten Machtpolitik und intrigenreichen Diplomatie, ausgetragen worden sei, nicht mit den Tatsachen übereinstimmt. So manche amerikanischen Vorschläge trugen Zeichen des Eigennutzes ebenso wie Vorstellungen der Europäer auf echtem Idealismus beruhten. Obwohl also diese anfängliche Schwarzweißmalerei in der Auseinandersetzung um Versailles erhebliche Abtönungen und Korrekturen erfahren hat, trägt die Versailler Friedensordnung doch unverkennbar den Stempel des Kompromisses, des widerspruchsvollen, brüchigen Kompromisses. Die Konferenz, so hat es Winston Churchill einmal formuliert, war „a turbulent collision of embarrassed demagogues"[33]. Das ursprüngliche Friedensprogramm der Alliierten, besonders dasjenige Wilsons, ist bis zur Unkenntlichkeit verwässert worden. Mancher Verhandlungsteilnehmer empfand diese Diskrepanz zwischen Vorstellung und Wirklichkeit schon beim Abschluß des Vertrages. Die angeführte Stimme des Engländers Keynes gehört in diesen Zusammenhang. Ihr gab auch der englische Diplomat Harold Nicolson in seiner klassischen Beschreibung der Konferenz, in „Peacemaking", Ausdruck, als er schrieb, man sei mit der festen Überzeugung nach Paris gegangen, daß ein Frieden der Gerechtigkeit und Weisheit verhandelt werden würde, aber in dem Bewußtsein wieder abgereist, daß der den Feinden auferlegte Frieden weder gerecht noch weise ausgefallen sei[34].

---

ziehungen von den Verhandlungen in Brest-Litowsk bis zum Abschluß des Rapallovertrages. Berlin 1967, S. 145 [Dokumentensammlung. Bd. 1, 1917–1918].)
[31] Belege bei B a u m g a r t , Winfried: Die „geschäftliche Behandlung" des Berliner Ergänzungsvertrags vom 27. August 1918. Historisches Jahrbuch 89 (1969) 131, 132.
[32] Der Interfraktionelle Ausschuß 1917/18. 2. Teil S. 680, 702, 784.
[33] C h u r c h i l l , Winston S.: The World Crisis. The Aftermath. London 1929, S. 120.
[34] N i c o l s o n , Harold: Peacemaking 1919. London 1964, S. 187 [Nachdruck der 2. Aufl. von 1943] (University Paperbacks 122).

Tatsächlich ist der Gedanke der Neuordnung der Weltverhältnisse hinter den Gedanken der Wiedergutmachung und der Furcht vor einem Wiedererstarken des Deutschen Reiches zurückgetreten. Versailles sollte ja nach den Intentionen der Alliierten nicht nur ein Friedensvertrag im engeren Sinne werden, sondern eben, wie es der Wiener Kongreß für Europa in der Tat darstellte, ein völkerrechtlicher Vertrag zur Neugestaltung der Welt. Nach seinem Ergebnis kann davon keine Rede sein. Die Probleme des Fernen Ostens etwa wurden nur insofern gelöst, als lediglich die in diesem Gebiet gelegenen deutschen Kolonien unter die Sieger verteilt wurden. Von größeren Folgen war das Versagen, das bolschewistische Rußland am Werk der Ordnung zu beteiligen. Man kennt das Wort vom fünften Stuhl in Paris, der zwar leer und unsichtbar, aber dennoch stets gegenwärtig gewesen sei. Lenin hatte diesem Moment schon sehr früh, am 6. November 1918 vor dem Gesamtrussischen Sowjetkongreß, Ausdruck verliehen, als er von der gefährlichen Lage der Sieger gegenüber Deutschland sprach, die vom materiellen Standpunkt aus den Deutschen einen Gewaltfrieden aufzwingen könnten, „gäbe es nicht auf der Welt den für sie so unangenehmen Bolschewismus"[35]. Der neue Sowjetstaat wurde zwar in der Isolierung gehalten; es war aber unausbleiblich, daß er auf die in Versailles geschaffene europäische Ordnung einen zersetzenden Einfluß ausüben würde, nicht nur weil er das wieder zusammengeschmiedete gewaltige russische Reich, sondern auch die internationale kommunistische Bewegung beherrschte. Schließlich und nicht zuletzt ist es in Paris zu der erstrebten Weltordnung auch deshalb nicht gekommen, weil die Vereinigten Staaten den Idealen Wilsons bald eine Absage erteilten und sich aus den europäischen Geschäften gänzlich zurückzogen. Die ihnen so plötzlich zugefallene Weltmachtrolle vermochten sie damals noch nicht zu spielen. So ist auf dem Hintergrunde dieser verworrenen, unfertigen weltpolitischen Lage aus Versailles eine unheilvolle nur teileuropäische „Friedensordnung" geworden.

Auch in anderer Hinsicht trägt Versailles den Charakter der Unvollkommenheit, die aber in dem engeren Zusammenhang des deutsch-französischen Verhältnisses und der europäischen Mächtebeziehungen als positives Faktum verbucht werden muß. In der leidenschaftlichen Ablehnung des Versailler Vertrages auf deutscher Seite in den zwanziger Jahren hat sich der Gesichtspunkt nie Geltung verschaffen können, daß die durch Bismarck geschaffene Einheit des Reiches erhalten geblieben ist, obwohl französischerseits während des Krieges Pläne zu seiner Auflösung, darunter

---

[35] Lenin: Werke Bd. 28, S. 155. – Vgl. noch die von Epstein, Fritz T.: Studien zur Geschichte der „Russischen Frage" auf der Pariser Friedenskonferenz von 1919. Jahrbücher für Geschichte Osteuropas 7 (1959) 432 zitierten Äußerungen von alliierter Seite (Walter Lippmann: „The everpresent bogey of Bolshevism"; Ray St. Baker: „Paris cannot be understood without Moscow.") – Zur „russischen Frage" auf der Pariser Konferenz vgl. zuletzt: Thompson, John M.: Russia, Bolshevism, and the Versailles Peace. Princeton 1966 (Studies of the Russian Institute, Columbia University). – Neuerdings auch Mayer, Arno J.: Politics and Diplomacy of Peacemaking. Containment and Counterrevolution at Versailles, 1918–1919. New York 1967. Mayers Grundthese ist, daß die russische Frage das Zentralthema bildet, das der Versailler Konferenz eigentlich zugrundelag. Thompson vertritt dagegen die „traditionelle" Auffassung, daß „the Russian problem was by no means a major preoccupation of the peacemakers" (vgl. ebenda 3–9, 395).

auch seitens Briands, bestanden haben. Die französische Regierung hat solche Pläne allerdings nicht in ihr offizielles Kriegszielprogramm aufgenommen – oder doch nur in der Form einer Abtrennung linksrheinischen Gebiets, der immerhin noch 1917 die Rußland verbriefte „Freiheit für die Festlegung seiner Westgrenze" (Polen und Ostpreußen) entsprach. Clemenceau hat sich bekanntlich 1919 der von Foch u. a. gestellten Forderung nach einer Loslösung der Rheinlande widersetzt, da er sich durch Lloyd George von der Gefahr, die ein im Herzen Europas ungebührlich geschwächtes Machtgebilde bedeuten würde, überzeugen ließ. An diesem Punkt haben Frankreichs Ultranationalisten nach Abschluß des Versailler Vertrages ihre Kritik angesetzt. So führte Louis Barthou, eines der Delegationsmitglieder, am 5. August vor dem Friedensausschuß der Kammer aus, der Vertrag sei ein schwerer Fehler, weil er das Werk Bismarcks nicht zerstört, sondern die deutsche Einheit vertieft und formell anerkannt habe[36].

Die Hauptmerkmale des Brest-Litovsker Friedens. Den französischen Friedensvorstellungen von 1919 – und das führt uns wieder zu Brest-Litovsk zurück – wie auch den deutschen Absichten gegenüber Rußland 1918 lag der Gedanke zugrunde, daß die Wiederkehr eines neuen Krieges gegen den alten Gegner unvermeidlich, naturgegeben sei und die Friedensbestimmungen daher dem Sieger eine günstige militärstrategische Ausgangsstellung sichern müßten. Die französische Besetzung und die Demilitarisierung des Rheinlandes ebenso wie das Verbleiben deutscher Truppen im Baltikum sind Ausdruck des Triumphes militärtechnischer Erwägungen über alle anderen Rücksichten. Auf deutscher Seite hat besonders Hindenburg den militärischen Sicherungsgedanken vertreten, mit dem er gegenüber der Reichsleitung die baltischen Länder für Deutschland forderte. Auf die Frage Kühlmanns während der Kreuznacher Besprechung vom 18. Dezember 1917, warum er, Hindenburg, die baltischen Gebiete besetzt halten wolle, soll er geantwortet haben[37]: „Ich brauche sie zur Entfaltung meines linken Flügels im nächsten Krieg." Bei Ludendorff treten zu diesem Gedanken noch völkische Gesichtspunkte, die ihn in unmittelbare Nähe der späteren nationalsozialistischen Ostraumvorstellungen bringen.

Die hier angedeuteten Auseinandersetzungen unter den obersten Instanzen des Deutschen Reiches – Kühlmann und auch der Kaiser sahen umgekehrt in der Abschnürung Rußlands von der Ostsee die eigentliche Gefahr eines späteren Krieges – sind die tieferreichende Erklärung für den Kompromißcharakter auch des Brest-Litovsker Vertrages. Er liegt darin begründet, daß Brest-Litovsk – dies wird nicht immer deutlich genug gesehen – weder den einseitigen Triumph Ludendorffschen militärtechnischen Denkens darstellt noch den Sieg der Vorstellungen Kühlmanns, der Rußland möglichste Schonung angedeihen lassen wollte. Diese Halbheit ist

---

[36] Über die französischen Kriegsziele vgl. R e n o u v i n , Pierre: Die Kriegsziele der französischen Regierung 1914–1918. GWU 17 (1966) 129–158. – Ferner D u r o s e l l e , [Jean-Baptiste]: Les relations franco-allemandes de 1918 à 1950. Bd. 1. Paris [o. J.], S. 54–60; Bd. 2, Paris [o. J.], S. 3–6 („Les cours de Sorbonne". Histoire moderne et contemporaine). – Vgl. auch S c h w a r z , Albert: Die Weimarer Republik. In: Handbuch der Deutschen Geschichte. Bd. 4, Abschnitt 3. Konstanz 1958, S. 18.

[37] W h e e l e r - B e n n e t t : Brest-Litovsk 109. Weitere Belege in: Deutsch-sowjetische Beziehungen Bd. 1, S. 63, 125.

letzten Endes verantwortlich für die Zerfahrenheit der folgenden deutschen Ostpolitik, wie hier nicht näher ausgeführt zu werden braucht. Es lassen sich im Jahre 1918 zwei Momente feststellen, in denen Ludendorff zur Besetzung Petersburgs und Moskaus und damit zum Auslöschen des Bolschewismus entschlossen war, an der Ausführung dieses Entschlusses aber durch den steifen Widerstand des Auswärtigen Amtes gehindert wurde. Umgekehrt läßt sich beweisen, daß Kühlmann mit der Härte des Brester Vertrags, wie sie in den territorialen Bestimmungen zum Ausdruck kommt, ebensowenig gemein hat wie mit dem über den Vertrag sich hinwegsetzenden maßlosen militärischen Ausgreifen nach Osten[38] im Sommer 1918.

Brest-Litovsk – Fortsetzung des Krieges mit dem Mittel des Friedens. Läßt sich also sowohl der Brester wie der Versailler Friede in dieser Hinsicht als ein durch mancherlei Ein- und Gegenwirkungen zustandegekommener Kompromiß kennzeichnen, so sind sie doch in einer anderen Beziehung gänzlich verschieden. Versailles sollte, wie gesagt, den ursprünglichen Vorstellungen der Alliierten entsprechend, ein allgemeiner, ja weltumfassender Friedensschluß werden. Brest-Litovsk jedoch sollte den deutschen Überlegungen gemäß nichts mehr als ein Provisorium und konnte nach Lage der Dinge auch kein endgültiger Friedensschluß sein: Erstens war die Entwicklung der Verhältnisse in Rußland wegen der Nachwehen der Oktoberrevolution noch in stetem Fluß begriffen, zweitens hing die deutsche Lösung der Ostfragen notwendig mit der noch ausstehenden Entscheidung im Westen zusammen, und schließlich war der Brester Vertrag das Bastardprodukt der angedeuteten Gegensätze zwischen den maßgebenden Regierungsfaktoren in Deutschland.

Was den ersten Punkt angeht, so hat der Vertrag von Brest-Litovsk, wie der Sommer 1918 erwies, den Krieg im Osten weder militärisch noch diplomatisch vollständig liquidiert, sondern vielmehr ganz neue Schwierigkeiten hervorgebracht, und er hat, was auf den dritten Grund zurückzuführen ist, Deutschland nicht vor der Gefahr des Bolschewismus gesichert. Was den zweiten Punkt betrifft, so muß der Brester Vertrag als Kriegsmaßnahme, als Hilfsmittel für den Entscheidungskampf im Westen angesehen werden: Er sollte es ermöglichen, die Ostfront zugunsten der Westfront militärisch abzubauen und darüber hinaus den Ostraum für die weitere Kriegführung wirtschaftlich zu erschließen. Wollte man das berühmte Clausewitzsche Wort vom Krieg als Fortsetzung der Politik mit anderen Mitteln auf Brest-Litovsk in dieser Sicht gesehen anwenden, so müßte man es abwandeln und von Brest-Litovsk und seiner Ausführung als von der Fortsetzung des Krieges mit dem Mittel des Friedens sprechen. Es ist heute, besonders nach der Offenlegung der englischen Rußlandpolitik, nicht mehr zu bezweifeln, daß, wenn Deutschland nicht in den Ostraum ausgegriffen hätte, das durch die russische Revolution in Osteuropa geschaffene Machtvakuum von den Ententemächten gefüllt worden wäre. Das Stich-

---

[38] Als neueste Studie darüber vgl. B a u m g a r t, Winfried: Das „Kaspi-Unternehmen" – Größenwahn Ludendorffs oder Routineplanung des deutschen Generalstabs? Ein kritischer Rückblick auf die deutsche militärische Intervention im Kaukasus am Ende des Ersten Weltkriegs. JbGO 18 (1970) 47–126. – Zur deutschen Ostpolitik 1918 vgl. d e r s.: Deutsche Ostpolitik 1918. Von Brest-Litowsk bis zum Ende des Ersten Weltkrieges. Wien-München 1966.

wort von der alliierten Intervention, die im Frühjahr 1918 einsetzte und zunächst gegen Deutschland, nicht gegen den Bolschewismus gerichtet war, mag als Hinweis dafür genügen.

Staatssekretär Kühlmann hat Brest-Litovsk durchweg als Provisorium, als „Notgebäude" betrachtet. Als Beleg brauchen nicht seine 1930 entstandenen unveröffentlichten Erinnerungen herangezogen zu werden[39]. Die jüngst aus dem Potsdamer Archiv publizierten Akten über Brest-Litovsk[40] vermitteln diesen Eindruck in zahlreichen Dokumenten. Man kann danach Kühlmanns Standpunkt dahingehend formulieren, daß Brest-Litovsk gar kein Friedensschluß, sondern nur ein Präliminarfrieden im klassischen Sinne sein sollte. Dies ist auch der Grund, warum nach dem Waffenstillstand von Brest-Litovsk vom 15. Dezember 1917 kein eigens so bezeichneter Präliminarfrieden abgeschlossen wurde, wie das in der Geschichte der europäischen Friedensschlüsse des 19. Jahrhunderts der übliche Ablauf gewesen ist. In den internen Beratungen auf deutscher Seite im Winter 1917/18 wird von dem mit Rußland zu schließenden Vertrag fast stets als von dem „Präliminarfrieden" gesprochen. In ihm sollten, wie es Staatsminister Helfferich in einer dieser Sitzungen ausführte[41], nur die großen Richtlinien festgelegt, die meisten Einzelheiten aber für den „endgültigen Friedensvertrag" aufgespart werden. Helfferich verglich diese Sachlage mit dem damals letzten voraufgegangenen Präliminarfrieden mit Frankreich 1871 und hob den Unterschied hervor: Der Präliminarfrieden von Versailles – Clemenceau nannte daraufhin den Vertrag von 1919 den „zweiten Versailler Frieden" – sei mit nur unerheblichen Zusätzen zum endgültigen Friedensvertrag geworden[42].

Die Frage, warum nach Compiègne kein Präliminarfriede geschlossen wurde, muß allerdings auf andere Gründe zurückgeführt werden. Wohl gedachte man ursprünglich auch hier von dem traditionellen modus procedendi nicht abzugehen. Doch war es Wilson, der am 14. März 1919 nach seiner Rückkehr aus Washington erklärte, daß er keinen Präliminar-, sondern nur einen Definitiv-Frieden wünsche. Dieses Verlangen entsprang innerpolitischen Rücksichten, die der Präsident zu nehmen hatte. Die Verfassung der Vereinigten Staaten forderte, daß jeder Vertrag vor der Ratifikation durch den Präsidenten vom Senat mit Zweidrittelmehrheit gebilligt werde. Wilson fürchtete schon damals die Opposition des Senats gegen das Pariser Friedenswerk und wollte dieser Körperschaft nicht zweimal Rede und Antwort stehen[43].

---

[39] Vgl. Steglich, Wolfgang: Die Friedenspolitik der Mittelmächte 1917/18. Bd. 1. Wiesbaden 1964, S. 410.
[40] Vgl. oben Anm. 30.
[41] Deutsch-sowjetische Beziehungen Bd. 1 S. 170 (Sitzung vom 22. Dezember 1917).
[42] Wohl haben nach Abschluß des Berliner Ergänzungsvertrags Mitglieder der deutschen Regierung (Hertling, Hintze, Payer) im September 1918 in vertraulichen Äußerungen und und auch öffentlichen Kundgebungen das Ostfriedenswerk als definitiv und im Hinblick auf den allgemeinen Frieden unumstößlich bezeichnet; diese Ansicht aber blieb im Schoß der Regierung nicht unwidersprochen, und die Regierung des Prinzen Max hat die Revision des Brester Friedens als einen der Hauptpunkte in ihr Programm aufgenommen.
[43] Vgl. Duroselle: Les relations franco-allemandes Bd. 1, S. 128.

Waren Brest-Litovsk und Versailles „Diktat"-Friedensschlüsse? Wir sind nun schon bei unserem Vergleich der beiden Friedensschlüsse an einer technischen Einzelheit angelangt. Bevor wir aber schließlich den wesentlichen Inhalt der Verträge einander gegenüberstellen, sei vorweg noch auf die im allgemeinen Bewußtsein festgewachsene Beurteilung beider Friedensschlüsse als jeweils eines „Diktats", eines Diktatfriedens eingegangen. Diese Bezeichnung stammt ja nicht nur aus der Sphäre der Propaganda, sie wird auch heute noch von Historikern mehr oder minder unbedacht in bezug auf beide Friedensschlüsse verwendet. Dabei sind die Meinungen, ob denn Brest-Litovsk oder Versailles ein Diktat sei oder beide es seien, unterschiedlich. Zumeist wird dabei mit einer Prozentrechnung der jeweiligen Verluste des Besiegten an Land und Leuten und Wirtschaftsgütern operiert. In einer solchen Verlustrechnung darf sich der Vergleich aber nicht erschöpfen, um die Bezeichnung Diktat zu rechtfertigen oder zu widerlegen. So kommt etwa Kielmansegg, dem wir die jüngste um Verständnis und Ausgleichung bemühte Darstellung des Ersten Weltkriegs verdanken, zu dem Ergebnis, daß materiell Rußland durch den Frieden von Brest-Litovsk schwerer getroffen worden sei als Deutschland durch den Frieden von Versailles[44].

Zunächst ist zu bemerken, daß „Diktat" kein rechtlicher oder völkerrechtlicher Begriff ist, sich also nicht im Sprachschatz der Diplomatie findet, sondern ein politisches Schlagwort darstellt. Will man es als Kennzeichen für die Verfahrensweise des Siegers gelten lassen, der seine Bedingungen dem Besiegten ohne Anhörung seines Standpunktes, d. h. ohne Verhandlungen und in ultimativer Form aufzwingt, so ist es nicht nur auf Versailles, sondern auch auf Brest-Litovsk anwendbar. Das wird zumeist übersehen, weil darauf hingewiesen werden kann, daß ja in Brest-Litovsk Verhandlungen, und zwar sehr ausgedehnte, stattgefunden haben. Doch muß hier zwischen der Phase der Verhandlungen Dezember/Januar und der Phase der ultimativen Forderungen Ende Februar/Anfang März 1918 streng unterschieden werden. Es kann mit Fug und Recht gesagt werden – und darin befinde ich mich in Übereinstimmung sowohl mit der frühen wie auch der heutigen sowjetrussischen Geschichtsschreibung –, daß ein Friedensschluß in der ersten Phase der Brester Verhandlungen, wenn ihn die Bolschewisten nur gewollt hätten, in politischer (territorialer) wie in wirtschaftlicher Hinsicht unvergleichlich milder ausgefallen wäre als der schließlich am 3. März unterzeichnete. Die drückendsten territorialen Bestimmungen, Abtrennung der Ukraine sowie Estlands und Livlands, konnten zu dem Zeitpunkt nach Lage der Dinge nicht gefordert werden. In der Auseinandersetzung über die wirtschaftlichen Fragen hätte man, wie der russische Gewährsmann Boris Štejn es schon 1923[45] – und jüngst erst, 1969, in ähnlicher Weise Šiškin[46] – formuliert hat, gar von einem Sieg (!) der russischen Vorstellungen sprechen können. Ein Friede in dieser Phase, wie er vor allem von Trockij hintertrieben wurde, wäre wahrscheinlich ein Kühlmann-Frieden geworden. Nach der entscheidenden poli-

---

[44] Kielmansegg: Deutschland und der Erste Weltkrieg 605.
[45] Brest-Litovskaja konferencija. Zasedanija ėkonomičeskoj i pravovoj komissij [Die Konferenz von Brest-Litovsk. Sitzungen der Wirtschafts- und Rechtskommission]. Hrsg. u. eingeleitet v. B[oris] E[fimovič] Š t e j n. Moskau 1923, S. 26, 28.

tischen Auseinandersetzung zwischen Oberster Heeresleitung und Reichsleitung, am 13. Februar 1918 in Bad Homburg, war Kühlmann jedoch der Unterlegene, und es kam der Ludendorff-Frieden vom 3. März zustande.

Vergegenwärtigen wir uns kurz den Ablauf dieser letzten Phase. Die deutschen Truppen sind an der russischen Front überall in raschem Vormarsch begriffen, am 22. Februar wird einem russischen Kurier in Usjana ein deutsches Ultimatum überreicht, in dem die früheren deutschen Friedensbedingungen wesentlich verschärft sind und von sämtlichen inzwischen zugestandenen Konzessionen zurückgegangen wird. Wir wissen heute, daß diese Bedingungen von Ludendorff persönlich aufgestellt worden sind[47]. Das deutsche Ultimatum trifft am Morgen des 23. Februar in Petersburg ein. Nach schweren Auseinandersetzungen innerhalb der bolschewistischen Partei und des Zentralexekutivkomitees in der Nacht zum 24. Februar wird um 4 Uhr 30 beschlossen[48], es anzunehmen. Punkt 10 des Ultimatums lautete: „Vorstehende Bedingungen sind in 48 Stunden anzunehmen. Russische Bevollmächtigte haben sich unverzüglich nach Brest-Litovsk zu begeben und dort binnen 3 Tagen den Frieden zu unterzeichnen, der innerhalb weiterer 2 Wochen ratifiziert sein muß." Es folgt die Ankunft der russischen Delegation unter Sokol'nikov und Čičerin am 28. Februar in Brest-Litovsk. Ihr wird eröffnet[49], daß jede Diskussion des bereits angenommenen Ultimatums ausgeschlossen sei. Zur Verbindung mit ihrer Regierung wird der russischen Delegation die Möglichkeit der Kuriersendungen (die 3 bis 4 Tage bis Petersburg brauchen, weil die Deutschen das Beförderungstempo in der Hand haben) und des aufs streng Sachliche beschränkten amtlichen Funkverkehrs, der von den Deutschen zensiert wird, gegeben. Ein eigener Hughes-Apparat wird ihr nicht zur Verfügung gestellt.

Die analoge Vorgangsweise in Versailles ist bekannter: Überreichung der alliierten Vertragsbedingungen am 7. Mai 1919 an die deutsche Delegation im Hotel Trianon-Palast, wochenlanger deutsch-alliierter Notenkampf (der den programmatischen Reden Trockijs und Gegenreden Kühlmanns entspricht), demzufolge eine Reihe von Abschwächungen der Friedensbedingungen erreicht wird, und schließlich das auf sieben Tage befristete Ultimatum vom 16. Juni und das Ultimatum Clemenceaus vom 22. Juni mit der lapidaren Feststellung: „Die Zeit der Erörterungen ist vorbei."

---

[46] Šiškin, V[alerij] A[leksandrovič]: Sovetskoe gosudarstvo i strany Zapada v 1917–1923 gg. Očerki istorii stanovlenija ėkonomičeskich otnošenij [Der Sowjetstaat und die Länder des Westens 1917–1923. Aus der Geschichte der Anbahnung ihrer Wirtschaftsbeziehungen]. Leningrad 1969, vgl. besonders S. 42–49.
[47] Deutsch-sowjetische Beziehungen Bd. 1, S. 420. (Telegramm des Vertreters des Auswärtigen Amtes beim Großen Hauptquartier der Obersten Heeresleitung an das Auswärtige Amt. Großes Hauptquartier, 20. Februar 1918. Die für die Beziehungen OHL-AA kennzeichnende Einleitung und der Schlußsatz lauten: „Nach langen Sitzungen, in denen ich General Ludendorff von erheblich weitergehenden Forderungen abbringen konnte, hat der General Friedensbedingungen aufgestellt: [...] Euer Exzellenz darf ich gehorsamst bitten, dem Vorstehenden baldmöglichst zuzustimmen." Lersner.)
[48] Diesbezügliche Quellen in deutscher Übersetzung neuerdings zusammengefaßt in: Brest-Litovsk. Ausgewählt und eingeleitet von Winfried Baumgart und Konrad Repgen. Göttingen 1969, S. 116–132 (Historische Texte/Neuzeit 6).
[49] Deutsch-sowjetische Beziehungen Bd. 1, S. 446–448 (Nr. 173).

Es ist also nicht gerechtfertigt, vom Ausschluß der Deutschen aus den Verhandlungen in Versailles und ihrer hermetischen Abschließung an ihrem Aufenthaltsort im Trianon-Palast als von einem Novum im Völkerrecht zu sprechen[50]. Brest-Litovsk war hier tatsächlich bis in Einzelheiten hinein ein Präzedenzfall, wenn auch nicht eine damnosa hereditas, auf die sich die Alliierten direkt stützten, wie wir oben gesehen haben. Bestimmend dafür war die bereits angedeutete Sorge, den deutschen Verhandlungsführer nicht eine Talleyrand-Rolle spielen zu lassen, und überhaupt das allgemeine Mißbehagen, die eigenen untereinander bestehenden Differenzen im Beisein des Besiegten auszutragen.

Die Reaktion der jeweils Betroffenen, der Russen in Brest-Litovsk und der Deutschen in Versailles, ist, was nicht wundernimmt, die gleiche, nämlich Verlesung je einer Protestnote, die bis in einzelne Formulierungen hinein gleichlauten und sich ansonsten nur dadurch unterscheiden, daß die Erklärung Sokol'nikovs[51] in Brest-Litovsk, gemäß der Neigung marxistischer Redner zur Rhetorik, einem Wortschwall gleicht, die deutsche Note[52] dagegen kurz und bündig ist. Sokol'nikov unterschreibt den „mit der Waffe in der Hand diktierten Frieden" „zähneknirschend", der deutsche Delegationsführer Hermann Müller unterzeichnet die „mit äußerster Gewalt" erzwungenen Friedensbedingungen, „der übermächtigen Gewalt weichend". Beide geben ihrer Absicht, eine reservatio mentalis gegenüber den schweren Bedingungen anzubringen, deutlichen Ausdruck: Sokol'nikov tut seine feste Zuversicht kund, „daß dieser Triumph des Imperialismus und Militarismus über die internationale proletarische Revolution nur ein vorübergehender sein wird"; und die deutsche Regierung erklärt ihre Absicht, „ihre Auffassung über die unerhörte Ungerechtigkeit der Friedensbedingungen" nicht aufgeben zu wollen. – Schon Franz I. hatte gegenüber dem ihm aufgezwungenen Madrider Frieden eine reservatio mentalis angemeldet[53].

---

[50] Wie das kürzlich auf einer internationalen Tagung über Versailles Hellmuth R ö ß l e r (Deutschland und Versailles. In: Ideologie und Machtpolitik 1919. Plan und Werk der Pariser Friedenskonferenzen 1919. Für die Rankegesellschaft hrsg. v. Hellmuth R ö ß l e r. Göttingen 1966, S. 231) und zuletzt noch Georg K o t o w s k i (Die Weimarer Republik zwischen Erfüllungspolitik und Widerstand. In: Die Folgen von Versailles 1919–1924. Für die Ranke-Gesellschaft hrsg. v. Hellmuth R ö ß l e r. Göttingen 1969, S. 146) getan haben. Kotowski ist natürlich recht zu geben, daß dieses Verfahren nicht der T r a d i t i o n der europäischen Friedensverhandlungen entsprach.
[51] Deutsch-sowjetische Beziehungen Bd. 1, S. 452–455 (Nr. 177).
[52] Ursachen und Folgen. Vom deutschen Zusammenbruch 1918 und 1945 bis zur staatlichen Neuordnung Deutschlands in der Gegenwart. Bd. 3: Der Weg in die Weimarer Republik. Berlin 1958, S. 387 f. (Nr. 731).
[53] Man vergleiche den Wortlaut und die Begründung des am 14. Januar 1526 von Franz I. aufgestellten Protestes mit den genannten deutschen und russischen Noten. Der entscheidende Passus darin lautet: „Le roy [...] proteste [...] que le traicté, qui luy fault cejourd'huy signer au prouffict de l'empereur, il l'a faict et faict pour éviter les maulx et inconveniens qui pouroient advenir a la crestienté et a son royaulme et que s'est par force et contraincte [...] et que tout ce qui est contenu en icelluy sera et demoura nul et de nul effect [...]" (Ordonnances des rois de France. Règne de François Ier, Bd. 4: 1524–1526. Paris 1933, S. 177 [Nr. 411].) – In unseren Zusammenhang gehört auch der in dem Breve „Zelo domus dei" vom 24. Oktober 1648 niedergelegte Protest der Kurie gegen

Wenn je in der Geschichte der Friedensschlüsse, dann sind Versailles u n d Brest-Litovsk ein Diktat im wörtlichen Sinne des Wortes.

Es bleibt nun noch die Frage nach dem inhaltlichen Sinne zu verfolgen.

Die Bedeutung der territorialen Bestimmungen. In bezug auf die territorialen Bestimmungen des Brester Friedens ist in der zeitgenössischen Publizistik (besonders von Paul Rohrbach) und in der späteren Geschichtsschreibung gesagt worden, der Brester Vertrag habe den russischen Koloß zerschlagen, Rußland zerstückelt, es auf den territorialen Status des vorpetrinischen Rußland reduziert. Diese Auffassung ist vordergründig und unvollständig. Der Auflösungsprozeß des russischen Reiches war bereits seit der Februarrevolution 1917 in vollem Gange. Die Bolschewiki haben ihn mit der Proklamierung des Selbstbestimmungsrechts der Völker, das sie mit dem Recht auf Sezession verbanden, bewußt gefördert. Sie waren die ersten, die Finnland (am 31. Dezember 1917) anerkannt haben; ihnen folgten nicht Deutschland mit dem Berliner Vertrag vom 7. März, sondern vorher noch die Ententemächte im Januar 1918. Die Reintegration Polens in das russische Reich war schon vor Brest-Litovsk nach Lage der Dinge undenkbar. Wilson hat der Unabhängigkeit Polens in seinen Vierzehn Punkten, im 13., voll Rechnung getragen, nur mit anderem Vorzeichen als Deutschland. Die Unabhängigkeitsbewegung in der Ukraine war mit der Verkündigung des Vierten Universals am 22. Januar 1918 zu einem vorläufigen Abschluß gelangt; die bolschewistische Regierung versuchte allerdings, ihr mit den Bajonetten der Roten Garden ein schnelles Ende zu bereiten, auf ihre Weise das Selbstbestimmungsrecht der Völker interpretierend. Von deutschen in Brest-Litovsk ureigenst zum Ausdruck gekommenen Annexionsabsichten kann man eigentlich nur in bezug auf Litauen und Kurland sprechen, die natürlich, den bolschewistischen in Finnland und der Ukraine entsprechend, mit dem Selbstbestimmungsrecht der Völker Kühlmannscher Auslegung verbrämt waren. Schließlich war der deutsche Griff nach dem gesamten Baltikum auch von der echten Sorge (das ist bei Ludendorff mehrfach zu belegen[54]) vor der Infiltration des Bolschewismus bestimmt.

Der hier sich aufdrängende Hinweis, daß die Alliierten die in Brest-Litovsk nicht geschaffene, sondern nur sanktionierte Ordnung dieses Teils Ostmitteleuropas durch Errichtung des „cordon sanitaire" aufrechterhalten haben und Brest-Litovsk daher kein Vorbild für die territoriale Ordnung des restlichen Europa habe sein können, ist durchschlagend. Der „cordon sanitaire" hatte nach Versailles seine Zweckbestimmung nur insofern geändert, als er jetzt auch eine antideutsche Spitze trug: Nach der erklärten Absicht der Alliierten wurde ihm die Doppelfunktion zugewiesen, Deutschland in Schach zu halten und gleichzeitig die „russische Flut" einzudämmen[55]. Frankreich schien er überdies die Aussicht zu eröffnen, in zeitgemäßer

---

den Westfälischen Frieden, obwohl er – besonders was seine Begründung und überhaupt die Ausgangsposition des Protestierenden angeht – eine Sonderstellung einnimmt.
[54] Entsprechende Belege aus den Akten bei B a u m g a r t, Winfried: Die militärpolitischen Berichte des Freiherrn von Keyserlingk aus Petersburg Januar–Februar 1918. VfZ 15 (1967) 89–90. – D e r s.: Unternehmen „Schlußstein". Zur militärisch-politischen Geschichte des Ersten Weltkrieges. Wehrwissenschaftliche Rundschau 19 (1969) 220.
[55] Vgl. die Ausführungen Lloyd Georges in einer Konferenz in Downing Street am 12. De-

Abwandlung an seine traditionelle (über Napoleon III. bis auf Franz I. zurückreichende) gegen die europäische Mitte gerichtete Bündnispolitik im östlichen Zwischenraum Europas anzuknüpfen.

In ähnlichem Lichte sollte aber auch die durch Versailles und die anderen Pariser Vorortsverträge geschaffene Ordnung in Südosteuropa betrachtet werden. Hier wurde auf den Trümmern des Habsburger- und des Ottomanischen Reiches und aufgrund des Selbstbestimmungsrechts der Völker eine Vielzahl kleiner Staaten gegründet. Auch in diesem Fall war der Friedensvertrag – ob in demselben Maß wie Brest-Litovsk, darüber ließe sich streiten – jeweils mehr ein Schlußstrich unter einer langen historischen Entwicklung. Das trifft ganz besonders auf das Osmanische Reich zu, dessen allmählicher Niedergang, von innen genährt und von außen gefördert, auf Katharina II. und Kütschük-Kainardschi zurückgeht. Man hat es vielfach als erstaunliches Phänomen angesehen, daß sich die Lebenskraft des türkischen Reiches überhaupt bis 1918 erhalten hat. – Der österreichische Vielvölkerstaat war im 19. Jahrhundert ebenfalls durch das Nationalitätenproblem schwer belastet. Mazzini hatte nach dem österreichisch-preußischen Krieg von 1866 prophezeit, daß nach dem Zusammenbruch des türkischen Reiches jener des Habsburger-Reiches folgen werde; und im Jahr des Berliner Kongresses hatte der französische Historiker Sorel gesagt, daß die österreichische Frage entstehen werde, sobald die orientalische gelöst sei.

Nun ist gerade von alliierter Seite dieser Ordnung Osteuropas der Vorwurf der Balkanisierung gemacht worden (Churchill). Und von anderer Seite ist für das Habsburger-Reich in der Fortentwicklung des österreichisch-ungarischen Ausgleichs von 1867 oder in anderen Reformplänen, die während des Krieges selbst entstanden sind, eine echte Überlebenschance gesehen worden.

Mit gewissem Recht, wie uns scheint, ist Gerhard Ritter in bezug auf die sowohl in Brest-Litovsk wie in Versailles geschaffene Ordnung Ostmitteleuropas entgegengehalten worden, daß nicht so sehr der *Versuch* dieser Ordnung als vielmehr die *Art seiner Verwirklichung* und Durchführung fehlerhaft gewesen sei[56]. Nach Brest-Litovsk habe man es nicht verstanden, die Rolle als „Befreier der Unterdrückten" so zu spielen, daß sie glaubhaft und nicht als bloße Heuchelei erschienen wäre. Statt in den von Rußland abgetrennten Gebieten den Versuch eines echten Staatsaufbaus zu beginnen, mit dem Ziel, einen „Schutzgürtel rings um das Reich der Roten Gefahr" zu legen, habe man alles getan, um die deutsche Besetzung als ein Regiment brutaler Ausbeuter erscheinen zu lassen. Durch das in Versailles neugeschaffene Zwischeneuropa sei das deutsche politische Leben von dem Doppeldruck der Gefährdung von zwei Fronten, vom Osten und vom Westen zugleich, befreit worden. Die dort entstandenen Mittel- und Kleinstaaten hätten auf lange Sicht wirtschaftlichen und politischen Rückhalt gegen das bolschewistische Rußland

---

zember 1919: Documents on British Foreign Policy 1919–1939. Hrsg. von E. L. W o o d - w a r d und Rohan B u t l e r. First Series, Bd. 2, 1919. London 1948, S. 744 f. (Nr. 56).

[56] R i t t e r, Gerhard: Staatskunst und Kriegshandwerk. Das Problem des Militarismus in Deutschland. Bd. 4: Die Herrschaft des deutschen Militarismus und die Katastrophe von 1918. München 1968, S. 148–149. – D e r s.: Der Versailler Vertrag von 1919. In: Gratias agimus. Festschrift des Gütersloher Gymnasiums [Privatdruck] 1951, S. 1–8.

beim Deutschen Reich suchen müssen. Darin hätten für eine kluge und geduldige deutsche Politik die besten Chancen gelegen. „Daß wir sie verfehlt haben und in maßloser Ungeduld, in blindem Haß gegen das sogenannte Versailler System uns einem gewalttätigen Abenteurer in die Arme stürzten, ist das größte Unglück und der verhängnisvollste Fehltritt unserer neueren Geschichte."

Unter solchen übergeordneten Aspekten besehen, nehmen die auf Ostmitteleuropa bezüglichen territorialen Bestimmungen des Brester wie des Versailler Vertrages eine andere Gestalt an, als wenn man sie nur vordergründig betrachtete.

Wirft man nun einen kurzen Blick auf die in Versailles getroffenen territorialen Bestimmungen, soweit sie die Westgrenze des Deutschen Reiches betreffen, so findet man im Brester Vertrag und seinem Berliner Ergänzungsvertrag entsprechende Klauseln. Diese Parallelität ist besonders bemerkenswert, weil sie bisher so gut wie unbekannt war. Der Besetzung des Rheinlandes, die nicht nur dem französischen Sicherheitsbedürfnis entsprang, sondern auch als Faustpfand für den Fall des Ausbleibens der deutschen Reparationsleistungen benutzt werden sollte, entspricht die deutsche Besetzung der Krim, des Donecbeckens und Teilen Weißrußlands, die formell, was von der deutschen Seite anerkannt wurde, dem großrussischen Staatsverband noch angehörten. Ebenso entsprach der Bildung von Brückenköpfen auf rechtsrheinischem Gebiet die bis zum allgemeinen Friedensschluß befristete Besetzung der strategischen Eisenbahnlinien Rostov-Voronež, Taganrog-Rostov und Taganrog-Kursk. Die Krim und das Donecbecken sollten spätestens bis zum allgemeinen Frieden wieder an Großrußland (oder an die Ukraine) zurückfallen, das besetzte Weißrußland nach Maßgabe der russischen Goldlieferungen und die Eisenbahnlinien unabhängig davon auf russisches Verlangen hin geräumt werden. – Solche Souveränitätsbeschränkungen und das Prinzip der Verbindung von Kontribution und Okkupation waren keine neuen Erscheinungen; sie sind auch in Friedensschlüssen des 19. Jahrhunderts (etwa im Frieden von Tilsit 1807 und von Frankfurt 1871) zu finden.

Die Bedeutung der wirtschaftlichen Bestimmungen. Über die wirtschaftlichen Bestimmungen des Brest-Litovsker und des Versailler Friedensvertrages ist zu sagen, daß sie gegenüber früheren Friedensschlüssen eine den herkömmlichen Traktanden, also vor allem politischen und territorialen Bestimmungen, mindestens gleichwertige Bedeutung erlangt haben. Das entspricht durchaus der Wandlung des Kriegsbildes vom Kabinettskrieg früherer Zeiten zum totalen Krieg mit seiner gleichzeitigen Auseinandersetzung um wirtschaftliche Hegemonie. Das Gewicht und die Härte der wirtschaftlichen Bestimmungen treten im Dokument von Versailles deutlicher zutage als im Brester Vertrag. In Brest-Litovsk ist das Maß der wirtschaftlichen Konzessionen Rußlands schwerer zu erfassen. Von dem besonderen Kapitel der Kriegsentschädigung ist zunächst abzusehen. In die Betrachtung von vornherein einbezogen werden muß aber der am 9. Februar 1918 zwischen den Mittelmächten und der Ukraine in Brest-Litovsk abgeschlossene Vertrag. Seine Grundtendenz ist mit dem schon zeitgenössischen Etikett „Brotfrieden" weitgehend gekennzeichnet. Er muß in erster Linie als wirtschaftliche Kriegsmaßnahme gesehen werden, die ein verzweifelter Ausfallversuch aus der mit Aushungerung bedrohten Festung Mitteleuropa war. Die entscheidenden deutschen Instanzen haben mit zunehmender Besatzungszeit sich davon überzeugt, daß die endgültige Trennung der Ukraine von Großrußland nicht verwirklicht werden könne.

Der Brester Vertrag mit Rußland hat auffallend wenig wirtschaftliche Bestimmungen, solche einschneidender Art über Beschlagnahme von Sachgütern, wie sie im Versailler Vertrag gefordert wurden, überhaupt nicht. Die bloße Aufzählung und Gegenüberstellung einschlägiger Paragraphen ermöglicht es aber nicht, das Ausmaß der von Rußland erlittenen Einbuße an gesamtwirtschaftlicher Kraft abzuschätzen. Der Verlust wirtschaftsstarker Gebiete, wie er in der Abtrennung der Ukraine und der zeitweiligen Besetzung des Donecbeckens zum Ausdruck kommt, muß mit berücksichtigt werden. Gewiß stand im Brester Vertrag nichts von Ablieferung großer Mengen an Wirtschaftsgütern wie Milchkühen, Telegraphenmasten, Eisenbahnmaterial etc. Solche Forderungen brauchten jedoch billigerweise gar nicht gestellt zu werden, weil die deutschen Truppen, im Gegensatz zu der Frontlage im Westen, tief im russischen Raum standen und dort bereits reiche Beute an Vieh und rollendem Material gemacht hatten, die von Wirtschaftskommissionen, unter der amtlichen Bezeichnung „Beutekommissionen", erfaßt wurde. Diese Beute dürfte allerdings gemessen am Sachwert weit hinter dem, was die Entente in Compiègne und Versailles verlangte, zurückstehen.

In der Weltkriegsforschung des letzten Jahrzehnts ist das Streben Deutschlands nach einem Wirtschaftsimperium im Osten u. E. von deutscher Seite teilweise falsch beurteilt worden. Ich muß hier an meine oben[57] konstatierte Übereinstimmung mit der sowjetrussischen Geschichtsschreibung erinnern. Die in damaligen deutschen Wirtschaftskreisen geplante Beherrschung des russischen Binnenmarktes ist tatsächlich durch die bolschewistische Wirtschaftsgesetzgebung, durch die verschiedenen Nationalisierungsdekrete, von vornherein unmöglich gemacht worden. Diesem Faktum hat die deutsche Regierung im Berliner Ergänzungsvertrag auch bewußt und ausdrücklich Rechnung getragen. Die in den zwanziger Jahren von russischer Seite veröffentlichten Protokolle der Verhandlungen der Wirtschaftskommission in Brest-Litovsk beweisen, daß die Bolschewiki die Nationalisierung der entscheidenden Wirtschafts- und Finanzzweige vom Beginn ihrer Machtübernahme an vorantrieben und sie rasch zu verwirklichen trachteten, um Rußland vor der Durchdringung mit deutscher Wirtschaftskraft zu bewahren. Dies wird – mit einiger Berechtigung – von der heutigen russischen Historiographie als ein Triumph des jungen Sowjetstaates über das kapitalistische Deutschland vermerkt und als frühestes Beispiel für die Möglichkeit friedlicher Koexistenz auf wirtschaftlichem Gebiet verbucht[58].

Die Frage der Kriegsentschädigung. Wir kommen zum Schluß zu einigen Vertragsabschnitten des Versailler Friedens, die im Brester Vertrag kaum eine oder keinerlei Entsprechung haben.

Der Brester Frieden kann als ein „Friede ohne Kontributionen" angesehen werden. Deutsche und russische Vorstellungen trafen sich hier auf halbem Wege. Sie genügten sowohl der deutschen Friedensresolution vom Juli 1917 wie dem russi-

---

[57] Vgl. oben S. 64.
[58] Vgl. zuletzt Šiškin: Sovetskoe gosudarstvo 19–35 (besonders 23 und 25).

schen Friedensdekret vom November desselben Jahres und dem russischen Verhandlungsprogramm in Brest-Litovsk.

Kriegsentschädigung hat in der europäischen Geschichte der Sieger dem Besiegten eigentlich immer auferlegt, in Brest-Litovsk jedoch bemerkenswerterweise nicht. Die moderne Völkerrechtslehre unterscheidet den Gedanken des Ersatzes von Kriegskosten an den Sieger, dem das Motiv der Wiedergutmachung, der Strafe und Sühne zugrundeliegt, von dem Gedanken eines Schadensersatzes für völkerrechtswidrige Handlungen. Nur der letztere kam in Brest-Litovsk zum Ausdruck, und zwar wiederum nur in einer weiteren Unterscheidung. Beide Seiten waren sich einig, auf den Ersatz von Kriegskosten – die Form der klassischen Kriegsentschädigung – zu verzichten. Der deutsche Verzicht entsprach durchaus utilitaristischen Überlegungen. Kühlmann handelte auch hier im Hinblick auf den allgemeinen Friedensschluß, in dem vom Gegner auf die verheerenden Schäden der deutschen Land- und besonders U-Boot-Kriegführung hingewiesen werden würde[59]. Das russische Verhandlungsprogramm, das allerdings von vornherein auf einen allgemeinen Friedensschluß hin entworfen war, sah durchaus den Ersatz kriegsbedingter Verluste, die Privatpersonen erlitten hatten, vor, jedoch in einer Form, die den Deutschen kaum praktikabel erschien[60]. Auf deutscher Seite wollte man nicht nur die durch Kampfhandlungen verursachten Schäden, sondern auch solche, die nachweisbar auf eine völkerrechtswidrige *Kriegs*handlung der einen oder anderen Partei zurückzuführen waren, unberücksichtigt lassen und eine Ersatzpflicht nur für Schäden postulieren, die *Zivil*personen gegen das Völkerrecht auf gesetzlichem und ungesetzlichem Wege zugefügt worden waren, d. h. Schäden, die mit der Kriegführung nicht zusammenhingen. Mit anderen Worten, man verlangte nur Wiedergutmachung der in den voraufgegangenen Jahren begangenen Eingriffe in friedliche Privatrechte. Alle sonstigen Schadensregelungen sollte jeder Staat durch einen internen „Lastenausgleich" selbst treffen.

Irgendeine Summe für den dergestalt vorgesehenen Ersatz für Zivilschäden ist im Brest-Litovsker Vertragstext nicht genannt. Die Feststellung der Schäden sollte durch eine in Petersburg tagende gemischte Kommission unter Vorsitz eines neutralen ausländischen Präsidenten, des Präsidenten des schweizerischen Bundesrats, erfolgen. Bekanntlich hat dann Rußland im Berliner Ergänzungsvertrag, der auf echtem Verhandlungswege zustandegekommen ist, für solche Schäden, dazu für die deutschen Aufwendungen für russische Kriegsgefangene unter Berücksichtigung der russischen Gegenforderungen und Anrechnung der entsprechenden russischen Aufwendung für deutsche Kriegsgefangene, eine Summe von 5 bzw. 6 Milliarden Rubel in Gold, Rubelscheinen und Waren zu zahlen sich bereiterklärt. – Lenin hatte diese Regelung von sich aus vorgeschlagen. Wahrscheinlich stand dahinter der Gedanke, den Deutschen die russischen Nationalisierungsdekrete und den dadurch von deutschen Privatpersonen und -firmen erlittenen Schaden eher schmackhaft zu machen.

---

[59] Der Interfraktionelle Ausschuß 1917/18, 1. Teil, S. 640, und Deutsch-sowjetische Beziehungen Bd. 1, S. 152 (Nr. 45).
[60] Der russische Standpunkt, erläutert von I o f f e in: Brest-Litovskaja konferencija, besonders S. 119–123; der deutsche, vorgetragen von K r i e g e, ebenda S. 147–151; auszugsweise in deutscher Übersetzung in: Deutsch-sowjetische Beziehungen Bd. 1, S. 308–313 (Nr. 113) und S. 315–321 (Nr. 116).

Der den Geist des Versailler Vertrages bestimmende Kriegsschuldartikel mit den voraufgehenden Paragraphen über die Auslieferung deutscher Staatsmänner und die moralische Begründung für die Wegnahme der deutschen Kolonien waren in der Geschichte der europäischen Friedensschlüsse bis dahin ein Novum. Im Brester Vertrag ist von derartigen Bestimmungen keine Spur. Der Versailler Kriegsschuldartikel mutet uns heute zunächst wie die Vorwegnahme des späteren Nürnberg an. Der Charakter der Einmaligkeit einer solchen Bestimmung erhält aber schon ein anderes Licht, wenn man bedenkt, daß alle großen Friedensschlüsse der Neuzeit zur Fortentwicklung des Völkerrechts beigetragen haben. Allerdings hatte es bis Versailles den Fall, daß aus einer *moralischen* Prämisse eine *juristische* Folgerung gezogen wurde, tatsächlich nicht gegeben, und dieser Zusammenhang ist ja auch heute noch unter Völkerrechtlern trotz der Präzedenzfälle umstritten. Was den Artikel 231 angeht, so ist durch die Forschungen Dickmanns[61] wohl endgültig erwiesen worden, daß dieser Artikel von den Alliierten im Sinne einer juristischen Haftbarmachung für die Zahlung der Reparationen konzipiert war und er daher weitgehend des Charakters einer Deutschland unterschobenen alleinigen moralischen Diskriminierung entbehrt.

Die militärischen Bestimmungen. Demütigend für Deutschland, aber diesmal ganz aus dem französischen Sicherheitstrauma erklärlich, ist die Deutschland in Versailles auferlegte Rüstungsbeschränkung. Während Versailles durch drastische Reduzierung der Effektivstärke des Heeres und Schaffung einer breiten entmilitarisierten Zone eine weitgehende Demilitarisierung festlegte und damit das deutsche Wehrpotential entscheidend traf, war in Brest-Litovsk nur die Demobilmachung des russischen Heeres einschließlich der neuen bolschewistischen Heeresbildungen vorgesehen. Die Begriffe Demilitarisierung und Demobilmachung decken zwei verschiedene Rechtsinstitute. Die Anwendung des letzteren führt nicht eigentlich zur Schwächung der Wehrkraft des Betroffenen, sondern bedeutet die Zurückführung der Streitkräfte eines Landes aus dem Kriegs- in den Friedenszustand. Demilitarisierungsbestimmungen, vor allem in der Form von Befestigungsverboten oder Entfestigungen, gab es in den meisten Friedensschlüssen der Neuzeit. Eine mit den Rheinland-Bestimmungen des Versailler Vertrages vergleichbare Demilitarisierung, gleichzeitig verbunden mit Souveränitätsbeschränkungen, gab es etwa im Pariser Vertrag von 1856, der nicht nur die Entfestigung der Ålands-Inseln vorsah, sondern auch die für Rußland demütigende Neutralisierung des Schwarzen Meeres. Drastische Truppenreduzierungen hatte auch schon der Tilsiter Frieden vorgesehen. Eine Bestimmung wie den Artikel 177 des Versailler Vertrages, der Unterrichtsanstalten, Sport- und Wandervereinen usw. die Beschäftigung mit militärischen Dingen, was immer man darunter meinen mochte, verbot, hatte es zuvor allerdings nicht gegeben, muß aber als indirekter Ausdruck der Wandlung des modernen Kriegsbildes und Wehrgeistes verstanden werden.

Auf den ersten Blick auffallend ist das Fehlen irgendwelcher Bestimmungen über Rüstungsbeschränkungen im Brester Vertrag. Schon 1918 muß die deutsche Heeres-

---

[61] Dickmann, Fritz: Die Kriegsschuldfrage auf der Friedenskonferenz von Paris 1919. HZ 197 (1963) 1–101.

leitung von den intensiven Bemühungen der Bolschewiki, eine Rote Armee aus dem Boden zu stampfen, besonders durch ihren Militärattaché in Moskau gewußt haben. Lenin forderte im Oktober die Schaffung einer Armee von 2–3 Millionen Mann bis zum folgenden Jahr. Man könnte meinen, daß man auf deutscher Seite die Regenerationsfähigkeit des russischen Heeres unterschätzt und auch kaum etwas von dem revolutionären Geist geahnt habe, den Trockij der Roten Armee einzublasen vermochte. Doch die Zerstückelung des alten russischen Reiches oder besser seine Dekomposition mit der Folge des Kampfes aller gegen alle, des Bürgerkriegs, mochte die beste Garantie auch für die militärische Ohnmacht Rußlands bieten. Und schließlich überzeugte man sich, daß sich die bolschewistischen Truppen nicht zur Wiederaufrichtung einer neuen Front durch die Alliierten verwenden ließen, sondern im Gegenteil ein für Deutschland nützliches Instrument im Kampf gegen die tschechoslowakische Legion und alliierte Interventionskorps sein konnten. Am schlagendsten kommt diese aus den Quellen nicht direkt deduzierbare Überzeugung in den Geheimabsprachen vom Sommer 1918 zu gemeinsamem militärischen Vorgehen gegen die alliierten Interventionstruppen in Murmansk und Baku[62] zum Ausdruck. Ein weiterer Grund dafür, daß man in den Brester Vertrag keine Paragraphen über Rüstungsbeschränkungen eingebaut hat, mag auch darin zu suchen sein, daß man angesichts der eigenen, aufs höchste angespannten militärischen Anstrengungen gar nicht die Möglichkeit zur Durchsetzung solcher Bestimmungen gehabt und die Bolschewisten jedenfalls nur zu ihrer permanenten Verletzung gezwungen hätte.

Der weltgeschichtliche Standort beider Friedensschlüsse. Wir wollen mit dem Vergleich des Inhalts des Brester und Versailler Vertragswerks einhalten und noch einen Blick auf seine jeweilige historische Bedeutung und Tragweite werfen.

Die methodische Berechtigung und die Fruchtbarkeit einer vergleichenden Friedensforschung scheinen uns darin zu liegen, daß nicht nur eine Sonderung von Gemeinsamkeiten und Unterschieden vorgenommen werden kann, die auf die Grundtendenzen internationaler Beziehungen, auf die Faktoren des Gleichbleibenden, sich Verändernden und Neuartigen schließen läßt, sondern daß diese Faktoren in der Gegenüberstellung sich deutlicher umreißen lassen, dabei aber doch auch weniger absolute Gültigkeit erheischen. Das ist uns durch die Betrachtung vielerlei Gesichtspunkte möglich gewesen. Die Beleuchtung des Begriffes „Diktatfrieden" hat uns in der Gegenüberstellung von Brest-Litovsk und Versailles sowohl seine relative, vor allem im Bereich des Formalen liegende Berechtigung erwiesen wie auch seine Fragwürdigkeit. Diese liegt zutiefst in den zahlreichen sowohl expliziten wie unausgesprochenen Möglichkeiten der Revision des einen wie des anderen Vertragswerkes begründet.

Man kann sagen, daß Lenin das Brester „Diktat" viel eher geistig überwunden hat, als die berufenen Sprecher der deutschen Nation das Versailler „Diktat" be-

---

[62] Vgl. dazu ausführlich die in Anm. 54 und 38 genannten Studien des Verfassers. Erstere erschien in der Wehrwissenschaftlichen Rundschau 19 (1969) 112–116, 172–176, 217–231, 285–291, 331–355, 411–414, 457–477 und soll demnächst geschlossen neu veröffentlicht werden.

wältigt haben. Allerdings kam ihm, mehr als den Deutschen, auch die Gunst der äußeren Umstände zugute, deren Wahrnehmung Lenin auf das glücklichste mit der Brisanz seiner revolutionären Idee, des Kommunismus, verband und die er dadurch potenzierte. Die Gunst der Umstände meint hier – neben dem nahenden physischen Zusammenbruch des Vertragspartners – nicht zuletzt die Art, mit der sich Ludendorff, aus was für Gründen auch immer, über die soeben geschlossenen Vertragsklauseln hinwegsetzte. Eine frühe und schnell gereifte Frucht der objektiv wirkenden und bewußt eingesetzten Revisionskräfte war der Berliner Ergänzungsvertrag vom August 1918, der, obwohl er einesteils als integraler Bestandteil des Brester „Diktats" (Fortführung der territorialen Zergliederung Rußlands) angesehen werden muß, aus diesem andererseits doch manche Elemente des Diktats herausgebrochen hat.

Die deutschen Zeitgenossen während und nach Versailles haben in dem ihnen auferlegten „Diktat" viel weniger als Lenin ein Werk menschlicher Unzulänglichkeit und Hinfälligkeit gesehen. Lenin hat dieses Bewußtsein aus der Vergangenheit der europäischen Geschichte geschöpft und es zur Überwindung der leidvollen Gegenwart eingesetzt, um sich um so wirksamer seiner Zukunftsvision hinwenden zu können. Das deutsche Leben dagegen stand wie gelähmt unter der Last und Schmach der Gegenwart. Gewiß war zur Überwindung von Versailles auch viel mehr Geduld nötig. Sie aber hat das deutsche Volk, das sich, anders als das leidensfähige russische, als tief gebeugtes Herrenvolk ansah, tatsächlich nicht aufgebracht. Doch nicht nur menschliche Geduld hätte die Schmach allmählich überwinden können; die Hebel zu friedlicher Revision waren dem Versailler Vertragswerk unmittelbar eingebaut, ergaben sich überdies auch aus der unter den Siegermächten rasch sich regenden Kritik am System von Versailles. Sie wurden zwar auch genutzt, die Wirkung wurde aber als zu wenig nachhaltig empfunden oder verkannt oder in falschem Hochmut absichtlich mißachtet. Locarno ist die dem Berliner Ergänzungsvertrag vergleichbare Etappe auf dem Wege der Entschärfung des Diktats, erscheint uns heute aber als tragisch fruchtlose Episode.

Es wäre eigentlich besser, wenn wir in der Rückschau und in der kritischen Auseinandersetzung das Wort Diktat aus unserer Vorstellungswelt verdrängen und aus unserem Sprachschatz eliminieren und nach anderen weniger affektgeladenen Maßstäben Ausschau halten würden. Wir müssen dann zwar in Kauf nehmen, daß die gefundene Formel vielleicht nicht so prägnant ist; sie dürfte jedoch wissenschaftlich nicht um so weniger vertretbar sein. Brest-Litovsk war eine unglückliche Mischung abwartender besonnener Politik Kühlmannscher Prägung und eines rücksichtslosen Militarismus von der Art Ludendorffs. Es war ein untauglicher Kompromiß. Wäre Ludendorff 1918 tatsächlich der allmächtige Diktator gewesen, als den man ihn fälschlich bezeichnet, so hätte er dem Bolschewismus in seinem Herzen, Petersburg und Moskau, womöglich den Todesstoß versetzen können. Wäre es andererseits allein nach Kühlmanns Vorstellungen gegangen, hätte ein echter Verständigungsfrieden mit Rußland sich ergeben können oder das fatale deutsche Engagement im Ostraum wäre ganz unterblieben. Wahrscheinlicher wäre das letztere gewesen. Denn Kühlmann hatte wohl aus unmittelbarer Anschauung die Unmöglichkeit einer echten Partnerschaft mit den Bolschewisten erkannt: Er wollte sich nach Trockijs

Theatercoup mit der Erhaltung einer geringen Grenzschutztruppe für „Kordonaufgaben"[63] im Osten begnügen und sich sonst völlig passiv verhalten. Ludendorffs Ostritt – die Feder in der Linken, das Schwert in der Rechten – hielt er in seinen Konsequenzen für unabsehbar und unheilvoll. Darin hat er recht behalten.

Ebenso wie Brest-Litovsk war auch Versailles ein unglücklicher Kompromiß von einander widerstreitenden Konzeptionen. Man hat Versailles mit viel Berechtigung einen Clemenceau-Frieden, mit den Methoden Wilsons geschlossen, bezeichnet (Francesco Nitti). Man hat ihm zu große Schwächen in seiner Härte gegenüber Deutschland und zu große Härte in seinen Schwächen vorgeworfen (Jacques Bainville). Derlei pointierte Gegenüberstellungen genügen jedoch nicht zu seiner Gesamtbeurteilung. Vor den Staatsmännern in Versailles harrten ungleich schwerere und gewaltigere Aufgaben einer Lösung als in Brest-Litovsk. Brest-Litovsk war eben in einem ursprünglichen Sinne ein Separatfrieden mitten im Krieg und ein Präliminarfrieden, Versailles dagegen ein Friedenswerk, das die gesamten Verhältnisse der nun wirklich eins gewordenen Menschheit neu gestalten sollte. War das, objektiv betrachtet, nicht zuviel verlangt von den in Versailles versammelten Staatsmännern, einmal ganz abgesehen von ihren internen Differenzen? Kann und darf man sagen, daß ein Metternich, Castlereagh oder Bismarck diese Aufgabe bewältigt hätten? 1815 in Wien war man am *End*punkt eines revolutionären Umbruchs angelangt, der Geist der Revolution hatte seine Kraft im Lande seines Ursprungs auf lange Zeit hin erschöpft. 1919 in Versailles aber spürte man, daß die Revolution erst in ihren Kinderschuhen steckte – die Revolution des Kommunismus und die Revolution des Nationalismus. Jene hat man versucht zu ignorieren oder hat ihr nur Nadelstiche versetzt, diese hat man zu bändigen getrachtet. Beide Versuche haben zu verhängnisvollen Folgen geführt. 1945, wohl nicht zuletzt gewitzigt durch die Fehler und Erfahrungen von Versailles, hat man den Versuch einer Friedensregelung erst gar nicht unternommen. Und die Welt ist darum auch nicht friedeloser geworden, als sie es nach Versailles war.

In diesen Überlegungen liegt die universalgeschichtliche Bedeutung von Versailles beschlossen. Die ehemaligen europäischen Großmächte, die Pentarchie des 19. Jahrhunderts, sind, mit Ausnahme des revolutionierten Rußland, zu Mächten minderen Ranges herabgesunken – nicht nur das in Versailles scheinbar zuerst und zutiefst getroffene Deutschland. Der Zweite Weltkrieg hat dieses Ergebnis nur bestätigt.

Die Jahre 1917 bis 1919 – und hier findet Brest-Litovsk seinen Platz im Kreis unserer Überlegungen – sind der Anbruch des neuen Weltstaatensystems Sowjetrußland–USA. Brest-Litovsk in diesem Sinne meint nicht die 14 am 3. März 1918 unterzeichneten Artikel, die den juristischen Schlußstrich unter den Krieg im Osten zogen und formal nur ein halbes Jahr in Kraft blieben, sondern meint als pars pro toto die ganze Ereignis- und Kausalkette, die durch die Reise Lenins April 1917 durch Deutschland, seine Machtübernahme im November, die Stützung des bolsche-

---

[63] So Kühlmann in einem Telegramm vom 10. Februar 1918 aus Brest-Litovsk an den Reichskanzler, zitiert bei Hahlweg, Werner: Der Diktatfrieden von Brest-Litowsk 1918 und die bolschewistische Weltrevolution. Münster 1960, S. 69 (Schriften der Gesellschaft zur Förderung der Westfälischen Wilhelms-Universität zu Münster 44).

wistischen Systems durch Deutschland 1918 und die Gewinnung einer lebenswichtigen Atempause für Lenin zur Konsolidierung seiner Macht bezeichnet ist. Unter diesem Aspekt betrachtet sind die weltgeschichtlichen Folgewirkungen von Brest-Litovsk ebenso nachhaltig und bis auf den heutigen Tag fortdauernd wie jene von Versailles[64].

---

[64] Erwin Hölzle hat sich in zahlreichen Studien um diesen universalhistorischen Aspekt der Jahre 1917–1919 bemüht, wiewohl er Werner Hahlwegs Urteil über Brest-Litovsk (die weltgeschichtliche Bedeutung von Brest-Litovsk übertreffe fraglos jene von Versailles [Der Diktatfrieden 60]) nicht akzeptiert (in seiner Besprechung des vorgenannten Titels in den Jahrbüchern für Geschichte Osteuropas 9 [1961] 143); Hahlweg wird aber diesen Gesamtaspekt im Auge gehabt haben, obwohl zugegeben sei, daß seinem Urteil in d i e s e r Formulierung eine gewisse Einseitigkeit anhaftet.

Peter Claus Hartmann

DAS FRIEDENSPROJEKT:
GRUNDSTEIN DER FRANZÖSISCHEN, ANTIDEUTSCHEN UND
ANTIBOLSCHEWISTISCHEN HEGEMONIALPOLITIK?

Der englische Premierminister Lloyd George warf im Jahr 1919 Frankreich Imperialismus in Europa und Hegemoniebestrebungen vor[1]. Amerikanische und deutsche Historiker[2] sprechen ebenfalls von einer französischen Hegemonialpolitik in dieser Zeit, während etwa die Franzosen Renouvin und Duroselle[3] eine solche Politik leugnen.

Definieren wir Hegemonialpolitik mit Vorherrschaftspolitik, so stellt sich die Frage: War das im Krieg schwer angeschlagene, wirtschaftlich und militärisch erschöpfte Frankreich überhaupt in der Lage, Europa zu beherrschen? Außerdem wird man untersuchen müssen, inwieweit die französische Politik in der Zeit der Friedensverhandlungen antibolschewistisch war.

Um also darauf zu antworten, inwiefern das Friedensprojekt von 1919 Grundstein einer französischen, antideutschen und antibolschewistischen Hegemonialpolitik war, müssen wir zunächst die französische Haltung, die französische Position bei den Friedensverhandlungen etwas unter die Lupe nehmen. Wir müssen außerdem prüfen, inwieweit sich Frankreich seinen Verbündeten gegenüber durchsetzen konnte, welche Möglichkeiten sich für eine solche französische Politik boten und was die französischen Staatsmänner daraus machten.

Durch die ganzen Verhandlungen zog sich wie ein roter Faden das Bestreben der französischen Delegation, die zwei großen Gefahren für den Frieden und die Sicherheit Frankreichs und Europas einzudämmen, und zwar eine potentielle Revanche Deutschlands und eine Ausbreitung des Bolschewismus[4]. Deshalb wollte man mit allen Mitteln Deutschland niederhalten und den Bolschewismus in Europa ausrotten.

Wie stark war die französische Position auf der Konferenz?

Die Vereinigten Staaten hatten den Krieg entschieden. Die Stellung Präsident Wilsons wurde dadurch verstärkt, daß seine vom Krieg erschöpften Alliierten dringend amerikanische Gelder und Kredite zum Wiederaufbau ihrer Länder und ihrer

---

[1] Vgl. Duroselle, Jean Baptiste: Histoire diplomatique de 1919 à nos jours. Paris ⁴1966, S. 18. – Lloyd George warf besonders Poincaré vor, unversöhnlich alles getan zu haben, um Deutschland niederzuhalten: Lloyd George, David: The truth about the Peace Treaties. Bd. 1. London 1938, S. 251 f., 398.
[2] Z. B. Thompson, John M.: Russia, Bolshevism, and the Versailles Peace. Princeton/ N. Jersey 1966, S. 178. – Erdmann, Karl D.: Die Zeit der Weltkriege. In: Gebhardt, Bruno: Handbuch der deutschen Geschichte. Bd. 4. Stuttgart ⁸1959, S. 101.
[3] Renouvin, Pierre: Les relations internationales de 1914 à 1945. Paris 1953, S. 51. – Duroselle 18.
[4] Vgl. die Aufzeichnungen der Friedensverhandlungen bei: Mantoux, Paul: Les délibérations du Conseil des Quatre, 24 mars – 28 juin 1919. 2 Bde. Paris 1955. – Documents on British Foreign Policy, 1919–1939. Hrsg. von E. L. Woodward and Rohan Butler. First series. Bd. 1–3. London 1947.

Wirtschaft benötigten. Da außerdem alle Staaten seine 14 Punkte als Grundlage der Friedensverhandlungen anerkannt hatten, fiel ihm eine Art Weltschiedsrichterrolle zu, die er sich zu bewahren suchte[5].

Trotzdem konnte er die Konferenz nicht wirklich beherrschen. Hat nicht vielmehr Clemenceau, der französische „Tiger", die Verhandlungen dominiert? Seine Position wurde jedenfalls durch die Wahl von Paris als Konferenzort sehr gestärkt, da er als Regierungschef des Gastgeberlandes die Konferenz organisierte und leitete. Außerdem konnte er seine Verbündeten durch die französische Presse, die er weitgehend dirigierte, beeinflussen und unter Druck setzen[6].

Clemenceau, Vertreter eines „Revanche-Nationalismus"[7], „le Père de la victoire" für die Franzosen, war eine überragende Kämpferpersönlichkeit. Er stand damals auf dem Höhepunkt seiner Popularität und hatte Frankreich wie ein Diktator in der Hand[8].

Während sich Wilson und Lloyd George der Woge der „chauvinistischen Hysterie" und des Hasses in ihren Ländern entgegenzustemmen suchten, konnte Clemenceau „auf ihr wie ein Wellenreiter tanzen"[9].

Die Verhandlungsposition Wilsons wurde von vornherein auch dadurch geschwächt, daß er beim Waffenstillstand dem alliierten Oberkommandierenden Marschall Foch freie Hand gelassen hatte. Damit stärkte er die militärische Position Frankreichs in Europa beträchtlich. Der Ruhm des allseits verehrten Foch steigerte sich noch mehr. Frankreich stand dadurch auf dem Gipfel seines Einflusses, es war zur größten Militärmacht Europas geworden[10].

Konnte Frankreich deshalb eine Vorherrschaft in Europa aufrichten? Trieb es eine antideutsche und antibolschewistische Hegemonialpolitik?

Zunächst wollen wir die französische Haltung bei den Friedensverhandlungen gegenüber Deutschland und dann zweitens gegenüber dem Bolschewismus untersuchen.

I. Trieb Frankreich eine Hegemonialpolitik gegenüber Deutschland?

Nachdem die französische Regierung während des ganzen Krieges beständig die Rückgabe von Elsaß-Lothringen gefordert, die Annexion der Saar und die Bildung unabhängiger linksrheinischer Staaten unter französischem Einfluß aber nur vor-

---

[5] Renouvin, Pierre: Le traité de Versailles. Paris 1969, S. 50.
[6] Vgl. Czernin, Ferdinand: Die Friedensstifter. Männer und Mächte um den Versailler Vertrag. Bern–München–Wien 1964, S. 84 f.
[7] Albertini, Rudolf von: Frankreich: Die Dritte Republik bis zum Ende des 1. Weltkriegs (1870–1918). In: Handbuch der europäischen Geschichte. Hrsg. v. Th. Schieder. Bd. 6. Stuttgart 1968, S. 266.
[8] Vgl. Renouvin: Le traité 51. – Czernin 62. – Baumont, M.: Clemenceau und der Friede von Versailles. In: Ideologie und Machtpolitik 1919. Plan und Werk der Pariser Friedenskonferenzen 1919. Hrsg. von Hellmuth Rößler. Göttingen 1966, S. 29–34.
[9] Czernin 62.
[10] Erdmann 101. – Baumont: Clemenceau 35.

übergehend in ihr Programm aufgenommen hatte[11], hoffte sie nun in den Friedensverhandlungen das Saargebiet und die militärische Rheingrenze zu gewinnen[12].

In Frankreich bestand besonders Marschall Foch auf der Rheingrenze[13]. Bei einem Treffen von Clemenceau, Foch und General Weygand mit der englischen Regierung in London am 30. November 1918 trug der Marschall seine Pläne vor. Um das deutsche Bevölkerungsübergewicht auszugleichen und entsprechende Verteidigungsmaßnahmen treffen zu können, sahen sie eine Einfügung der linksrheinischen deutschen Provinzen in ein Bündnissystem mit Frankreich, Belgien und Luxemburg vor. Obwohl diese Pläne auf den Widerstand Englands stießen[14], entschloß sich Clemenceau, im Januar 1919 bei den Friedensverhandlungen diese Forderungen Fochs zu unterstützen[15].

Er beauftragte deshalb seinen Mitarbeiter, den französischen Politiker und Diplomaten André Tardieu, eine Denkschrift „du gouvernement français sur la fixation au Rhin de la frontière occidentale..." anzufertigen, um durch historische und politische Argumente diese Forderungen zu untermauern[16].

Nach dem Hinweis, es handle sich nicht darum, ein alliiertes Land zu vergrößern, nicht um eine Annexion, sondern nur darum, Deutschland außer Stand zu setzen, wieder Schaden anzurichten, und darum, ihm seine Angriffsmöglichkeiten zu nehmen, unterstrich Tardieu in dieser Denkschrift die Notwendigkeit einer interalliierten Besetzung der Rheinbrücken; denn die Sicherheit der westlichen Demokratien erfordere es, daß Deutschland seine brüsken Angriffe von 1870 und 1914 nicht wiederholen könne. Deshalb müsse man seinen Streitkräften den Zugang zum linken Rheinufer verbieten und dadurch ihre Angriffsbasis nehmen.

Da Deutschland mit 70 Millionen Einwohnern und einer starken Industrie über ein hohes Potential an Soldaten und Kriegsproduktion verfüge und außerdem noch über einen gut ausgebildeten Generalstab, seien die vorgesehenen Garantien durch den Völkerbund und die deutsche Rüstungsbeschränkung[17] ungenügend. Deshalb appellierte Tardieu an die Verbündeten: „nous demandons, contre une Allemagne deux fois plus nombreuse que la France ... une garantie d'un autre ordre, une garantie physique."

Außer der Beseitigung dieses gefährlichen Machtmißverhältnisses werde die Rheinbrückenbesetzung die schnelle Invasion in kriegsentscheidende französische Industriezonen verhindern – Deutschland hatte allerdings selbst verkleinert um Posen,

---

[11] Renouvin, Pierre: Die Kriegsziele der französischen Regierung 1914–1918. Geschichte in Wissenschaft und Unterricht 17 (1966) 157.
[12] Erdmann 101.
[13] Beyerhaus, Gisbert: Die Europa-Politik des Marschall Foch. Leipzig 1942, S. 50; Foch richtete am 27. 9. 1918 und am 10. 1. 1919 Schreiben an die Alliierten, um die Rheingrenze zu fordern; vgl. Renouvin: Le traité 67.
[14] Lloyd George 131–136. – Czernin 62–65.
[15] Tardieu, André: La Paix. Paris 1921, S. 164.
[16] Ebenda 164f.
[17] Es wurde eine deutsche Demobilisierung beschlossen. Deutschland sollte nicht mehr als 7 Infanterie- und 3 Kavallerie-Divisionen zu nicht mehr als 100 000 Mann, darunter 4000 Offiziere, unterhalten. Vgl. Bibl. de Documentation internationale contemporaine, F pièce 382 Rés.: „Dispositions à imposer à L'Allemagne (Clauses militaires ...)".

Schleswig, Elsaß-Lothringen und die linksrheinischen Provinzen noch 55 Millionen Einwohner, wozu im Kriegsfall eventuell noch 7 Millionen Österreicher kamen, gegenüber 49 Millionen Franzosen, Belgier und Luxemburger.

Tardieu wies außerdem darauf hin, daß eine solche Besetzung die kleinen Staaten Belgien, Polen, die Tschechoslowakei und Jugoslawien vor einer deutschen Bedrohung schütze, weil die Alliierten dann gleich zur Stelle seien. Schließlich bemerkte er, die Rheinländer seien als „Mußpreußen" den größten Teil ihrer Geschichte von Preußen unabhängig gewesen. Soweit die Denkschrift der französischen Regierung[18]! Während die Amerikaner dem zunächst nicht widersprachen, mißbilligten die Briten die französischen Forderungen. Laut André Tardieu waren die Engländer von Reminiszenzen an Napoleon bestimmt, und zwar da, wo es den Franzosen um nötige Sicherheitsgarantien ging[19].

Waren diese französischen Forderungen wirklich Ausdruck einer Hegemonialpolitik? Hat nicht Pierre Renouvin recht, wenn er darauf hinweist, daß es den Franzosen vor allem um die Sicherheit, das heißt um Vorsichtsmaßnahmen gegen eine deutsche Revanche ging?

Die französische Politik war beherrscht von der Erinnerung an drei deutsche Invasionen in hundert Jahren (1814/15, 1871 und 1914). Daher waren ihre Sorgen – so betont Renouvin – vor allem defensiver Ordnung. Nord- und Ostfrankreich waren als Hauptkriegsschauplätze verwüstet, so daß das Land dringend Reparationszahlungen benötigte. Außerdem war sich die französische Regierung klar, daß der Sieg dank der Koalition und nicht von Frankreich allein errungen wurde, daß es allein wahrscheinlich besiegt worden wäre[20]. Deshalb mußte sich ein auf sich selbst gestelltes Frankreich dem deutschen Nachbarn unterlegen fühlen.

Schließlich ist zu bedenken, daß Frankreich seine Kriegsziele noch nicht erreicht, während England seine Vorteile bereits erlangt hatte:

1. die Zerstörung der deutschen Flotte,
2. die Übernahme deutscher Kolonien und
3. die Öffnung des deutschen Marktes[21].

Als bei den weiteren Verhandlungen Wilson und Lloyd George, den die traditionelle englische Gleichgewichtspolitik bestimmte, absolut darauf bestanden, daß die linksrheinischen deutschen Provinzen nicht vom Reich abzutrennen seien, als sie dafür aber außer Demilitarisierung und Kontrollen eine Hilfegarantie Großbritanniens und der USA gegen deutsche Aggressionen anboten[22], gab Clemenceau nach. Ihm ging dieses Hilfsversprechen über alles und er wollte einen Bruch mit den Alliierten auf alle Fälle vermeiden. Dabei kam es zu Auseinandersetzungen mit Marschall Foch, der vom französischen Staatspräsidenten Raymond Poincaré unterstützt wurde. Diese beiden bestanden auf der Annexion des Rheinlandes[23].

---

[18] Tardieu 175–185.
[19] Ebenda 188 f.
[20] Renouvin: Les relations 51. – Ders.: Le traité 13.
[21] Vgl. Thompson: Russia 199.
[22] Mantoux I, 51. – Tardieu 201 f. – Lloyd George 403. – Vgl. Erdmann 101.
[23] Clemenceau, Georges: Grandeurs et misères d'une victoire. Paris 1930, S. 131, 170, 198–204.

Gewisse Versuche lokaler französischer Autoritäten, im Rheinland unter der Leitung von Dr. Dorten eine Separatistenbewegung zustande zu bringen, scheiterten am Widerstand der Alliierten und der Bevölkerung, so daß Clemenceau den Autonomisten seine Unterstützung verweigerte[24].

Auch Schritte des bayerischen Bauernführers Dr. Heim, der eine Teilung Deutschlands in zwei Staaten vorschlug, und zwar in einen südwestdeutschen unter Einschluß Österreichs mit einer katholischen Mehrheit und in einen norddeutschen, wurden nicht weiter verfolgt; denn Clemenceau glaubte nicht an Separatismus und Partikularismus in Deutschland. Er baute vielmehr auf Solidaritätspakte mit den Alliierten[25].

Später bedauerte man es in Frankreich allerdings sehr, daß man die deutsche Einheit nicht zerschlagen hatte[26]. Wahrscheinlich wäre nur durch eine solche Zerstückelung eine französische Hegemonialpolitik wirklich möglich gewesen.

Bei den Friedensverhandlungen wurde jedenfalls schließlich statt einer Militärgrenze am Rhein eine zonenweise Besetzung auf 15, 10 und 5 Jahre festgelegt und die Demilitarisierung des linksrheinischen und eines 50 km breiten rechtsrheinischen Gebietes beschlossen (Artikel 42 bis 44 des Friedensvertrages)[27].

Sehr harte Debatten gab es bei der Friedenskonferenz auch um das Kohlenbecken der Saar.

Schon 1915 hatte die französische Schwerindustrie die Annexion des Saarlandes befürwortet, um dem Kohlenmangel abzuhelfen, der sich durch die Rückgewinnung der lothringischen Erzlager vergrößern mußte. Durch solche wirtschaftlichen Interessen bestimmt, übernahm die französische Regierung 1919 diese Forderung und untermauerte sie durch den historischen Anspruch auf die Grenzen von 1815[28].

Im einzelnen legte die französische Delegation dies in einer Denkschrift dar, die eine „juristische Restitution" des Gebietes zugleich als Element der Wiedergutmachung verlangte[29].

Nachdem Präsident Wilson diese französischen Forderungen alle zurückgewiesen hatte, einigte man sich Ende März wenigstens darüber, Frankreich den Besitz der Saargruben zuzusprechen. Laut Artikel 45 des Friedensvertrages sollte Deutschland das Eigentum der Gruben als Ersatz für die Zerstörung der Kohlengruben in Nordfrankreich und als Anzahlung der geschuldeten Wiedergutmachung der Kriegsschäden an Frankreich abtreten. Man kam auch überein, dem Saarland einen 15 Jahre dauernden Spezialstatus zu verleihen und das Gebiet vom Völkerbund verwalten zu lassen. Nach 15 Jahren war ein Plebiszit über das weitere Schicksal

---

[24] Duroselle 12.
[25] Mantoux II, 187, Beratung vom 23. Mai 1919. – Beaumont: Clemenceau 37–39.
[26] Vgl. Bainville, Jacques: Frankreichs Kriegsziel. Hamburg 1939 (Übersetzung v. A. E. Günther), S. 61–63.
[27] Materialien, betreffend die Friedensverhandlungen. Amtl. Text, VII: Der Friedensvertrag. Charlottenburg 1919, S. 27 f. – Vgl. Erdmann 104.
[28] Albertini 267. – Renouvin: Le traité 66. – Duroselle 10 f.
[29] Tardieu 279–289: „Mémoire présenté par la délégation française".
[30] Materialien VII, 39: Anlage.

des Landes vorgesehen[30]. Bei einem Votum für Deutschland sollte dann die deutsche Regierung die Gruben im ganzen in Goldmark zurückkaufen[31].

Gegen diese Bestimmungen protestierte der deutsche Außenminister von Brockdorff-Rantzau heftig, da Deutschland in 15 Jahren mit Sicherheit nicht über genügende Gelder verfügen werde und somit das Gebiet dann an Frankreich falle[32].

Ein weiterer möglicher Ansatzpunkt für eine Hegemonialpolitik Frankreichs waren die von Deutschland zu zahlenden Reparationen. Aber auch hier konnte sich Frankreich mit seinen Vorstellungen nicht durchsetzen. Es kam zu Schwierigkeiten und zu langen, harten Diskussionen mit den Alliierten[33]. Das französische Programm hatte vorgesehen, Deutschland möglichst für zwei oder drei Generationen auf das wirtschaftliche Existenzminimum herabzudrücken, indem man ihm die vollen Kosten des Krieges aufbürdete. Dann würde Deutschland nicht wieder die Sicherheit Frankreichs bedrohen können[34]. Während England bereit war, die Reparationsforderungen zu vermindern, bestand Frankreich während der Verhandlungen auf einer rigorosen Bezahlung[35]. Clemenceau wollte dadurch erstens die gewaltigen französischen Kriegsschulden begleichen[36], zweitens wollte er die Zahlungsforderungen möglichst hochschrauben, so daß sie nicht erfüllt werden konnten, da die Bestimmungen der Rheinlandbesetzung mit der Erfüllung der Reparationszahlungen verknüpft werden sollten. Er hoffte, daß Frankreich dann auf diesem Wege nun doch über das Rheinland verfügen würde, wenn Deutschland die hohen Zahlungen nicht leisten könne[37].

Da die Vereinigten Staaten jedoch für eine Verringerung der Reparationsforderungen eintraten, konnten sich die Alliierten über die Höhe der Zahlungen nicht einigen[38].

Die Reparationen waren immerhin für Frankreich ein Ansatzpunkt für Versuche einer Hegemonialpolitik, die dann 1923 zur Ruhrbesetzung führten.

Aber erstens ist auch diese Gewaltpolitik vom französischen Sicherheitsbedürfnis her zu beurteilen. Durch die Verwerfung des Vertrags von Versailles durch den amerikanischen Senat waren ja die Beistandsverträge zwischen Frankreich mit England und mit Amerika hinfällig geworden, die für Clemenceau das wichtigste Stück des Friedenswerkes waren, das Frankreichs Sicherheit garantieren sollte.

Außerdem war Frankreich durch die Deutschland gewährten Reparations-Moratorien in seinen Erwartungen enttäuscht worden.

Schließlich erreichte Frankreich durch die Besetzung des Ruhrgebietes wegen geringfügiger deutscher Zahlungsrückstände keine Loslösung des Rheinlandes vom Reich, da durch das gewalttätige französische Vorgehen sich die Sympathie der Welt

---

[31] Materialien VII, 39: Anlage.
[32] Materialien: Der Notenkampf um den Frieden von Versailles. Teil I, S. 32 f.
[33] Tardieu 127.
[34] Czernin 61.
[35] Duroselle 19–23.
[36] Albertini 267 beziffert die Kriegskosten für Frankreich auf 210 Milliarden, die großenteils durch Schuldverschreibungen aufgebracht worden waren.
[37] Czernin 270.
[38] Renouvin: Le traité 72–76.

Deutschland zuwandte und der aus dem Ruhrkampf hervorgegangene Dawes-Plan zum ersten Schritt wurde, der Deutschland aus der politischen Isolierung herausführte[39]. Somit kann man auch hier nicht von einer französischen Vorherrschaft sprechen.

Nicht nur im Westen sondern auch im Osten Deutschlands mußte die Friedenskonferenz die Grenzen neu festlegen.

Da Rußland als Gegengewicht gegen Deutschland im Osten ausgefallen war, mußte die französische Delegation alles daransetzen, ein starkes Polen als Bollwerk gegen Deutschland aus ehemals österreichischen, russischen und deutschen Gebieten zu schaffen. Hier bot sich eine Möglichkeit, das deutsche Übergewicht in Europa durch Abtrennung so vieler deutscher Gebiete wie möglich zu vermindern. Um dieses Ziel zu erreichen, war Clemenceau z. B. bemüht, ganz Schlesien ohne Rücksicht auf ethnische oder geographische Erwägungen Polen zuzuteilen[40].

Obwohl ein starkes Polen auch im Interesse Großbritanniens und der USA lag[41] und obwohl die Alliierten Frankreichs Bemühungen, sofort aus Kriegsgefangenen gebildete polnische Truppen unter General Haller nach Warschau zu schicken, unterstützten[42], kam es bei den Verhandlungen zu Meinungsverschiedenheiten, weil Frankreich das Selbstbestimmungsrecht zu offensichtlich mißachten wollte[43].

Lloyd George war gegen den Vorschlag Fochs, die polnische Grenze auf der Linie Danzig-Thorn zu ziehen, was den Einschluß ganz Ostpreußens bedeutet hätte. Er wandte sich gegen den Plan, über 2 Millionen Deutsche unter polnische Herrschaft zu stellen[44].

Schließlich einigte man sich auf einen Kompromiß. Um Polen den unbedingt nötigen Zugang zum Meer zu verschaffen, erklärte man Danzig, das eine deutsche Bevölkerung hatte, zur freien Stadt, die mit Polen durch eine Zollunion verbunden sein sollte[45].

Polen sollte außerdem Oberschlesien bekommen. Hier konnte aber die deutsche Delegation auf der Friedenskonferenz mit Unterstützung der Angelsachsen eine Volksabstimmung erreichen. Nach dem Plebiszit von 1921 wurde das Gebiet dann geteilt, wobei das südliche Kohlen- und Industrierevier an Polen fiel[46].

Ebenso wie die Schaffung eines Großpolen, begünstigte Frankreich auch die Gründung anderer Staaten im Osten und Südosten des Reiches – z. B. der Tschechoslowakei mit Einschluß von 3,5 Millionen Sudetendeutschen –, Staaten, die ihr Entstehen und ihre Sicherheit der Freundschaft mit Frankreich verdankten[47].

Nach diesem Überblick über die Politik Frankreichs gegenüber Deutschland, über

---

[39] Erdmann III, 130–132.
[40] Documents II, 736, 737. – Lloyd George 402. – Czernin 61, 194 f. – Birke, Ernst: Die französische Osteuropa-Politik 1914–1918. ZfO 3 (1954) 347 f.
[41] Documents III, 782. – Vgl. Czernin 61.
[42] Mantoux I, 101–107. – Vgl. Czernin 195.
[43] Lloyd George 287 f.
[44] Ebenda 981–991. – Czernin 197–203.
[45] Duroselle 13. – Renouvin: Le traité 52, 59 f.
[46] Erdmann 103.
[47] Czernin 194 f.

die französischen Bestrebungen, das deutsche Übergewicht in Europa zu begrenzen, wenden wir uns der nächsten Frage zu:

II. Inwieweit war die französische Politik damals eine antibolschewistische Hegemonialpolitik?

Sieht man die Aufzeichnungen über die Friedensverhandlungen durch, so zeigt sich, daß Frankreich sich zwar mehr mit der deutschen als mit der bolschewistischen Gefahr beschäftigte, diese jedoch keineswegs übersah[48].

Ernst Birke nennt finanzielle und psychologische Gründe für die sowjetfeindliche Einstellung Frankreichs.

Da nämlich der Rat der Volkskommissare am 23. Januar 1918 die unterschiedslose Annullierung aller russischen Auslandsschulden angeordnet hatte, bestand für Frankreich die Gefahr, bei einer endgültigen Festsetzung des bolschewistischen Regimes in Rußland alle Kredite, die Frankreich früher an dieses Land gegeben hatte, zu verlieren. Birke schreibt dazu: „Die gewaltigen französischen Werte, die hier auf dem Spiel standen und an denen neben dem Staat und der großen Wirtschaft eine Unzahl kleiner Sparer beteiligt war, ließen nun für lange Jahre keine Sowjetrußland zugewandte, französische Äußerung unbeeinflußt[49]."

Andere Beweggründe für eine antibolschewistische Interventionspolitik in Rußland zählte der französische Außenminister Pichon in seiner Kammerrede vom 29. Dezember 1918 auf: „Alle unsere Interventionen in Rußland, seit einem Jahr, sind gegen Deutschland gerichtet gewesen." „Tout ce que nous avons fait contre les Bolchévicks, c'est en réalité contre les Allemands que nous l'avons fait."

Frankreich kämpfte hier gegen die Anarchie, deren Folgen auch das eigene Land erreichen konnten[50].

Drei Monate später erklärte Pichon vor der Kammer: „Der Bolschewismus bedeutet die Organisation der Anarchie durch den Terror, er bedroht die ganze gesittete Welt." „Um ihn ... zu hindern, in die Nachbarländer vorzudringen und überall sein tödliches Gift zu verbreiten", sollte Frankreich um ihn einen „cordon sanitaire" bilden[51].

Ähnlich charakterisierte Clemenceau seine Rußlandpolitik: „Wir betrachten die Sowjetregierung als die abscheulichste, barbarischste, die jemals irgendein Land der Erde verwüstet hat" und „wir wollen den Bolschewismus mit einem Stacheldrahtzaun umgeben, der ihn hindert, sich auf das zivilisierte Europa zu stürzen[52]."

---

[48] Vgl. auch Stein, B. E.: Die „russische Frage" auf der Pariser Friedenskonferenz 1919 bis 1920. Leipzig 1953, S. 5f. – Mayer, Arno J.: Politics and Diplomacy of Peacemaking. Containement and Counterrevolution at Versailles, 1918–1919. (1967), S. 647 bis 672.
[49] Birke 352.
[50] Moulis, E. / Bergonnier, E.: La guerre entre les Alliés et la Russie 1918–1920. Documents réunis. Paris 1937, S. 165, 166. – Birke 356 f.
[51] Zitiert nach Birke 357. – Vgl. Slovès, H.: La France et l'Union Soviétique. Paris 1935, S. 106.
[52] Birke 357. – Slovès 118.

In diesem Punkt stimmte auch Marschall Foch mit der Regierung überein. Er schrieb in seinem Bericht, den er am 27. März 1919 den Großen Vier der Konferenz vortrug: „Um die bolschewistische Infiltration aufzuhalten, muß man eine Barriere in Polen und Rumänien aufrichten und die Bresche von Lemberg schließen. Gleichzeitig ist es nötig, die dahinterliegenden infizierten Gebiete, wie Ungarn, zu sanieren." „Gegen die Ausbreitung einer Epidemie bildet man einen „cordon sanitaire"[53].

Frankreich fürchtete vor allem auch eine Vereinigung Deutschlands mit Rußland, einen 300-Millionen-Block, indem sich „deutsche Intelligenz und Organisationsgabe mit den Möglichkeiten des russischen Riesenraumes" verbanden. Wenn Deutschland bolschewistisch wurde, konnte Frankreich außerdem auf keine Wiedergutmachungszahlungen mehr hoffen[54].

Wie äußerte sich nun die französische Haltung konkret in der Politik?

Zunächst ist festzustellen, daß Frankreich, überrascht durch den Zusammenbruch der deutschen Widerstandskraft Ende 1918, anfangs im Osten noch keine feste Konzeption hatte[55].

Einerseits lag es nach der Auflösung Rußlands in seine verschiedenen Bestandteile nahe, die neu entstehenden Staaten zu unterstützen, damit sie die Rolle Rußlands als Gegengewicht gegen Deutschland und gleichzeitig die Rolle eines „cordon sanitaire" gegen das bolschewistische Rußland übernehmen konnten.

Andererseits fragte sich die französische Regierung, ob es nicht wegen der offenen Schulden doch besser sei, sich für ein von den Kommunisten befreites, demokratisches, föderalistisches Rußland zu entscheiden.

Die Franzosen haben sich in diesen Jahren nicht klar entscheiden können. Einerseits haben sie den großrussischen Prätendenten Denikin, Admiral Koltschak und Baron von Wrangel geholfen. Andererseits haben sie den ukrainischen Führer Petljura und daneben natürlich die Polen unterstützt. Zeitweise versuchten sie dann diese gegensätzlichen Kräfte miteinander zu verbinden, was scheitern mußte[56].

Betrachten wir die französischen Interventionen etwas genauer!

Zunächst betrieben die Alliierten ihre Politik in Rußland gemeinsam. Während England die Regierung Koltschak in Sibirien unterstützte, lag der Schwerpunkt der französischen Einflußnahme in der Ukraine. Der französische General Berthelot, Kommandant der alliierten Truppen in Rumänien, kündigte im Herbst 1918 die Sendung von 150 000 Mann nach Odessa an. Am 19. Dezember traf dann eine französische Division dort ein. Nach großen militärischen Erfolgen der Bolschewiken in den baltischen Ländern, in Weißrußland, in der Ukraine und in Sibirien überprüften Wilson, Lloyd George und Clemenceau in mehreren Konferenzen im Januar 1919 ihre Politik und sprachen sich schließlich gegen weitere Interventionsprojekte Berthelots aus, da Lloyd George an einen Enderfolg der Bolschewiken glaubte[57].

---

[53] Mantoux I, 52 f.
[54] Birke 358.
[55] Ebenda 346 f.
[56] Ebenda 359.
[57] Duroselle 39, 41.

Trotzdem legte General Franchet d'Espérey, Kommandant der alliierten Truppen im Osten, dem britischen Premierminister ein Projekt einer großen Militärkoalition gegen den Bolschewismus vor. Dieses Militärbündnis sollte russische Kriegsgefangene mit osteuropäischen und alliierten Truppen vereinigen. Ähnliche Vorschläge trug das Mitglied der „provisorischen russischen Regierung" Savinkov den Franzosen vor. André Tardieu war durchaus für diese Pläne, die allerdings bei den Tschechen und Jugoslawen auf wenig Gegenliebe stießen[58].

Bei den Rivalitäten und Kämpfen der neu entstandenen osteuropäischen Länder war aber eine solche große antibolschewistische Militärkoalition praktisch undurchführbar. Im Februar 1919 beschwerte sich zum Beispiel der Präsident der ukrainischen Delegation bei den Friedensverhandlungen, Syderenko, über polnische und rumänische Angriffe auf sein Land, obwohl doch die Ukrainische Republik im Kampf mit der bolschewistischen Regierung stehe. Er vertrat nachdrücklich die ukrainischen Ansprüche auf Ostgalizien und die Bukowina[59].

Obwohl sich Lloyd George weiterhin gegen alle Militärbündnispläne stellte, drang Marschall Foch, beunruhigt durch die Gefahr einer weiteren Ausbreitung des Bolschewismus, auf eine baldige militärische Lösung des Problems. Er wollte einen schnellen Friedensabschluß mit Deutschland, damit man frei sei, alle antibolschewistischen Elemente in Rußland und alle seine antikommunistischen Nachbarländer tatkräftig zu unterstützen. Dabei war er sogar bereit, eventuell deutsche Hilfe für einen Kreuzzug zu akzeptieren. Am 25. Februar legte er deshalb einen Plan vor, in dem er die Ausrottung des Bolschewismus forderte.

Aber der amerikanische General Bliss war durch diesen Kreuzzugsplan alarmiert. Er war davon überzeugt, daß die europäischen Alliierten eine Offensive gegen Rußland durch osteuropäische Armeen unter französischer Leitung planten.

Die Vereinigten Staaten waren nicht bereit, irgendeine Nachkriegsaktion in Europa zu unterstützen. Auch Lloyd George stellte sich gegen solche Pläne. Er suchte die ehrgeizigen Projekte Fochs dadurch zu diskreditieren, daß er Schätzungen anstellen ließ, welche Gelder eine solche Offensive erfordern würde. Die hohen Kosten, die Frankreich damals unmöglich hätte übernehmen können, bestimmten schließlich auch Clemenceau, Fochs Kreuzzugspläne abzulehnen[60].

Wir sehen also wieder, daß französische Ansätze einer antibolschewistischen Hegemonialpolitik festzustellen sind, daß aber Frankreich nicht in der Lage war, eine solche Politik wirklich zu betreiben. Das durch den Krieg erschöpfte Land hätte für eine solche Politik die tatkräftige finanzielle und militärische Unterstützung seiner Alliierten gebraucht. Diese waren jedoch nicht dazu bereit.

Außerdem war eine französische Vorherrschaftspolitik im Osten, eine gemeinsame Politik der osteuropäischen Staaten unter französischer Führung, durch die vielen Rivalitäten, Kämpfe und Schwierigkeiten, die diese Länder voneinander trennten, kaum möglich.

---

[58] Thompson 179.
[59] Université de Paris, Bibliothèque de Documentation internationale contemporaine. Fol. 223 Rés. 17/h.
[60] Thompson 181–186.

Typisch für diese Rivalitäten war z. B. wieder das Schreiben des ukrainischen Delegationsleiters in Paris, Syderenko, vom 5. März 1919. Darin hieß es, man habe erfahren, daß das Projekt einer Barriere verbreitet werde, die von Norden nach Süden aus Polen, der Tschechoslowakei und Rumänien bestehen solle. Syderenko wies darauf hin, daß sich zwischen diesen Ländern ukrainische Gebiete befänden, deren geplante Annexion die Regierung niemals zulassen werde[61].

Im allgemeinen bot sich ein verwirrendes Bild. Frankreich fand sich in dem Parteiendurcheinander Osteuropas und Rußlands nicht gut zurecht. Besonders in diesem fremden Land konnte es niemanden ernsthaft für sich gewinnen[62].

Als am 21. März in Ungarn mit Béla Kun ein kommunistisches Regime an die Macht gekommen war, verstärkte sich die Angst vor einer weiteren Ausbreitung des Bolschewismus[63]. Die Großen Vier berieten am 25. März 1919 darüber mit Foch. Dieser warnte eindringlich vor der Gefahr einer bolschewistischen Expansion und appellierte an die Vier, diese Expansion von Odessa und Lemberg her zu stoppen. Da die alliierten Truppen in diesen Gebieten allerdings unbedeutend waren, schlug Foch vor, die rumänische Armee zu diesem Zweck einzusetzen. Sie mußte aber erst dafür ausgerüstet werden.

Auf die Frage von Clemenceau nach seinen Vorstellungen zur Errichtung einer Barriere antwortete Foch, diese müsse durch eine Reorganisation der polnischen und der rumänischen Armee bewerkstelligt werden.

Laut Foch hatte Rumänien damals 12 schlechtausgerüstete Divisionen, die man auf eine Stärke von 18 bringen und unter französischen Oberbefehl stellen sollte.

Der Armee Denikins in Odessa maß Foch keine große Bedeutung mehr bei, da die Bevölkerung sie nicht unterstützte. Er appellierte deshalb eindringlich an die Großen Vier: „bâtissez sur la Roumanie, parce que là, vous avez non seulement une armée, mais un gouvernement et un peuple[64]."

Nach weiterer eingehender Prüfung der allgemeinen Situation des Kampfes gegen den Bolschewismus beschlossen diese vier Regierungschefs hierauf:

daß 1. die britische Regierung den Rest der Waffen und der Ausrüstung, die für General Denikin bestimmt gewesen waren, und zwar für 100 000 Mann, stattdessen nach Rumänien schicken werde,

daß 2. die Militärexperten der Vier einen Kriegsplan ausarbeiten sollten, um die Situation zu parieren[65].

Zwei Tage später legte Foch den Bericht der Militärfachleute vor, der im wesentlichen seine Vorschläge vom 25. März ausbaute und detaillierte. Wieder forderte man die Schaffung einer Barriere aus Polen und Rumänien und die Schließung der Bresche von Lemberg, um die bolschewistische Infiltration zu stoppen. Gleichzeitig trat man für eine „Desinfizierung" Ungarns ein. Man empfahl, in

---

[61] Bibliothèque de Documentation intern. contemp. Fol. 223 Rés. 17/k.
[62] Birke 335.
[63] Duroselle 41.
[64] Mantoux I, 22 f.
[65] Bibl. de Documentation intern. contempor. F 105^{1-2} Rés: Conférence de la paix 1919–20. Recueil des actes de la conférence. Partie I. Actes du Conseil Suprême, Recueil des Résolutions, 2ᵉ Fasciule. Paris 1934, S. 89.

Rumänien unter französischem Kommando zwei Armeen zu bilden, die eine aus drei französischen, drei griechischen, einer polnischen und drei rumänischen Divisionen bestehend, die sich gegen Rußland richten sollten, und die andere aus zwei französischen, drei serbischen und 4 rumänischen Divisionen, die gegen Ungarn antreten sollten.

Präsident Wilson war zwar für eine Hilfe an Rumänien, jedoch ging ihm das Dokument Fochs viel zu weit. Er war gegen eine Parteinahme für Polen gegen die Ukraine, die durch die Schließung der Bresche von Lemberg unvermeidbar gewesen wäre. Außerdem sah er in der Vereinigung der polnischen und rumänischen Truppen das Vorspiel zu einer großen militärischen Intervention in Rußland und für eine solche Aktion war er nicht zu haben[66].

Deshalb beschlossen die Großen Vier, Marschall Foch möge seine Vorschläge auf Maßnahmen zur Verstärkung der rumänischen Armee beschränken[67].

Am 31. März 1919 beriet die Konferenz über das ungarische Problem, das durch Konflikte Rumäniens und der Tschechoslowakei mit Ungarn erschwert wurde. Pichon riet dazu, in diesem Kampf Rumänien, das man als Barriere gegen den Bolschewismus brauche, zu unterstützen.

Nach späteren Diskussionen über eine eventuelle Intervention in Ungarn sprach sich Clemenceau dafür aus, einen „cordon" um dieses Land herum zu bilden und abzuwarten, da das französische Parlament für eine solche Intervention weder die Menschen noch das Geld zur Verfügung stellen werde[68].

Aber Marschall Foch hielt eine militärische Aktion für durchführbar und wünschenswert. Bei einem Treffen der Delegationsführer der fünf Großmächte am 17. Juli 1919 legte er seine „Note sur une Action Eventuelle en Hongrie" vor.

Demnach bot sich nach Konsultation der betreffenden Regierungen folgende Situation dar:

1. Der tschechoslowakische Präsident Masaryk war bereit, seine ganzen Truppen, das heißt 8 Infanteriedivisionen oder ca. 100 000 Mann der Entente zur Verfügung zu stellen. Diese Armee war unter der Leitung der französischen Militärmission reorganisiert und instand gesetzt worden. Aber es waren vor einem Einsatz noch dringend Munitionslieferungen aus Österreich nötig.

2. Die serbische Regierung konnte eine Kavallerie und 1½ Infanterie-Divisionen oder ca. 20 000 Mann stellen,

3. die rumänische eine Kavallerie- und sechs Infanterie-Divisionen oder ca. 75 000 Mann und

4. die französische Armee in Ungarn bestand aus 25 000 Mann.

Man konnte also – laut Denkschrift – mit 17½ Infanterie- und 2½ Kavallerie-Divisionen oder 220 000 Mann, davon 160 000 kämpfenden Truppen, rechnen. Dem standen 10 bis 11 ungarische Infanterie- und zwei Kavalleriedivisionen oder 150 000 Mann, davon 100 000 bis 120 000 kämpfende Truppen, gegenüber.

Durch diese zahlenmäßige Überlegenheit der Entente und der günstigen Position

---

[66] Mantoux I, 52. – Vgl. Thompson 197–203.
[67] Bibl. de Docum. int. cont. F 1051-2 Rés: Conférence de la paix I, 90.
[68] Mantoux I, 98 f. – Thompson 205–211.

ihrer Truppen, die Ungarn von allen Seiten umfassen konnten, bestanden für die Entente gute Aussichten, eine militärische Operation in sehr kurzer Zeit siegreich zu beenden, allerdings unter folgenden Bedingungen:
1. ein gemeinsames Oberkommando der Operationen,
2. Direktiven der Konferenz, daß dieses Oberkommando eine Entente-freundliche Regierung einsetzen kann,
3. die noch nötigen Materiallieferungen für die Truppen und
4. Organisation der Lebensmittelversorgung der ungarischen Zivilbevölkerung[69].

Bei den Beratungen der Vertreter der fünf Großmächte über dieses Projekt meldete besonders der Italiener Tittoni politische Bedenken gegen eine militärische Intervention der Tschechen, Rumänen und Serben gegen Ungarn an. Der englische Außenminister Balfour bezweifelte, daß eine von den Alliierten eingesetzte Regierung vom Volk anerkannt würde. Schließlich vertagte man das Problem mehrmals[70].

Später schlug Clemenceau seinen Kollegen vor, auf eine Intervention in Ungarn zu verzichten und dieses Land seinem Schicksal zu überlassen, da er nun nach Beendigung des Krieges die französischen Truppen demobilisieren müsse, nachdem die Amerikaner und Briten dies schon getan hätten. Deshalb könne Frankreich auch nicht zwei Divisionen ohne alliierte Unterstützung nach Ungarn schicken[71].

Zwei Tage später informierte Clemenceau seine Kollegen, der Prozeß der Demobilisierung zwinge ihn, 45 000 Mann der französischen Ostarmee zurückzuziehen, so daß er nicht in der Lage sei, Ungarn zu erobern.

Hierauf beschloß man, die Blockade Ungarns aufrechtzuerhalten und die Angelegenheit zunächst auf sich beruhen zu lassen[72].

Mehr Erfolg hatten die Alliierten und besonders Frankreich bei der Festlegung der Westgrenze Rußlands aufzuweisen. Nachdem am 14. 10. 1917 Finnland unabhängig geworden war, erklärten sich im Februar 1918 die drei baltischen Staaten Estland, Lettland und Litauen für unabhängig. Der französische Plan, im Nordwesten Rußlands einen Block gegen das bolschewistische Sowjetrußland zu schaffen, bestehend aus Finnland, den baltischen Staaten und Polen, scheiterte allerdings[73].

Nach der Ausrufung der polnischen Republik im November 1918 kämpfte Polen gegen Deutschland im Westen und gleichzeitig gegen die Ruthenen im Osten. Eine interalliierte Kommission versuchte vergeblich, diesen Kampf zu beenden[74].

Ein wechselvoller Krieg führte die Polen im Mai 1920 bis nach Kiew, die Russen aber im August bis vor die Tore Warschaus. Während jetzt die Briten die Polen drängten, die sowjetischen Friedensangebote zu akzeptieren, ermutigte die französische Regierung Millerand die Polen zum Widerstand. Sie versprach massive Hilfe und sandte Waffen und Offiziere, besonders den General Weygand. Am 15. August kam es hierauf zur Schlacht von Warschau, die die Situation umkehrte. Die Polen,

---

[69] Documents I, 127–130: Appendix B to No 13.
[70] Documents I, 137–142, 161, 163, 176, 179.
[71] Documents I, 203 ff.
[72] Documents I, 216 ff.: „Notes of a Meeting of the Heads of Delegations. July 28, 1919, bes. S. 219, 221.
[73] Duroselle 43–46.
[74] Bibl. de Document. int. cont. F 105 1-2 Rés.: Conférence de la paix I, 2ᵉ Fasc., 95.

aus Besiegten nun zu Siegern geworden, stießen die Rote Armee um 400 km zurück. Die Grenze wurde 150 km östlich der von den Alliierten vorgeschlagenen Curzonlinie gezogen. Der Friede von Riga vom 12. März 1921 besiegelte diese Grenze, durch die Polen auch ukrainisches Gebiet erhielt[75].

Im Januar 1921 hatten Frankreich und Polen einen Allianzvertrag geschlossen. Duroselle betont dazu: „La France complétait ainsi l'établissement de sa sécurité contre l'Allemagne[76]."

Diese Sicherheitspolitik gegen Deutschland ergänzte Frankreich durch Unterstützung der Tschechoslowakei, die eine Außenpolitik in strenger Anlehnung an Frankreich trieb und 1919, 1924 u. 1925 mit dieser Macht Hilfeabkommen schloß. Gleichzeitig war sie mit den zwei anderen südosteuropäischen Bündnispartnern Frankreichs, Rumänien und Jugoslawien, durch die Kleine Entente verbunden[77].

Neben dieser „Cordon-sanitaire"-Politik hatte Frankreich die ersten Jahre nach Kriegsende immer noch eine gewisse Interventionspolitik in Rußland betrieben.

Anfang 1919 befanden sich noch französische Truppen bei Odessa. Sie kamen aber nicht von der Küste weg, weil die Soldaten nach den langen Kriegsjahren und nach der deutschen Niederlage einfach nicht mehr kämpfen wollten. Nach Rückschlägen im März 1919 meuterten die französischen Soldaten und Matrosen.

Diese entmutigenden Nachrichten veranlaßten die Pariser Deputiertenkammer am 29. März, die Räumung von Odessa zu beschließen[78].

Dadurch war jedoch für die Franzosen das russische Abenteuer noch nicht beendet. Die Regierung setzte jetzt ihre Hoffnungen auf Admiral Koltschak, in dessen Stab der französische General Janin als Oberbefehlshaber der alliierten Hilfstruppen wirkte. Der Admiral strebte eine Wiederherstellung des alten Rußlands an und erklärte sich zur Übernahme der Zahlungsverpflichtungen bereit. Aber nachdem er schließlich den Westmächten die Garantie gegeben hatte, daß sein zukünftiges Rußland ein demokratischer Rechtsstaat sein werde, und als ihn die Westmächte am 12. Juni 1919 anerkannten, befanden sich seine Truppen schon auf der Flucht vor der Roten Armee.

Im Spätherbst war das Wirken Koltschaks beendet.

Während England sich nun zurückzog und am 16. Januar 1920 den Obersten Rat zur Aufhebung der Blockade Sowjetrußlands bestimmte, beharrten Clemenceau und sein Nachfolger Millerand auf ihrem antisowjetischen Standpunkt. Im Mai 1920 waren sie deshalb bereit, den Nachfolger Denikins auf der Krim, den General Wrangel, zu unterstützen. Sie versuchten ein Zusammenwirken des Generals mit den Polen, die am 20. Mai 1920 Kiew eingenommen hatten, zu erreichen. Aber das scheiterte an seinen unvereinbaren Gegensätzen mit Piłsudski.

Nachdem auch Wrangel eine Reihe von Garantien für ein demokratisches Rußland und die Erklärung der Übernahme der finanziellen Verpflichtungen der frühe-

---

[75] Duroselle 46–48. – Erdmann 102 f.
[76] Duroselle 48.
[77] Vgl. Slapnicka, Helmut: Die böhmischen Länder und die Slowakei 1919–1945. In: Handbuch der Geschichte der böhmischen Länder. Hrsg. von Karl Bosl. Bd. 4. Stuttgart 1969, S. 58.
[78] Birke 355.

ren russischen Regierung gegeben hatte, erkannte Frankreich am 20. August 1920 seine Regierung an[79].

Durch sowjetrussische Angriffe war jedoch auch diese Regierung bald am Ende und mußte am 31. Oktober 1920 die Krim räumen. Damit waren die französischen Interventionen in Rußland abgeschlossen[80].

Es war hier festzustellen, daß sich während dieser französischen Interventionen und der gleichzeitigen Friedensverhandlungen das französische Interesse immer mehr dem Randstaatengürtel zuwandte, der vom Baltikum bis zum Balkan Russen und Deutsche als „cordon sanitaire" voneinander trennen und im Zaum halten sollte.

Polen, die Tschechoslowakei und Rumänien sollten die Grundpfeiler dieser Barriere bilden, die allerdings durch Rivalitäten dieser Staaten geschwächt wurde und die später den Abschluß des russisch-deutschen Vertrages von Rapallo (16. 4. 1922) nicht verhindern konnte[81].

F a s s e n w i r z u s a m m e n ! Es gab gewiß Ansätze einer französischen Hegemonialpolitik, besonders von seiten Marschall Fochs oder Poincarés (Ruhrbesetzung), aber Frankreich war nicht stark genug, um wirklich eine Vorherrschaft aufzurichten. Außerdem war die französische Politik nicht so sehr auf Hegemonie in Europa, sondern ganz wesentlich auf die Sicherung Frankreichs vor einer potentiellen Revanche eines doppelt soviel Einwohner zählenden und industriell viel mächtigeren Deutschlands ausgerichtet.

Ebenfalls war seine Politik gegenüber dem Bolschewismus in erster Linie vom Sicherheitsstreben und vom Wunsch nach Zurückerstattung der an Rußland gezahlten französischen Kredite bestimmt.

Frankreich konnte bei den Friedensverhandlungen sehr oft seine weitgehenden Forderungen nicht durchsetzen, so daß dieser Frieden keine Grundlage für eine wirkliche französische Vorherrschaft bot. Das Friedensprojekt hätte nur dann Grundstein einer französischen, antibolschewistischen Hegemonialpolitik werden können, wenn man Deutschland völlig entmilitarisiert hätte. Dies war aber wegen der Gefahr der Bolschewisierung Deutschlands unmöglich.

Man hätte Deutschland außerdem teilen müssen. Dagegen standen jedoch die Wilsonschen Prinzipien und die traditionelle englische Gleichgewichtspolitik. Außerdem war der deutsche Einheitswille zu stark.

Ferner hätte man Deutschlands industrielle Macht zerstören und das Land in den Stand eines Entwicklungslandes versetzen müssen, was wieder den Prinzipien, für die die Alliierten gekämpft hatten, kraß widersprach, außerdem den englischen Wünschen nach einem kaufkräftigen deutschen Markt.

Schließlich hätte Frankreich seine territorialen Annexionsforderungen alle durchsetzen müssen, was aber die Angelsachsen verhinderten.

Frankreich war durch den Krieg viel zu sehr verwüstet und erschöpft, und materiell und moralisch nicht in der Lage, um wirklich eine Hegemonialpolitik treiben

---

[79] Vgl. Duroselle 42f. – Birke 355f.
[80] Vgl. Birke 356. – Slovès 121–129.
[81] Birke 359. – Erdmann 123–126.

zu können. Das zeigen auch seine mangelnden Erfolge bei der Interventionspolitik gegen das bolschewistische Rußland. Dort war die französische, antibolschewistische Politik durch Unschlüssigkeit und halben Einsatz gekennzeichnet. Versuche, die russischen Randstaaten zu einem „cordon sanitaire" zusammenzuschließen, hatten einen gewissen Erfolg und führten zu einem Bündnissystem unter französischer Führung, waren aber mit der z. T. gleichzeitig angestrebten Unterstützung russischer antibolschewistischer Heerführer unvereinbar.

Friedrich Prinz

DIE USA UND DIE GRÜNDUNG DER ČSR[*]

Die erste Tschechoslowakische Republik ist das Ergebnis einer erfolgreichen Internationalisierung eines regionalen innenpolitischen Konfliktes. Während heute Völker, die an den Bruch- und Krisenzonen der Weltpolitik versuchen, innere Konflikte durch Einbeziehung der Weltmächte auszutragen, nur ein Meer von Blut und Tränen auf ihren Territorien hervorrufen – man denke an Korea, Vietnam und den Nahen Osten! –, ist es 1914–1918 einer Handvoll zielbewußter Politiker gelungen, auf einem ebenfalls hochbrisanten Spannungsfeld ein erfolgreiches Spiel im Interesse ihres Volkes zu spielen, ein Spiel, das Weltkonflikte für regionale und nationale Interessen mit Virtuosität instrumentalisierte. Es versteht sich von selbst, daß für diesen diplomatisch-politischen Verselbständigungsprozeß, den man gewöhnlich mit dem Terminus „Auslandsaktion" umschreibt, objektive Voraussetzungen in der sozialen und politischen Struktur des tschechischen wie des slowakischen Volkes gegeben waren, Voraussetzungen, auf die in unserem Zusammenhang nicht näher eingegangen werden kann.

Bei Ausbruch des Ersten Weltkrieges besaßen weder Tschechen noch Slowaken eine klare politische Konzeption für den Fall, daß Österreich-Ungarn zugrunde gehen sollte. Edvard Beneš, neben T. G. Masaryk und M. R. Štefánik die tragende Hauptfigur der tschechischen und slowakischen Auslandsaktion, hatte noch 1908 in seiner Dijoner Dissertation (Le problème autrichien et la question tchèque) die Lösung des Nationalitätenproblems lediglich als innenpolitische Angelegenheit der Donaumonarchie verstanden, und es besteht kein Anlaß daran zu zweifeln, daß dies wirklich seine Überzeugung war und nicht nur eine taktische Absicherung[1]. Frankreich, dessen Interesse sich seit dem 19. Jahrhundert in steigendem Maße den Nationalitätsfragen Ostmitteleuropas zugewandt hatte, war seit 1870/71 mit seiner eindeutigen Wendung gegen Preußen-Deutschland gegenüber Österreich-Ungarn in ein vorsichtig lavierendes Verhältnis getreten[2], wobei man es von französischer Seite sehr bewußt vermied, sich zugunsten innerösterreichischer Nationalitätenkonflikte irgendwie ernstlich zu engagieren[3]. Eher noch durften sich die Tschechen für ihre Probleme im Osten beim zaristischen Rußland Verständnis und Hilfe erhoffen, und in der Tat war es Karel Kramář, der Führer der jungtschechischen Partei und Ideologe des Neoslawismus, der nach vergeblichen Bemühungen, durch eine Annäherung zwischen Wien und Petersburg den Tschechen größeren politischen Spiel-

---

[*] Da zum Thema eine Reihe wichtiger und großangelegter, auf intensiven Quellenstudien basierender Arbeiten (Victor S. Mamatey, Arthur J. May, George Barany, Arthur S. Link, D. Perman etc.) vorliegt, kann es sich im nachfolgenden lediglich um ein Problem- und Literaturreferat handeln.
[1] B e n e š, E.: Le problème autrichien et la question tchèque. Thèse. Dijon 1908.
[2] B i r k e, E.: Frankreich und Ostmitteleuropa im 19. Jahrhundert. Köln–Graz 1960.
[3] Darüber demnächst K o ř a l k a, Jiří.

raum zu verschaffen[4], nunmehr seit dem Frühjahr 1914 sehr entschieden eine Lösung der tschechischen Frage mit aktiver Hilfe Rußlands anstrebte. Im Mai 1914 unterbreitete er durch Mittelsmänner dem russischen Außenminister Sergej Sazonov einen Plan, demzufolge Böhmen, zusammen mit Polen, Teil des russischen Reiches werden sollte, während Bulgarien, Serbien und Montenegro als Gliedstaaten dieses russischen Imperiums ihre eigenen Dynastien behalten sollten[5].

Während man also im Hinblick auf den großen russischen Bruder wenigstens in Ansätzen eine über den Staatsverband der Donaumonarchie hinausführende politische Konzeption findet, fehlt sie für die Westalliierten. Es gab 1914 überhaupt nur sehr wenige Wissenschaftler und Publizisten in Frankreich und Großbritannien, die über die nationalen Probleme Böhmens hinreichend Bescheid wußten und die sich in ihren Veröffentlichungen zugunsten der Tschechen eingesetzt hatten, jedoch auch diese waren für Lösungen im Rahmen Österreich-Ungarns. Es waren dies vor allem Ernest Denis, Louis Eisenmann, Henry Wickham Steed und Robert W. Seton-Watson[6]. Keiner der tschechischen Parteiführer konnte sich daher zu Beginn des Weltkrieges irgendwelchen Illusionen über das Interesse der Westalliierten an der tschechischen und slowakischen Frage hingeben, die kleine Gruppe des „Austria-delenda-Lagers" mußte gleichsam am Nullpunkt beginnen.

Wie lang und risikoreich der Weg der tschechischen Exilpolitiker war, ehe ihre Pläne und Ziele überhaupt Gegenstand alliierter Überlegungen und damit politisch relevant wurden, zeigt gerade die amerikanische Friedensplanung, von der hier die Rede sein soll. Dabei kann es nicht die Aufgabe dieses Referates sein, in allen Einzelheiten die Entstehung des tschechoslowakischen Staates aufgrund der amerikanischen Entwürfe und politischen Aktionen zu verfolgen, – dies liefe auf eine wenig ergiebige Nacherzählung des quellengesättigten Buches von D. Perman[7] hinaus. Vielmehr geht es darum, jene Frühphase der politischen Gesamtentwicklung nachzuzeichnen, in der das tschechische und das slowakische Problem aus einer rein innenpolitischen Angelegenheit Österreich-Ungarns zu einem Problem der psychologischen und dann auch der faktischen Kriegführung der Westmächte wurde und das erst dann in die amerikanische Friedensplanung eingebaut werden konnte. Entgegen der späteren Legendenbildung der tschechischen Auslandsaktionen war letzteres erst zu einem sehr späten Zeitpunkt der Fall, ein Tatbestand, den schon 1950 Victor S.

---

[4] Vgl. Kramář, K.: Pět přednášek o zahraniční politice [Fünf Vorträge über auswärtige Politik]. Prag 1922, S. 56.
[5] Kramářs Memorandum für den russischen Außenminister bei Paulová, M.: Dějiny Maffie, odboj Čechů a Jihoslovanů za světové války 1914–1918 [Geschichte der Maffia. Der Widerstand der Tschechen und Jugoslawen während des Weltkrieges 1914–1918]. 2 Bde. Prag 1937, hier Bd. 1, S. 635–640.
[6] Masaryk, T. G.: Světová Revoluce [Die Weltrevolution]. Prag 1925, S. 15 ff. – Zur Charakteristik dieser Männer vgl. May, A. J.: The Passing of the Hapsburg Monarchy 1914–1918. 2 Bde. Philadelphia 1966, hier Bd. 1, S. 229 ff., S. 233 ff., S. 246 f. – Zum Desinteresse der Westalliierten vgl. Zeman, Zb. A.: Der Zusammenbruch des Habsburgerreiches. München 1963, S. 60 f., 98 f.
[7] Perman, D.: The Shaping of the Czechoslovak State. Diplomatic History of the Boundaries of Czechoslovakia 1914–1920. Leiden 1962.

Mamatey mit dürren Worten konstatierte: "Masaryks influence in Washington did not become a factor to reckon with until September and October 1918, after American public opinion had become conscious of the Czechoslovak cause as a result of the Siberian adventure[8]."

Um dies gleich vorwegzunehmen: Es geht hier nicht um eine gewaltsame und „Koste-es-was-es-wolle-Entmythologisierung" der sogenannten Auslandsaktion[9], wie sie aus politisch-ideologischen Gründen die tschechoslowakische Historiographie der 50er Jahre zugunsten einer Aufwertung der russischen Oktoberrevolution und ihrer Wirkung auf die böhmischen Länder vor 1917 versucht hat[10]. Vielmehr sollen die weltpolitischen Konstellationen aufgezeigt werden, die den Erfolg der Auslandsaktion, nämlich die entscheidende Mitbestimmung bei der amerikanischen Friedensplanung, erst ermöglichten, ein Erfolg, der aber erst eintreten konnte, weil diese Auslandsaktion existierte, im geeigneten Moment vorpreschen konnte und damit eine einzigartige Chance voll zu nutzen verstand.

Wie weit jedoch Tschechen und Slowaken noch bis gegen Kriegsende gerade von jenem Zustande entfernt waren, der eingangs als erfolgreiche Internationalisierung eines innenpolitischen Konfliktes bezeichnet wurde, hat erst neuerdings die große repräsentative Wilson-Biographie von Arthur S. Link gezeigt, deren bisherige Ergebnisse hier einzubeziehen sind[11].

Auszugehen ist dabei von der Tatsache, daß Woodrow Wilsons Entschluß, Amerika am Kriege teilnehmen zu lassen, aus zwei Überlegungen resultierte. Erstens spielte dabei das Bestreben eine Rolle, die amerikanischen nationalen Interessen, d. h. die Wege des amerikanischen Überseehandels zu schützen, die durch den unbeschränkten U-Bootkrieg von deutscher Seite gefährdet waren. Zweitens jedoch war er der Überzeugung, daß der Krieg schon in sein Endstadium getreten war und daß Amerikas Teilnahme das Ende beschleunigt herbeiführen würde[12].

[8] Mamatey, V. S.: The United States and the Dissolution of Austria-Hungary. JCEA 10 (1950) 256 ff., hier S. 270.
[9] Lit. in: Bosl, K. (Hrsg.): Handbuch der Geschichte der böhmischen Länder. Bd. 3. Stuttgart 1968, S. 239 ff.
[10] Diese tendenziösen Darstellungen der Auslandsaktion z. B. bei Hájek, J. S.: Wilsonovska legenda v dějinach Československé Republiký [Die Wilsonlegende in der Geschichte der ČSR]. Prag 1953. – Král, V.: O Masarykově a Benešově kontrarevoluční protisovětské politice [Über Masaryks und Benešs konterrevolutionäre, antisowjetische Politik]. Prag 1953. – Holotík, L.: Štefánikovská legenda a vznik ČSR [Die Štefánik-Legende und der Ursprung der ČSR]. Preßburg 1958. – Eine sachliche Darstellung gibt hingegen Pichlík, K.: Zahradniční odboj 1914/1918 bez legend [Der auswärtige Widerstand 1914/1918 ohne Legende]. Prag 1968 u. Birke, E.: Der Erste Weltkrieg und die Gründung der Tschechoslowakei 1914–1919. In: Bosl: Handbuch der Geschichte der böhmischen Länder. Bd. 3. Stuttgart 1968, S. 239–446, hier bes. 306 ff. u. 351 ff.
[11] Link, A. S.: Wilson. Bd. 1: The Road to the White House. Princeton 1947; Bd. 2: The New Freedom. Ebenda 1965; Bd. 3: The Struggle for Neutrality 1914–1915. Ebenda 1964; Bd. 4: Confusions and Crises 1915–1916. Ebenda 1964; Bd. 5: Campains for Progressivism and Peace 1916–1917. Ebenda 1965 (bes. dieser vorläufig letzte Band der Biographie ist hier einschlägig).
[12] Link: Wilson V, IX. – Drei Gremien standen dem Präsidenten als Informationsquellen und zur Vorbereitung seiner Entscheidungen zur Verfügung: der „G-2" (der militärische Nachrichtendienst), das Department of State und eine Gruppe besonderer Berater, die

Sein langer und hartnäckiger Widerstand gegen Amerikas Kriegseintritt ist ja nur in Verbindung mit der Tatsache zu verstehen, daß der Präsident so lange als irgend möglich an einen Verhandlungsfrieden ohne Sieger glaubte und daß er auf dieses Ziel bis zum Jahre 1917 unentwegt zusteuerte.

Für unseren Zusammenhang ist es nun bedeutsam, daß Wilson trotz des Abbruchs der diplomatischen Beziehungen zu Deutschland, der wiederum eine Folge der deutschen Verkündung des unbeschränkten U-Bootkrieges vom 31. Januar 1917 war, die diplomatischen Kanäle zu den Mittelmächten über Österreich-Ungarn offen hielt, ja, gerade von dort her bekam er damals die erste uneingeschränkte Zustimmung für sein erstrebtes Ziel: den Verhandlungsfrieden[13]. Man hat vielleicht über der parallel laufenden „Sixtus-Affäre" und deren negativen Folgen zu sehr außer Acht gelassen, daß die Donaumonarchie von sich aus einen Vorstoß unternahm, die stokkenden Friedensbemühungen über Amerika wieder in Fluß zu bringen. Am 5. Februar 1917 hatte Graf Ottokar Czernin, der neue österreichische Außenminister seit Dezember 1916, eine Botschaft an den amerikanischen Staatssekretär Lansing gerichtet, die ausdrücklich die Wilsonsche Formel eines Friedens ohne Sieger und Besiegte aufnahm und den Präsidenten aufforderte, Amerikas Einfluß im Alliierten Lager für dieses Ziel voll in die Waagschale zu werfen. Als einzige conditio sine qua non erhob Österreich-Ungarn die verständliche Forderung, daß die von den Entente-Mächten bereits propagierte Auflösung der Monarchie k e i n Gegenstand von Friedensgesprächen sein könne.

Die Art und Weise, wie Wilson diesen österreichischen Friedensfühler aufnahm, zeigt einerseits, wie ernst es dem amerikanischen Präsidenten war, die Einmischung in den europäischen Krieg nur als Mittel zur Beschleunigung der Friedensbestrebungen zu handhaben. Andererseits vermag man die törichte Verblendung und den unangebrachten Hochmut der damaligen deutschen politischen Führung daran zu ermessen, daß sie in dieser Situation – vertreten durch den subalternen Staatssekretär im Außenamt Arthur Zimmermann – Wilsons Bestrebungen und damit den Ernst der Lage verkannte und in wahrhaft sträflichem Leichtsinn abtat[14].

Wilson jedenfalls las Czernins Note, die ihm am frühen Nachmittag des 7. Februar dechiffriert vorgelegt wurde, mit steigender Spannung und arbeitete noch am Abend desselben Tages eine Note an Lloyd George aus, dies in der festen Absicht, nunmehr konkrete Friedensverhandlungen einleiten zu können. Er tippte eigenhändig auf seiner Schreibmaschine den endgültigen Entwurf dieser an London gerichteten Note und brachte sie am nächsten Tag selbst zu Staatssekretär Lansing. Diese Botschaft enthüllt – wie Arthur Link treffend bemerkt – die tiefsten Hoffnungen und Absichten Wilsons zu diesem entscheidenden Zeitpunkt. Bezüglich Österreich-Ungarns akzeptierte der Präsident weitgehend Czernins conditio sine qua non und machte London gegenüber klar, daß man durch Zusicherung der Integrität des

---

„Inquiry" genannt wurde und eine wichtige Rolle im Entscheidungszentrum amerikanischer Politik spielte. Vgl. dazu: Gelfand, L. E.: The Inquiry: American Preparations for Peace 1917–1919. New Haven 1963. – Wolfe, J. H.: Woodrow Wilson und das Selbstbestimmungsrecht. Das Problem der böhmischen Grenze. BohJb 8 (1967) 217–226.

[13] Link: Wilson V, 314 ff.

[14] Ebenda V, 320 ff. – May: The Passing II, 474 ff.

Gesamtstaates Österreich-Ungarn in kürzester Zeit zur Annahme eines Friedens bewegen könne, wie ihn die Vereinigten Staaten vorgeschlagen hätten und wie sie ihn auch zu garantieren bereit wären. Wörtlich hieß es in der Botschaft des Präsidenten an L l o y d G e o r g e : „The chief if not the only obstacle is the threat apparently contained in the peace terms recently stated by the Entente Allies that in case they succeeded they would insist upon a virtual dismemberment of the Austro-Hungarian Empire. Austria needs only to be reassured on that point, and that chiefly with regard to the older units of the Empire. It is the President's view that the large measure of autonomy *already secured to those older unit*s is a sufficient guarantee of peace and stability in that part of Europe so far as national and racial influences are concerned and that what Austria regards as the necessities of her development, opportunity, and security to the south of her can be adequately and satisfactorily secured to her by rights of way to the sea given by the common guaranty of the concert which must in any case be arranged if the future peace of the world is to be assured. He does not doubt that Austria can be satisfied without depriving the several Balkan states of their political autonomy and territorial integrity[15]." Der Präsident war also auf keinen Fall bereit, sich mit der Forderung der Entente-Mächte nach Auflösung Österreich-Ungarns zu identifizieren, geschweige denn, daß er diese Absichten in irgendeiner Form zu unterstützen bereit gewesen wäre. Diese Haltung änderte sich selbst anläßlich der Kriegserklärung Amerikas an Österreich-Ungarn vom 4. Dezember 1917 noch nicht, als Wilson Wien ausdrücklich versicherte, daß die USA an den inneren Problemen des Kaiserreiches uninteressiert seien[16]. Die zögernde, auf konstruktive Reaktionen Berlins wartende Haltung Wilsons noch nach Abbruch der diplomatischen Beziehungen zu Deutschland macht es weiterhin unwahrscheinlich, daß die amerikanische Politik die wohlwollende Behandlung Österreich-Ungarns nur als diplomatisches Mittel zum Zweck gebrauchte, zu dem Zwecke nämlich, die Donaumonarchie aus der Front der Mittelmächte herauszubrechen, eine Absicht, wie sie Clemenceau zu Beginn des Jahres 1917 in Zusammenhang mit der Sixtus-Affäre zweifellos verfolgte[17]. Daraus folgt, daß Amerika in der großen „Verhandlungsphase" des Ersten

---

[15] The Secretary of State to Ambassador Page, February 8, 1917: In: Foreign Relations of the United States (Lansing-Papers) 1917. Washington 1940, S. 40 f. – M a m a t e y, V. S.: The United States and East Central Europe 1914–1918. Princeton 1954, S. 58 f. hat dieses Schriftstück Wilsons als Ausdruck der politischen Naivität des Präsidenten interpretiert; anders jedoch jetzt L i n k : Wilson V, 315 ff.
[16] Foreign Relations of the United States 1917, XI–XVI: „We owe it, however, to ourselves to say that we do not wish in any way to impair or to rearrange the Austro-Hungarian Empire. It ist no affair of ours what they do with their own life, either industrially or politically." Vgl. auch Wilsons Äußerung gegenüber dem französischen Botschafter am 7. März 1917, daß eine Zerstörung des Habsburgerreiches in keinem Falle wünschenswert wäre („That would not be desirable in any event"). Zit. nach L i n k : Wilson V, 268. – M a y : The Passing II, 572 betrachtet ebenfalls die Kongreßerklärung Wilsons vom 4. Dezember hinsichtlich der Nichteinmischung der USA in die inneren Angelegenheiten Österreich-Ungarns als Beweis dafür, daß sich der Präsident noch nicht für die Auflösung der Donaumonarchie entschieden hatte.
[17] Vgl. dazu K a n n, R. A.: Die Sixtusaffäre und die geheimen Friedensverhandlungen Österreich-Ungarns im Ersten Weltkrieg. Wien 1966 (Österreich-Archiv). – S t e g l i c h,

Weltkrieges, in der es eine führende Rolle spielte und auch bewußt spielen wollte, und die einschließlich der Revertera-Kontakte sich vom Beginn des Jahres 1917 bis zum September erstreckte, nicht für eine Auflösung Österreich-Ungarns zu engagieren war. Dies bedeutet weiterhin, daß während dieser Epoche tschechische Wünsche hinsichtlich einer nationalen Selbständigkeit nur begrenzte Aussicht hatten, in Washington ernstlich ins politische Kalkül einbezogen zu werden, zumindest nicht am Beginn der Friedensoffensive Wilsons.

Es erhebt sich daher die Frage, aufgrund welcher Einflüsse und neuen Situationen die Vereinigten Staaten dennoch mit Beginn des Jahres 1918 ihre Friedensplanung hinsichtlich Österreich-Ungarns grundsätzlich revidierten und einer Auflösung des Kaiserstaates zustimmten.

Victor S. Mamatey war m. W. der erste, der mit Nachdruck auf die langanhaltende, betonte Nichteinmischung Wilsons in die österreichischen Nationalitätenprobleme hinwies und auch genau den Punkt bezeichnete, an dem diese politische Abstinenz einer anderen Konzeption schrittweise zu weichen begann[18]. Erste Anzeichen dieses grundlegenden Wandels enthielt Woodrow Wilsons berühmtes Vierzehn-Punkte-Programm vom 8. Januar 1918, dessen Punkt 10 folgendermaßen lautete: „The Peoples of Austria-Hungary, whose place among the nations we wish to see safeguarded and assured, *should be accorded the freest opportunity of autonomous development*[19]."

Es ist jedoch von höchstem Interesse, Wilsons eigene Interpretation seiner Vorstellungen, die zu dieser Formulierung geführt hatten, zum Vergleich heranzuziehen. Im sog. „Memorandum of the Inquiry" vom 22. Dezember 1917, auf dem die Friedensplanung der Vierzehn Punkte vor allem hinsichtlich der territorialen Veränderungen im Nachkriegseuropa fußte, wird nämlich – und dies klingt wie eine politische „Regieanweisung"! – zur Frage Österreich-Ungarn folgendes ausgeführt:

„Our policy ... must ... consist first in a stirring up of national discontent and then in refusing to accept the extreme logic of this discontent, which would be the dismemberment of Austria-Hungary. By threatening the present German-Magyar combination with nationalist uprising on the one side, and by showing it a mode of safety on the other, ... the motive to an independence from Berlin in foreign affairs would be enormously accelerated[20]."

W.: Die Friedenspolitik der Mittelmächte 1917/18. Wiesbaden 1964. – E n g e l - J a n o s i, F.: Die Friedensbemühungen Kaiser Karls mit besonderer Berücksichtigung der Besprechungen des Grafen Revertera mit Comte Armand. In: XIIe Congrès International des Sciences Historiques Vienne, 29 aout – 5 septembre 1965. Rapports Bd. 4. Horn–Wien 1965, S. 279 ff.

[18] M a m a t e y: The Dissolution 258. – Daß Wilson aufgrund eigener wissenschaftlicher Arbeiten durchaus bis zu einem gewissen Grade über die Nationalitätenprobleme der Donaumonarchie informiert war, zeigt M a y, A. J.: Woodrow Wilson and Austria-Hungary to the End of 1917. In: Festschrift f. Heinrich Benedikt zum 70. Geburtstag. Wien 1957, S. 213–242.

[19] Foreign Relations, 1918, Sup. 1,I, S. 12–17.

[20] E b e n d a, 1919, Paris Peace Conference I, S. 41 ff. – Ebenso bei B a k e r, R. S.: Woodrow Wilson and the World Settlement. Bd. 3. New York 1922/23, Dok. Nr. 2, der als

Mehreres an dieser „Regieanweisung" ist bemerkenswert. Gegenüber dem Anfang des Jahres 1917 hatte sich die amerikanische Regierung bzw. ihr einflußreiches Beraterteam, das sich in der „Inquiry"-Gruppe immer stärker neben dem State Department etabliert hatte und den Präsidenten unmittelbar beeinflußte, der Taktik Clemenceaus wesentlich angenähert, Österreich-Ungarn aus dem Block der Mittelmächte herauszulocken, um desto schneller mit Deutschland fertig werden zu können; die Donaumonarchie sollte als „Gegengift" (A. S. Mamatey) gegen Deutschland verwendet werden und dafür eine allerdings bedingte Zusicherung hinsichtlich ihrer staatlichen Integrität erhalten. Bedingt war diese im genannten Memorandum vom 22. Dezember 1917 implizierte Zusicherung jedoch insofern, als sie nur im Falle des Wohlverhaltens der Monarchie gelten sollte, d. h. bei einem Separatfrieden Österreich-Ungarns mit den Westmächten. Bedingt war sie auch insofern, als Polnisch-Galizien und die italienischen Gebiete Österreichs ausdrücklich von dieser Integritätszusicherung ausgenommen wurden[21]. Wichtiger noch ist die erklärte Absicht des Memorandums vom 22. Dezember 1917, die Nationalitätenfrage in der Donaumonarchie nunmehr zu instrumentalisieren und als Waffe gegen die Wiener Regierung zu benutzen. Daß dabei die Nationalitäten damals nur Mittel zum Zweck, jedoch noch keinesfalls erklärter Selbstzweck oder gar ideologisches Kriegsziel Amerikas waren, geht eindeutig aus dem obigen Text hervor, demzufolge man zwar an die Aufpeitschung nationaler Unzufriedenheit dachte, aber gleichzeitig sich ausdrücklich der Konsequenz einer solchen Handlungsweise, nämlich der Auflösung der Donaumonarchie zugunsten der Nationalitäten, verschloß. Einfacher gesagt war es das Prinzip von Zuckerbrot und Peitsche, das man Österreich-Ungarn gegenüber anzuwenden gedachte, um diesen Staat auf Kosten Deutschlands an den Verhandlungstisch zu zwingen. Dieses Prinzip war allerdings nichts Neues. Schon im Jahre 1866 hatte sich Bismarck seiner bedient, um die Donaumonarchie nach der Schlacht von Königgrätz möglichst rasch zum Frieden zu zwingen, dies vor allem deshalb, weil Preußen mit Recht befürchten mußte, daß sowohl Napoleon III. wie auch Rußland in den innerdeutschen Konflikt zu ihrem eigenen Vorteil eingreifen könnten, um zumindest handfeste Kompensationen für eine militärische Nichteinmischung zu erpressen. Ähnlich wie dies dann im Weltkrieg von den Alliierten mit den Tschechen praktiziert wurde, hatte Bismarck 1866 die Aufstellung einer madjarischen Legion in die Wege geleitet, um notfalls rasch die Revolutionierung Ungarns gegen Wien in Gang zu setzen, parallel dazu sollte General Türr eine serbische Aufstandsbewegung gegen Wien inspirieren. Gleichzeitig liefen Versuche Bismarcks, gegebenenfalls

---

Autoren desselben Dr. S. E. Mezes, David Hunter Miller und Walter Lippmann bezeichnet. Dazu M a m a t e y : The Dissolution 259.

[21] Angelegt war diese Tendenz schon in dem von Lloyd George über Wilson entrierten Friedensfühler vom 22. Februar 1917, als Wilson nach Rücksprache mit Staatssekretär Robert Lansing dem amerikanischen Botschafter in Wien, Frederick C. Penfield, Anweisung gab, Außenminister Czernin wissen zu lassen, „that in arranging terms of peace the Allied Governments have no desire or purpose to disrupt the Austro-Hungarian Empire by the separation of Hungary and Bohemia from Austria u n l e s s a c o n t i n u a t i o n o f t h e w a r c a u s e s a c h a n g e o f c o n d i t i o n s, ..." (Sperrung vom Verf.)

auch die Tschechen in die Reihe antihabsburgischer Subversionen einzureihen. Nach dem Einmarsch preußischer Truppen in Prag am 11. Juli 1866 wurde bekanntlich eine Proklamation des preußischen Oberbefehlshabers veröffentlicht, die für den Fall des preußischen Sieges den „Böhmen und Mähren" die Verwirklichung ihrer „nationalen Wünsche" in Aussicht stellte, wobei den Tschechen Preußens Achtung „ihrer historischen nationalen Rechte" zugesichert wurde. Diese Proklamation war im preußischen Hauptquartier in Hořice und im Einvernehmen mit Bismarck von Josef Frič, dem emigrierten tschechischen Demokraten von 1848 verfaßt worden, war also genau und sorgfältig auf tschechische, antihabsburgische Gefühle hin formuliert worden. Wie ernst es Bismarck in diesem Zeitpunkt damit war, notfalls die nationalrevolutionäre Waffe gegen Wien einzusetzen, geht aus seiner diesbezüglichen Äußerung seinem Staatsminister des Innern, Graf Eulenburg, gegenüber hervor, daß „... auch für die Zukunft – Österreich gegenüber – Garantien darin liegen, wenn wir durch den Frieden sowohl Ungarn wie Böhmen eine unabhängige Verfassung verschaffen könnten; doch würde dieser Weg erst dann indiziert sein, wenn man uns jetzt einen billigen Frieden versagt[22]."

Es kann kaum einem Zweifel unterliegen, daß Woodrow Wilson im Dezember 1917 mit seiner Absicht, die Nationalitäten gegen Habsburg zu mobilisieren, ebensowenig ein ernsthaftes Programm für dieselben im Sinne hatte wie Bismarck 1866 für die Madjaren und Tschechen. Die moralisierende Interpretation der neuen Staatsgründungen, die Wilson z. B. am 10. Juli 1919 im amerikanischen Senat vorbrachte, ist wenig mehr als eine feierliche Deklaration ex post über einen realpolitisch zustandegekommenen Zustand. Die Nationalitäten besaßen zwischen 1917 und 1918 lediglich einen gewissen Stellenwert in der Friedensdiplomatie des Präsidenten, sie waren sozusagen für ihn noch keine „politischen Rechtssubjekte". Wie sehr Wilson noch mit Österreich-Ungarn als politischer Einheit und als Verhandlungspartner rechnete, geht auch aus der Empörung der verantwortlichen amerikanischen Politiker – hier ist vor allem Robert Lansing zu nennen – über die Veröffentlichung der Sixtusbriefe durch Clemenceau hervor, eine Maßnahme, die das friedensbereite Habsburgerreich wieder an die Seite des deutschen Verbündeten fesseln mußte[23]. Auf amerikanischer Seite (G. D. Herron) interpretierte man Clemenceaus Schritt sogar als einen bewußten Schlag gegen Amerikas Diplomatie und deren Bestreben, Österreich für einen Sonderfrieden zu gewinnen[24]. Wie richtig man in Emigranten-

---

[22] Bismarck, O. v.: Ges. Werke. Bd. 6, S. 608. – Dazu Raupach, H.: Bismarck und die Tschechen im Jahre 1866. Berlin 1936 (Faksimile der Prager Proklamation ebenda S. 8 f.). – Weitere Lit. bei Prinz, F.: Die böhmischen Länder von 1848 bis 1914. In: Bosl: Handbuch der Geschichte der böhmischen Länder. Bd. 3. Stuttgart 1968, S. 125 ff.

[23] War Memoirs of Robert Lansing. New York 1935, S. 265 ff. „It is unfortunate that ‚The Tiger' of France does not possess a better control over his impulses, unfortunate for his country as well as for the cobelligerents of France. There was always the possibility of something resulting from the evident desire of the Austrian Emperor for peace almost at any price. That possibility the folly of Clemenceau has destroyed. By his foolish act Karl has been forced to cast his lot with the Kaiser ... In view of this stupidity on the part of the French leader we must readjust ourselves to the new situation which he has created ..."

[24] Mamatey: The Dissolution 259 f.

kreisen die immer noch pro-(gesamt!)-österreichische Grundeinstellung Wilsons einschätzte, geht aus deren Reaktionen auf die Formulierung der Vierzehn-Punkte-Adresse vom 8. Januar 1918 hervor, in der hinsichtlich der Nationalitäten Österreich-Ungarns in ungemein vorsichtiger, ja vager Weise von der „größtmöglichen Freiheit ihrer autonomen Entwicklung (the freest opportunity of autonomous development)" die Rede war, eine Formulierung, die zumindest ebensogut auf die Föderalisierungsabsichten Kaiser Karls paßte wie auf die Auflösung des Gesamtstaatsverbandes. Die Emigrationen reagierten jedenfalls auf einer Skala, die von tiefer Enttäuschung bis zu Haß gegenüber Wilson reichte. Die Führer der tschechoslowakischen Emigration verwiesen nachdrücklich auf ihre bewaffneten Streitkräfte in Frankreich und Rußland als Beweis für die reale Existenz eines tschechoslowakischen Staates, Masaryk protestierte bei Wilson scharf gegen die Auffassung der amerikanischen Regierung, daß Autonomie (home rule) für Tschechen und Slowaken ausreichend sei, die Emigrantenpresse in den Vereinigten Staaten prangerte in schrillen Tönen das Zögern der Wilson-Administration an, sich dezidiert für die Auflösung der Donaumonarchie zu erklären[25].

Wie wenig sich jedoch vorläufig die amerikanische Regierung von der Pressekampagne der Exilgruppen beeindrucken ließ, zeigte die positive Reaktion Wilsons auf die Erklärung des österreichischen Außenministers vom 24. Januar 1918, in der Czernin Wilsons 14 Punkte mit einer generellen Friedensbereitschaft Österreich-Ungarns beantwortete. Der amerikanische Präsident registrierte in seiner Botschaft an den Kongreß vom 11. Februar 1918 mit Genugtuung den freundlichen Ton von Graf Czernins Antwort und ebenso die daran abzulesenden unterschiedlichen Auffassungen zur Friedensfrage zwischen Wien und Berlin. Wilson unterstrich bei dieser Gelegenheit neuerlich seinen Standpunkt und präzisierte ihn mit vier Grundsätzen einer künftigen Friedensregelung. Danach sollte über strittige Gebiete nicht nach den Spielregeln der traditionellen europäischen balance-of-power-Politik entschieden werden, sondern jedes Übereinkommen müsse von den Interessen der Bewohner dieser Gebiete ausgehen. Des weiteren forderte der Präsident, daß alle wohlbegründeten nationalen Wünsche befriedigt werden sollten, dies allerdings mit der modulationsfähigen Einschränkung, daß Konzessionen dieser Art keine neuen Zwistigkeiten und Antagonismen hervorrufen oder alte Gegensätze verewigen dürften; dies würde den Frieden Europas und der Welt bedrohen[26]. Eine feste Zusage an die Tschechen und Slowaken war jedenfalls auch in dieser Kongreßadresse vom 11. Februar 1918 nicht enthalten, das übergeordnete Ziel einer möglichst raschen Beendigung des Weltkrieges mußte allein schon solche vorzeitigen Festlegungen verbieten.

So unentschieden die amerikanische Regierung und speziell ihr Präsident hinsichtlich der Österreich-Ungarn gegenüber zu verfolgenden Politik auch noch agier-

---

[25] Ebenda 260f. – May: The Passing II, 576 ff.
[26] Baker, R. S. / Dodd, W. E. (Hrsg.): The Public Papers of Woodrow Wilson. 6 Bde. New York 1925–1927, hier Bd. 5, S. 182 f. „... all welldefined national aspirations shall be accorded the utmost satisfaction that can be accorded them without introducing new or perpetuating old elements of discord and antagonism that would be likely in time to break the peace of Europe and consequently of the world." Vgl. May: The Passing II, 582 ff.

ten, – durch die Sixtus-Affäre mit ihren von R. Lansing sehr klar vorausgesehenen Folgen, nämlich der verschreckten Rückkehr Kaiser Karls in die Kriegsallianz, entfiel die bisher verfolgte Linie amerikanischer Politik, Österreich für einen Sonderfrieden zu gewinnen. Die Alternative war ziemlich klar, sie lief in ihren Konsequenzen auf eine forcierte antiösterreichische Politik hinaus, d. h. auf eine nunmehr positive Unterstützung der Nationalitäten der Monarchie gegen den Kaiserstaat. Einen wichtigen Wendepunkt in der amerikanischen Haltung stellt der „Kongreß der unterdrückten Völker Österreich-Ungarns" dar, der vom 8.–11. April 1918 in Rom stattfand und an dem Edvard Beneš einen entscheidenden Anteil hatte[27]. Exilpolitiker aus Polen und dem späteren Jugoslawien bekräftigten auf diesem Kongreß zusammen mit Tschechen und Slowaken ihre Entschlossenheit, am offenen militärischen Kampf gegen die Donaumonarchie aktiv teilzunehmen. Dabei ließ man es sich besonders angelegen sein, den amerikanischen Botschafter in Rom, Walter H. Page, über Verlauf und Ziele dieser Veranstaltung genauestens zu unterrichten. Es war das Hauptbestreben der Kongreßteilnehmer, von a l l e n Westalliierten ein bindendes Versprechen hinsichtlich der politischen Selbständigkeit ihrer Völker im Nachkriegseuropa zu erhalten. Frankreich, das zu diesem Zeitpunkt gerade dem Ansturm der letzten großen deutschen Frühjahrsoffensive standhalten mußte, war besonders am militärischen Aspekt des römischen Nationalitätenkongresses interessiert, d. h. an der Möglichkeit, durch Stärkung der nationalen Opposition in Österreich-Ungarn die Kampftüchtigkeit der österreichischen Truppen zu unterminieren. Es ging also um die Aktivierung einer „fünften Kolonne", verbunden mit politischen Zusagen an deren Initiatoren. Clemenceau zögerte nicht und versprach einer Kongreßdelegation aktive Unterstützung ihrer Ziele, und bereits im Mai startete Paris eine diplomatische Aktion, um ein gemeinsames Hilfeversprechen zur Unterstützung der unterdrückten Völker Österreich-Ungarns zu erreichen. England schloß sich dieser französischen Initiative an, Lord Northcliffe mobilisierte mit Hilfe von Seton-Watson sein Presseimperium zur verstärkten psychologischen Kriegführung gegen die Mittelmächte, speziell gegen Österreich-Ungarn[28], und nun erhob sich die schwerwiegende Frage, ob die USA ihre bisherige Friedensplanung, die auf der weiteren Existenz der Donaumonarchie basiert hatte, grundsätzlich ändern würden? Dies bedeutete gegebenenfalls, daß Amerika aufhören würde, die Nationalitäten der Monarchie in erster Linie als Mittel zum Zweck, nämlich zur Durchsetzung eines Sonderfriedens mit Wien, zu verwenden, womit Washington dann zwangsläufig auf eine grundsätzliche Einbeziehung der österreichischen Nationalitäten in eine veränderte Friedensplanung zusteuern mußte.

In diesem Zusammenhang spielt nun das umfangreiche Memorandum zur österreichischen Nationalitätenfrage eine große Rolle, das A l b e r t H. P u t n e y , Leiter der Nahostabteilung im State Departement und ehemals Dekan des Illinois College of Law, im Auftrage der amerikanischen Regierung erarbeitete und am

---

[27] B e n e š , E.: Souvenirs de guerre et de revolution 1914–1918. Bd. 2. Paris 1928, S. 141. – M a y : The Passing II, 596 ff.

[28] B e n e š , E.: Světová válka a naše revoluce. 2 Bde. Prag 1927/28, hier Bd. 2, S. 114 u. 218. – M a y : The Passing II, 604 ff.

9. Mai 1918 vorlegen konnte[29]. Dieser Putney-Report schloß sich weitgehend den Gesichtspunkten des tschechischen und jugoslawischen Exils an, forderte für die (nichtdeutschen) Völker der Donaumonarchie jedwede Unterstützung sowohl aus moralischen wie auch aus Gründen der erfolgreichen Kriegführung und sprach die Überzeugung aus, daß eine feste Zusage über ihre künftige Selbständigkeit einen raschen Zusammenbruch des Kaiserstaates herbeiführen würde.

Es scheint von entscheidender Bedeutung gewesen zu sein, daß mit dem Putney-Report erstmalig ein von der tschechischen Emigration weitgehend inspiriertes Dokument unmittelbaren Zugang in die Herzkammer der politischen Kriegsentscheidungen Amerikas fand. Putney war durch K a r e l   P e r g l e r, den die amerikanischen Tschechen Masaryk als ständigen Sekretär zur Verfügung gestellt hatten, sorgfältig mit tschechischer, antiösterreichischer Emigrationsliteratur versorgt und laufend persönlich beeinflußt worden[30]. Die wohlorganisierte Presse- und Informationspolitik des tschechoslowakischen Exils begann hier eminent Früchte zu tragen. Man wird nicht umhin können, in der zähen und umsichtigen Organisation einer tschechisch und slowakisch orientierten Publizistik, die den Aufstieg der tschechischen und slowakischen Frage aus dem Underground der Pamphletliteratur in die großen und regulären Kanäle der Information und damit der politischen Meinungsbildung bewirkte, eine der Hauptleistungen des Exils zu sehen. Dies zeigte sich auch bald in einer anderen Sphäre, nämlich bei den 1918 fälligen Kongreßwahlen, bei denen die Kongreßmitglieder und -kandidaten äußerste Rücksicht auf die Stimmung der slawischen Wähler und auf die ihnen günstig gesinnte Presse zu nehmen hatten, während der wesentlich größere deutsche Bevölkerungsanteil in den USA kein vergleichbares, publizistisch organisiertes Meinungspotential in die Waagschale werfen konnte. Schon am 16. Mai 1918, noch ehe sich die amerikanische Regierung offiziell zu der neuen, antiösterreichischen Politik bekannt hatte, forderten Abgeordnete sowohl die Einladung Masaryks zu einer Adresse an den Kongreß wie auch die sofortige Anerkennung der österreichischen Nationalitäten als Völkerrechtssubjekte. Es kann keinem Zweifel unterliegen, daß auch auf diese Weise, nämlich durch die öffentliche und die veröffentlichte Meinung und deren planmäßige Beeinflussung, der Entscheidungsspielraum Wilsons in der österreichischen Frage innenpolitisch eingeengt und bestimmte Entscheidungen damit antizipiert oder zumindest beschleunigt wurden. Dies gilt auch für die Pressekampagne im Sommer 1918, die mit dazu beitrug, daß die amerikanische Regierung schließlich den Tschechoslowakischen Nationalrat als Regierung einer souveränen kriegführenden Nation anerkannte[31].

Doch zurück zum Putney-Report. Nach Lektüre dieses Memorandums stellte

---

[29] Es handelt sich um ein Manuskript von 236 Schreibmaschinenseiten; Auszüge bei P e r g l e r, Ch.: America in the Struggle for Czechoslovak Independence. Philadelphia 1926, S. 79 ff. – Vgl. auch M a m a t e y : The Dissolution 263. – D e r s.: The United States 252 f. – M a y : The Passing II, 745 ff.

[30] M a s a r y k , Th. G.: Die Weltrevolution. Berlin 1925, S. 230, 310. – M a m a t e y : The United States 91 ff. und öfters, bringt genaue Belege für die politische Indoktrinierung Putneys u. a. von tschechischer Seite, die sich seit Mai 1917 auf seine Expertentätigkeit für Robert Lansing auszuwirken begann. Vgl. auch M a y : The Passing II, 564 ff.

[31] Lansings Diaries, May 16, 1918 u. May 18, 1918. – M a m a t e y : The United States 301 ff.

Staatssekretär L a n s i n g in einem ausführlichen Schreiben an den Präsidenten die neue, seit der Sixtus-Affäre und seit dem römischen Nationalitätenkongreß entstandene Lage dar und zog in Form von vier Fragen, die eher als Suggestivfragen zu bezeichnen wären, selbst ein Fazit:

1. Is there anything to be gained by giving support to the conception of an Austria-Hungary with substantially the same boundaries as those now existing?
2. Is there any peculiar advantage in encouraging the independence of the several nationalities such as the Czech, the Jugo-Slav, the Roumanian, etc., and if so, ought we not to sanction the national movements of these various elements?
3. Should we or should we not openly proclaim that the various nationalities subject to the Emperor of Austria and the King of Hungary ought to have the privilege of self-determination as to their political affiliations?
4. In brief, should we or should we not favor the disintegration of the Austro-Hungarian Empire into its component parts and union of these parts, or certain of them, based upon self-determination?

Dieser letzte, vierte Punkt: Auflösung der Donaumonarchie nach den Prinzipien des Selbstbestimmungsrechtes, enthielt im Kern die neue Kriegspolitik der USA gegenüber Österreich-Ungarn und gleichzeitig die neue Friedensplanung: die Nationalitäten avancierten jetzt vom Mittel zum Zweck der amerikanischen Politik in Ostmitteleuropa. Man kann diese neue Planung auch als Konsequenz des Scheiterns der amerikanischen Bemühungen um einen Sonderfrieden mit der Donaumonarchie interpretieren[32] und C o l o n e l H o u s e, diese wichtige Schlüsselfigur amerikanischer Europa-Politik, der bis dahin der eifrigste Verfechter des Sonderfriedensgedankens war, schloß sich nunmehr Robert Lansings neuer Perspektive an.

Wie reagierte Präsident Wilson selbst auf die neue Situation? In einem vielzitierten Gespräch mit S i r W i l l i a m W i s e m a n am 29. Mai 1918 drückte Wilson zwar seine Entschlossenheit aus, nach dem Scheitern der Aussichten auf einen Separatfrieden mit Österreich-Ungarn, im Sinne Lansings die neue antihabsburgische Linie einzuschlagen, jedoch tat er dies offenbar gegen starke innere Widerstände, die sich vor allem aus der Notwendigkeit ergaben, die „österreichischen Völker" gegen ihre eigene Regierung durch Verschwörungen und Intrigen zu mobilisieren („ . . . of setting the Austrian peoples against their own government by plots and intrigues")[33].

Es ist in diesem Zusammenhang aufschlußreich, mit welcher ungewöhnlichen Sorgfalt Lansing, sicher nicht ohne Direktive von oben, die Deklaration der amerikanischen Regierung an die Organisatoren des römischen Nationalitätenkongresses,

---

[32] M a m a t e y : The United States and East Central Europe. 1914–1918. A Study in Wilsonian Diplomacy and Propaganda. Princeton 1957, S. 52 ff. – L i n k : Wilson V, 385 ff. – L a n s i n g : War Memoirs 245 ff. gibt eine stark von den nachfolgenden Ereignissen ex post beeinflußte Darstellung, die vor allem auf eine völlige Übereinstimmung zwischen ihm und Wilson abzielt. – Schon B e n e š : Souvenirs de Guerre II, 204 f. hat mit Recht den Umschwung der amerikanischen Politik gegenüber Österreich-Ungarn mit dem Scheitern der Sonderfriedensverhandlungen ursächlich in Zusammenhang gebracht.

[33] Dieses Gespräch mit Sir William Wiseman in: W i l l e r t , S i r A.: The Road to Safety. London 1952, S. 158.

deren Entwurf von Putney stammte, modifizierte. So wurde der Ausdruck „earnest *support*" (Unterstützung) für die nationalen Bestrebungen der Tschechoslowaken und der Jugoslawen durch die zurückhaltendere und unverbindlichere Vokabel „sympathy" ersetzt, was sowohl Edvard Beneš wie den Jugoslawen Ante Trumbić bitter enttäuschte, d. h. Amerika begab sich nur zögernd auf die neue politische Linie[34]. Zu dieser Atmosphäre des Zögerns und Lavierens paßt es auch, daß auf der von Lansings Sekretär R i c h a r d C r a n e am 16. Mai in die Wege geleiteten Zusammenkunft M a s a r y k s mit höheren Beamten des State Departments die Hinweise des tschechischen Exilpolitikers auf die Bedeutung der tschechischen Truppen in Italien und des inneren tschechischen Widerstandes in Böhmen auf amerikanischer Seite lediglich auf höfliches Interesse stießen. Mit anderen Worten: Die tschechische Exilpolitik hatte zwar ihre Thematik inzwischen erfolgreich in das Zentrum politischer Entscheidungen einbringen können, aber es war immer noch ein weiter Weg, bis die amerikanische Friedensplanung die tschechischen Ziele: nationale Selbständigkeit, jedoch innerhalb der historischen Grenzen der böhmischen Länder – bei gleichzeitiger Mißachtung des Prinzips der historischen Grenzen im Falle der Slowakei! – voll rezipierte. Mamatey hat mit Recht hervorgehoben, daß Masaryks Einfluß in politisch relevanten Kreisen erst seit dem September 1918 ein entscheidender Faktor wurde[35].

Es ist sicherlich mehr als ein Zufall, daß in der wichtigen Verhandlungsphase vor dem September 1918 wiederum Albert H. Putney mit einem Sachverständigenmemorandum zur böhmischen Frage auftaucht, und zwar mit einem Schriftstück, das Lansing seinem eigenen wichtigen Schreiben vom 19. August an den Präsidenten beifügt. Lansings Brief empfahl die volle Anerkennung der Tschecho-Slowakei als souveräner Nation. Putneys Memorandum trug den bezeichnenden Titel: „Bohemia de jure an Independent Elective Monarchy" und kam aufgrund einer verzwickten historischen Argumentation zu demselben Ergebnis wie Lansings Schreiben, d. h. es forderte die Anerkennung des Tschecho-Slowakischen Nationalrates als regulärer Repräsentation des tschecho-slowakischen Volkes[36]. Am 31. August 1918 stieß Masaryk mit einem Memorandum über die Anerkennung des tschechoslowakischen Nationalrates als regulärer Regierung nach, und auch er bediente sich dabei

---

[34] M a m a t e y : The United States 259. – M a y : The Passing II, 750.
[35] M a m a t e y : The Dissolution 270.
[36] Putney argumentierte, daß Böhmen mit Österreich und Ungarn 1526 wegen der Türkengefahr eine freiwillige Union eingegangen sei, d. h. Böhmen war seit 1526 immer noch ein theoretisch unabhängiger Staat. Er folgerte daraus, daß es ein wirkungsvoller Schritt sein würde, zu erklären,
„(1) we regard Bohemia as an independent elective monarchy; (2) that the present Habsburg government of Bohemia is unconstitutional and an usurpation and that therefore the Bohemians have the right to resist such a government without being guilty of treason, – and (3) that in the absence of a government of Bohemia which is both de jure and de facto, the United States recognize the Czecho-Slovak National Council as the true representative of the Czecho-Slovak race". Zit. nach M a m a t e y : The United States 303. – Es ist bemerkenswert, wie hier in der Argumentation die ältere böhmische Staatsrechtstheorie im Sinne Kalouseks wieder auftaucht, und zwar mit einer höchst aktuellen und aggressiven Zuspitzung.

einer ausgesprochen historischen Argumentation, so daß die Vermutung sehr nahe liegt, daß auch Putneys Argumente aus derselben Informationsquelle stammten. Dennoch ging Masaryk in charakteristischer Weise über das rein Historische hinaus, indem er die historischen Rechte der Krone Böhmens mit der rousseauschen Theorie des Gesellschaftsvertrages verband und daraus das Recht auf Revolution gegen die illegale habsburgische Herrschaft ableitete. Anders als Putney versuchte Masaryk auch die Slowaken mit allerdings sehr schwachen historischen Argumenten für den neuen Staat zu reklamieren; er ging dabei bis auf das Großmährische Reich zurück. Es zeugt für Masaryks Klarsicht hinsichtlich der harten politischen Diskussionen, die in den nächsten Monaten auf ihn zukommen sollten, daß der wichtigste Teil seines Memorandums der Frage der Deutschen in Böhmen und Mähren galt, die ja für seine Staatsgründung, wie D. Perman gezeigt hat, gefährliche Implikationen in sich barg. Da seine Stellungnahme Lansing erst nach der erstrebten Anerkennung des Nationalrates erreichte und dieselbe niemals Wilson unter die Augen kam, darf hier auf eine nähere Analyse verzichtet werden[37]. Die endgültige Rezeption des tschechoslowakischen Standpunktes – soweit er nicht Grenzprobleme berührte! – in die amerikanische Politik erfolgte dann am 3. September 1918, als Staatssekretär Lansing Masaryk die offizielle Anerkennung des tschechoslowakischen Nationalrates als kriegführende Regierung überreichen konnte. Damit waren Tschechen und Slowaken für Amerika auch im staatsrechtlich-technischen Sinne *Subjekte* des Völkerrechtes geworden, die nunmehr ihre politischen Vorstellungen legitim formulieren konnten[38].

Die amerikanische Deklaration vom 29. Mai 1918 zugunsten der unterdrückten Völker Österreich-Ungarns, speziell der Tschechen, Slowaken und Jugoslawen, als deren Hauptautoren Putney, William Phillips, Assistant Sekretary of State, und Robert Lansing anzusehen sind, und das Dokument vom 3. September 1918 sind somit als die Wendepunkte der amerikanischen Kriegs- und Friedensplanung anzusehen, und sie erwiesen sich, je länger der Krieg dauerte, umso mehr als bindende Dokumente. Dabei war die Deklaration vom 9. Mai im Augenblick ihrer Entstehung mehr Alternativentwurf als unerschütterliche Absicht der Wilson-Administration. Die Leistung des tschechischen Exils bestand gerade darin, die USA immer stärker auf diesen Alternativentwurf festzulegen, – bis zur Anerkennung vom 3. September 1918.

Man wird somit insgesamt sagen dürfen, daß die amerikanische Regierung durchaus mehrere Varianten ihrer Politik gegenüber Österreich-Ungarn bereit hielt und auch jeweils durchzuspielen versuchte. Durch die Länge des Krieges, speziell durch den uneingeschränkten U-Bootkrieg, den mit Clemenceaus Veröffentlichung

---

[37] Text in: Archiv diplomatických dokumentů československých Nr. 2 (The Recognition of the Czechoslovak National Council and of the Czechoslovak Army, August 31, 1918. Prag 1927/28, Bd. 1. – Vgl. dazu Seymour, Ch.: Geography and Justice. New York 1951, S. 9. – May: The Passing II, 753 f.

[38] Mamatey: The United States 309. – Für die Schlußphase der nunmehr auf Auflösung Österreich-Ungarns festgelegten amerikanischen Politik, die hier nicht mehr zu behandeln ist, vgl. May: The Passing II, 755 ff. – Zeman: Der Zusammenbruch 185 ff. – Perman: The Shaping.

der Sixtusbriefe erzwungenen Rücksprung Kaiser Karls ins deutsche Durchhaltelager und schließlich auch durch den Zusammenbruch Rußlands, der plötzlich die tschechischen Legionäre auf russischem Boden für den Westen interessant werden ließ, kam es dann fast zwangsläufig dazu, daß die für die Mittelmächte jeweils ungünstigste Variante der amerikanischen Kriegspolitik und Friedensplanung Wirklichkeit wurde.

Es würde hier zu weit führen, auch nur andeutungsweise diese Friedensplanung vom Umschwung im Mai 1918 bis zur konkreten Grenzregelung der Pariser Vorkonferenzen weiterzuverfolgen. Dies hat, wie schon erwähnt, D. Perman in ihrem Buche „The Shaping of the Czechoslovak State" aufgrund noch unveröffentlicher Quellen getan und bedarf hier keiner Wiederholung[39]. Nur soviel sei hier angemerkt, daß der Gedanke des „Cordon sanitaire", der ursprünglich als Schutzwall kleinerer Staaten gegenüber Deutschland entwickelt wurde und in dieser Form auch sehr früh in Masaryks Konzeption auftauchte[40], seit dem Herbst des Jahres 1918 antisowjetisch uminterpretiert wurde, aber auch in dieser Form sich sehr zugunsten der tschechoslowakischen nationalen Politik auswirkte: der neue Staat konnte sich als Bollwerk der demokratischen Ordnung gegenüber der Sowjetunion deklarieren und damit dem Westen gegenüber seine Lebensnotwendigkeit ausweisen[41]. Die geradezu bodenlose Bolschewikenangst Amerikas konnte auf diese Weise zum nationaltschechischen Vorteil erfolgreich instrumentalisiert werden, zweifellos eine der bemerkenswertesten Leistungen der tschechischen Diplomatie!

Es kann hier nicht näher untersucht werden, welche inneren Strukturen der amerikanischen Politik und Diplomatie den Zielen der tschechoslowakischen Auslandsaktion entgegenkamen, doch soll dieses Problem zumindest in Umrissen angedeutet werden. Auf die verschiedenen Informationszentren, deren sich Wilson bediente, bzw. die sich ihm offerierten, ist immer wieder hingewiesen worden[42]. Neuerdings hat George Barany am Beispiel des Staatssekretärs Robert Lansing und in Kritik an der marxistischen Forschung Osteuropas eine konsequente Entwicklung der amerikanischen Mitteleuropa-Politik nachzuweisen versucht[43]. Konsequent ist dabei allerdings vor allem der steigende antideutsche Trend zu nennen, der sich in Robert Lansing personifizierte und beim Kriegseintritt der USA ebenso durchsetzte wie

---

[39] Einige Aspekte dieses Werkes wurden hervorgehoben bei Prinz, F.: Beneš und die Sudetendeutschen. In: Beiträge zum deutsch-tschechischen Verhältnis im 19. und 20. Jahrhundert. München 1967, S. 93 ff. (Veröffentlichungen d. Collegium Carolinum 19).
[40] Masaryk, T. G.: The New Europe. The Slav Standpoint. London 1918, S. 58 ff.
[41] Perman: The Shaping 82 ff. – Dazu Prinz: Beneš 100.
[42] Darüber zuletzt Wolfe: Woodrow Wilson.
[43] Barany, G.: Wilsonian Central Europe: Lansings Contribution. The Historian 28 (1966) 224–251. – Gegen die neuere marxistische Literatur, die sich die Zerstörung der „Wilson-Legende" angelegen sein ließ, glaubt B. (S. 230) feststellen zu können, daß nicht die Angst vor dem Bolschewismus, sondern vor Deutschland und – im Falle einer Niederlage Deutschlands und eines Zusammenbruchs Rußlands – die Angst vor einem Kräftevakuum in Osteuropa die Hauptfaktoren gewesen seien, die unter Lansings Initiative seit Frühsommer 1917 zur neuen Konzeption eines unabhängigen Mitteleuropa, d. h. zur Idee einer selbständigen ostmitteleuropäischen Staatenkette und selbständiger Nachfolgestaaten der Donaumonarchie geführt hätten.

schließlich bei der antiösterreichischen Mitteleuropa-Konzeption, mit der Wilson vorsichtig, aber Schritt für Schritt indoktriniert wurde[44]. Mag Baranys eingängige Formel der „Konvergenz von Wilsons Idealismus und Lansings Realismus"[45] den wahren Sachverhalt eher verdecken als erhellen, und dürfte sich diese Auffassung auch im Hinblick auf Wilsons enge Zusammenarbeit mit Colonel House und der Inquiry[46] als unhaltbare Simplifizierung erweisen lassen, fest steht dennoch, daß Wilson in hohem Maße beeinflußbar war[47] und auch mit großem Geschick von Lansing beeinflußt worden ist[48]. Ganz gleich wie man letztlich den Erfolg der von Lansing maßgeblich mitgestalteten Diplomatie Wilsons in Europa beurteilen mag – und die Meinungen hierüber werden aus guten Gründen wohl immer geteilt bleiben![49] –, auch die Konzeption des amerikanischen Staatssekretärs für äußere Angelegenheiten hat sich unter dem wachsenden Druck und Eindruck der tschechischen und slowakischen Emigration geformt; das Beispiel des Putney-Reports und seiner Folgen ist zu evident, um diesen Faktor gegenüber einer wie auch immer gearteten, antitraditionellen „endogenen" Neuorientierung der amerikanischen Politik allzu sehr in den Hintergrund treten zu lassen, wie dies Barany versucht. Wilsons Politik ist viel zu komplex und variabel, als daß man sie mit eingängigen generalisierenden Formeln erfassen könnte.

Lassen Sie mich am Schluß noch zwei allgemeine Überlegungen anfügen, die mit dem oben erwähnten Phänomen zusammenhängen, daß es Tschechen und Slowaken seit 1917 in steigendem Maße gelang, die Presse und damit auch die öffentliche Meinung für sich zu gewinnen. Vergleicht man damit die Unfähigkeit der Mittelmächte, sich für ihre Zwecke des legitimen demokratischen Mittels der planmäßig organisierten Meinungsbildung in den USA zu bedienen und damit ihre Interessen der amerikanischen Öffentlichkeit plausibel zu machen – eine Unfähigkeit, die durch die

---

[44] Ebenda 231 ff. – Barany scheint aufgrund seiner Auffassung umgekehrt den Einfluß der exiltschechischen und exilslowakischen pressure groups zu unterschätzen (S. 234, 237 f.), wenn er hierfür auch keine stichhaltigen Gründe anführen kann.

[45] Ebenda 236, 240.

[46] Nach Arthur Links Wilson-Biographie dürfte es wohl gänzlich ausgeschlossen sein, mit schablonenhaften Vorstellungen (Wilsons „Idealismus": Lansings „Realismus") weiter zu kommen. – Zur Rolle der Inquiry vgl. bes. Gelfand: The Inquiry und Wolfe: Woodrow Wilson.

[47] Vgl. dazu die schon im Titel für sich sprechenden Beiträge von Seymour, Ch.: The Paris Education of Woodrow Wilson. Virginia Quarterly Review 34 (Jan. 1956) 180–186. – Langer, W. L.: Woodrow Wilson: His Education in World Affairs. Confluence 15 (Okt. 1956) 183–203.

[48] Barany: Wilsonian Central Europe 241, 243. – Im Aufzeigen dieses Sachverhaltes liegt das Hauptverdienst von B.s Studie. Eine neue „amerikanische Konzeption" mitteleuropäischer Politik darin sehen zu wollen, geht sicher zu weit, hier wird ein evidenter Mangel schlicht zu einem Positivum umstilisiert.

[49] Die Divergenz möglicher Urteile, wenn auch einseitig bewertet, ebenda 236, 238 f. – Vgl. auch Baranys Fazit S. 251: „That the Wilsonian experiment failed to work satisfactorily was not necessarily the fault of the underlying principles but perhaps of the shortcomings of their application." Dazu wäre nur zu bemerken, daß Prinzipien gerade so viel wert sind wie ihre „Applikation", andernfalls man in den Bereich illusionärer, an der Wirklichkeit vorbeientworfener Wertungen gerät.

dilettantischen Propaganda- und Diversionsversuche des österreichischen Botschafters in Washington, Dr. Constantin Dumba, eher unterstrichen als widerlegt wird! (wie Arthur May gezeigt hat) –, so muß man als tiefere Ursache dieser Unfähigkeit die archaische politische Struktur der Führungsspitzen bei den Mittelmächten nennen. Peter Hanák hat in Zusammenhang mit der Ausbildung und Problematik des dualistischen Systems der Donaumonarchie auf diesen wichtigen Tatbestand aufmerksam gemacht, nämlich, daß die Schicht der politisch Verantwortlichen seit 1867 und noch mehr seit dem Zusammenbruch des Liberalismus am Ende der 70er Jahre in bedenklicher Weise zusammenschmolz und daher ein immer gefährlicheres Auseinanderklaffen zwischen der potentiellen Macht der politischen Massenparteien und der faktischen Macht einer hauchdünnen Schicht routinierter hochkonservativer Technokraten der Exekutive zutage trat. Aus diesem exklusiven Kreise, der sich in den Verfassungslücken der dualistischen Staatskonstruktion einzunisten verstand, stammen die autoritären Züge der Verwaltung im österreichischen Verfassungsstaat und deren neoabsolutistische Traditionen, die wiederum das Vertrauen des Monarchen in diese Gruppe sicherten[50]. Es liegt auf der Hand, daß ein so geartetes oberstes politisches Management keinen Sensus für demokratische Meinungsbildungsprozesse besitzen konnte und auch unfähig war, sich dieses Instrumentariums erfolgreich in den USA zu bedienen, dies ganz im Gegensatz zu den Tschechen und Slowaken. Kurz: die Mittelmächte kamen ideologisch in den USA einfach nicht an.

Damit hängt jedoch eine weitere Erscheinung zusammen, die Helmut Plessner mit dem Schlagwort „Großmacht ohne Staatsidee" angesprochen und auf den spezifischen deutschen Nationalismus bezogen hat[51]. Die deutsche und in ihrem Gefolge – mit gewissen ohnmächtigen Varianten – auch die österreichische Kriegspropaganda im Ersten Weltkriege operierte in der Hauptsache mit der Vorstellung einer spezifischen, einmaligen „Deutschheit" als Selbstwert, der in seiner Eigenart gegen den Ansturm der nivellierenden westlichen Zivilisation und der östlichen Barbarei des Slawentums verteidigt werden müsse. Diese Festlegung aber bedeutete fundamentale Schwäche, denn mit der Behauptung einer spezifischen „Deutschheit" vermochte man nach außen, wenn überhaupt, dann natürlich nur negative Reaktionen hervorzurufen, während die Alliierten mit Schlagworten wie Demokratie, Selbstbestimmungsrecht, Freiheit für die kleinen Nationen etc., eine umfassende und sich der jeweiligen konkreten Situation anpassende Wirkung erzielen konnten. Es waren dies ideologische Modellvorstellungen und Begriffe, die sämtliche dem Arsenal naturrechtlich-universalistischen Denkens und somit der Aufklärung als Wurzel der bürgerlich-demokratischen Bewegung entstammten[52]. Die starke, bürgerlich-demokratische Komponente des tschechischen und slowakischen politischen Lebens, die bereits in der Parteiengruppierung vor 1914 zu erkennen war, vermochte sich daher

---

[50] Hanák, P.: Probleme der Krise des Dualismus am Ende des 19. Jahrhunderts. In: Studien zur Geschichte der Österreichisch-Ungarischen Monarchie. Budapest 1961, S. 337 bis 382. – Ders.: Hungary in the Austro-Hungarian Monarchy. Austrian History Yearbook 3/1 (1967) 260–302.
[51] Plessner, H.: Die verspätete Nation. Stuttgart 1959, hier S. 39 ff.
[52] Vgl. darüber bes. Krockow, Chr. Graf von: Nationalbewußtsein und Gesellschaftsbewußtsein. Politische Vierteljahresschrift 1 (1960) 141–152, hier 146.

auf ganz andere und genuin verwandte Art dem öffentlichen Bewußtsein Amerikas mitzuteilen und damit wesentlich verständlicher zu machen als die Mittelmächte. So besaß der erfolgreiche Vorstoß der Tschechen und Slowaken in die Kommandostellen der politischen Entscheidungen Washingtons – ungeachtet der großen Bedeutung der politisch-militärischen Entwicklungen auf den europäischen Kriegsschauplätzen – auch eine wichtige ideologische Voraussetzung, die über dem Gange der Ereignisse nicht übersehen werden sollte. Man darf daher sagen: Amerikas Friedensplanung für die Nachfolgestaaten der Donaumonarchie wurde von grundsätzlichen weltanschaulichen Übereinstimmungen mit den Repräsentanten dieser Staaten in der entscheidenden Endphase des Krieges wesentlich mitbestimmt. Der entscheidende Wandel in Wilsons Politik zwischen 1917 und 1918 wäre daher trotz aller realpolitischen Elemente dahingehend zu definieren, daß der Präsident und seine Berater von einer ideologisch weitgehend abstinenten *allgemeinen* Friedenspolitik zu einer ideologisch feste Positionen beziehenden Kriegspolitik und nachfolgenden Friedensplanung übergingen. Letztere war eine der Grundvoraussetzungen – wenn auch sicher nicht die einzige! – für die Entstehung der Tschechoslowakischen Republik.

Helmut Rumpler

DIE SIXTUSAKTION UND DAS VÖLKERMANIFEST KAISER KARLS

Zur Strukturkrise des Habsburgerreiches 1917/18

Vorwiegend von Gewichtsverlagerungen globalen Ausmaßes her erhielt das kriegsentscheidende Krisenjahr 1917 die Bedeutung einer Epochengrenze. Aber auch im engeren europäischen Rahmen vollzogen sich Strukturwandlungen, die auf einen Umsturz des traditionellen Mächtesystems der Vorkriegszeit hindeuteten, indem sie die politischen Gruppierungen, die sich in den Jahrzehnten vor dem ersten Weltkrieg gefügt hatten, veränderten oder erschütterten. Im Lager der Zentralmächte führte die zum Existenzkampf gesteigerte Reichskrise des Habsburgerstaates zu einem Bruch, der, wenn auch letztlich nicht vollzogen, die Grundfesten der deutsch-österreichisch-ungarischen Schicksalsgemeinschaft in Frage stellte: nämlich die unbedingte außenpolitische Bindung Österreich-Ungarns an das deutsche Reich und die politische Vorherrschaft des Deutschtums in Zisleithanien. Sixtusaktion und Völkermanifest sind in diesen Zusammenhang zu stellen, als zwei Aspekte einer intendierten umfassenden Neuorientierung der österreichisch-ungarischen Politik, als ein in sich geschlossener Versuch, zurückzukehren einerseits zum Prinzip einer offenen Außenpolitik, andererseits zu einer übernationalen Reichspolitik. Eine Entwicklung, die mit dem Sieg Schmerlings und Biegelebens über Rechberg eingeleitet und mit dem Erfolg Andrássys über Beust vollendet worden war, sollte 1917 mit einem Schlag rückgängig gemacht werden.

Für die historisch-politische Beurteilung beider Aktionen kann nicht ihre schließliche Erfolglosigkeit als Maßstab genommen werden, auch nicht ihre mehr oder weniger dilettantische Durchführung, sondern allein eben die Tatsache, daß sie Ansätze zu einem Systemwechsel sein wollten. Insbesondere die verfahrenstechnischen Unzulänglichkeiten sind für die anzustrebende Wertung irrelevant – sie waren nicht an sich Ursache für den Mißerfolg beider Befriedungsversuche, sie symbolisieren lediglich diese Ursache, nämlich ein soziales und politisches System, das sich einer grundlegenden Reform bis zuletzt versagte; ein System, das in dem Moment vor den Konsequenzen an sich richtiger politischer Einsichten zurückschreckte, als substantielle Opfer damit verbunden waren. Die Personifizierung dieser Unzulänglichkeiten war Kaiser Karl. Gerhard Ritter charakterisiert ihn als den „Typ des fürstlichen Dilettanten" schlechthin[1]. Ritter reduziert damit die Kritik an der Sixtusaktion auf eine Kritik an der Person des Herrschers. Daß es sich dabei um einen Kunstgriff handelt, um eine andere, grundsätzlichere Diskussion zu verdecken, erhellt allein daraus, daß Ritter auch die Politik Czernins, des Außenministers und eine Zeitlang engsten Beraters des Kaisers, als dilettantisch, unverantwortlich und

---

[1] Ritter, G.: Staatskunst und Kriegshandwerk. Das Problem des „Militarismus" in Deutschland. Bd. 3: Die Tragödie der Staatskunst. Bethmann Hollweg als Kriegskanzler (1914–1917). München 1964, S. 454.

irreal klassifiziert, was aus der Darstellung bei Ritter selbst unschwer in Frage zu stellen ist. Mit differenzierteren Mitteln, aber aus den gleichen Motiven ist von Ritter eine Polemik aufgegriffen, die noch von den zeitgenössischen Gegnern des Kaisers eingeleitet und von den Deutschnationalen aller Schattierungen unter dem Schlagwort „verbündet-verraten" fortgeführt worden ist[2]. Diese mehr oder weniger gehässig geführte Polemik ist der beste Beweis dafür, daß der letzte regierende Habsburger keineswegs ein Dilettant mit dem politischen Horizont eines Reserveleutnants gewesen ist, sondern ein gefährlicher Feind dessen, was viele seiner Zeitgenossen als Nibelungentreue gefeiert haben, und was Historiker bis in die Gegenwart unter dem Gesichtspunkt der Bündnisverpflichtung diskutieren.

Der erste politisch einschlägige Kontakt Karls mit seinen Schwägern Sixtus und Xaver von Bourbon-Parma datiert vom August 1914. Die drei Gesprächspartner waren sich damals darin einig, daß Österreich zu seinem politischen Wohl der Befreiung vom Druck der preußisch-deutschen Allianz dringend bedürfe. Daß die beiden bourbonischen Prinzen zu diesem Zeitpunkt klarer als der österreichische Thronfolger diese Auffassung formulierten, ist wahrscheinlich, entscheidend wurde aber, daß der Kaiser von Österreich an dieses Einverständnis anknüpfte, als er im Februar 1917 seinen Jugendfreund, den Grafen Tamás von Erdödy, zu Vorverhandlungen mit Sixtus und Xaver nach Neuchâtel entsandte. Die Proklamation der Entente vom 10. Jänner 1917 über die „Befreiung" der nichtdeutschen Nationalitäten der österreichisch-ungarischen Monarchie bildete vielleicht den Anstoß zu dieser Initiative, deren gedankliche Wurzeln sind aber sachlich wie zeitlich weiter zurückzuverfolgen. Nicht billige Popularitätshascherei, nicht eine allgemeine, humanitär motivierte Friedenssehnsucht, auch nicht die Eifersucht auf Deutschlands überlegene Macht bestimmten den Kaiser zu diesem Schritt, sondern die vielleicht nur unklar artikulierte Einsicht, daß der Zentralpunkt der außen- und innenpolitischen Problematik der österreichisch-ungarischen Monarchie in dem Bündnis mit dem deutschen Reich lag. In unmittelbarem zeitlichen Zusammenhang mit der Sixtusmission, in einem Schreiben an Czernin vom 15. Mai 1917, hat Karl diese seine Grundauffassung nachdrücklichst betont: er protestierte gegen eine engere wirtschaftspolitische Bindung Österreich-Ungarns an Deutschland im Sinne der Mitteleuropapläne, die er schärfstens ablehnte als einen „Versuch der Hohenzollern, Österreich in völlige Abhängigkeit von Deutschland zu bringen"[3]. In diesem Zusammenhang bediente sich der Kaiser zumindest sinngemäß der Wendungen: „Ein eklatanter militärischer Sieg

---

[2] Das Zitat ist der Titel einer nationalsozialistischen Propagandaschrift von G. Zarnow aus dem Jahre 1936; die gediegenste deutschnational orientierte Darstellung der Problematik um Kaiser Karl ist Fester, R.: Die Politik Kaiser Karls und der Wendepunkt des Weltkrieges. München 1925. – Für den hier behaupteten Zusammenhang zwischen einigen der repräsentativen Werke der gegenwärtigen deutschen Weltkriegsforschung und der deutschnationalen Nachkriegsliteratur sei auf R. A. Kann verwiesen, der die wichtigste Vorstudie zu Ritter, Steglich, W.: Die Friedenspolitik der Mittelmächte 1917/1918. Bd. 1. Wiesbaden 1964 „als vom deutschen Standpunkt gesehen gemäßigt national" beurteilt; Kann, R. A.: Die Sixtusaffäre und die geheimen Friedensverhandlungen Österreich-Ungarns im Ersten Weltkrieg. Wien 1966, S. 11 Anm. 6 (Österreich-Archiv).

[3] Werkmann, K. v.: Deutschland als Verbündeter. Berlin 1931, S. 171.

Deutschlands wäre unser Ruin", und: „Wir dürfen nichts versäumen, was uns, auch eventuell gegen den Willen Deutschlands, zum Frieden bringt." Wenn auch die Authentizität dieser Formulierungen – Karl von Werkmann ist der Gewährsmann – nicht ganz außer Zweifel steht, so ist die Grundauffassung des Kaisers damit gewiß richtig wiedergegeben. Daraus aber abzuleiten, wie es Ritter getan hat, daß der Kaiser zwar den offenen Bündnisbruch nicht beabsichtigte, wohl aber die Herbeiführung des Friedens eventuell auch gegen den Willen Deutschlands, also den „Sonderfrieden"[4], hieße einen komplizierten Tatbestand unzulässig vereinfachen.

Was der Kaiser in die politische Praxis umzusetzen gedachte, resultierte aus mehreren Komponenten, deren zumindest eine das Loyalitätsbewußtsein gegenüber dem Bundesgenossen war. Als Karl in Laxenburg am 23. oder 24. März 1917 den berüchtigten ersten Sixtusbrief seinem Schwager übergab, hat er nichts anderes beabsichtigt, als seinen ganzen Einfluß auf den deutschen Bundesgenossen geltend zu machen für die Anerkennung der „gerechten Rückforderungsansprüche Frankreichs auf Elsaß-Lothringen". Der Umstand, daß der österreichische Kaiser seine Aktion im Alleingang unternahm, bietet keine Handhabe, ihm daraus den Vorwurf der Illoyalität zu machen. Berlin hatte das Beispiel eines solchen Alleinganges gegeben, als es Ende Jänner 1917 Wilson seine Kriegsziele mitteilte, ohne seine Bündnispartner zu informieren oder auf deren Wünsche Rücksicht zu nehmen[5]. So wie die etwas später vom Ballhausplatz geführten Geheimverhandlungen Revertera-Armand und Mensdorff-Smuts schlossen die Privatkontakte mit Sixtus einen Sonderfrieden Österreich-Ungarns mit den Westmächten aus. Wenn Prinz Sixtus in seiner Darstellung aus dem Jahre 1920 strikt behauptete, sein kaiserlicher Schwager habe sich, und zwar am 4. Mai 1917, durch Erdödy zu einem Separatfrieden bereit erklärt[6], so hat ihm dabei das Bestreben die Feder geführt, sein Unternehmen nachträglich als aussichtsreich zu rechtfertigen. Aussichtsreich vom Standpunkt der Entente war es aber nur, soferne es den Weg zu einem Sonderfrieden eröffnete[7]. Was die österreichische Seite betrifft, verstanden sich die Verhandlungen mit den Parmas als Anbahnung eines allgemeinen Friedens. Freilich, und darin lag das Unerhörte der persönlichen Initiative Kaiser Karls, stellte sich Österreich-Ungarn schon in diesen Vorverhandlungen in die Reihe der diplomatischen Gegner Deutschlands. Aus dieser Position hoffte der Kaiser, ohne zum Mittel des Bündnisbruchs greifen zu müssen, Deutschland tatsächlich auf den Weg allgemeiner Friedensverhand-

---

[4] Ritter III, 456 mit der Ergänzung: „Ob man das ‚Sonderfrieden‘ nennen will oder nicht, ist schließlich nur eine Frage der Bezeichnung."

[5] Engel-Janosi, Fr.: Die Friedensbemühungen Kaiser Karls mit besonderer Berücksichtigung der Besprechungen des Grafen Revertera mit Comte Armand. In: XII° Congrès International des Sciences Historiques. Rapports. Bd. 4. Wien 1965, S. 281 bezieht sich auf den Verweis bei Steglich, W.: Bündnissicherung oder Verständigungsfriede. Untersuchungen zu dem Friedensangebot der Mittelmächte vom 12. Dezember 1916. Göttingen–Berlin–Frankfurt 1958, S. 174 ff. (Göttinger Bausteine zur Geschichtswissenschaft 28).

[6] Steglich, W.: Friedenspolitik 53, nach Bourbon-G. de Manteyer, Sixte de: L'Offre de Paix Séparée de l'Autriche. Paris 1920, S. 159–162.

[7] Eine Analyse der Ziele, die Sixtus mit seiner Darstellung verfolgte, bei Engel-Janosi 279 f.

lungen zwingen zu können, wenn nötig mit der Drohung, einseitig aus dem Krieg auszuscheiden. Man wird sich hüten müssen, bei der Beurteilung dieser Hoffnung von unserem heutigen Wissensstand auszugehen. Wir wissen, daß Bethmann Hollweg gar nicht die Möglichkeit hatte, das Zugeständnis Elsaß-Lothringens, ja nicht einmal das der Räumung Frankreichs und Belgiens zu machen. Die deutsche Heeresleitung konnte damals auf die günstige militärische Lage hinweisen: zu erwartende Entlastung der Ostfront infolge der Revolution in Rußland, positive Ergebnisse des U-Bootkrieges, gelungener strategischer Rückzug auf die Siegfriedstellung. Und das deutsche Volk in allen seinen Schichten war nie bereit, freiwillig auf das nationale Kleinod der Reichslande zu verzichten.

Offen ist aber nach wie vor die Frage, ob der deutsche Reichskanzler nicht weiter gesehen hat. Seine Äußerung am Abend des 17. März 1917 ist nicht aus der Welt zu schaffen. Der österreichisch-ungarische Außenminister hat sich über sie für den Kronrat am 22. März folgende Notiz gemacht[8]: „Ich bin überzeugt, der Schlüssel der Situation liegt im Westen. Wenn Deutschland Frankreich und Belgien herausgibt u n d n o c h e t w a s d a z u, dann ist der Friede da. Der Reichskanzler hat mir dieses Opfer streng geheim zugesagt." Wir wissen, daß Czernin diese Äußerung von Bethmann Hollweg gleichsam erpreßt hat; Polzer-Hoditz spricht unter Berufung auf den Chef der Militärkanzlei, Baron Marterer, von einem Weinkrampf des deutschen Reichskanzlers[9]. Damit ist jenes entscheidende Faktum berührt, das angesichts des spektakulären Konflikts zwischen dem Kaiser und seinem Außenminister in Zusammenhang mit der „Affäre" um die Sixtusmission nur allzuleicht übersehen wird: daß nämlich Czernin im März 1917 mit anderen Mitteln dasselbe Ziel verfolgte wie sein kaiserlicher Herr, und daß umgekehrt die private Aktion Kaiser Karls damals durchaus im Einklang mit der Politik seines Außenministers stand. Czernin war in die Tatsache, daß der Kaiser mit Sixtus verhandelte, eingeweiht. Es konnte ihm nicht zweifelhaft sein, daß die Verhandlungen, ohne das Problem Elsaß-Lothringen zu berühren, gar nicht hätten geführt werden können. Czernin zog auch für seine Politik aus dieser Einsicht die Konsequenzen, nur taktisch in anderer Weise als der Kaiser. Während er nach außen hin die Bündnistreue Österreich-Ungarns besonders betonte, drängte er in den internen Verhandlungen mit Deutschland auf Konzessionen an Frankreich, so daß darüber die schwersten Spannungen im deutsch-österreichisch-ungarischen Bündnis entstanden.

Bei diesen seit Anfang März 1917 mit zäher Energie verfolgten Bemühungen bediente sich Czernin zweier Mittel: er malte einerseits die innere Notlage der Mo-

---

[8] Quellennachweis und Datierung S t e g l i c h : Friedenspolitik 426 Anm. 68. — Die von Ritter III, 475 vorgetragene Argumentation im Anschluß an die Beobachtung, daß das Protokoll des Laxenburger Kronrates nur allgemein von einem deutschen Verzicht auf Eroberungen an der Westgrenze, nicht aber von einem Verzicht auf Teile Elsaß-Lothringens spricht, ist insofern hinfällig, als die österreichisch-ungarischen Ministerratsprotokolle nur summarisch und in ziemlich freier Stilisierung die Vorträge der sprechenden Minister wiedergeben; es ist daher mit großer Wahrscheinlichkeit anzunehmen, daß Czernin die Sache nach dem Wortlaut seines Exposés im Kronrat vorgetragen hat.

[9] P o l z e r - H o d i t z , A.: Kaiser Karl. Aus der Geheimmappe seines Kabinettschefs. Wien 1929, S. 334.

narchie in den schwärzesten Farben, um das Friedensbedürfnis Österreich-Ungarns zu rechtfertigen, und entwickelte andererseits fast ins Phantastische gesteigerte Expansionspläne, um Kompensationsobjekte für die erwünschten deutschen Zugeständnisse in die Hand zu bekommen. Damit ist die Frage zumindest zum Teil beantwortet, warum Czernin so plötzlich vom noch Mitte Jänner 1917 erklärten Kriegsziel des status quo zu sehr massiven Eroberungsansprüchen übergewechselt hat. In verschiedenen Varianten trug Czernin seit der Aussprache über die Kriegsziele mit Bethmann Hollweg und Stumm in Wien am 16. und 17. März sein Projekt vor, das „Milliardenobjekt" Rumänien für Österreich zu gewinnen, dafür aber Polen mit Einschluß Galiziens an Deutschland abzutreten. Den Höhepunkt seiner diesbezüglichen Bemühungen bildete das von ihm inszenierte Kaisertreffen in Homburg am 3. April 1917. Für dieses Treffen hatte Czernin mit seinem Herrn den ganz großen Schlag vorbereitet: Deutschland sollte dafür gewonnen werden, Elsaß-Lothringen abzutreten, Österreich-Ungarn wollte dafür auf seinen Anteil an Polen und auf Galizien verzichten. Für die Herstellung des allgemeinen Friedens erklärte sich Österreich damals sogar bereit, Südtirol sofort herauszugeben[10]. Die große Schwierigkeit bei der Beurteilung dieser fast abenteuerlich anmutenden Politik liegt darin, die taktischen Mittel von den echten Zielen zu unterscheiden. Gegen die Ernsthaftigkeit beinahe jedes Details des Czerninschen Kompensationsprojektes können Zweifel vorgebracht werden. Nur über die Einzelposten der großen Rechnung herrscht jedoch Unklarheit, das Resultat dürfte mit ziemlicher Sicherheit dahingehend zusammenzufassen sein, daß Österreich-Ungarn zum Zeitpunkt der Sixtusmission seinerseits zu einem auf Gegenseitigkeit beruhenden Verzichtfrieden bereit war. Daß Czernin der Entente gegenüber in den verschiedenen Geheimverhandlungen – wie auch in dem Promemoria zum zweiten Sixtusbrief vom 9. Mai 1917 – eine förmliche Verzichterklärung verweigert hat, ist kein Gegenbeweis. Eine solche Erklärung seitens der Monarchie hätte lediglich den Siegeswillen der Entente gestärkt, weil Österreich-Ungarn nach der Überzeugung Czernins kein friedensentscheidendes Angebot zu machen im Stande war. Dieses konnte nur von Deutschland ausgehen. Die deutsche Regierung zu diesem Angebot zu bewegen, war das Ziel des von Czernin mit so viel Eifer betriebenen Kompensationsgeschäftes. Die damit zusammenhängenden Verhandlungen in Homburg können jedoch nicht einfach dahingehend interpretiert werden, daß dabei beabsichtigt war, das Versprechen des Kaiserbriefes in die Tat umzusetzen[11], weil wir weitestgehende Sicherheit darüber haben, daß Czernin über den genauen Wortlaut des Schreibens Kaiser Karls an Sixtus nicht informiert war. Umso klarer tritt aber die Tatsache in Erscheinung, daß zwischen der Privataktion Kaiser Karls und der offiziellen Politik seines Außenministers prinzipielle Übereinstimmung herrschte.

Dieser Bogen der Übereinstimmung dürfte sogar noch weiter zu spannen sein. Neben und jenseits der allgemeinen Kriegsmüdigkeit in der Monarchie wirkten Stimmungskräfte, die alle in die gleiche Richtung einer Lockerung des Kriegsbündnisses zielten. Am ausdrücklichsten wurde paradoxerweise die wachsende Aversion

---

[10] Nach Ritter III,479.
[11] Ebenda.

gegen die österreichisch-deutsche Waffenbrüderschaft in den höheren Militärkreisen ausgesprochen. Die gewaltigen Verluste von 1,9 Millionen Mann, die die österreichisch-ungarische Armee in den ersten Kriegsmonaten erlitten hat, wurden von österreichischer Seite der deutschen Heeresleitung angelastet, die eine von Moltke zugesicherte Stützung der Ostfront zugunsten einer Massierung der Kräfte gegen Frankreich verweigert hatte. Ob der österreichische Vorwurf berechtigt war oder nicht, ist unwichtig gegenüber der Tatsache, daß der moralischen Grundlage des deutsch-österreichisch-ungarischen Waffenbündnisses eine nie ganz auszuheilende Wunde geschlagen war. Conrad von Hötzendorf hat in der deutschen Weigerung einen Beweis bösen Willens, ja sogar den bewußten Versuch gesehen, Österreich-Ungarn planmäßig in völlige politische und militärische Abhängigkeit vom deutschen Reich zu bringen[12]. In der Sphäre der Diplomatie waren die beiden Verbündeten vor allem durch die polnische Frage entzweit. Österreich erstrebte die austro-polnische Lösung im Interesse der innerpolitischen Konsolidierung der Monarchie. Deutschland aber weigerte sich bis zuletzt, einer Lösung zuzustimmen, „die sozusagen aus den momentanen politisch-parlamentarischen Schwierigkeiten Österreich-Ungarns herausgeboren" war[13]. Wirtschaftspolitisch meldete Deutschland im Laufe des Krieges Interessen an, die mit denen Österreich-Ungarns kollidierten: es trat mit Österreich-Ungarn auf dem Balkan in Konkurrenz, meldete seinen Anspruch auf die rumänischen Agrarprodukte und Bodenschätze an, und bezog Serbien und Bulgarien in seine verkehrs- und wirtschaftspolitischen Großraumpläne ein. Den schließlich in Salzburg eröffneten Verhandlungen über eine Zolleinigung zwischen der Hohenzollern- und der Habsburgermonarchie opponierten nicht nur die österreichischen Gewerbe- und Industrieverbände, auch die Regierung behandelte die Frage dilatorisch. Die Mitteleuropaidee und die damit zusammenhängende Politik Deutschlands dürfte dem Bündnisgedanken in Österreich mehr geschadet als genützt haben. In Übereinstimmung mit dieser österreichisch-deutschen Entfremdung formulierte Hofmannsthal eben im Jahre 1917 die innere Distanz zwischen dem Österreicher und dem Preußen[14].

Kaiser Karl war nun als Politiker zu unbedeutend, diese Strömungen seiner Idee nutzbar zu machen, er war aber wohl sensibel genug, sich von ihnen in seinem Ziel bestärken zu lassen. Sein Alleingang in der Friedensfrage ist jedenfalls mit Motiven fürstlicher Hauspolitik ungenügend erklärt. Zu stark war die Verbindung zu parallelen Ansätzen eines als umfassend gedachten politischen Systemwechsels, als daß man die Sixtusaktion als isolierte, personalgebundene Entscheidung einstufen dürfte.

---

[12] Herzfeld, H.: Der erste Weltkrieg. München 1968, S. 67 f. (dtv-Weltgeschichte des 20. Jahrhunderts 1).
[13] Aus einem Verhandlungsprotokoll, Berlin, 11. Juni 1918, HHStA Wien, PA rot 576, Botschaftsarchiv Berlin Nr. 400.
[14] Hofmannsthal, H. v.: Gesammelte Werke. Hrsg. von H. Steiner. Prosa Bd. 3. Frankfurt 1953, S. 407–409. – Über den direkten Zusammenhang mit Friedenssondierungen von österreichischer Seite – Hofmannsthal überreichte das „Schema" in Bern der Baronin Berta Szeps-Zuckerkandl – siehe Engel-Janosi, Fr.: Die Friedensaktion der Frau Hofrat Szeps-Zuckerkandl. In: Bausteine zur österreichischen Geschichte. Wien 1966, S. 260 (Archiv für österreichische Geschichte. Festgabe für Heinrich Benedikt).

Daß der Kaiser persönlich Träger der entscheidenden Initiative war, und daß nur er diese Initiative bis an die Grenze verschiedener Rechtsbrüche vorgetragen hat war nur Ausdruck dafür, daß der intendierte Systemwechsel nur mehr unter Umgehung jener Regeln möglich war, von denen das etablierte System lebte. Einzelmomente, wie die Märzereignisse in Rußland – auf sie hat sich Czernin in seiner großen Denkschrift vom 12. April 1917 berufen –, haben die in Österreich-Ungarn eingeleitete Revolution von oben wohl beschleunigt, auf sie aber weder zeitlich noch sachlich verursachend gewirkt[15]. Es fiele schwer, dem letzten regierenden Habsburger unter Berücksichtigung aller Details seiner Biographie staatsmännische Einsichten zuzuschreiben. Eines kann aber nicht übersehen werden: daß er, gewiß heilsam gedrängt von der Not des Augenblicks, zum denkbar günstigsten Zeitpunkt die einzig richtige Politik eingeschlagen hat, die sein Reich hätte retten können. Diese richtige Politik hätte darin bestanden, sich die außenpolitische Unabhängigkeit von Deutschland wiederzuerringen als entscheidende Voraussetzung für eine die nationalen und damit zusammenhängenden sozialen Spannungen zumindest abschwächende Reform des Reiches im Innern.

Um so brennender ist die Frage, wieso der vom Kaiser eingeleitete außen- und innenpolitische Reformkurs zu einem Ergebnis führte, das genau dem Gegenteil von dem entsprach, was ursprünglich beabsichtigt war. Nach Jahresfrist war das Bündnis der Zentralmächte gefestigter als je zuvor, während immer offenkundiger wurde, daß der „deutsche Kurs" die Monarchie dem sicheren Ruin überantwortete.

Nicht einmal für Czernin kann gesagt werden, daß seine Friedenspolitik an äußeren Widerständen scheiterte. Sicher hat es nie nach dem Sturz des Ministeriums Briand – am 19. März 1917 war ihm Ribot gefolgt – eine Chance gegeben, die Sixtusmission in irgendeiner Form erfolgreich abzuschließen. Der Friede, den selbst Lloyd George am 11. April bei den Geheimgesprächen mit Ribot in Folkestone greifbar nahe glaubte, war nicht jener allgemeine Verzichtfriede, auf den die österreichisch-ungarische Initiative letztlich hinzielte. Erst recht erwog Poincaré, der zweite Staatsmann auf Ententeseite, dem man gewisse Sympathien für die österreichischen Bemühungen attestieren darf, nur den Sonderfrieden, der den radikalen Sieg über Deutschland beschleunigen sollte. Das wurde klar bei der Fortsetzung der Sixtusaktion in den Armand-Revertera Gesprächen. Dabei ging es Frankreich im wesentlichen doch darum, zu sondieren, wie stark oder wie schwach das Bündnis der Zentralmächte noch gefügt war, d. h. um ein Abwägen der Siegeschancen. Czernin handelte daher diplomatisch richtig und von seinem Standpunkt aus auch konsequent, wenn er die Unauflöslichkeit des deutsch-österreichisch-ungarischen Kriegsbündnisses nachdrücklichst betonte, mit der Begründung, nur dadurch die eventuell bei den Westmächten vorhandenen Friedensneigungen zu stärken. Solange Österreich-Un-

---

[15] Szigmond, L.: Die Zerschlagung der österreichisch-ungarischen Monarchie und die internationalen Kräfteverhältnisse. Budapest 1960, S. 4 (Studia Historica Academiae Scientiarium Hungaricae 23) vereinfacht die Zusammenhänge offensichtlich mit der Feststellung: „Die Gefahr, daß sich die rußländische Revolution auf die slawischen Völker der Monarchie auswirken werde, veranlaßte den Minister des Äußern, seine vom 12. April 1917 datierte Denkschrift zu verfassen."

garns Außenminister sich aus solch taktischen Erwägungen auf das Bündnis mit Deutschland stützte, handelte er im Einklang mit seinen und seines Monarchen Friedensbemühungen. Nur hat sich Czernin in dem der Sixtusmission noch folgenden Jahr seiner Amtszeit in einer Weise für das genannte Bündnis exponiert, daß seine Politik zu Anfang des Jahres 1917 geradezu unglaubwürdig erscheinen muß. Wenn die neulich von Brook-Shepard veröffentlichten Erinnerungen der Kaiserin Zita zu dem Problem der österreichischen Friedenspolitik des Jahres 1917 auch zu mancher Detailkritik Anlaß geben, in einem Punkt stimmen sie mit den Ergebnissen der jüngsten Forschung überein: Czernin war damals „der einzige unter den Ministern und höheren Persönlichkeiten, der sich bereit erklärt hatte, den Kaiser bei der Einleitung von Friedensbemühungen zu unterstützen"[16]. Aber von Anfang an war seine Politik die eines unsicher zwischen den Erfordernissen der Staatsraison und damit widerstreitenden politischen Bindungen und Sympathien Schwankenden. Wir verfügen über ausgezeichnete neueste Untersuchungen der Diplomatie Czernins im Weltkrieg[17]. Wir wissen aber nach wie vor zu wenig über die ideologische Basis dieser Diplomatie, um den Wandel vom „Großösterreicher" aus dem Franz Ferdinand-Kreis zum Minister des „legitimen Sonderfriedens" und schließlich zum fanatischen Verfechter der „heiligen Allianz" zwischen Österreich und Deutschland befriedigend erklären zu können.

Noch am 13. Mai 1917, also kurz nach dem zweiten Aufenthalt des Prinzen Sixtus in Wien, hat Czernin Bethmann Hollweg offen eingestanden, daß der ehrenvolle Friede, den Österreich-Ungarn anstrebe, unter Umständen die vorläufige Form eines Sonderfriedens annehmen könne, nun aber schon mit der Ergänzung: „ohne Auflösung des deutsch-österreichischen Bündnisses und mit weiterem Einsatz der österreichischen Armee an der Ostfront"[18]. Einen Monat später hat sich Czernin J. M. Baernreither gegenüber geäußert, er würde „lieber aus dem dritten Stock auf die Straße springen, als sich von Deutschland loszusagen"[19]. Vom 6. Dezember 1917 stammt dann das berüchtigte Treuebekenntnis: „Jawohl, wir kämpfen für Elsaß-Lothringen, genauso wie Deutschland für uns kämpft und für Lemberg und Triest gekämpft hat. Ich kenne keinen Unterschied zwischen Straßburg und Triest[20]." Czernin hatte diese Phrase mit der Frage eingeleitet: „wenn mich jemand fragt". Tatsächlich hat ihn aber niemand gefragt. Und ebenso unaufgefordert, ohne jeden konkreten Anlaß, wirklich als spontanen Ausdruck seiner inneren Überzeugung, hielt er dann seine Rede vom 2. April 1918 vor dem Wiener Gemeinderat, die die Kontro-

---

[16] Brook-Sheperd, G.: Um Reich und Krone. Die Tragödie des letzten Habsburgerkaisers. Wien-München–Zürich 1968, S. 84.

[17] Hopwood, R. F.: Interalliance Diplomacy: Count Czernin and Germany 1917–1918. Maschschr. Diss. Stanford 1965. – Meckling, I.: Czernins Außenpolitik und die österreichisch-ungarisch-deutschen Bündnisbeziehungen 1917/18. Wien-München 1969 (Österreich-Archiv). – Lehmann, H.: Czernins Friedenspolitik 1916–1918. In: Die Welt als Geschichte 1 (1963) 47–59.

[18] Nach Herzfeld 311.

[19] Redlich, J.: Schicksalsjahre Österreichs 1908–1919. 2. Aufl. Hrsg. von F. Fellner. Graz-Köln 1954, S. 208 (Veröffentlichungen der Kommission für neuere Geschichte Österreichs 40).

[20] Ritter IV, 258.

verse mit Clemenceau zur Folge hatte, in deren Verlauf Czernin unter Selbstmordandrohung seinen Monarchen zu jenen Erklärungen nötigte, die im Abkommen von Spa gipfelten. Robert A. Kann hat den detaillierten Nachweis geführt, daß für das, was Czernin mit dieser Rede bezweckte, es völlig belanglos war, ob er dabei an die Armand-Revertera-, oder die Sixtusverhandlungen dachte: „selbst wenn die Sixtusverhandlungen überhaupt niemals stattgefunden hätten und Czernin also rein formell im Recht gewesen wäre, so hätte dies an der Schwere seiner Verstöße wenig geändert[21]." Czernin hat bewußt gegen die Grundnorm aller Geheimverhandlungen, das Gebot der Diskretion, verstoßen, um ein für allemal alle geheimen Verbindungsfäden zwischen Österreich und der Entente zu zerreißen, um umgekehrt das Band zwischen Deutschland und Österreich desto enger zu knüpfen[22]. Das Hauptproblem einer Beurteilung Czernins ist nun darin zu sehen, die offenkundige Diskrepanz zwischen seiner bis zum Mittel der Erpressung greifenden Friedenspolitik vom März/April 1917 und seiner Flucht in das deutsche Bündnis vom April 1918 zu erklären. Man ist versucht, seiner Politik des „legitimen Sonderfriedens" – diese Begriffsspaltung stammt von Czernin selbst – von vornherein jede Logik abzusprechen. Wahrscheinlich hat sich bei Czernin erst im Verlauf des Jahres 1917 die Überzeugung geformt, daß das österreichisch-deutsche Bündnis deshalb nicht gelöst werden konnte, weil es die Voraussetzung dafür war, Österreich in seiner traditionellen sozialen und politischen Struktur zu erhalten. An dieser Struktur aber etwas zu ändern, dazu war Czernin offenbar nicht bereit. Er gehörte zu jener politischen Gruppe, die Graf Wedel, der deutsche Botschafter in Wien, als die „Säulen der deutschen Bündnispolitik" zu bezeichnen guten Grund hatte[23] – die Fürstenberg, Clam, Czernin, Nostiz, den ganzen deutsch-böhmischen Adel, aber auch den deutsch-böhmischen Bürgerstand zählte Wedel dazu. Weil Czernin das Axiom des innerpolitischen deutschen Kurses in Österreich nicht aufzugeben bereit war und sich daher auch gegen jede föderalistische Umgestaltung in einem antideutschen Sinne aussprechen zu müssen glaubte, sah er sich schließlich dazu genötigt, das Bündnis der Monarchie mit Deutschland als zwingend anzuerkennen. Sein Versuch, Österreich-Ungarn aus dem Krieg herauszuführen, ihm außenpolitisch die Unabhängigkeit zurückzugewinnen, scheiterte an der mangelnden Bereitschaft, sich von den politischen Interessen seines Standes frei zu machen.

Daß die Versuche Kaiser Karls, sein Reich innenpolitisch umzugestalten, unter denselben Prämissen wie die Sixtusaktion eingeleitet wurden und schließlich an demselben Hindernis wie diese scheiterten, ist nicht als Folge äußerlich ähnlicher Begleitumstände, sondern als Ausdruck einer Problemaffinität zu erklären. Nicht nur chronologisch, auch sachlich bildet die Reformpolitik des Jahres 1918 eine direkte Fortsetzung dessen, was im Rahmen der Sixtus-Aktion auf der Ebene der Außenpolitik begonnen worden war. Dieses Nacheinander schließt nicht aus, daß Kaiser Karl sich seit seinem Regierungsantritt mit Reformabsichten getragen hat. Die Beteuerungen

---

[21] Kann 67.
[22] So haben schon die Zeitgenossen die von Czernin begonnene Kontroverse interpretiert; z. B. Lansing, 12. April 1918, zit. bei Kann 67: „His (Czernins) disclosure has thrown Austria into the arms of Germany."
[23] Lagebericht Wedels vom 22. Juli 1917, zit. Ritter IV, 258.

des Kaisers gegenüber Heinrich Lammasch, Friedrich Wilhelm Foerster und Alexander Spitzmüller dürfen als Zeugnisse dieser Absichten durchaus ernst genommen werden. Aber gehandelt im Sinne des späteren Oktobermanifestes, d. h. im Sinne des Föderalisierungsprinzips, hat der Kaiser erst unter dem Druck des militärischen Zusammenbruchs.

Der kriegsentscheidenden Konsequenzen der Kapitulation Bulgariens war man sich in Wien in viel höherem Maße bewußt als in Berlin. Denn mit der am Balkan gefallenen militärischen Entscheidung war an einer entscheidenden Stelle eine Bresche in die innenpolitische Front der Monarchie geschlagen. Als an der Salonikifront vollendet wurde, was sich an der Westfront seit dem „schwarzen Tag" im August vorbereitet hatte, zögerte man in Österreich-Ungarn nicht, die Konsequenzen aus der Niederlage zu ziehen. Bezeichnenderweise waren es in Österreich-Ungarn die Vertreter der Armee, die den Anstoß zu einer politischen Initiative gaben. Vom Generalstabschef Baron Arz wurde dem Kaiser Mitte September, d. h. nachdem die alliierte Offensive an der Balkanfront mit voller Wucht eingesetzt hatte, der erste Entwurf eines Verfassungsmanifestes übergeben[24], zur gleichen Zeit als der Außenminister Baron Burián den Westmächten seitens Österreich-Ungarn Waffenstillstandsverhandlungen anbot. Als am 26. September der Landeschef von Bosnien und der Herzegowina Sarkotić und der österreichisch-ungarische Finanzminister Spitzmüller aus Sarajevo die Nachricht vom bulgarischen Waffenstillstandsangebot nach Wien telegraphierten, wurde dort die von ihnen empfohlene „politische Gegenaktion" sofort eingeleitet. Den gemeinsamen Ministerrat am 27. September eröffnete der Kaiser mit einer Aufforderung an seine Regierungen: „Im Zusammenhang mit der außenpolitischen Lage dränge sich die Notwendigkeit einer Rekonstruktion im Innern, namentlich im Hinblick auf die südslawische Frage auf, welche den Gegenstand der Erörterung zu bilden hätte[25]." Der Vorsitzende Baron Burián entsprach formal dieser Anweisung, rief die Versammelten zu Entschlüssen auf, „wenn anders man vermeiden will, daß die Völker ihr Schicksal selbst in die Hand nehmen würden". In seinen konkreten Vorschlägen spiegelte sich allerdings die Zwiespältigkeit seiner Stellung wieder: einerseits war er Außenminister des Reiches, oder genauer des Kaisers, andererseits ungarischer Politiker, seinerzeit engster Mitarbeiter Stephan Tiszas. Burián hat, seinen Pflichten als Außenminister gemäß, eingesehen, daß „die außenpolitische Situation gewisse Umwandlungen im Innern im Sinne des Föderalismus als notwendig erscheinen lasse, um die Vorbedingung zum Frieden zu schaffen"[26], praktisch schloß er sich aber dem Stand-

---

[24] Text im Nachlaß Johann Andreas Eichhoffs. Karton 1, ALLGEMEINES VERWALTUNGSARCHIV WIEN; außer Arz hat auch der Chef der Quartiermeisterabteilung des AOK., Theodor von Zeynek, an diesem Entwurf mitgearbeitet; zum Manifest allgemein Rumpler, H.: Das Völkermanifest Kaiser Karls. Letzter Versuch zur Rettung des Habsburgerreiches. Wien 1966 (Österreich-Archiv).

[25] Protokolle des gemeinsamen Ministerrates der österreichisch-ungarischen Monarchie 1914 bis 1918. Hrsg. von M. Komjáthy. Budapest 1966, S. 681 (Publikationen des ungarischen Staatsarchivs II, Quellenpublikationen 10).

[26] Erklärung Buriáns vom 27. September 1918 gegenüber deutschnationalen Abgeordneten in: NEUE FREIE PRESSE, 27. September 1918 (Abendausgabe).

punkt des ungarischen Ministerpräsidenten Wekerle an, der eine Lösung der südslawischen Frage, wenn überhaupt, dann nur im Rahmen des ungarischen Staatsverbandes zuzulassen gewillt war. Ursprünglich opponierte Wekerle grundsätzlich einer staatsrechtlichen Lösung des südslawischen Problems. Schließlich erklärte er sich mit der sogenannten „subdualistischen" Lösung, d. h. mit einem aus Bosnien-Herzegowina, Kroatien und Dalmatien bestehenden südslawischen Staat im Rahmen Ungarns, einverstanden. Das wäre natürlich keine echte föderalistische Lösung gewesen, wäre zumindest von den Südslawen nicht als solche anerkannt worden. Es ist bekannt, daß in der Literatur allgemein diese Halsstarrigkeit der Ungarn als gravierendste Ursache für das schließliche Mißlingen aller Verfassungsreformpläne kritisiert wurde. Dabei sollte aber nicht übersehen werden, daß die damals vom Kaiser und den Österreichern vertretene Alternative in ihrem realen Kern keineswegs konstruktiver war als ihr ungarisches Gegenstück. Die Militärs und mit ihnen der Kroate Sarkotić, der österreichische Ministerpräsident Hussarek, der vom Kaiser nach Wien zu den Beratungen beorderte ehemalige Ministerpräsident Heinrich Clam-Martinic und der gemeinsame Finanzminister Spitzmüller hatten sich ursprünglich entschieden für die trialistische Lösung, d. h. für die Errichtung eines selbständigen südslawischen Staates innerhalb der Monarchie, ausgesprochen. Interessanterweise repräsentiert dieser Personenkreis in etwa jene Koalition aus deutsch-böhmischem Feudal- und deutsch-österreichischem Beamtenadel, die schon im Rahmen der Sixtusaktion in Erscheinung getreten war, und deren Interessen auch im Manifest vom 16. Oktober Berücksichtigung finden sollten. War die subdualistische Lösung ein offen eingestandenes Postulat madjarischer Interessenpolitik, so verbarg sich hinter dem von dieser durch gleichgerichtete Standesinteressen verbundenen Gruppe propagierten trialistischen Programm der Herrschaftsanspruch der deutsch-zentralistischen Partei Zisleithaniens. Denn nicht nur aus Sympathie für das Selbstbestimmungsrecht der Südslawen, sondern vor allem, um die dalmatinischen Abgeordneten aus dem österreichischen Reichsrat zu eliminieren, war man bereit, Dalmatien einem südslawischen Föderativstaat zu überlassen. Dieses territoriale Opfer stand im übrigen in keinem Verhältnis zu dem, das man in Gestalt Kroatien-Slawoniens von Ungarn forderte. Und etwa auch die slowenischen Gebiete Zisleithaniens preiszugeben, daran dachte keiner der österreichischen Minister. Von österreichischer Seite hat man den Ungarn die schwersten Vorwürfe gemacht, daß sie durch ihr Veto eine angeblich zielführende Reichsreform verhinderten. Gleichzeitig war man aber selbst nicht bereit, dem vielzitierten Selbstbestimmungsrecht mehr als ein Scheinopfer zu bringen. Die aus der deutsch-österreichischen historischen Literatur bekannte Polemik gegen jene Reservatsklausel des Völkermanifestes, in der die Integrität der Länder der Stefanskrone garantiert wurde, ist deshalb gegenstandslos, weil den Ungarn nicht nur das konzediert war, was sie forderten, sondern das, was ihnen die Österreicher und mit ihnen die Dynastie im eigenen, wohlverstandenen Herrschaftsinteresse letztlich nicht verweigern konnten. So vor allem ist es zu erklären, daß der Kaiser von sich aus den erwähnten Manifestentwurf des AOK. von Mitte September zurückgewiesen hat, weil dieser den Grundsatz der staatlichen Autonomie konsequent auf alle Nationalitäten, namentlich auf jene Ungarns, angewendet wissen wollte. Und in dem für das Manifest entscheidenden Kronrat vom

15. Oktober brauchte sich Burián keineswegs zum „Anwalt eines Appels an den Krönungseid des Kaisers als Königs von Ungarn" zu machen[27]. Der Kaiser hat, bevor Burián noch das Wort ergriffen hatte, auf seinen Krönungseid verwiesen und erklärt, daß er an ihm unverbrüchlich festhalten werde[28]. Nach dem Zeugnis des kaiserlichen Privatsekretärs Johann Andreas Eichhoff hat Kaiser Karl schon *vor* diesem Kronrat alle Versuche zurückgewiesen, die geplante Föderalisierung auch auf die ungarische Reichshälfte auszudehnen[29]. Es hat also bestimmt nicht der Drohung Wekerles bedurft, die Lebensmittelzufuhr nach Österreich zu sperren, um die Integritätsklausel in den Text des Völkermanifestes zu bringen. Die eigenartige Dialektik des dualistischen Systems war aus sich selbst wirksam: solange man in Zisleithanien nicht auf den traditionellen deutsch-zentralistischen Kurs verzichtete, war man gezwungen, auch den madjarischen Kurs in Ungarn anzuerkennen.

Und niemand unter denen, die damals in Zisleithanien an der Macht waren, zeigte sich gewillt, diesen deutschen Kurs aufzugeben – mit Ausnahme eben Kaiser Karls. Er war einen Augenblick, aber wohl nicht länger, entschlossen, der Politik seines Staates eine radikal andere Richtung zu geben. Was ihn letztlich bewogen hat, von diesem Entschluß wieder abzugehen, ist schwer zu entscheiden. Daß es aber nicht nur Charakterschwäche und mangelnde politische Einsicht waren, sondern auch gewisse Sympathien für die Ideen derer, die mit ihrem Rat bei ihm schließlich durchgedrungen sind, ist mehr als wahrscheinlich.

Trotz der bekannten versöhnlichen Gesten gegenüber den nichtdeutschen Nationalitäten zu Beginn seiner Regierung, hatte der Kaiser durch seine Personalpolitik den „deutschen Kurs" zunächst gefördert und in zunehmendem Maße gefestigt. Heinrich Clam-Martinic, böhmischer Hocharistokrat reinster Prägung, eben jener konservativen Interessenpolitik verbunden, von der her vornehmlich Czernins Letztentscheidungen zu verstehen sein dürften, vertrat diesen deutschen Kurs, ohne sich für ihn nach außen hin besonders zu exponieren. Sein Nachfolger Ernst von Seidler, typischer Vertreter des vom österreichischen Neoabsolutismus her geprägten deutschen Beamtenadels, verfocht diesen Kurs mit dem Fanatismus des deutschnationalen Parteigängers. Seidler stand in engstem Kontakt mit den Ultras der deutschnationalen Parteien, den Abgeordneten Sylvester, Pantz, Teufel und Waldner. Seidler ist mit den Proponenten der berüchtigten „Osterbegehrschrift" aus dem Jahre 1915 auf eine Stufe zu stellen. In der Rede vor dem Abgeordnetenhaus des Reichsrates am 16. Juni 1918, die zum Sturz der Regierung Seidler führte, bekannte sich der österreichische Ministerpräsident ex officio zu diesem deutschen Kurs: „Wenn in dem Umstand, daß die Regierung von dem so lange und geduldig ange-

---

[27] Nach einer Darstellung Hussareks aus dem Jahre 1928: Aus den letzten Wochen des alten Österreich. In: REICHSPOST, 11. November 1928. – Über Hussarek Rumpler, H.: Max Hussarek. Nationalitäten und Nationalitätenpolitik in Österreich im Sommer des Jahres 1918. Graz–Köln 1965 (Studien zur Geschichte der österreichisch-ungarischen Monarchie 4).

[28] Hussarek in einer handschriftlichen Aufzeichnung aus dem Jahre 1920, in seinem Privatnachlaß befindlich.

[29] Eichhoff, J. A.: Die Wahrheit über das Oktobermanifest. In: NEUES WIENER JOURNAL, 31. März 1935.

strebten Einvernehmen der Nationen endlich absah, die Andeutung eines deutschen Kurses erblickt wird, so liegt es mir ferne, dem entgegentreten zu wollen. Denn wenn es einen politischen Kurs in Österreich gibt, so kann es nur ein solcher sein, der den berechtigten Interessen des deutschen Volkes vollen Schutz gewährt. Das Rückgrat dieses vielgestaltigen Staates ist nun einmal das deutsche Volk und wird es immer bleiben[30]." Seidler mußte hierauf zwar dem parlamentarischen Mißtrauensvotum weichen, wurde aber sofort in demonstrativer Weise zum Kabinettsdirektor ernannt und blieb so einer der einflußreichsten Räte der Krone. Mit Recht deutet Reinhold Lorenz die Berufung Seidlers an die Stelle des Grafen Polzer-Hoditz im Hinblick auf die Nationalitätenpolitik als „Sinneswandlung" des Kaisers[31]. Am Sturz des slawenfreundlichen Polzer-Hoditz und damit an der Sicherung des Einflusses Seidlers hat interessanterweise auch Czernin mitgewirkt. Auch offiziell änderte sich nichts an dem Kurs, dem sich Seidler verschrieben hatte. Sein Nachfolger, einer der profiliertesten Minister der Ära Stürgkh, Max von Hussarek, baute mit konzilianteren Mitteln, aber mit größerer politischer Entschlossenheit als selbst Seidler an dem weiter, was sein Vorgänger unvollendet zurückgelassen hatte. Im Prinzip ging es darum, durch das Ausscheiden der polnischen und dalmatinischen Abgeordneten die absolute Mehrheit der deutschen Abgeordneten im österreichischen Reichsrat dauernd zu sichern, oder, wie es Hussarek im vertraulichen Gespräch einmal formuliert hat: durch Konzessionen an die Polen und Südslawen „die Tschechen unterzukriegen"[32]. Dem österreichischen Ministerpräsidenten schwebte eine quadralistische Lösung des Verfassungsproblems vor: „mit den Gruppen: deutsche Alpenländer und Sudetenländer als Österreich, Ungarn, Kroatien und Nebenländern, und Galizien mit einem autonomen ukrainischen Gebiet"[33]. Das war wohl ein föderalistisches Programm, nicht aber auf der Grundlage der nationalen Selbstbestimmung, wie man es auf Grund der Formulierungen des Manifestes vorauszusetzen geneigt ist. Sosehr nämlich Hussarek das Prinzip der nationalen Autonomie – von ihm immer nur als Selbstverwaltung verstanden und in diesem Sinn mit Selbstbestimmung gleichgesetzt – bejahte, sosehr lehnte er es ab, daraus irgendwelche Folgerungen für eine föderalistische Aufgliederung des Reichsverbandes in nationalstaatlichem Sinne zu ziehen. Als Hussarek am 1. Oktober 1918, in Zusammenhang mit den schon erwähnten innenpolitischen Aktivitäten im Anschluß an die bulgarische Katastrophe, im Reichsrat die Durchführung des Prinzips der nationalen Autonomie „in Anerkennung des Wilsonschen Prinzips der Selbstbestimmung" verkündete, hat er nicht im entferntesten daran gedacht, den Nationalitäten irgendwelche staatlichen Rechte zuzugestehen. Was er konzedierte, war nicht die politisch-territoriale Autonomie, deren konsequenter Ausbau zu einer föderativen Umgestaltung des Staates geführt hätte. Was ihm damals vorschwebte, war ein am Personalitätsprinzip orientierter Autonomiebegriff, dementsprechend das Selbstbestimmungsrecht der Nationalitäten

---

[30] STENOGRAPHISCHE PROTOKOLLE der Sitzungen des Hauses der Abgeordneten des österreichischen Reichsrates 1917/1918. Bd. 3. Wien 1918, S. 3896.
[31] Lorenz, R.: Kaiser Karl und der Untergang der Donaumonarchie. Wien 1959, S. 473.
[32] Hussarek zu Alexander Redlich; Redlich: Schicksalsjahre II,292 (21. September 1918).
[33] Hussarek: Mein Präsidium im Ministerrat. Aufzeichnung vom 20. September 1919, im Privatnachlaß befindlich.

nur auf dem Gebiet der Landesverwaltung, also in zweiter Instanz, verwirklicht werden sollte. Der innenpolitischen Situation Anfang Oktober 1918 angepaßt, konnte eine solche Neuregelung aber zunächst nur auf die böhmische Frage Bezug haben. Natürlich wußte Hussarek genau, daß die Tschechen mit der Verwaltungs- und Kulturautonomie nicht zufriedenzustellen waren. In Fortsetzung der Seidlerschen Politik, die mit der bekannten Kreisverordnung eingeleitet worden war, ging es ihm auch um nichts anderes als um die Sicherung des deutschen Besitzstandes in Böhmen. Vorerst sollte einmal die Autonomie der Deutschen in Böhmen gesichert werden. Der gleiche Grad an Selbständigkeit war damit allerdings auch den Tschechen auf ihrem Siedlungsgebiet zugedacht.

Seiner ursprünglichen Intention nach *gegen* diese Politik gerichtet, diente auch das Völkermanifest vom 16. Oktober, in der Form wie es verkündet wurde, diesem Ziel. In der Panikstimmung nach dem 8. Oktober, als in Wien die Antwort Lansings an Deutschland auf das Waffenstillstandsangebot vom 4. Oktober bekannt geworden war, sah der Kaiser den Moment gekommen, in dem er selbst zum Handeln aufgerufen war. Die Situation vom 23. März 1917 wiederholte sich in allen Details. Ohne einen der beiden vor allem zuständigen Ministerpräsidenten auch nur im allgemeinen in seine Absichten einzuweihen, faßte der Kaiser den Entschluß, den Nationalitäten nicht nur Selbstverwaltung, sondern die staatsrechtliche Selbständigkeit im Rahmen eines Bundesstaates zu gewähren.

An eine irgendwie geartete Infragestellung des Sonderstatus der ungarischen Reichshälfte dachte der Kaiser, wie schon erwähnt, nicht. Das Manifest bezog sich ausschließlich auf die Regelung des Verfassungsproblems der österreichischen Reichshälfte, und da vor allem auf die Lösung der böhmischen Frage. Was den territorialen Aspekt dieser Lösung anlangt, so ist aus den verschiedenen Vorentwürfen zum Manifest, die Eichhoff nach direkten Anweisungen des Kaisers verfaßte, ersichtlich, daß des Kaisers persönlicher Wunsch dahin ging, aus Zisleithanien vier Teil-Königreiche zu bilden: „Böhmen, Illyrien, Halycz und Innerösterreich." Der Kaiser beabsichtigte demnach, die wichtigste der nationalen Streitfragen, nämlich die böhmische, wohl im förderalistischen Sinne, aber entgegen den deutschen Forderungen, entsprechend den Wünschen der Tschechen zu regeln, geleitet von dem politisch zweifellos richtigen Gedanken einer Föderalisierung auf der Grundlage der alten historischen Ländereinheiten. Stattdessen proklamierte das Manifest vom 16. Oktober das Selbstbestimmungsrecht in der Form, daß die „Völker Österreichs, jedes auf seinem Siedlungsgebiet" zu selbständigen Staatswesen mit eigener Nationalregierung zusammengefaßt werden sollten. Das bedeutete für das Königreich Böhmen die von den Tschechen seit jeher inkriminierte Landeszerreißung. In katastrophaler Umkehrung der ursprünglichen Ziele wurde damit das Völkermanifest nicht zu einem Akt der Reform, sondern zu einer Bekräftigung jenes nationalpolitischen Kurses, der eine der Hauptursachen der inneren Krise darstellte. Eine wohlmeinende Deutung der Sinnesänderung des Kaisers könnte darauf rekurieren, daß sich Karl von dem Bemühen leiten ließ, dem Postulat Wilsons möglichst umfassend zu entsprechen. Tatsächlich handelte aber der Kaiser, von Seidler bestärkt, unter dem Einfluß des Ackerbauministers Ernst Silva-Tarouca. Der war in jenen Tagen der inoffizielle Ministerpräsident des Kaisers und wirkte als Fürsprecher für jenen

Manifestentwurf, der von einigen Wortführern der Deutschnationalen ausgearbeitet worden war, und der schließlich zur Durchführung kam. Zum dritten Mal hat ein Mitglied des böhmischen Feudaladels seinen Einfluß geltend machen können für die Wahrung der Standesinteressen jener, die zu den entschiedensten Verfechtern des traditionellen deutsch-zentralistischen Kurses in Österreich zählten. Diese Standesinteressen waren nicht einfach Klasseninteressen sozialer Art. Vom Mai 1917 stammt ein diesbezüglich aufschlußreicher Brief Czernins an Tisza, in dem es u. a. heißt: „Wir werden nach dem Krieg Sozialpolitik machen müssen, ob es dem Einzelnen gefällt oder nicht. ... Die Sozialpolitik ist das Ventil, das wir aufmachen müssen, um den überschüssigen Dampf hinauszulassen — sonst explodiert der Kasten[34]." Dem Gedanken, einige gesellschaftliche und wirtschaftliche Vorteile aus der Hand zu geben, haben sich Czernin und seine Standesgenossen angesichts der Erfahrungen des Krieges demnach nicht verschlossen. Aber um ihre politische Vorzugsstellung haben sie gekämpft, um die konservative Staatsstruktur, deren Voraussetzung die Vorherrschaft des Deutschtums war.

Ähnlich hatten die Regierungen der Monarchie den wirtschaftlichen und kulturellen Aufstieg der nichtdeutschen und nichtmadjarischen Nationalitäten gefördert, diese aber von dem ausgeschlossen, was jüngst Richard Plaschka in einem Artikel zur Problematik und Rechtfertigung der Friedensordnung von St. Germain „staatspolitische Letztverantwortung" genannt hat[35]. Gerade darin lag aber die Tragik und in gewissem Maße das Versäumnis der Monarchie, daß sie die politische Mitbestimmung jenen verweigerte, deren gesellschaftliche Emanzipation sie begünstigt hatte. 1918 war die Diskrepanz zwischen dem Stand der sozio-ökonomischen Entwicklung der Völker und dem bestehenden politischen System so groß, daß einer umfassenden Reform im Sinne einer Demokratisierung der Staatspolitik nicht mehr auszuweichen war. Nur der Kaiser war zu dieser grundlegenden Reform bereit gewesen. Dreimal hat er den Versuch dazu unternommen: mit dem Bemühen um eine Lockerung der Abhängigkeit seines Reiches von Deutschland, mit dem Versuch einer föderalistischen Lösung der südslawischen Frage und mit dem Ansatz zu einer politischen Dezentralisierung Zisleithaniens. Jedesmal hat sich aber das System, von dem auch der Kaiser selbst ein Teil war, als stärker erwiesen als die Einsicht eines einzelnen.

---

[34] Singer, L.: Ottokar Graf Czernin. Staatsmann der Zeitenwende. Graz—Wien—Köln 1965, S. 159.
[35] Plaschka, G. R.: Die Zerstörung des östlichen Mitteleuropa. Folgen von St. Germain nach einem halben Jahrhundert europäischer Geschichte. In: DIE PRESSE, Beilage zur Ausgabe vom 6./7. September 1969, S. XII; die für das Thema teilweise wichtige Sammlung: Die Auflösung des Habsburgerreiches. Hrsg. von R. G. Plaschka und K. Mack. Wien 1970, war bei Drucklegung der vorliegenden Abhandlung noch nicht greifbar.

Georg E. Schmid

SELBSTBESTIMMUNG 1919

Anmerkungen zur historischen Dimension
und Relevanz eines politischen Schlagwortes*

> *In proclaiming the supremacy of the rights of
> nationality the system of democratic equality
> goes beyond its own extreme boundary, and
> falls into contradiction with itself.*
>
> (Lord Acton im Jahre 1861)

„Eines der am häufigsten gebrauchten politischen Schlagworte unserer Zeit ist wohl ohne Zweifel das Wort vom Selbstbestimmungsrecht der Völker." Mit diesen Worten begann Walther Hofer seine Ausführungen über das „Recht der Selbstbestimmung" auf einer Kundgebung in Berlin im Jahre 1961[1]. Seine Feststellung trifft fraglos auch bereits für die Zeit des Ersten Weltkriegs und der Pariser Friedenskonferenz zu. Versucht man, Bedeutung, Sinngehalt, Aussagekraft und konkrete Wirksamkeit eines solchen politischen Schlagworts transparent zu machen, so erkennt man bereits am Ausgangspunkt der Bemühungen die Schwierigkeiten, die einer objektiven wissenschaftlichen Erfassung dieses historischen Phänomens entgegenstehen.

Im Ersten Weltkrieg sowohl auf alliierter und bolschewistischer Seite wie auch von den Mittelmächten zum Teil bewußt als Propagandawaffe gebraucht[2], wurde das Schlagwort vom Selbstbestimmungsrecht in der Zwischenkriegszeit vor allem im Deutschen Reich und in Österreich das Hauptinstrument im Kampf gegen die als ungerecht, ja verbrecherisch empfundenen Pariser Vorortverträge[3]. Vom Nationalsozialismus in der Folge als Deckmantel für die aggressive Revisions- und Erobe-

---

* Geringfügig erweiterte und umgestaltete Fassung des Vortrags „Das Selbstbestimmungsrecht in alliierter, in reichsdeutscher und in deutschösterreichischer Sicht", der im Rahmen der wissenschaftlichen Tagung des Collegium Carolinum „Versailles – St. Germain – Trianon: Umbruch in Europa vor fünfzig Jahren" am 29. November 1969 in Bad Wiessee gehalten wurde. Das dem Aufsatz als Motto vorangestellte Zitat von Lord Acton findet sich in: Nationality. In: Essays On Freedom and Power. Cleveland–New York 1964, S. 141–170, hier S. 169 (Meridian Books 12).
[1] H o f e r, Walther: Vom Recht der Selbstbestimmung. Öffentliche Kundgebung des Königsteiner Kreises in Berlin am 7. Mai 1961, S. 1.
[2] Zu dieser Frage besonders aufschlußreich: G e y e r, Dietrich: Wilson und Lenin. Ideologie und Friedenssicherung in Osteuropa 1917–1919. JbGO 3 (1955) 430–441. – M a y e r, Arno J.: Wilson vs. Lenin. Political Origins of the New Diplomacy, 1917–1918. Cleveland–New York 1963, besonders S. 293–393 (Meridian Books 175).
[3] Aus der sehr umfangreichen und größtenteils überaus polemischen Literatur dieser Richtung sei – vor allem des aufschlußreichen Titels wegen – das folgende typische Werk genannt: I b l e r, Hermann: Des Reiches Südgrenze in der Steiermark. Vergewaltigtes Selbstbestimmungsrecht. Graz 1940. – Daß sich in dieser Beziehung der Versuch zu wissenschaftlicher Objektivität noch nicht vollkommen durchsetzen konnte, zeigt u. a. der Aufsatz von Oswald G s c h l i e ß e r : Die Katastrophe von St. Germain. Don 2. Sonder-

rungspolitik des Regimes mißbraucht, erfuhr der Begriff „Selbstbestimmungsrecht" seit 1945 neuerlich bemerkenswerte politische Brisanz, nicht zuletzt durch die „deutsche Frage". Gleichlaufend damit vollzog sich die Emanzipation der Dritten Welt; auch hier wurde das Selbstbestimmungsrecht zum Brennpunkt der sozialpolitischen Wünsche und Taten.

Diese Entwicklungslinien und -formen muß sich der kritische Historiker vor Augen halten, da jede dieser hier angeführten – und andere – konkreten Ausformungen unser heutiges Bild von der Selbstbestimmung geformt hat. Hierin liegt eine besondere Schwierigkeit für die Durchleuchtung des Selbstbestimmungsprinzips, da man leicht Gefahr läuft, heutige Inhalte des Begriffes in die Vergangenheit, das heißt also konkret in die Zeit der Pariser Friedenskonferenz von 1919 zurückzuprojizieren. Vollends hoffnungslos, so scheint es, wird eine kritisch-historische Betrachtung, wenn von der politischen Relevanz die Rede sein soll, was alleine eine Beschäftigung mit der vorliegenden Problematik sinnvoll macht. Die begriffliche Klärung muß also eine Analyse der konkreten politischen Ausformungen im Gefolge haben, und es leuchtet wohl ein, daß ein solches Unterfangen auf dem überaus knappen zur Verfügung stehenden Raum zwangsläufig Torso bleiben muß.

Auf den ersten Blick erscheint namentlich die terminologische Frage leicht lösbar; Selbstbestimmungsrecht, so urteilt etwa das Brockhaus-Lexikon von 1956, ist „das Recht der Einzelnen und der gesellschaftlichen Gruppen auf Autonomie, d. h. auf freigewählte und eigenverantwortliche Entscheidung in individuellen und sozialen Angelegenheiten"[4]. Damit haben wir aber eine sehr pauschale Definition vor uns, die nicht notwendig auf alle historischen Erscheinungsformen der Problematik zutreffen muß. Im übrigen zeigt sich selbst in der Brockhaus-Definition, daß es mit diesen Worten nicht abgetan ist, denn es wird im Hinblick auf das Völkerrecht fortgefahren: „Selbstbestimmungsrecht der Völker, der Anspruch jedes Volkes auf politische Unabhängigkeit im eigenen Staat. Das Recht jedes Volkes, sich nach freier Entscheidung zu einem selbständigen Staat zusammenzuschließen ...[5]." Bereits dadurch ist zunächst schon offenbar, daß es – zumindest nach Ansicht des Brockhaus – sozusagen zwei Selbstbestimmungsrechte gibt, nämlich das individuelle und das der gesellschaftlichen Gruppen, also im völkerrechtlichen Bereich das der Völker. Ein Zweites wird hiebei aber auch deutlich, denn was, wenn nicht eine „gesellschaftliche Gruppe", eine Großgruppe, kann ein Volk sein? Nach offenbar geltender Ansicht – und man wird hier wohl kaum an der Repräsentativität des Brockhaus zweifeln müssen – liegt also das völkerrechtliche Selbstbestimmungsrecht auf einer anderen Ebene, denn sonst müßte terminologisch ja nicht geschieden werden. Was ist aber dann, so muß man weiterfragen, das „nationale Selbstbestimmungsrecht"?

Es ist in diesem Zusammenhang auch nicht ohne Interesse, daß der englische Sprachgebrauch vom deutschen nicht unwesentlich differiert, da etwa „The Oxford Dictionary" unter „self-determination" nur „Determination of one's mind or will

---

heft (1960) 2–13, dessen Polemik wohl nicht ausschließlich auf dem „verratenen Selbstbestimmungsrecht" beruht, nichtsdestoweniger jedoch keine Änderungen erkennen läßt.
[4] Der Große Brockhaus. Bd. 10. 16. Aufl. Wiesbaden 1956, S. 634.
[5] Ebenda.

by itself towards an object" ausweist[6]. Der hier dargestellte Sachverhalt ist denkbar einfach; es handelt sich im wesentlichen nur um den freien Willen eines beliebigen Individuums, seine Absichten zu realisieren. Weiter geht in diesem Punkt die letzte Auflage der „Encyclopedia Britannica", die von einem „term widely used in contemporary international relations with a variety of meanings" spricht[7]. „Historically it meant the right of people in a state to choose their own government . . .[8]." „National self-determination" wird in der Encyclopedia Britannica andererseits primär als Nebenprodukt der Doktrin des Nationalismus dargestellt[9], worin man implizit unschwer einen Antagonismus zur „eigentlichen", auf dem demokratischen Mitbestimmungsmodell beruhenden Selbstbestimmung sehen könnte.

Diese banalen Beispiele zeigen jedenfalls – und nur deswegen wurden sie einleitend angeführt –, daß die Frage nach dem Selbstbestimmungsprinzip im deutschsprachigen Bereich, und vielleicht nur da, im Terminologischen mit der Problematik von Volk, Staat und Nation untrennbar verknüpft ist. Und eine historisch-begriffliche Klärung jener Kategorien in ihren spezifischen Manifestationen müßte jeder kritischen Betrachtung des Selbstbestimmungsrechtes vorausgehen, was freilich in diesem Aufsatz aus Platzmangel nicht möglich ist.

Setzt man Sprache als Ausdrucksform spezifischer gesellschaftlicher Realitäten und Traditionen an, so ist grammatische Struktur wie Sinngehalt und Aussagekraft der Sprache abhängig von ganz bestimmten historischen Entwicklungen. Es ist also unmöglich, daß beispielsweise der Begriff Nation dasselbe bedeutet, einen exakt identischen Inhalt aufweist wie „nation" im Französischen oder Englischen. Tatsächlich zeigt der praktische Sprachgebrauch der Engländer und Amerikaner, daß der englische Begriff „nation" im Grunde mit dem deutschen Terminus „Staat" affin ist. Bereits daraus läßt sich ableiten, daß „nationale Selbstbestimmung" (also „national self-determination") allenfalls „staatliche Selbstbestimmung" (im Sinne von innerstaatlich) heißen kann. Ebenso problematisch steht es mit dem Begriff Selbstbestimmungsrecht der Völker, der sich wohl ins Englische übersetzen läßt, jedoch eigentlich von seiner Aussagekraft her gesehen im englischen Sprachgebrauch keine Entsprechung kennt. Das jedoch sei vorläufig nur angemerkt, es sollen hieraus noch keine Schlußfolgerungen gezogen werden, die mangels Belegen vielleicht illegitim wären.

Bei einer Behandlung der vorliegenden Thematik erweist es sich als zweckmäßig, ja notwendig, das exemplarische Moment der Darstellungsweise in den Vordergrund zu stellen. Es soll daher im Folgenden vornehmlich von den US-amerikanischen und deutschösterreichischen Vorstellungen gehandelt werden, die man als besonders deutliche Kristallisationspunkte der diversen Anschauungen ansetzen kann. Die sachliche Berechtigung für diese Vorgangsweise ergibt sich ferner daraus, daß ja gerade gefragt werden muß, ob bzw. inwieweit die amerikanischen Konzepte die

---

[6] The Oxford English Dictionary. Bd. 9. Oxford 1961, S. 418.
[7] Encyclopedia Britannica. A New Survey of Universal Knowledge. Bd. 20. London 1964, S. 305.
[8] Ebenda.
[9] Ebenda.

Welt der politischen Ideen und Aktionen bestimmt haben. Zudem konnte festgestellt werden, daß besonders Deutschösterreich äußerst extensiv das Selbstbestimmungsprinzip in den Mittelpunkt seiner Politik gestellt hat.

Es gehört zu den Standardphrasen nicht nur der deutschen Geschichtswissenschaft, daß der Idealist Woodrow Wilson mit der Verkündung des Selbstbestimmungsrechts speziell der Bevölkerung Deutschlands und der österreichisch-ungarischen Monarchie eine Zukunft verheißen, ein Versprechen gegeben hätte, das er später nicht eingelöst habe[10]. Die Klagen über das „verratene" oder gar „vergewaltigte" Selbstbestimmungsrecht zogen sich schließlich über die ganze Zwischenkriegszeit hin. Diese Klagen und Anwürfe jedoch könnten nur dann moralische, eventuell sogar völkerrechtliche Bedeutung haben, wenn einerseits etwa vertraglich die Durchführung dieses Prinzips de iure fixiert worden wäre, und wenn sich zum anderen Wilson tatsächlich auf diese Formel festgelegt hätte. Schließlich setzen die Vorwürfe gegen die Alliierten im allgemeinen und Wilson im besonderen voraus, daß die Basis der Wörter, der Begriffe und ihrer Inhalte bei Deutschen und Alliierten wie Amerikanern dieselbe war.

Eine Analyse des Selbstbestimmungsdenkens für den mitteleuropäischen Raum läßt den Schluß zu, daß etwa vor allem zwischen den reichsdeutschen und deutschösterreichischen Vorstellungen keine integralen Differenzen bestanden haben. Wohl lassen sich 1918/19 im konkreten Handeln Berlins und Wiens gewisse Unterschiede konstatieren, die jedoch offenbar den unmittelbaren politischen Notwendigkeiten entspringen und den ideologischen Gehalt des Selbstbestimmungsprinzips allenfalls tangential betreffen. In der fraglichen Zeit war zudem die deutsche Politik bei der Verwendung des Begriffs Selbstbestimmung vorsichtiger als Wien. Für die deutschösterreichischen Politiker bedeutete ja Selbstbestimmung vor allem den Anschluß an das Reich, der von den dominierenden Sozialdemokraten gewünscht wurde; Berlin andererseits war – wie die uns zur Verfügung stehenden Dokumente und deren bislang erfolgte wissenschaftliche Interpretation erweisen – an einem Anschluß Österreichs kaum interessiert[11]. Die ideologischen Grundlagen des Selbstbe-

---

[10] Diese Ansicht geht davon aus, daß Wilson eben das „nationale" Selbstbestimmungsrecht verkündet habe, jedoch skrupelloser „Machtpolitik" in Paris unterlegen sei, sich somit des Verrats schuldig gemacht habe. Höchst bedauerlicherweise hat sich diese, auf Mißverständnissen beruhende Auffassung zum Teil bis in die jüngste Vergangenheit halten können. Wiewohl auf aufzählende Titelangaben in diesem Rahmen verzichtet werden muß, sei doch paradigmatisch auf den in dieser Hinsicht typischen Aufsatz des Amerikaners James H. Wolfe verwiesen: Woodrow Wilson und das Selbstbestimmungsrecht. Das Problem der böhmischen Grenze. BohJb 8 (1967) 217–226. Es wird im folgenden noch gezeigt werden können, daß die Grundannahme Wolfes nicht zutreffend sein kann. Wolfe 222: „Wilson war sicherlich ein Idealist. Für ihn war das nationale Selbstbestimmungsrecht geheiligt..." Diese Grundannahme bedingt natürlich das ganze Wilson-Bild und jenes der westlichen, insbesondere der amerikanischen Haltung. In einer deutschen Darstellung konnte bereits vor einigen Jahren diese Auffassung als unrichtig dargestellt und schlüssig widerlegt werden: Kluke, Paul: Selbstbestimmung. Vom Weg einer Idee durch die Geschichte. Göttingen 1963 (Die deutsche Frage in der Welt 2); vgl. insbesondere S. 40, 48, 63, 64–68, 72, 76, 84, 86, 88–89 und 95.

[11] Dumin, Frederick: Das Problem eines deutschösterreichischen Anschlusses, 1918–1919. Österreich in Geschichte und Literatur 9 (1965) 403–418.

stimmungsdenkens der Reichsdeutschen und Deutschösterreicher waren also praktisch völlig identisch, wir wissen heute aber doch auch, daß die Selbstbestimmung wesentlich häufiger und markanter von den Österreichern sowie von den Sudetendeutschen in Anspruch genommen wurde. Erschwerend für die wissenschaftliche Analyse allerdings ist, daß Reichsdeutsche wie Deutschösterreicher den Begriff Selbstbestimmung fast immer sehr unreflektiert benützten – ein Phänomen, das bei politischen Schlagworten ja immer auftritt.

Bei Brockdorff-Rantzau beispielsweise kommt das Wort nahezu ununterbrochen vor, bei der Lektüre seiner „Dokumente" ist jedoch augenfällig, daß sich der Verfasser wohl kaum je der Dimension und Bedeutung, der Anwendbarkeit und Zielrichtung des Wortes bewußt wurde. In seiner „Programmatischen Erklärung beim Amtsantritt" vom 2. Jänner 1919 findet sich etwa die im Grunde nichts aussagende Passage: „Ein Grundrecht der Völker ist das Recht der Selbstbestimmung[12]." Zu einem anderen Anlaß hieß es, „daß kein Platz ist für eine Vergewaltigung des Selbstbestimmungsrechtes der Völker ..."[13]. Wie wenig diese Forderungen mit den eigentlichen Realitäten korreliert wurden, zeigt eine Äußerung, in der Brockdorff-Rantzau auf „den Punkt der Wilsonschen Forderungen ..., der vom Selbstbestimmungsrecht der Völker handelt", eingeht[14]. Es wird noch darauf zurückzukommen sein, daß es einen solchen Punkt nicht gibt. Immerhin lassen sich selbst aus Quellen dieser Art recht interessante Anhaltspunkte dafür auffinden, worum es – in konkretem Bezug auf Deutschösterreich – tatsächlich ging. In einer Stellungnahme „Zur Frage des Anschlusses Deutsch-Österreichs an Deutschland" führte Brockdorff-Rantzau etwa aus: „Dies Recht der Selbstbestimmung hat natürlich ... auch die ungehemmte Entschließungsfreiheit über die Vereinigung mit Deutschland zu umfassen[15]." Namentlich für die österreichischen Sozialdemokraten war ja nun diese Frage tatsächlich ganz zentral.

Es ist erstaunlich, daß es – so weit wir heute sehen – niemand auch nur in Ansätzen unternommen hat, vor, während oder unmittelbar nach der Pariser Friedenskonferenz eine Definition des Selbstbestimmungsrechts zu unternehmen oder eine Reflexion darüber anzustellen. In keinem Schriftstück, in keiner Äußerung eines Politikers findet sich je Unsicherheit über den Inhalt des Begriffs, immer wird das Wort verwendet, als sei es völlig unproblematisch, selbst dann noch, als den Deutschen bereits schien, der Friede würde gänzlich gegen sie gerichtet sein. In den deutschen Gegenvorschlägen vom 29. Mai 1919 werden wohl in einem eigenen Abschnitt über „Selbstbestimmung" die verschiedensten Stellungnahmen westlicher Politiker ausführlich zitiert, jedoch lediglich als Beweis dafür angesetzt, daß die Alliierten versucht hätten, Deutschland mittels des Friedensvertrages zu zerstören[16].

---

[12] Brockdorff-Rantzau, Ulrich Karl Graf: Dokumente. Berlin 1920, S. 17.
[13] Ebenda 23 (Aus einer Rede vom 15. Jänner 1919: „Völkerbund und Selbstbestimmungsrecht der Völker").
[14] Ebenda 60 (Aus der Rede: „Deutschlands auswärtige Politik". Programmrede vor der Verfassunggebenden Deutschen National-Versammlung, 14. Feber 1919).
[15] Ebenda 20 (Rede, gehalten am 4. Jänner 1919).
[16] Zweckmäßigerweise werden in der Folge die kurzen Zitate aus den deutschen Gegenvorschlägen aus den „Foreign Relations" zitiert, da hier die jeweiligen Originaltexte der

Es ist in diesem Zusammenhang nicht uninteressant, daß in dieser Aufstellung Stimmen zitiert werden, die sich durchaus auch gegen das Selbstbestimmungsrecht auslegen ließen. Aus einer Rede von Asquith aus dem Jahre 1917 wird etwa zitiert: „... we must proceed in accordance with the true wishes and aspirations of the populations concerned[17]." Wohl wird hier das Ethnische angesprochen, jedoch den wahren Wünschen der Bevölkerung höhere Relevanz eingeräumt, die ja nicht notwendig ethnisch motiviert sein müssen. Noch problematischer erscheint die Zitierung aus der Rede Wilsons vom 2. April 1917, in der es heißt: „We will fight for ... the right of all those who were subjected to superior domination to have a voice in the governance of their country[18]." Hieraus geht ja ganz eindeutig hervor, daß es um die demokratische Mitbestimmung im Inneren geht, nicht jedoch, wie kürzlich auch noch James H. Wolfe meinte[19], um das Postulat der Anwendung des Nationalitätsprinzips[20]. Zweifellos muß man gerade diese Passage aus der Rede Wilsons in Beziehung setzen zur Wilsonschen Forderung an Deutschland im Herbst 1918, eine Demokratisierung herbeizuführen, andernfalls er in keine Verhandlungen über den Frieden eintreten würde[21].

Für die reichsdeutschen Vorstellungen muß ja überhaupt ganz allgemein geltend gemacht werden, daß die Verwendung dieses brisanten politischen Schlagwortes Selbstbestimmung noch weitaus problematischer war als etwa für Deutschösterreich. Allgemein war man wohl der Auffassung, vor allem Wilson und den USA entgegenzukommen, indem man sich auf die Selbstbestimmung bezog. Zum anderen aber hatte Berlin bei den Friedensschlüssen im Osten und vorher ganz bewußt das Selbstbestimmungsprinzip in den Dienst einer ganz spezifischen politischen Programmatik gestellt. Erstaunlich bleibt daran für den Historiker allenfalls, daß man sich überhaupt noch getraute, den Begriff als politische Maxime zu gebrauchen. Im Rahmen dieses Aufsatzes kann nicht geklärt werden, wie das Selbstbestimmungsprinzip vom Deutschen Reich während des Krieges ge- bzw. mißbraucht wurde; immerhin aber führt uns die eben angestellte Überlegung zur Vermutung, daß am Ende des Ersten Weltkriegs und zur Zeit der Pariser Friedenskonferenz der Selbstbestimmungsbegriff auf drei Ebenen zu suchen ist: Auf der pragmatisch-propagandistischen, wie sie von

---

    von den Deutschen in dieser Note zitierten englischsprachigen Reden angegeben sind: „Observations of the German Delegation on the Conditions of Peace", 29. Mai 1919. Papers Relating to the Foreign Relations of the United States. The Paris Peace Conference 1919. (In der Folge: FR, PPC) Bd. 6, S. 795 ff. (Die betr. Reihe der Foreign Relations wurde 1942–1947 in Washington, D. C., publiziert.)

[17] Observations FR, PPC, VI, 814.
[18] Ebenda 815.
[19] Vgl. oben Anm. 10.
[20] Es wird unten noch darauf zurückzukommen sein, daß auch in den folgenden Reden Wilsons, vor allem im Laufe des Jahres 1918, das Nationalitätenprinzip höchstens umschrieben vorkommt.
[21] Die deutsche Fassung der diese Forderung beinhaltenden „Antwortnote des amerikanischen Präsidenten Wilson an den deutschen Reichskanzler vom 14. Oktober 1918" findet sich u. a. abgedruckt in: Ursachen und Folgen. Vom deutschen Zusammenbruch 1918 und 1945 bis zur staatlichen Neuordnung Deutschlands in der Gegenwart. Bd. 2: Der militärische Zusammenbruch und das Ende des Kaiserreichs. Berlin o. J., S. 393 f.

Berlin etwa von 1916 bis 1918 verwendet wurde, auf der innenpolitisch-demokratischen angelsächsischer Prägung und schließlich auf der national-volkstumsmäßigen, auf deren Basis vor allem die deutschösterreichische Politik 1919 operierte. Diese Hilfskonstruktion der Dreiteilung orientiert sich gewissermaßen rein „phänomenologisch"; es bedarf wohl keiner besonderen Betonung, daß sich die als „pragmatisch-propagandistisch" angesprochene deutsche Spielart nur in bezug auf Osteuropa manifestiert, nicht jedoch die – wenn man so will – „Ontologie" der nationalen Selbstbestimmungsideologie betrifft.

Die in der Folge beispielhaft angeführten Äußerungen zur Selbstbestimmungsproblematik von österreichischer Seite gehen weitgehend aus der ausgezeichneten und wertvollen Zusammenstellung von Hanns Haas hervor, der im Rahmen seiner Dissertation über „Österreich-Ungarn als Friedensproblem" auch dieser Problematik besonderes Augenmerk gewidmet hat[22]. In den österreichischen „Instruktionen für die Delegation zum Pariser Friedenskongreß", in denen die großen Richtlinien niedergelegt waren und die als offizielle österreichische Auffassung gelten können, heißt es etwa unter anderem: „Die Berufung auf das Selbstbestimmungsrecht und auf die Grundsätze des Präsidenten Wilson ist eine selbstverständliche Waffe und gehört zu den notwendigen Requisiten[23]." Bereits daraus wird zweierlei deutlich: Zunächst einmal betrachtete man die Berufung auf das Selbstbestimmungsrecht als Waffe, also als Requisit in einem Kampf, zum anderen wurde aus einem politischen Postulat ein Rechtsanspruch, aus ideeller Programmatik also potentielles positives Recht. Hanns Haas hat in seiner eben erwähnten Aufstellung nach Auswertung einer beachtlichen Menge von Material, deren Aufzählung diesen Rahmen leider sprengen würde, feststellen können, daß eine weitere Frage besondere Beachtung verdient: Im Denken der deutschsprachigen Bevölkerung steht auch der Rechtsträger der Selbstbestimmung, oder eigentlich schon: des Selbstbestimmungs*rechtes*, zweifelsfrei fest. Während also – wie vorhin gezeigt – im englischen Sprachgebrauch als „Rechtsträger" allenfalls ein denkendes und handelndes Individuum in Frage kommt, während im angelsächsischen Denken im Grunde ja nicht einmal von einem „Rechtsträger" in dem Sinn gesprochen werden kann, da ja lediglich abstrakt der freie Handlungswille des Einzelmenschen apostrophiert wird, wird in Österreich a priori vom Selbstbestimmungsrecht der Nationen, vom nationalen Selbstbestimmungsrecht oder vom Selbstbestimmungsrecht der Völker gesprochen.

Soweit Haas feststellen konnte, wurde im österreichischen Bereich der Begriff Selbstbestimmung überhaupt nur einmal nicht unmittelbar und ausschließlich in Verbindung mit dem Komplex des Nationalen gebraucht, und zwar als Otto Bauer

---

[22] Haas, Hanns: Österreich-Ungarn als Friedensproblem. Aspekte der Friedensregelung auf dem Gebiet der Habsburgermonarchie in den Jahren 1918–1919. 2 Bde. Phil. Diss. Salzburg 1968. Das Collegium Carolinum wird in nächster Zeit im Rahmen seiner Schriftenreihe eine wesentlich erweiterte und überarbeitete Druckfassung dieser Dissertation veröffentlichen.

[23] Haus-, Hof- und Staatsarchiv. Wien. Neues Politisches Archiv. Fasz. 261, Fol. 466–493, hier Fol. 469–470.

Mitte März 1919 in der Nationalversammlung ausführte: „Die Provisorische Nationalversammlung hat ... das Selbstbestimmungsrecht des Deutschen Volkes in Österreich festgelegt, sein Selbstbestimmungsrecht im Innern, indem sie Deutschösterreich die Verfassung einer demokratischen Republik gegeben hat, ... und sein Selbstbestimmungsrecht nach außen, indem sie dem Willen des deutschösterreichischen Volkes gemäß die Vereinigung Deutschösterreichs mit der großen deutschen Republik proklamiert hat[24]." Hier also wird der innenpolitische Aspekt, die eigentlich demokratische Komponente in Vergleich und Beziehung gesetzt zum Kollektiv-Völkischen, das den Anschluß bedeutet. Daß es in diesem letztgenannten Punkt nicht um den Konsensus aller individuellen Staatsbürger ging, sondern daß dem Anschlußwillen vielmehr die vollkommen abstrakte Vorstellung zugrundelag, der Deutschstämmige würde, ja müßte naturgemäß für den Anschluß sein, läßt sich ebenfalls anhand bestimmter Äußerungen belegen.

In einer Note der Wiener Regierung an Wilson heißt es etwa: „Der neue Staat beansprucht die Gebietshoheit über alle jene Gebiete des bisherigen Österreich, in denen die Deutschen die Mehrheit der Bevölkerung bilden[25]." Hier etwa tritt das „Apriorische" im deutschösterreichischen Denken sehr deutlich hervor; die objektiv feststellbare Tatsache einer deutschsprachigen Majorität wird umgedeutet in eine Majorität, die den Anschluß wünscht. Auch der Beschluß der Nationalversammlung vom 30. Oktober 1918 bezüglich der Einverleibung Westungarns ist in dieser Hinsicht sehr aufschlußreich und ergiebig. Hier heißt es: „In Vertretung des ungarländischen Deutschtums, das einer eigenen politischen Vertretung entbehrt, fordern wir auch für dieses das freie Selbstbestimmungsrecht einschließlich des Rechtes der Bewohner der westungarischen Komitate, die einen Teil des geschlossenen deutschen Sprachgebietes bilden, sich für den Anschluß an den deutschösterreichischen Staat zu entscheiden[26]." Auch hier tritt wieder jene Scheinobjektivität plastisch hervor, da von der nur bedingt richtigen Prämisse des äußerst vagen und ideologisch überaus stark belasteten Terminus „Deutschtum" und dem sachlich gewiß nicht unproblematischen „geschlossenen deutschen Sprachgebiet" pauschal der durchaus fragwürdige Schluß gezogen wird, es bedeute die Durchführung des Selbstbestimmungsrechts, diesen Gebieten den Anschluß einzuräumen.

Damit soll nicht gesagt werden, daß es dem Wunsche der Majorität der betroffenen Bevölkerung tatsächlich widersprochen hätte, diesen politischen Weg zu gehen; aber es muß doch festgehalten werden, daß es dabei keineswegs um den Konsensus der Bevölkerung ging, sondern daß dieser sozusagen undemokratisch vorausgesetzt wurde, da das scheinbar objektiv feststellbare „Deutschtum" bereits eine konkrete politische Form a priori implizierte. Als Beweis hiefür kann angesehen werden, daß sich die Berufung auf Volksabstimmung im wesentlichen erst nach der Überreichung des ersten Entwurfs der österreichischen Friedensbedingungen findet. Das heißt, erst als sich erwiesen hatte, daß beim Entwurf der Friedensbedingungen jenes Modell

---

[24] Stenographische Protokolle der Provisorischen Nationalversammlung für Deutschösterreich. 1919. Bd. 1. Sten. Prot. v. 12. März 1919, S. 29–57, hier S. 36.
[25] Ebenda, Bd. 1918–1919. Prot. v. 30. Oktober 1918, S. 20–21.
[26] Ebenda 30.

der „objektiven Selbstbestimmung" nicht zum Tragen gekommen war, griff man auf die Volksabstimmung, also auf die „subjektive Selbstbestimmung" der wahlberechtigten Bürger zurück. In der österreichischen Antwort auf die Friedensbedingungen vom 20. Juli 1919 hieß es dann: „Um aber von vornherein den Verdacht einer Maßnahme gegen den Willen des Volkes zu zerstreuen, erlaubt sich Deutschösterreich darauf zu bestehen, im Wege einer ... Volksabstimmung die unumwundene Erklärung der Einwohner Westungarns darüber einzuholen, welchem Staate sie angegliedert zu werden wünschen[27]." Mit diesem Zitat soll der Wiener Regierung, insbesondere den Sozialdemokraten, nicht undemokratisches Denken unterschoben werden, es soll jedoch verdeutlicht werden, daß man *vor* den Schwierigkeiten, die der Vertragsentwurf beinhaltete, annahm, die Bevölkerung Westungarns würde automatisch zu Österreich wollen, und sich erst im Juli gezwungen sah, diese Spekulation rational zu belegen.

Bewußt werden in diesem Rahmen nur offizielle oder zumindest offiziöse Äußerungen herangezogen, um dem eventuell möglichen Vorwurf zu entgehen, die Meinungen und Anschauungen kleiner Gruppen würden unbillig generalisiert. Es muß aber auch betont werden, daß die zitierten Passagen aus Reden oder Schriftstücken umso schwerer wiegen, als es sich dabei eben praktisch durchwegs um amtliche Äußerungen handelt. Und es ist zweifellos nicht unrichtig, in diesem Zusammenhang eine Biologisierung des Volksbegriffs zu konstatieren, wobei es sich fraglos um eine Pervertierung handelt, die notwendig auch Auswirkungen in bezug auf das Selbstbestimmungsrecht hatte. In der ersten Beantwortung der Friedensbedingungen vom 2. Juni 1919 heißt es etwa unter anderem: „Das geschlossene Ganze unseres Heimatbodens, der eine nationale und wirtschaftliche Einheit bildet, würde so verstümmelt, wenn man die aus dem lebendigen Leibe eines Volkes gerissenen Stücke unter die reichen Nachbarn verteilt...[28]!" Hier kommt die Problematik der Verwendung des Selbstbestimmungsbegriffs im deutschsprachigen Raum besonders präzise zur Geltung: Aus einer Vielheit von Individuen, aus einem diffizilen Pluralismus, aus einem bloßen, gar nicht exakt definierten Überbegriff wird plötzlich ein Lebewesen, das leiden, empfinden, zerrissen werden, vergewaltigt werden kann. Aus einer bestimmten Anzahl von Staatsbürgern wird ein Lebewesen, das notwendig eben auch nur über einen Willen verfügt. Selbst wenn man in Rechnung stellt, daß weite Kreise der Bevölkerung damals tatsächlich auf diese Weise dachten, oder besser: empfanden, so erhellen solche Äußerungen doch, daß das primäre Movens der Wiener Politik wohl eher das nationale Moment, nicht jedoch die integral demokratische Überlegung war. „Das Selbstbestimmungsrecht" – folgert Haas –, „wurde in Deutschösterreich also weder einzelnen noch allen Volksangehörigen zugebilligt, sondern dem Volk ... Da dieses Volk aber ein unzerstörbares, ewiges Gebilde darstellt, ... [ist] der Aus-

---

[27] Antwort auf die Friedensbedingungen vom 20. Juli 1919, dat. v. 6. August 1919. Beilage 68 von: Bericht über die Tätigkeit der deutschösterreichischen Friedensdelegation in St. Germain-en-Laye. Bd. 2. Wien 1919, S. 99 (Konstituierende Nationalversammlung. Beilagen. 379).
[28] Erste Beantwortung der Friedensbedingungen vom 2. Juni 1919, dat. v. 10. Juni 1919, Beilage 22 im Bericht d. deutschöst. Friedensdelegation. Bd. 1. Wien 1919, S. 75.

druck mythische Volksebene ... nicht ohne Berechtigung[29]." Seltsam ist freilich, daß im historischen Rückblick solches deutlich wird, obwohl die Wiener Politik damals primär von den Sozialdemokraten gemacht wurde, die ja den demokratischen Ideen durchaus nahestanden.

Es kann hingegen nicht verwundern, daß sich der Begriff Selbstbestimmung, was seinen Inhalt und seine Zielrichtung anbelangte, zunehmend entleerte, d. h. durch seinen unentwegten Gebrauch, durch seine grundsätzliche Anwendung auf alles und jedes jenes Maß an markantem Profil verlor, das jedem politischen Begriff eignen muß, um ihn durchsetzen zu können. Wenn etwa einmal Bauer an Renner telegrafiert, es sei „einfach das Selbstbestimmungsrecht" zu fordern[30], so zeigt diese Äußerung doch sehr deutlich, daß man sich in Abstrakta flüchtete, wo man im konkretpolitischen Bereich ratlos wurde. Selbstverständlich gestattete es der immer vager werdende Charakter dieses politischen Postulats, unter ihm alles zu subsummieren; gleichzeitig verlor aber das mit ihm im Zusammenhang Stehende an Prägnanz, wurde immer verschwommener, wurde schließlich belastet mit all den Hypotheken, die dem Selbstbestimmungspostulat in seiner ganzen Problematik anhafteten.

Darüber hinaus muß aber nach allem, was wir heute wissen, auch fraglich sein, inwieweit man mancherorts überhaupt an der echten Durchführung des Selbstbestimmungsprinzips interessiert war. In einer, später in der Reihe „Flugblätter für Deutschösterreichs Recht" veröffentlichten Rede betonte etwa Rudolf Lodgman v. Auen, daß es nicht um die Zuerkennung der vollen nationalen und bürgerlichen Rechte ginge, die Masaryk versprochen hätte: „Insoweit er hiebei an das geschlossene Sprachgebiet, also an die von uns vertretenen Gebiete denkt, sei ihm erwidert, daß diese keineswegs eine wohlwollende Behandlung, sondern das Recht der Selbstbestimmung fordern. *Daran vermag auch die Zuerkennung einer demokratischen Selbstverwaltung nichts zu ändern*[31]." Die demokratische Selbstverwaltung – und primär, wenn nicht ausschließlich um sie geht es im angelsächsischen Selbstbestimmungsdenken – wird hier also zurückgewiesen, sie ist im Grunde irrelevant. Wir wissen aber auch, daß es Lodgman im Grunde über ein reines „Selbstbestimmungsrecht" in dem Sinn hinausgehend um den Anschluß an das Deutsche Reich ging, wie nicht nur aus seinen Gesprächen mit der deutschen Reichsregierung hervorgeht, sondern was sich aus zahlreichen Äußerungen in Reden und Schriften ebenso verdeutlichen läßt[32]. Was also bei den Sozialdemokraten allenfalls unbewußt ist, hier wird es ganz offen ausgesprochen, bei Lodgman selbst wird es deutlich: Wesentlich, zentral ist lediglich die deutsche Einheit.

---

[29] Haas: Österreich-Ungarn als Friedensproblem II 363. Vgl. auch die Folgerungen auf S. 366.
[30] Telegramm Otto Bauers an Karl Renner über die „Sudetennote". Haus-, Hof- und Staatsarchiv. Wien. Neues Politisches Archiv. Präs. Fasz. 4, Fol. 36–37, hier Fol. 37.
[31] Lodgman v. Auen, Rudolf: Für die Selbstbestimmung Deutschböhmens. Wien 1919, S. 15 (Flugblätter für Deutschösterreichs Recht 7). Die kursive Hervorhebung stammt von mir.
[32] Zur Frage der „Berliner Politik" Lodgmans etwa: Kogan, Arthur: Germany and the Germans of the Hapsburg Monarchy on the Eve of the Armistice 1918: Genesis of the Anschluss Problem. JCEA 20 (1960) 24–50.

Dies ist ein wesentlicher Ausgangspunkt für die Gegenüberstellung der mitteleuropäisch-deutschen Ideenwelt und der daraus resultierenden Politik mit den alliierten Vorstellungen und Konzepten. Auch in bezug darauf wäre es eigentlich nötig, weiter in die Vergangenheit zurückzugreifen. Es muß jedenfalls zunächst unbedingt festgehalten werden, daß der Terminus Selbstbestimmung, also „self-determination" etwa im englischen Sprachgebrauch, vor 1918 kaum vorkommt. Paul Kluke weist in seinem schon zitierten Buch darauf hin, daß auf dem Internationalen Sozialistischen Arbeiter- und Gewerkschaftskongreß von 1896 in der deutschsprachigen Fassung der Resolution von „Selbstbestimmung" die Rede ist, während die englische Version das Wort „autonomy" setzt[33]. Dies möge als exemplarischer Beweis dafür angesehen werden, daß das Wort Selbstbestimmung im englischen Sprachbereich lange Zeit unbekannt war, sodaß die Vermutung naheliegt, es handle sich um eine Übersetzung und Übernahme aus dem Deutschen. Die differente Terminologie bringt an sich bis zum Ersten Weltkrieg deutlich zum Ausdruck, daß es im deutschsprachigen Bereich und in Mitteleuropa im allgemeinen bei der Selbstbestimmung wesentlich um eine Nichtidentität von Staatsbürgerschaft und Volkszugehörigkeit geht, sodaß die Selbstbestimmung zunächst einmal dazu dienen muß, ein Überwechseln von einer politisch-staatlichen Autorität zu einer anderen zu ermöglichen.

Völlig irrelevant ist diese Frage jedoch in Westeuropa und in den USA, wo wir eine Identität von „citizenship" und „nationality" konstatieren müssen, während Nationalität und Staatsbürgerschaft in unserem Bereich zum Teil bis heute divergieren, oder vielleicht besser: als divergent empfunden werden. Bei einer Durchsicht der zur Verfügung stehenden Quellen zeigt sich – und gerade das macht die vergleichende Analyse, die hier angestrebt wird, besonders schwer –, daß das Wort Selbstbestimmung, also self-determination, kaum jemals in den Reden der Politiker, in deren Memoiren und relativ selten in den Konferenzprotokollen vorkommt. Eine diesbezüglich hundertprozentig gesicherte Aussage ließe sich allerdings nur dann anstellen, wenn man eine quantifizierende Methode anwendete. Es läßt sich jedoch unschwer nachweisen, daß Wilson das Wort self-determination vor 1918/19 kaum jemals im Munde führte. Die immer wieder vorgebrachte Behauptung, die Vierzehn Punkte beinhalteten das Postulat der Selbstbestimmung, ist schlicht unrichtig. Es wird wohl von „autonomous development" der „peoples of Austria-Hungary" gesprochen (Punkt 10), wohl wird die Errichtung eines polnischen Nationalstaates gefordert und die Forderung gestellt, die Grenzziehung zwischen Italien und Österreich solle nach „clearly recognizable lines of nationality" erfolgen, aber in diesen und allen anderen Äußerungen könnte man allenfalls von einer implizierenden Stellungnahme hinsichtlich des Selbstbestimmungsrechts sprechen[34]. Es läßt sich lediglich mit Günter Decker feststellen:

---

[33] Kluke: Selbstbestimmung 158 n.
[34] Die Vierzehn Punkte Wilsons sind an zahllosen Stellen abgedruckt. Sie sollten jedoch grundsätzlich nur im englischen Wortlaut herangezogen werden, da alle Übersetzungen ins Deutsche, wie sie doch immer wieder zitiert werden, notwendig eine weitgehende Verzerrung der eigentlichen Inhalte mit sich bringen. Hier und im folgenden wird zitiert nach: Rudin, Harry R.: Armistice 1918. New Haven–London 1944. Appendix E, S. 412–421. In diesem Buch ist das wichtige Cobb-Lippmann-Memorandum abgedruckt.

Die Analyse des Inhalts dieser Prinzipienerklärung erweist die zentrale Bedeutung des Begriffes „Zustimmung der Regierten", der in der amerikanischen Tradition mit „Demokratie" gleichbedeutend ist. Dieser Grundsatz... stimmt mit der nationalen Selbstbestimmung nicht ganz überein. Denn „Zustimmung der Regierten" setzt eine gegebene staatliche Organisation schon voraus, betrifft also den innenpolitischen Prozeß der politischen Willensbildung und deckt sich nicht mit dem Nationalitätenprinzip, nach dem jede Nation einen eigenen Staat bilden soll[35].

Decker setzt also sehr zu Recht den Begriff „consent of the governed" bewußt in einen Widerspruch zur nationalen Selbstbestimmung. Und tatsächlich zeigt ja schon eine nur flüchtige Durchsicht der Konferenzprotokolle und eine Analyse der Reden der westlichen Politiker im Jahre 1918, daß sich die Formel laufend wiederholt, ergänzt durch die Redewendung, daß die Friedensfragen im Sinne des „interest of the population concerned" erfolgen müßten[36]. Von demokratischer Selbstregierung war die Rede; Lloyd George sagte etwa in seiner bekannten Rede vom 5. Jänner 1918: „We feel that unless genuine self-government on pure democratic principles is granted to those Austro-Hungarian nationalities who have long desired it, it is impossible to hope for the... general peace[37]." Es geht also im angelsächsischen Denken – wie es Kurt Rabl formulierte – um die „Legitimationsbedürftigkeit aller öffentlichen Gewalt[38]."

Es wurde bereits festgestellt, daß in den Vierzehn Punkten und den anderen Prinzipienerklärungen Wilsons das Wort „self-determination" nicht vorkommt. Es lassen sich vielmehr Äußerungen auffinden, die den Schluß zulassen, Wilson hätte bezüglich der kommenden Friedensregelung nicht ausschließlich an das Nationalitätsprinzip gedacht. In den „Four Principles", enthalten in einer am 11. Feber 1918 gehaltenen Rede, heißt es etwa in Punkt I: „... each part of the final settlement must be based upon... such adjustments as are most likely to bring a peace that will be permanent[39]." Das bedeutet nicht die Anwendung eines nationalen Selbstbestimmungsrechtes, sondern impliziert einen ganzen Katalog verschiedenster Lösungsmöglichkeiten. Im Punkt 3 derselben „Vier Prinzipien" stoßen wir dann auch auf die wohl zentralste Idee der US-Politik: „Every territorial settlement involved in this war must be made in the interest and for the benefit of the populations concer-

---

Punkt 9 der Vierzehn Punkte lautet: „A readjustment of the frontiers of Italy should be effected along clearly recognizable lines of nationality." Punkt 10: „The peoples of Austria-Hungary, whose place among the nations we wish to see safeguarded and assured, should be accorded the freest opportunity of autonomous development." R u d i n 418 f.

[35] D e c k e r, Günter: Das Selbstbestimmungsrecht der Nationen. Göttingen 1955, S. 111.
[36] Eine solche Formulierung findet sich etwa in den „Four Principles" Wilsons vom 11. Februar 1918 (Punkt 3), die u. a. abgedruckt sind in: T e m p e r l e y, Harold W. V. (Hrsg.): A History of the Peace Conference of Paris. 6 Bde. London 1920–1924, hier Bd. 1, S. 439.
[37] „Statement of British War Aims by Prime Minister Lloyd George" vom 5. Jänner 1918. Vgl. S c o t t, James Brown (Hrsg.): Official Statements of War Aims and Peace Proposals. Washington 1921, S. 225–233, hier S. 230 f.
[38] R a b l, Kurt: Das Selbstbestimmungsrecht der Völker. Geschichtliche Grundlagen, Umriß der gegenwärtigen Bedeutung. München 1963, S. 75.
[39] T e m p e r l e y : Peace Conference I, 439.

ned ...⁴⁰." Auch hier: kein Wort von Nationalität. Im Zentrum stehen Interesse und Nutzen der Bevölkerung, wobei zudem äußerst aufschlußreich ist, daß weder von Volk (people), noch von Nationalität (nationality) die Rede ist, sondern daß vielmehr ganz neutral „Bevölkerung" („population") gesetzt wurde.

Weiters muß aber auch bedacht werden, daß die einzige, von Wilson selbst ausdrücklich anerkannte Interpretation der Vierzehn Punkte, das sogenannte Cobb-Lippmann-Memorandum, jene Passagen weiter abschwächte, aus denen eventuell noch das nationale Prinzip herausgelesen werden könnte. In bezug auf die von Wilson in Punkt 9 geforderte nationale Grenze in Südtirol heißt es dann etwa: „In the region of Trent the Italians claim a strategic ... frontier ... This is a violation of principle. But it may be argued that by drawing a sharp line along the crest of the Alps, Italy's security will be enormously enhanced and the necessity of heavy armaments reduced⁴¹." Hier kommt deutlich das amerikanische pragmatische, relativ unideologische Denken zum Ausdruck, dem das dogmatische Festhalten an einem einzigen Prinzip durchaus fremd ist. Bewußt und mit Absicht zieht man auch andere Faktoren in Betracht – etwa die Rüstungsfrage im Zusammenhang mit strategischen Argumenten –, wenn deren Gewicht gerade größer erscheint.

Nicht ohne Interesse ist auch eine weitgehende terminologische Unterschiedlichkeit, die sich aus den verschiedenen Formulierungen des Selbstbestimmungsprinzips ersehen läßt. Bis etwa Anfang 1919 ist selten von „self-determination" die Rede, zumeist hingegen treffen wir auf komplizierte Formulierungen und Umschreibungen des Postulats. Es ist etwa die Rede vom „right of peoples to decide their own destinies⁴²". Auch die Formulierung „peoples' right of auto-decision" ist öfters nachweisbar⁴³. Diese terminologische Unsicherheit beweist wohl mindestens, daß „self-determination" noch nicht so bekannt sein konnte, daß es wirklich in den eigentlichen Sprachgebrauch integriert worden wäre.

Es ist auffallend, daß etwa bis zum Beginn der Pariser Friedenskonferenz bei Wilson die Formel vom nationalen Selbstbestimmungsrecht kaum nachweisbar ist, wohl jedoch bei seinem Beraterstab, ebenso bei ihm selbst im Verlaufe der Konferenz. Dies ist ein nicht unwichtiges Phänomen, das wohl kaum ad hoc erklärt werden kann. Es sollte jedoch bedacht werden, daß Wilsons technische Berater auf Grund ihrer Arbeit notwendig mit den mitteleuropäischen Vorstellungen in einem hohen Maße in Kontakt kamen. Viele dieser in der „Inquiry" tätigen maßgeblichen Männer waren zudem vor dem Ersten Weltkrieg an verschiedenen deutschen Universitäten als Gastprofessoren tätig gewesen oder hatten sogar schon einen Teil ihrer Studienzeit in Deutschland verbracht⁴⁴. Solcherart könnten sie unbewußt

---

⁴⁰ Ebenda.
⁴¹ Rudin: Armistice 418.
⁴² Diese Formulierung findet sich in einem Vorschlag zur Abwicklung des Friedenskongresses („Scheme of Procedure") FR, PPC, I, 345–352, hier S. 349.
⁴³ Aus einem Memorandum H. Nelson Gays vom Herbst 1918, in dem er aus einer Proklamation des Nationalrates der Stadt Fiume zitiert, FR, PPC, I, 442–447, hier S. 443. Im gleichen Memorandum kommt auch die seltsame Formulierung „principle that each people is free to dispose of its own destinies" vor, vgl. ebenda 443.
⁴⁴ Zur Inquiry vgl.: Gelfand, Lawrence E.: The Inquiry. American Preparations for

unsere mitteleuropäischen Konzepte absorbiert und in die englische Sprach- und Gedankenwelt unkritisch übertragen haben, so daß die Diskrepanz zwischen Wortinhalten und deren Aussagekraft allmählich unsichtbar wurde. Wilson zum anderen befaßte sich ab Ende 1918 nachweisbar in stark zunehmendem Maße mit den von Beratern ausgearbeiteten Memoranden, sodaß eine partielle Übernahme dieser Terminologie und Denkungsart durch Wilson äußerst plausibel erscheint. Tatsache ist, daß Wilson selbst im Verlaufe der Konferenz einige Male das Wort self-determination gebrauchte, allerdings weit seltener als man annehmen könnte.

Im Zehnerrat vom 12. Jänner 1919 etwa sprach er im Zusammenhang mit der Auseinandersetzung zwischen Serbien und Montenegro davon, daß „... no country had the right to take the self-determination of another country into her own hands"[45]. Ein kritischer historischer Blick gestattet es leider nicht, diese und andere Worte Wilsons zur Basis einer genauen Definition dessen zu machen, was er unter self-determination in der ersten Jahreshälfte 1919 nun wirklich verstanden hat. Auf jeden Fall aber zeigt sich in den Konferenzprotokollen ganz deutlich, daß Wilson ebenso wie seine Mitarbeiter immer wieder betonte, das Nationalitätsprinzip wäre nicht das einzig ausschlaggebende, sondern vielmehr eines unter vielen, die alle zur Anwendung auf die einzelnen Friedensfragen bereitstünden. Am deutlichsten kam diese Haltung der Amerikaner vielleicht in der Kärntner Grenzfrage zum Ausdruck, in der geographischen und wirtschaftlichen Kriterien gegenüber den nationalen der Vorrang eingeräumt wurde. In der Viererratssitzung vom 27. Mai 1919 führte Wilson unter anderem aus, „The Slovene people in the southern part of the Basin, were, economically, intimately connected with the northern people. This question could not, therefore, be considered merely from a political and ethnical point of view[46]." Er fuhr fort, in einem solchen Fall sollten unbedingt die geographischen und wirtschaftlichen Faktoren den Vorrang erhalten. Am 2. Juni führte Wilson ebenfalls im Viererrat aus, daß „the interests of the Wends were with the Austrians. He did not mind if the valley" – gemeint ist das Klagenfurter Becken – „went to Austria...[47]." Die letztere Belegstelle zeigt noch deutlicher als die erstere, daß die Nationalität der Slowenen im Grunde außer Acht gelassen wird; als entscheidend wird stattdessen das materielle Interesse der Bevölkerung angesehen. Hier treffen wir in konkreter Ausformung wieder auf die Formel „the interest of the population concerned", von der vorhin bereits die Rede war. Dieses Interesse implizierte offenbar keineswegs die Anwendung eines wie immer gearteten Nationalitätenprinzips.

Peace, 1917–1919. New Haven–London 1963. Archibald Cary Coolidge beispielsweise, der 1919 eine amerikanische field mission in Wien leitete, war zwischen 1890 und 1892 Legationssekretär in Wien gewesen, hatte in Freiburg im Breisgau und in Berlin studiert und war noch 1913/14 Austauschprofessor in Berlin gewesen. Vgl. hiezu meine Dissertation: Amerikanische Österreichpolitik zur Zeit der Pariser Friedenskonferenz 1919. Die Coolidge-Mission und Aspekte der Österreichischen Friedensregelung. Phil. Diss. Salzburg 1968, S. 75 ff.

[45] FR, PPC, III, 482 ff., hier S. 487. Unter „Basin" wird immer das Klagenfurter Becken verstanden.
[46] Ebenda VI, 71 ff., hier S. 72.
[47] Ebenda 138 ff., hier S. 138.

Fassen wir also zusammen: Die Frage nach dem Selbstbestimmungsrecht in alliierter, in reichsdeutscher und österreichischer Sicht[48] läßt sich unschwer auf eine Gegenüberstellung der mittel- und westeuropäischen Vorstellungen und Konzepte zuspitzen. Innerhalb des primär innenpolitisch-demokratisch motivierten Mitbestimmungsmodells westlicher Prägung bestehen zwischen den britischen und US-amerikanischen Spielarten ebensowenig integrale Unterschiede wie auf der anderen Seite beim unitarisch-völkisch ausgelegten nationalen Selbstbestimmungsmodell wesentliche Differenzen zwischen den reichsdeutschen und deutschösterreichischen Anschauungen bestehen. Die hier durchgeführte Abstraktion, die praktisch unter Außerachtlassung etwa der französischen Auffassungen eine Konzentration auf die US-amerikanische und deutschösterreichische Sicht bedeutete, schien angesichts des knappen zur Verfügung stehenden Raumes nicht nur angebracht, sondern geboten. Auf Grund der historischen Lage im Jahr 1919 können die Unterschiedlichkeiten der Selbstbestimmungsmodelle auf diese Weise paradigmatisch besonders gut verdeutlicht werden.

Im Grunde könnte eine Analyse des Prinzips Selbstbestimmung nur dann zu akzeptablen Ergebnissen führen, wenn man sie auf dem Hintergrunde der gesamten europäischen historischen Entwicklung zur Säkularisation hin sähe. Der Begriff Selbstbestimmung mit all seinen Implikationen im weitesten Sinne kann überhaupt erst dann plastisch hervortreten, wenn in die Forschungen, Mutmaßungen und Schlüsse des Historikers die Unzahl jener Elemente einkalkuliert werden könnte, die das Prinzip Selbstbestimmung konstituieren. Selbstbestimmung beinhaltet – so scheint es – alle wesentlichen Entwicklungslinien der europäischen Geschichte in höchst subtiler Form; Selbstbestimmung bedeutet den Emanzipationsprozeß des Menschen ebenso, wie sie mit dem Phänomen des Nationalismus verknüpft ist. Nicht zuletzt Hans Rothfels hat in seinen Überlegungen über „Grundsätzliches zum Problem der Nationalität" auf die divergente geschichtliche Entwicklung West- und Ostmitteleuropas eindrucksvoll aufmerksam gemacht[49]. Frühzeitig bereits hatte in Westeuropa ein Prozeß einer umfassenden gesellschaftlichen Integration eingesetzt, von dem man sagen kann, daß er in gewisser Weise bereits mit den Revolutionen im 17. und 18. Jahrhundert zu einem teilweisen Abschluß kam. Jene Revolutionen schließlich bewirkten neben anderen Faktoren ein Zusammenfallen von Staat und Nation, von Staatsbürgerschaft und Nationalität. Im mittel- und ostmitteleuropäischen Bereich hingegen sind völlig andere Prozesse und Strukturen sichtbar; hier fehlte die sich zunehmend institutionalisierende integrierte Gesellschaft, stattdessen kristallisierte sich die Idee des Volkstums als zentraler Bezugspunkt heraus. Daß es gerade im deutschen Bereich zu einer ungeheuer vielschichtigen Überlappung dieser beiden Grundmodelle kam, daß überdies diese Modelle selbstverständlich niemals typenrein, sondern nur in höchst diffizilen Mischformen vorkommen, macht den gesamten Problemkomplex nur noch schwieriger.

Für die Selbstbestimmung zur Zeit des Ersten Weltkriegs und der Pariser Frie-

---

[48] So der ursprüngliche Titel des auf der genannten Tagung gehaltenen Referats.
[49] Rothfels, Hans: Grundsätzliches zum Problem der Nationalität. Zeitgeschichtliche Betrachtungen. Vorträge und Aufsätze. 2. Aufl. Göttingen 1959, S. 89 ff.

denskonferenz von 1919 bedeutet das eben kurz Gestreifte, daß es sich im westeuropäischen Bereich primär um ein – wie es hier formuliert werden soll – „*(inner) staatliches Selbstbestimmungsrecht*" handelt. Innerhalb der Grenzen eines Staates, im Rahmen einer integrierten Gesellschaft vollzieht sich politische Mitbestimmung des individuellen Staatsbürgers. In Mittel- und Ostmitteleuropa hingegen wird – vielleicht notwendigerweise, da es keine im Staatlichen integrierten Gesellschaften gibt wie in Westeuropa – von der Spekulation ausgegangen, daß alle einem Volke Zugerechneten sich kollektiv für den entsprechenden Nationalstaat entscheiden. Dieses Modell könnte daher durch den Ausdruck „*spekulatives Selbstbestimmungsrecht*" charakterisiert werden[50].

Gewiß liegt dieser Terminologie eine weitgehende Abstraktion zugrunde, jedoch basiert sie auf der hier zumindest in Ansätzen bewiesenen Grundannahme, daß die Selbstbestimmung 1918/19 keineswegs als etwas Homogenes angesehen werden kann, sondern daß eine weitgehende Differenzierung sich aus den vorhandenen Quellen unschwer ableiten läßt und dadurch das Selbstbestimmungsprinzip als solches in ein neues Licht rückt und darüber hinaus auch neue Blickwinkel auf die Pariser Friedenskonferenz und ihre Zeit eröffnet werden.

---

[50] Im Laufe weiterer, an die Wiesseer Tagung anschließender Diskussionen schlug Prof. Dr. Fritz Fellner (Salzburg) schließlich die Unterscheidung eines „*konstitutionellen*" Selbstbestimmungsrechts (im Rahmen einer integrierten, staatlich „institutionalisierten" Gesellschaft sich vollziehend) und eines „*konstitutiven*" Selbstbestimmungsrechts (neues schaffendes, also auf einen eigenen Nationalstaat abzielendes) vor.

Kurt Wessely

DIE PARISER VORORTE-FRIEDENSVERTRÄGE IN IHRER WIRTSCHAFTLICHEN AUSWIRKUNG

Die Pariser Vororteverträge haben vor 50 Jahren Geschichte gemacht. Sie haben die Landkarte Europas, ja der ganzen Welt, verändert und die Machtposition in der Weltpolitik neu verteilt. Noch immer sind Teile dieser Ordnung auf den Landkarten des Jahres 1969 zu erkennen, aber kaum eine von ihnen ist noch in der ursprünglichen, in den Verträgen von 1918 festgelegten Form zu finden. Österreich ist zwar einer der wenigen Staaten, für die dies gilt, aber auch bei ihm wurde die St. Germainer Lösung nicht integral durchgeführt, denn sein Anspruch auf Ödenburg ging in einer im Friedensvertrag noch nicht vorgesehenen Volksabstimmung verloren – im Gegensatz etwa zu Südkärnten. Wir kommen auf die mit dem Erwerb des Burgenlandes durch Österreich verbundenen verwickelten Wirtschafts- und Verkehrsfragen noch zurück.

Es gelang auch, das durch die Volksabstimmung 1920 behauptete Klagenfurter Becken trotz jugoslawischer Forderungen nach dem Zweiten Weltkrieg für Österreich zu erhalten und tschechische Wünsche nach Geländeabtretungen an der Marchmündung abzuwehren. Der Preßburger Brückenkopf fand im Pariser Frieden 1947 die mit dem Hafenprojekt begründete Erweiterung auf ungarischem Gebiet[1].

Zwar besteht das Deutsche Reich nach der überwiegenden Auffassung der deutschen Rechtsgelehrten und Politiker noch in den Grenzen des Jahres 1937 weiter, aber praktische Konsequenzen lassen sich daraus heute nicht ableiten, wenn es auch bisher zu keiner Friedenskonferenz für Gesamtdeutschland gekommen ist. Die neue deutsche Ostpolitik hat sich auf die Realität seit dem Jahre 1945 eingestellt.

Sind bereits jene Kriegsfolgen, die am meisten ins Auge springen und die in der Regel als das eigentliche Ergebnis eines Krieges, Sieges oder einer Niederlage angesehen werden, nach der Katastrophe des Zweiten Weltkrieges mehr ein historisches Faktum als eine nachwirkende Realität, so gilt dies noch viel mehr für manche der Nebenbestimmungen des Vertragsrechtes der Pariser Vororteverträge[2].

Der Völkerbund, dessen Satzung dem Versailler Vertrag als Art. 1–26 vorausgesetzt wurde, hat das Ende des Zweiten Weltkrieges nicht überlebt. Dabei ist man sich keineswegs darüber einig, ob seine Nachfolgeorganisation, nämlich die UNO, wirksamer als er den Frieden zu sichern vermag. Immerhin arbeitet die aus ihm hervorgegangene internationale Arbeitsorganisation auch heute noch in Genf und konnte ihren Einfluß auf ihrem beschränkten Feld verstärken und der Status der ehemaligen deutschen Kolonien, die in Mandate des Völkerbundes verwandelt wur-

---

[1] Für die Ereignisse vor und während der Friedensverhandlungen in St. Germain ist zu verweisen auf Z ö l l n e r , E.: Geschichte Österreichs. 2. Auflage. Wien 1961, S. 478 ff. – Neuestens: Die Auflösung des Habsburgerreiches. Zusammenbruch und Neuorientierung im Donauraum. Hrsg. R. P l a s c h k a u. K. M a c k. Wien 1970.
[2] Der Friedensvertrag zwischen Deutschland und der Entente. Charlottenburg 1919.

den, ist, wie der Streitfall um Südwestafrika zeigt, noch keineswegs völlig geklärt.

Die Russische Frage, die aus den Friedensverträgen ausgeklammert wurde, konnte von den Alliierten keiner gemeinsamen Regelung mehr zugeführt werden, was fatal an die seit 1945 ungelöste Deutsche Frage erinnert.

Die wirtschaftlichen Bestimmungen des Versailler Vertrages waren vielfach nur temporärer Art, so daß sie schon im Verlauf der Zeit an sich erloschen oder an Bedeutung verloren, wie z. B. die Meistbegünstigungsklausel, die den Siegermächten eingeräumt werden mußte. Die wirtschaftlichen Bestimmungen sind im Versailler Vertrag und analog auch in den übrigen Pariser Vorortverträgen auf mehrere Kapitel verteilt. Die eigentlichen wirtschaftlichen Bestimmungen finden wir im X. Teil – hier handelt es sich um solche, die nach Durchführung der entsprechenden Vertragsbestimmungen nicht mehr anwendbar waren, weil sie ihren Zweck erfüllt hatten, wie jene über die Behandlung der Staatsangehörigen der alliierten und assoziierten Mächte oder die Einräumung der Meistbegünstigungsklausel an die Alliierten. Sie haben heute nur mehr historischen Wert, wenn sie auch noch indirekt nachwirken, wie die Beschlagnahme des deutschen Privatvermögens und der Patente im Ausland oder der Verlust der Überseekabel. Sie dienten, ebenso wie die Auslieferung der deutschen Handelsflotte, der Verlängerung des Wirtschaftskrieges[3].

Weitere derartige Bestimmungen finden sich im Teil XI (Luftfahrt) und im Teil XII, nämlich mit sonstigen Verkehrsbestimmungen, von denen einige auch heute noch eine gewisse Bedeutung haben. Selbstverständlich sind jene über die Übergabe des rollenden Materials längst erloschen, aber die Internationalisierung der Wasserstraßen ist eine auch heute noch aktuelle Aufgabe geblieben[4].

Das Kernstück der wirtschaftlichen Bestimmungen war die Festlegung der Reparationspflicht. Diese Verpflichtung ging weit über die rein materiellen Leistungen hinaus, die von Besiegten üblicherweise gefordert wurden. Die Vorstellung, sie könnten die Kosten des von ihnen verlorenen Krieges tragen und darüber hinaus den Siegern auch noch eine Entschädigung – also eine Art Kriegsgewinn – zahlen, erwies sich als irreal. Dies galt nicht nur für die kleinen Staaten, die auf dem

---

[3] Die Entschädigung hat erst 1928 in Deutschland eine gesetzliche Regelung gefunden. Der Friedenswert der ermittelten Liquidationsschäden und der Gewaltschäden (durch Verdrängung aus den von Deutschland abgetretenen Gebietsteilen, in den Kolonien oder Schäden, die im Ausland durch den Krieg verursacht worden sind) wird in dem Gesetz ohne Berücksichtigung der sog. Nichtsachschäden (Firmenwert, Existenzverlust) auf 7,7 + 2,8 = 10,5 Mrd. Mark berechnet. S e r i n g , M.: Deutschland unter dem Dawes-Plan. Entstehung, Rechtsgrundlagen, wirtschaftliche Wirkungen der Reparationslasten. Berlin-Leipzig 1928.

[4] Die Sonderbestimmungen für die Donau, darunter auch die Zulassung von zwei Vertretern der deutschen Uferstaaten in den internationalen Ausschuß (später Internationale Donaukommission, durch die Belgrader Konvention 1948 ersetzt), finden sich in Art. 346–353. Letzterer lautet: „Im Falle des Baues eines Großschiffahrtsweges Rhein-Donau verpflichtet sich Deutschland, auf diesem Schiffahrtsweg die in den Art. 332 bis 338 niedergelegte Ordnung zur Anwendung zu bringen." Diese Artikel betreffen die Internationalisierung von Elbe, Oder, Memel und Donau. Da aber die Belgrader Donau-Konvention für Kanäle abgeschlossen wurde, erscheint auch diese Bestimmung obsolet. Die ČSSR hat auf eine förmliche Freihafenzone in Hamburg verzichtet.

Boden der Verbündeten Deutschlands entstanden waren, sondern auch für das Deutsche Reich selbst.

Zusätzliche finanzielle Forderungen wurden im Teil VIII erhoben, die aber in ihrer Bedeutung weit hinter jenen über die Reparationen zurückblieben.

Die Hartnäckigkeit jedoch, mit der die Verbündeten auf ihrem Schein bestanden, trug nicht wenig zu den wirtschaftlichen Schwierigkeiten bei, vor die sich die ganze Welt gestellt sah. Die Gerechtigkeit gebietet aber auch anzuerkennen, daß die Reparationsforderung an Deutschland eng mit den eigenen Verbindlichkeiten der Verbündeten an die USA verquickt war. Solange die USA nicht auf ihre Forderungen an ihre Verbündeten verzichteten, sahen diese keinen Grund, Deutschland mit ihren Ansprüchen zu verschonen.

Die Höhe dieser Verpflichtungen wurde auf etwa 10 Mrd. Pfund geschätzt, die aber z. T. wechselseitig entstanden, so daß die Nettoverschuldung, vorwiegend gegenüber den USA, sich nur auf etwa die Hälfte belief. Ein nicht unbeträchtlicher Teil entfiel auf Kriegsschulden Rußlands, die von der sowjetischen Regierung nicht anerkannt wurden. Die deutsch-russische Verständigung in Rapallo richtete sich gegen den Versuch Frankreichs, Deutschland zur Übernahme der russischen Schulden zu verpflichten[5].

Es war also, auch als sich die erste Psychose gelegt hatte und der Slogan „Le boche payera tout" seine Pflicht bei den englischen Wahlen getan hatte, nicht nur Verblendung der Siegermächte, wenn sie sich nicht ernstlich in Verhandlungen über die realen Möglichkeiten zur Bezahlung der Reparationen einließen, sondern Frankreich vielmehr seine Sanktionspolitik ermöglichten. Gerade an dieser Politik zerbrach aber die Allianz der Sieger, nachdem schon die USA nicht den Versailler Vertrag unterzeichnet hatten und einen Separatfrieden mit Deutschland suchten und fanden.

Es waren aber nicht nur die schweren materiellen Belastungen, welche von dem Deutschen Reich und seinen Verbündeten gefordert wurden, und die der Kritik an der Erfüllungspolitik ständigen Nährstoff boten. Es war vielmehr auch der moralische Aspekt, der die Leidenschaften entzündete, die demokratische Grundlage der Weimarer Republik gefährdete und diese selbst erschütterte. Es ist hier nicht am Platze, der Frage von Kriegsschuld und -ursachen nachzugehen. Es ist verständlich, daß das Urteil einer jungen Generation, die nicht mehr die Ereignisse so sehen kann, wie sie sich allein dem Zeitgenossen darstellten, zu einer Revision der Kriegsschuldfrage drängt. Aber wenn für den Zweiten Weltkrieg moralische und wenn auch wesentlich schwächere Kriterien für die Beschlüsse der deutschen Führung angewendet werden, so darf man nicht vergessen, daß für den Ersten Weltkrieg und für seine Akteure kraft geltenden Völkerrechts diese Kriterien überhaupt noch nicht bestanden, – von dem deutschen Vorgehen gegen Belgien abgesehen. Folgerichtig berücksichtigt aber der Versailler Vertrag besondere Verpflichtungen Deutschlands gegenüber Belgien, die schon von der kaiserlichen Regierung in den Vorverhandlungen für Waffenstillstand und Frieden im Grunde anerkannt worden waren.

---

[5] Keynes, J. M.: Revision des Friedensvertrages. München 1922, S. 240.

Die bekannten Punkte Wilsons versprachen einen Frieden ohne Annexionen und Entschädigungen, und wenn auch die Alliierten schon wegen ihrer Geheimverträge an diese Zusagen nur moralisch gebunden waren und ihnen das Ende des militärischen Widerstandes freie Hand zu weiteren Forderungen gewährte, so wollten sie doch ihre materiellen Forderungen an Deutschland auch juristisch begründet sehen, die in der Lansingnote vom 5. November 1918 auf den Ersatz der Schäden der Zivilbevölkerung ausgedehnt worden waren. Dieser Aufgabe diente der ominöse Artikel 231 des Versailler Vertrages:

„Die alliierten und assoziierten Regierungen erklären und Deutschland erkennt an, daß Deutschland und seine Verbündeten als Urheber für alle Verluste und Schäden verantwortlich sind, die die alliierten und assoziierten Regierungen infolge des ihnen durch den Angriff Deutschlands und seiner Verbündeten aufgezwungenen Krieges erlitten haben."

Von einer moralischen Schuld Deutschlands wird also nicht gesprochen, ebensowenig von einer juristischen Verantwortung, sondern nur von einer „Urheberschaft", die aber natürlich dann nicht nur das Deutsche Reich, sondern auch seine Verbündeten betraf, so daß Österreich-Ungarn bzw. auch dessen Nachfolgestaaten damit belastet waren. Da aber die Tschechoslowakei auf der Seite der Assoziierten stand, verblieb nur Deutschösterreich und Ungarn in der Gruppe der Zahlungspflichtigen. Auch ohne ein formelles juristisches oder moralisches Verdikt über Deutschland abzugeben, genügte demnach die Urheberschaft am Kriege als Zahlungsgrund, ohne daß die Frage einer Mitverantwortung der Alliierten gestreift und das Attentat von Sarajewo auch nur erwähnt worden wäre.

Nachdem im nachfolgenden Artikel 232 die Alliierten zwar anerkennen, daß die Hilfsmittel Deutschlands unter Berücksichtigung ihrer dauernden sich aus den übrigen Bestimmungen des Versailler Vertrages sicher ergebenden Verminderungen nicht ausreichen, um die volle Wiedergutmachung aller Verluste und Schäden sicherzustellen, verlangen sie nur, daß alle Schäden wieder gut gemacht werden, die der Zivilbevölkerung in der Zeit des Kriegszustandes zugefügt wurden. In einer eigenen Anlage wird dann in 10 Punkten der Umkreis dieser Schäden umrissen, die weit über das hinausgehen, was im Hauptartikel als Reparationspflicht bezeichnet wurde, da auch alle Leistungen der Kriegsopferfürsorge der Alliierten nebst Unterstützungen an Kriegsgefangene und an die Familien der Eingerückten mit zu ersetzen gewesen wären. Allerdings dürfte hier auch die angelsächsische Rechtsauffassung mit hereingespielt haben, die etwa bei der Heranziehung deutschen Eigentums für ähnliche Ansprüche der USA aus dem Zweiten Weltkrieg als Begründung diente. Überhaupt läßt sich die Beschlagnahme des feindlichen Eigentums nur aus einer dem kontinentalen Denken fremden Rechtsauffassung erklären.

Die für die Reparationspflicht zunächst ausgesprochene Beschränkung auf die Schäden der Zivilbevölkerung erwies sich damit als höchst elastisch, so daß Ansprüchen an Deutschland und an seine Verbündeten schon deswegen Tür und Tor geöffnet waren, weil die Höhe der Ansprüche zunächst nicht fixiert war. Es gibt eine naturgemäß höchst problematische Berechnung der Kosten des Ersten Weltkrieges, u. z. 732 Mrd. Goldmark als direkte und 606 Mrd. Goldmark als indirekte Kriegskosten, zusammen also über rund 1,3 Billionen Goldmark. Um zur Mark im heutigen Geldwert zu kommen, wird man diesen Ansatz etwa verdrei-vervierfachen müssen. Es wird schon daraus klar, daß es keinem Staat der Welt möglich gewesen wäre, diese Kosten ein zweites Mal aufzubringen bzw. zu ersetzen.

Jedenfalls sollte von Deutschland die Reparationslast in 30 Jahren ab 1921 getilgt werden, nachdem als Vorgriff darauf unmittelbar nach dem Kriege (1919 bis 1921) ein Gegenwert von 20 Mrd. Goldmark (einschließlich von Sachlieferungen) zu leisten war. Zu diesen Sachlieferungen gehörten die Besatzungskosten und zahlreiche Sachlieferungen, die – wie Lokomotiven – bereits im Waffenstillstand vorgesehen und dann im Friedensvertrag, wie auf Lieferung von 90 000 Milchkühen an die französische und 50 000 an die belgische Regierung, erweitert wurden. So wurde ein detailliertes Lieferprogramm für Kohle bis zum Jahre 1928, für Benzol, Ammoniak u. a. m. aufgestellt. Zum Zwecke teilweiser Wiedergutmachung hatte der Reparationsausschuß auch ein Bezugsrecht auf Farbstoffe und chemisch-pharmazeutische Einrichtungen festgelegt. Im allgemeinen zeigten sich aber die Alliierten später zur Ausdehnung von Sachreparationen aus handelspolitischen Gründen nicht geneigt, obwohl sie leichter als Gold- und Devisenzahlungen zu erbringen gewesen wären, denen das Transferproblem gegenüberstand[6]. Demontagen erfolgten nur bei militärischen Objekten.

Es ist klar, daß die Bewertung dieser Lieferungen bei Anrechnung auf die Reparationslast zu ständigen Meinungsverschiedenheiten zwischen Sieger und Besiegten führen mußte. Es ist daher auch nur eine deutsche Berechnung, wenn die Reparationsleistungen, die bis zum Jahre 1932 erbracht worden waren, mit 53,1 Mrd. M/RM angegeben wurden, für die ebenfalls eine verschiedenartige Kaufkraft anzusetzen ist.

Aber selbst diese deutsche Berechnung zeigt, daß tatsächlich nur ein Bruchteil der Reparationen bezahlt worden war, die 1921 zunächst mit 269 Mrd. M + einer 12%igen Abgabe auf die deutsche Ausfuhr binnen 42 Jahren festgesetzt worden waren, die auf jährlich 1–2 Mrd. M geschätzt wurden, zusammen 311–327 Mrd. Goldmark bzw. 8,28 Mrd. jährlich (1. Londoner Konferenz März 1921).

Nachdem trotz der ergriffenen Sanktionen die Eintreibung dieser Reparationsschuld als utopisch erscheinen mußte, wurde sie noch im gleichen Jahre durch das Londoner Ultimatum vom 5. 5. 1921 auf etwa die Hälfte, nämlich auf 132 Mrd. M, rückzahlbar in 37 Jahren, nebst einer Abgabe von 26% der Ausfuhr, festgelegt. Beim stufenweisen Abbau dieser Reparationen ist nach der Ruhrbesetzung durch die Franzosen zunächst der Dawes-Plan zu erwähnen, der eine Art Kommerziali-

---

[6] Das Transferproblem, das in dieser Schärfe erst durch die Reparationszahlungen auftrat, besteht darin, daß Leistungen, die in Inlandswährung erbracht werden, nur in jenem Ausmaß an ausländische Gläubiger übertragen werden können, wie durch Export ausländische Devisen oder Gold dafür zur Verfügung stehen. Deutschland hatte vor dem Kriege zwar eine passive Handelsbilanz, aber durch Verwertung von Kapitalien im Ausland eine aktive Zahlungsbilanz, die nach dem Kriege wegfiel. Eine Forcierung der deutschen Ausfuhr und von Sachlieferungen stieß aber auf die Ablehnung der Alliierten, namentlich Englands, so daß amerikanische Kredite an die deutsche Wirtschaft zur Reparationszahlung mit herangezogen wurden. Deren Abberufung in der Wirtschaftskrise führte zu einem völligen Zusammenbruch der Weltwirtschaft.

sierung der Reparationsschuld durch eine Gesamthypothek für die deutsche Industrie und Reichsbahn unter Verpfändung der Zölle und eine laufende Reparationszahlung von zunächst 1 und steigend auf 2,5 Mrd. M durch 37 Jahre vorsah. Schon 5 Jahre später wurde er durch den Young-Plan ersetzt, der eine Reparationszahlung von 34,5 Mrd. durch 59 Jahre vorsah. Das Jahr 1931 brachte aber praktisch das Ende der Reparationen durch eine Restzahlung von 3 Mrd. RM, wenn auch die Sistierung dieser Zahlungen erst nach dem Sturze Brünings eintrat.

Die Reparationen nahmen keine Rücksicht auf die überforderte Leistungsfähigkeit des besiegten Deutschland. War die Weltwirtschaft schon durch den Krieg, die allgemeine Kapitalvernichtung, die wirtschaftliche Belastung Deutschlands, die Fortsetzung des Wirtschaftskrieges gegen die Mittelmächte und das Ausscheiden Rußlands empfindlich gestört, so trieb das Transferproblem weiter zur Krise durch die Aufnahme deutscher Kredite im Ausland.

Bei diesen Plänen hatte man danach getrachtet, einen Teil der Reparationen auf Industrie und Bahn zur Zahlung zu verlagern, andererseits mußte man sich zu einer Anleihe an die durch die Inflation völlig desorganisierte Wirtschaft entschließen. Ähnliches war auch kurz vorher unter der Ägide des Völkerbundes für Österreich-Ungarn und Bulgarien erfolgt. Diese Dawes-Anleihe und die 1930 im Zusammenhang mit dem damaligen Reparationsplan aufgelegte Young-Anleihe werden, so weit sie sich in ausländischen Händen befinden, im Sinne des Londoner Abkommens über deutsche Auslandsschulden vom 27. 2. 1953 von der deutschen Bundesregierung bedient und von der im Zusammenhang mit der Reparationsregelung 1929 in Basel errichteten Bank für Internationalen Zahlungsausgleich treuhändig verwaltet. Für das Finanzjahr 1968/69 wurden von der BIZ Zinsbeträge im Gegenwert von 9,7 Mill. Franken für die Dawes-Anleihe und rund 34,5 Mill. Franken für die Young-Anleihe übernommen und von ihr weitergegeben. Es ist interessant, daß es in dem Bericht über dieses Finanzjahr heißt, daß es noch nicht entschieden ist, ob und wie die Aufwertung der deutschen Mark vom Jahre 1961 sich auf die Währungsgarantie für diese Überweisungen auswirkt, so daß auch die jüngste deutsche Markaufwertung zu einer weiteren Unbekannten geführt hat. Wir sehen also, daß 50 Jahre nach dem Friedensschluß von Versailles Operationen, die erst dieser Tage die Finanzwelt der gesamten Erde in Atem hielten, auch Schulden betreffen, die unmittelbar auf die Friedensregelungen nach dem Ersten Weltkrieg zurückgehen[7]. Aber auch die Vorkriegsschulden Österreich-Ungarns sind noch nicht zur Gänze bereinigt[8].

---

[7] „Die Frage, ob die Bestimmungen des Londoner Abkommens über die für die Young-Anleihe geltende Währungsgarantie im Falle der Aufwertung der Deutschen Mark von 1961 Anwendung finden, ist immer noch nicht entschieden. Mit der Angelegenheit sind nach wie vor die Regierungen der Länder befaßt, in denen Schuldverschreibungen der Anleihe ausgegeben wurden. Nach der erneuten Aufwertung der DM im Oktober 1969 hat der Treuhänder (= BIZ) auf der Grundlage der Erwägungen, die er im Zusammenhang mit der ersten DM-Aufwertung vorgebracht hat, die Meinung vertreten, daß die Währungsgarantie auch im Falle der zweiten DM-Aufwertung Anwendung finden muß. Die (deutsche) Bundesschuldenverwaltung konnte diesen Standpunkt nicht teilen und hielt an ihrer Stellungnahme von 1961 fest.
Der Treuhänder hat daher ... der Bundesschuldenverwaltung mitgeteilt, daß er bis zur

Für Österreich-Ungarn stellt sich das Problem jedoch anders, weil den Nachfolgestaaten gegenüber, von Sachlieferungen der ersten Nachkriegsjahre abgesehen, nie ernstlich der Versuch unternommen wurde, die auch von ihnen geschuldeten Reparationen einzutreiben. Diese finanziellen Entwicklungen konnte zwar die deutschösterreichische Friedensdelegation in Paris ahnen, aber doch nicht in ihrer ganzen Tragweite voraussehen. Die österreichische Friedensdelegation ließ sich aber keineswegs nur von dem Bestreben leiten, finanzielle Verpflichtungen für den neuen Staat abzulehnen. Ihr energischer, mit vielen Argumenten gestützter, aber letzten Endes doch erfolgloser Kampf galt der Anerkennung, daß die Republik Deutschösterreich als neu entstandener Staat ebenso wenig wie dessen Bürger politisch und rechtlich für Handlungen der Monarchie verantwortlich gemacht werden könnten. Mit dieser Argumentation, die juristisch einwandfrei war und außerdem auch durch den politischen Umsturz gestützt wurde, der auch in Deutschösterreich zur Ablösung der Monarchie durch die Republik führte, diente dazu, die Sonderstellung, welche die übrigen Nachfolgestaaten gegenüber Deutschösterreich und Trianon-Ungarn einnahmen, zu bekämpfen.

Deutschösterreich war gleichzeitig mit der Tschechoslowakei – ja eigentlich schon früher, nämlich am 21. Oktober 1918 – entstanden, Tschechen hatten, und noch viel mehr Angehörige anderer slawischer Völker, bis zuletzt auf den Schlachtfeldern mitgekämpft. Die Denkschriften der deutschösterreichischen Friedensdelegation hielten eine Reihe von Loyalitätskundgebungen fest, welche die Führer dieser Völker während des Krieges abgegeben hatten, mochten auch manche davon nur ein Lippenbekenntnis zur Dynastie und zum gemeinsamen Staat gewesen sein. Kroatien-Slowenien hat sich erst am 1. Dezember 1918 an Serbien angeschlossen und in der Delegation des neuen SHS-Staates befand sich auch der ehemalige kaiserliche Minister Ivan Zolger.

Der einzige schwache Punkt in dieser Argumentation war die kurz vor dem Zusammenbruch erfolgte Anerkennung der Exiltschechen als kriegführende Macht und ihr notorischer Hochverrat, womit aber noch keineswegs die Tschechoslowakei als solche konstituiert und die Monarchie aufgelöst worden war. Nur die Voraussetzung aber, daß allein die Bewölkerung von Deutschösterreich (und jene Ungarns) den Krieg begrüßt, sich damit der Urheberschuld schuldig gemacht und bis zuletzt für die Monarchie gekämpft habe, während die anderen Völker sich dagegen aufgelehnt hätten, konnte den Vorwand für einen Friedensvertrag mit Deutschöster-

---

Regelung der Angelegenheit die Rechte der Anleiheinhaber in bezug auf die Anwendung der für die Young-Anleihe geltenden Währungsgarantie auch im Falle der erneuten Aufwertung der DM von 1969 vorbehält." Bank für Internationalen Zahlungsausgleich. Vierzigster Jahresbericht. Basel 1970, S. 196/197.

[8] Die Reparationsleistungen Ungarns wurden für 1921–1943 mit 179 Mill. Goldkronen bzw. Jahresraten von 2,5 bis 7 Mill. Goldkronen vorgesehen, 1944–1966 wären dann 13,5 Mill. Goldkronen Jahresraten zu zahlen gewesen. Die Reparationsschuld Bulgariens wurde im Vertrag von Neuilly mit 2,25 Milliarden Goldfranken festgelegt, wovon aber schon 1923 1,7 Mrd. gestundet wurden. 1930 wurde diese Schuld auf 420 Mill. Goldfranken herabgesetzt. Die Reparationspflicht der Türkei gemäß dem Friedensvertrag von Sèvres wurde bereits durch den Frieden von Lausanne (1923) annulliert, die Reparationspflicht Ungarns und Bulgariens fiel mit der deutschen weg.

reich bilden, obwohl der Krieg mit der nicht mehr bestehenden österreichisch-ungarischen Monarchie geführt worden war. So war Deutschösterreich ein besiegter Staat, dem man nicht einmal mehr seinen frei gewählten Namen ließ und so konnte man ihm Friedensbedingungen auferlegen, für die bei einem neu entstandenen Staat jede rechtliche Voraussetzung gefehlt hätte.

Im Friedensvertrag von St. Germain fand sich die gleiche Kriegsschuldklausel oder Feststellung der Urheberschaft des Krieges wie bei Deutschland, wonach den alliierten und assoziierten Regierungen durch den Angriff Österreich-Ungarns und seiner Verbündeten der Krieg aufgezwungen worden sei, woraus sie Schaden erlitten hätten (Art. 177). Sie seien, wie es in der Präambel heißt, in den Krieg gegen Österreich-Ungarn hineingezogen worden, „der in der Kriegserklärung der ehemaligen k. u. k. österreichisch-ungarischen Regierung an Serbien vom 28. Juli 1914 und in den von Deutschland, dem Bundesgenossen Österreich-Ungarns, durchgeführten Feindseligkeiten seinen Ursprung hat". Auf Antrag der k. u. k. Regierung sei am 3. November 1918 ein Waffenstillstand zum Abschluß des Friedensvertrages geschlossen worden. Es wird also (selbstverständlich) die Monarchie als Kriegspartei bezeichnet. Man konnte auch nicht leugnen, daß sie nicht mehr bestand, wobei, wie die finanziellen Bestimmungen zeigen, der 27. Oktober 1918 als ihr Sterbetag betrachtet wurde, während das Heer noch bis zum 3. November 1918 kämpfte (Nur in dieser kurzen Zeit konnte sich die ČSR als alliierte Macht konstituieren und „einen freien, unabhängigen und verbündeten Staat bilden").

Nun aber kommt der unlogische und tatsachenwidrige Sprung in der Begründung des Friedensvertrages, nämlich die Erklärung, „daß die ehemalige Österreichisch-ungarische Monarchie heute aufgehört hat zu existieren und daß an ihre Stelle in Österreich eine republikanische Regierung getreten ist" (Präambel), ohne anzuerkennen, daß diese republikanische Regierung nicht eine Umwandlung jener der Monarchie ist, sondern gleichzeitig wie die tschechoslowakische und noch vor der der SHS an die Stelle jener des gemeinsamen Staates getreten ist. Somit war Deutschösterreich eine „Kriegsschuld" aufgebürdet, die im Widerspruch zu der Logik und dem Rechte stand. Die Bemühungen der deutschösterreichischen Friedensdelegation, eine Gesamtrechtsnachfolge nach der Monarchie zu leugnen, waren gescheitert. Man konnte diesen Standpunkt zwar im inneren theoretisch bestreiten, praktisch konnte man sich aber auch hier nicht immer dazu bekennen, weil man ja ihre Aktiven übernommen hatte. Durch die Inflation wurden aber ohnedies die wichtigsten Verpflichtungen der Monarchie, nämlich die Bezahlung der Kriegsanleihen, gegenstandslos.

Wie viele andere Parallelen sollte das gleiche Problem auch für die Behandlung der Republik Österreich nach 1945 wieder auftauchen, die man, wenigstens zunächst noch im Entwurf des Staatsvertrages[9], mit einer gewissen Verantwortlichkeit für die Handlungen des Deutschen Reiches belasten wollte, obwohl sie durch Annexion untergegangen war. Gewisse Bestimmungen des österreichischen Staatsvertrages, der richtigerweise nicht Friedensvertrag genannt wurde, erinnern noch

---

[9] Staatsvertrag betreffend die Wiederherstellung des unabhängigen und demokratischen Österreich. Wien, 15. Mai 1955.

an diese widerspruchsvolle Genesis, z. B. die Rüstungsbeschränkungen, oder die Liquidierung des sogenannten „Deutschen Eigentums" in Österreich zugunsten der sowjetischen Besatzungsmacht bzw. die dafür von Österreich geforderten Ablöselieferungen. Obwohl es sich dabei nicht um Reparationen handelte, hatten sie deren Charakter und wurden, im Gegensatz zur Zeit nach dem Ersten Weltkrieg, von der Republik Österreich auch voll bezahlt.

Die rechtlichen und politischen Voraussetzungen des Friedensvertrages von St. Germain waren daher von jenen des Versailler Vertrages grundverschieden. Zwar hatte die Novemberrevolution im Deutschen Reich die kaiserliche Regierung beseitigt, welche eben noch den Waffenstillstand abgeschlossen hatte, doch blieb die Identität des Staates und damit der Übergang der Verpflichtungen und der Verantwortung der kaiserlichen auf die republikanische Regierung staats- und völkerrechtlich unbestreitbar und wurde auch nie angezweifelt. In Österreich beseitigte aber die Revolution nicht nur die Herrschaft der Dynastie, sie folgte nur dem Ende des schon vorher aufgelösten alten Staates nach. Es galt nur mehr, zu entscheiden, nach welchen Gesichtspunkten die neuen Grenzen gezogen werden sollten und wie die Auseinandersetzung um das Erbe der Monarchie zwischen den Nachfolgestaaten ausgetragen würde, wozu sich auch deren Vertreter in Wien fortlaufend zu Verhandlungen trafen.

Eine Schiedsrichterrolle der Alliierten war in diesem Falle wohl unvermeidlich, aber die Alliierten hatten ihre Aufgabe darin gesehen, die Rechte eines dieser Staaten, nämlich Deutschösterreichs, gegenüber den anderen Staaten zu beschneiden. Sie verließen dabei selbst jene Basis, welche den letzten Rechtsakt der österreichisch-ungarischen Monarchie darstellte, nämlich den Waffenstillstand vom 3. November 1918, der noch im Namen des Gesamtstaates erfolgte, ohne den bereits vollzogenen Umsturz zur Kenntnis zu nehmen. Während man sich in Deutschland auf den Waffenstillstand berief, der, wenn auch unter verschlechterten Bedingungen, bis zum Abschluß des Friedensvertrages erneuert wurde, war bei den Friedensverhandlungen mit Österreich nur noch in der Präambel vom Waffenstillstand die Rede, ein Beweis, daß sich die Alliierten schon deswegen nicht mehr gebunden fühlten, weil der Partner, Österreich-Ungarn, sein Armeeoberkommando und sein Heer, nicht mehr bestand. Soweit wir sehen, hat man auch seitens Deutschösterreichs gar nicht den Versuch gemacht, das Vordringen der slowenischen bzw. jugoslawischen Truppen als Bruch des Waffenstillstandes zu erklären, wohl aber hat man sich stets auf die im Waffenstillstandsangebot vom 17. Oktober 1918 angenommenen Friedensbedingungen Wilsons bezogen.

Wenn auch die Festlegung der Grenzen der Republik Österreich von der Pariser Friedenskonferenz als vordringlichste Aufgabe angesehen wurde, und sie bei den wirtschaftlichen Bestrebungen weitgehend jene des Versailler Vertrages übernahm[10],

---

[10] Die Kapiteleinteilung der beiden Friedensverträge deckt sich bis auf den beim Vertrag von St. Germain wegfallenden XIV. Teil des Versailler Vertrages (Bürgschaft für die Durchführung) vollständig, so daß beispielsweise der Teil X in beiden Verträgen die wirtschaftlichen Bestimmungen enthält, Teil VIII die Wiedergutmachung. Im Art. 178 des Saint Germainer Friedensvertrages wurde gleichlautend mit dem Versailler Vertrag Art. 233 die Unmöglichkeit der vollen Reparationsleistung durch Österreich anerkannt.

so mußte sie sich doch auch mit den Sonderverhältnissen beschäftigen, die durch die Auflösung der Monarchie entstanden waren. Während es im Ermessen des Deutschen Reiches lag, wie es seine Schulden regelte, wobei eine Vorzugsbehandlung der Schulden an alliierte Staatsbürger vorgesehen war, so war die Regelung der österreichischen Schulden doch weit schwieriger. Abweichend von dem allgemeinen Tenor des Friedensvertrages, Deutschösterreich mit Österreich-Ungarn bzw. mit Zisleithanien zu identifizieren, mußten doch auch die Nachfolgestaaten wenigstens teilweise zur Schuldendeckung herangezogen werden, während Elsaß-Lothringen an Frankreich ohne diese Verpflichtung zurückfiel.

Gegenüber den Nachfolgestaaten war eine eigenartige Regelung getroffen, indem für die sichergestellte Vorkriegsschuld, z. B. für Eisenbahnen, die Nachfolgestaaten an Deutschösterreich eine Entschädigung zu leisten hatten, die – nach Abzug der Schulden – von der deutschösterreichischen Reparationsschuld abgezogen werden sollte. Die nicht sichergestellten Vorkriegsschulden waren von den Nachfolgestaaten im Verhältnis ihrer wirtschaftlichen Leistungsfähigkeiten, ermittelt nach dem Durchschnittsertrag gewisser Staatseinkünfte der letzten Vorkriegsjahre, zu übernehmen[11].

Die Kriegsanleihen – für Zisleithanien allein 35,2 Mrd. Kronen (etwa 20 Mrd. Goldkronen) – sollten von den Nachfolgestaaten nach dem Territorialprinzip übernommen werden, ihre Bedienung jedoch wurde dem Ermessen der Nachfolgestaaten überlassen. Dagegen haftet Deutschösterreich für die im Altausland befindliche Kriegsanleihe – zu denken ist hiebei vor allem an das Deutsche Reich – und für die gesamte offene, nicht durch Wertpapiere gesicherte Kriegsschuld. Auch diese Bestimmungen haben keine praktische Bedeutung erlangt, weil ja den Nachfolgestaaten die Bedienung der Kriegsanleihen freigestellt war und weil durch Inflation sowohl in Österreich als auch in Trianon-Ungarn diese Verschuldung praktisch wegfiel. Bemerkt muß aber werden, daß die verschiedene Veranlagungspraxis in Böhmen-Mähren zwischen den Deutschen und den tschechischen Instituten, die sich nach Möglichkeit der Veranlagung ihrer Mittel in Staatspapieren entzogen, zu einer empfindlichen Verminderung der Aktiven der sudetendeutschen Sparkassen führte, was nicht ohne Rückwirkungen blieb. Aber auch in allen übrigen Gebieten der Monarchie haben, ebenfalls wie im Deutschen Reich, die Inflation und der Verlust der in Kriegsanleihen angelegten Zwangsersparnisse der Bevölkerung zu den schwersten sozialen Erschütterungen geführt, die die eigentliche und tiefgreifende Belastung der Besiegten darstellten.

---

[11] Dies wurde sowohl von den Tschechen als auch von den übrigen Nachfolgestaaten als eine absurde „Verpflichtung" betrachtet, da sie sich als Siegermächte zur Bezahlung solcher indirekter Reparationen nicht verpflichtet fühlten. O l š o v s k ý, R. u. a.: Přehled hospodářského vývoje československa v letech 1918–1945. Prag 1961, S. 123–124. Die Auseinandersetzungen über die Liquidierung der Kriegsschulden der Nachfolgestaaten, die erst auf der Haager Konferenz durch Schuldverzicht ihr Ende fanden, haben durch die Veröffentlichung der diesbezüglichen Aktenstücke Titulescus in Rumänien neuerdings Beachtung gefunden. Es handelte sich um 1,5 Mrd. Goldfrancs. Davon entfielen auf die ČSR 750 Mill., auf Rumänien 235,2, auf Polen 225,5, Jugoslawien 178 und Italien 59,2 Mill. Revue Roumaine d' Études Internationales, 1969, S. 194.

Ebensowenig wie für das Deutsche Reich wurde die Reparationsschuld für Österreich und Ungarn festgelegt. Wohl aber wurde von Deutschösterreich ebenso wie vom Deutschen Reich zunächst eine Ratenzahlung für 1919/21 gefordert, die aber auch noch nicht wertmäßig festgelegt war. Zu diesen Zahlungen ist es überhaupt nicht gekommen, vielmehr mußte bereits im Frühjahr 1919 der erste Entente-Kredit zur Lebensmittelversorgung gewährt werden. Es tauchte sogar von der für Österreich zuständigen Reparationskommission der Vorschlag auf, Österreich einen Kredit von 250 Mill. $ zum Wiederaufbau seiner Wirtschaft zu gewähren, ein Betrag, der wohl zu gering gewesen wäre, um die erforderlichen Strukturänderungen in Österreich durchzuführen, genauso wie die vom Völkerbund später gewährte 650-Mill.-Goldkronen-Anleihe – dies entspricht etwa dem vorgeschlagenen Entente-Kredit – zwar die Währung, aber nicht die Wirtschaft sanieren konnte. Die Probleme Österreichs waren aber doch nur bescheiden gegenüber jenen im Deutschen Reich und eine Art Marshall-Plan, wie er sich nach dem zweiten Weltkrieg so segensreich auswirkte, zu erwarten, wäre damals aus politischen Gründen völlig irreal gewesen.

Obwohl die Reparationsbestimmungen für Österreich nicht eingehalten wurden, hatten sie doch insofern eine lähmende Wirkung, weil durch sie die Handlungsfähigkeit der österreichischen Regierung und Wirtschaft noch weiter eingeschränkt wurde. Denn es war zu ihren Gunsten ein Generalpfandrecht auf die österreichischen Aktiven eingeräumt, die zur Sicherung privater Kredite hätten dienen können. Der Verzicht auf dieses Generalpfandrecht war dann auch die Voraussetzung zur Gewährung der Völkerbundanleihe, was zu politischen Gegenleitungen führte, nämlich zur Anerkennung des Anschluß-Verbotes und zur Unterstellung Österreichs unter die Aufsicht eines Völkerbund-Kommissärs durch die drei Genfer Protokolle vom 4. Oktober 1922.

Deutschösterreich, in dessen Hauptstadt sich auch ein Hauptsitz der gemeinsamen Österreichisch-ungarischen Bank befand, fühlte sich zunächst noch als Treuhänder des Gesamtvermögens der Monarchie. Man verhielt sich also so, wie wenn das Manifest vom 16. Oktober 1918, nämlich die Umwandlung Zisleithaniens in einen Bundesstaat, die Grundlage zur weiteren staatsrechtlichen Entwicklung der Monarchie geworden wäre, obwohl doch ihr Zerfall ein Faktum war, das nicht mehr rückgängig gemacht werden konnte. Die Friedensverträge haben dies dann nur mehr juristisch konstatiert.

Die deutschösterreichische Staatsverwaltung erklärte sich nämlich bereit, provisorisch auch für die übrigen Staaten den Zinsendienst fortzuführen und aus gemeinsamen Liquidierungsgeldern zu bestreiten. Nach Verbrauch dieser Mittel konnten für die Maizinsscheine 1919 nur mehr Deutschösterreicher bei der Schuldenbedienung berücksichtigt werden.

Die Inflation hat dann nicht nur im Deutschen Reich, sondern auch in Österreich und in Trianon-Ungarn das Problem der Schuldentilgung praktisch zu Lasten der Gläubiger gelöst, da die Rückzahlung der Vorkriegsschulden im allgemeinen zum gesetzlichen Umrechnungsschlüssel (10 000 Kronen = 1 Schilling bzw. 12 500 Kronen = 1 Pengö) vorgenommen wurde. Der Verlust der in Kriegsanleihen angelegten Zwangsersparnisse der Bevölkerung hat im Deutschen Reich und in Österreich-Ungarn zu schwersten sozialen Erschütterungen geführt, da sie die eigentliche, in die Breite wirkende und am tiefsten die Wirtschaft berührende Belastung der Besiegten darstellte. Man konnte daher in Österreich im Jahre 1933 im Verordnungsweg den Zinsendienst und die Verlosung der von der Republik Österreich übernommenen Schuldverschreibungen der österreichischen Kriegsanleihe, die praktisch wertlos geworden war, völlig einstellen. Das Deutsche Reich tat nach dem Anschluß noch ein übriges, indem der Reichswirtschaftsminister am 4. Februar 1941 eine Weisung an die Leitungen der deutschen Börsen erließ, wonach unter keinen Umständen mit einer Aufwertung der österreichischen Kriegsanleihe zu rechnen und der börsenmäßige Handel mit ihnen verboten sei.

Die Regierung des wieder hergestellten Österreich sah keinen Grund zu einer Revalorisierung der Kriegsanleihe, nachdem man sich im Jahre 1929 damit begnügt hatte, durch Erlassung eines Kleinrentnergesetzes bestimmte Härtefälle zu lindern. In Ungarn war es dagegen zu einer, sozial abgestuften, Revalorisierung im Verhältnis 100 Kronen = 10 P bzw. 5 P gekommen (1928 bzw. 1942), die aber auch nur in 3 %igen Staatsschuldverschreibungen geleistet wurde, die schon im Jahre 1943 nur einen Börsenkurs von 55 % erzielten.

In Jugoslawien hielt man sich zwar an die wörtliche Erfüllung der Bestimmungen des Artikels 205 des Vertrages von St. Germain und nahm eine Erfassung der österreichischen und ungarischen Kriegsanleihe vor, ohne aber je an deren Honorierung zu denken. Letzteres scheint auch in Rumänien der Fall gewesen zu sein.

Dagegen mußte sich die Tschechoslowakei entschließen, wenigstens teilweise die Kriegsanleihe zu honorieren, was aber mit der Zeichnung der 4. Tschechoslowakischen Staatsanleihe im Jahre 1920 derart verbunden war, daß dabei Kriegsanleihen mit 75 % ihres Nominales angerechnet wurden. Diese Transaktion war mit der Vermögensabgabe verbunden, bei der die Kriegsanleihe mit 40 % ihres Nennwertes in das Vermögen einzurechnen war. Von der Vermögensabgabe befreit und damit auch von der Möglichkeit, die Kriegsanleihe durch Zeichnung der Staatspapiere wenigstens teilweise zu verwerten, waren Kriegsanleihebesitzer, deren abgabepflichtiges Vermögen weniger als 25 000 Kč betrug. Für sie wurde dann 1924 auch eine Verwertung durch das „Gesetz betreffend die endgültige Regelung der österreichischen und ungarischen Kriegsanleihen" gegeben (Umwandlung in 3 %ige Rentenschuldscheine im Verhältnis 100 Kronen Kriegsanleihe = 75 Kronen Rente). Für diesen Zweck fand eine neuerliche Erfassung der in Händen tschechoslowakischer Staatsbürger im Inland gültigen Kriegsanleihen statt. Man hatte zwar in der ČSR mit einem Umlauf von 10 Mrd. Kronen Kriegsanleihe gerechnet, bei der Konskription wurden aber nur insges. 5 Mrd. Kronen in der ČSR anerkannt, weil sich ein großer Teil der Kriegsanleihe, obwohl tschechoslowakischen Staatsbürgern gehörend, im Zeitpunkt der Konskription im Ausland befand.

Man kann annehmen, daß es sich dabei vorwiegend um solche Kriegsanleihestücke handelte, welche sudetendeutschen Instituten gehörten und die in Wien deponiert waren. Überhaupt hatten sich aber die tschechischen Institute nach Möglichkeit der Veranlagung in österreichischen Staatspapieren entzogen, so daß die Abwertung der Kriegsanleihe bzw. deren Überführung in eine Zwangsanleihe die sudetendeutschen Sparkassen und ihr Spitzeninstitut besonders stark trafen.

Eine abweichende Regelung erfolgte für die übrigen nicht sichergestellten Vorkriegsschulden der Monarchie, welche die Nachfolgestaaten im Verhältnis ihrer wirtschaftlichen Leistungsfähigkeit, ermittelt nach dem Durchschnittsertrag gewisser Staatseinkommen der letzten Vorkriegsjahre, zu übernehmen hatten (Art. 203, Abs. 2, Friedensvertrag v. St. Germain). Es galt also nicht das Territorialprinzip wie bei den Kriegsanleihen, so daß ihre Bedienung unabhängig von der Höhe der jeweils auf dem Staatsgebiet zirkulierenden Obligationen zu erfolgen hatte. Auch hier wurden aber die in den einzelnen Nachfolgestaaten umlaufenden Obligationen erfaßt und gekennzeichnet (in Österreich durch den Aufdruck eines Ö), so daß zwischen einem Inland- und Auslandblock unterschieden wurde[12]. Für letzteren trat eine internationale Regelung ein, welche zu einer teilweisen Werterhaltung dieser Anleihen führte, während die Honorierung des Inlandblockes ebenso wie der Kriegsanleihe den Nachfolgestaaten in der Landeswährung überlassen blieb. Die Tschechoslowakei hat ihren inländischen Anteil gegen 4%ige Ersatzrenten (1928) eingelöst, die dann 1936 gegen 3%ige Unifizierungsrenten ausgewechselt wurden; ähnlich gingen auch Italien und Polen vor.

In Österreich konnten die amtlichen Übernahmsbestätigungen bei den Zeichnungen der 4%igen Investitionsanleihe 1933 bis zu einem Viertel des Zeichnungsbetrages in der Weise in Anrechnung gebracht werden, daß S 25,-- für je 50 Goldgulden gerechnet wurden. Im Jahre 1938 bestand dann die weitere Verwendungsmöglichkeit, in dem die auf diese Weise nicht verwerteten Übernahmsbestätigungen (Scrips) bei Zeichnung der Reichsanleihe 1938/II im Verhältnis 100 Goldgulden = 20 RM angenommen wurden. Die wiederhergestellte Republik Österreich hat jedoch die Honorierung dieser Reichsanleihe 1938/II abgelehnt, obwohl sie ausschließlich zur Konvertierung österreichischer Staatsschulden diente, und hat sie nur einmal bei Zeichnung der 5%igen Aufbauanleihe 1949 berücksichtigt. Ihre noch umlaufenden Stücke gelten daher als Nonvaleurs, die nicht mehr notiert werden.

---

[12] *Österreichische Staatsschulden (Zisleithanien) 31. 10. 1918*

	in Mill. Kronen	
	insgesamt	davon Deutsch-Österreich
Vorkriegsschulden	11 356	5 000
Kriegsschulden:		
Kriegsanleihe	35 231	24 000
Banken	4 533	4 533
Markschuld (zu Paritätskursen)	3 171	3 171
Schulden in anderen Währungen	126	126
Kriegsschuld an die Ö. U. Bank:		
Darlehen	23 527	–
Kassenscheine	1 822	–
	79 766	36 830

Quelle: S t o l p e r, G.: Der Friedensvertrag von St. Germain in seinen wirtschaftlichen Wirkungen. In: Deutsch-Österreich. Neue Beiträge über seine wirtschaftlichen Verhältnisse. München–Leipzig 1921, S. 6.

Nach Ablauf der Konvertierungsmöglichkeit durch Anrechnung auf die Trefferanleihe 1933 wurde aber auch in Österreich der Schuldendienst nach österreichischen gestempelten Vorkriegsrenten eingestellt, was in Ungarn praktisch durch Zahlung im Sinne der amtlichen Umstellung von Kronen auf Pengö in der Zwischenkriegszeit der Fall gewesen ist. Lediglich mit dem Deutschen Reich wurden von Ungarn 1940 Vereinbarungen über die Einlösung einer Reihe von ungarischen Vorkriegsschuldverschreibungen getroffen.

Diese Regelungen für den österreichischen und ungarischen Inlandblock waren deswegen für die Gläubiger besonders ungünstig, weil ein Großteil dieser Verpflichtungen auf Gold und Silber lautete, was nur bei der Honorierung des Auslandsblockes berücksichtigt wurde.

Bereits im Jahre 1923 kam es zwischen den Nachfolgestaaten, die damit wieder als eine Art Interessengemeinschaft auftraten, und den Vertretern der ausländischen Renteneigentümer der altösterreichischen und ungarischen Staatsschuld zum Protokollarübereinkommen von Innsbruck, datiert vom 29. Juni 1923, zu einer prinzipiellen Einigung über die Honorierung der 4 %igen österreichischen Goldrente, entstanden 1876/1879 insbesondere zwecks Deckung der Okkupationskosten in Bosnien-Herzegowina und der ungarischen Goldrente (1881–1892), weiters der österreichischen Staatsschatzanweisungen 1914, der ungarischen Rente 1913/14, die zum Teil in ausländischer Währung begeben worden waren, und den STEG-Prioritäten, begeben von der seinerzeitigen Staatseisenbahngesellschaft, deren Netz aber bereits 1910 vom Staate übernommen worden war. (Bei letzterer wird auch die Inlandsschuld bedient.)

Die Bedienung der rückständigen Zinsscheine wurde bei den Goldrenten zu 32 %, bei den übrigen Staatsanleihen zu 27 % der Goldparität vorgenommen. Die Aufteilung dieser Leistungen erfolgte aufgrund eines von der Reparationskommission festgestellten Schlüssels unter den Nachfolgestaaten, wobei aber deren jeweiliger Inlandblock zu berücksichtigen war. Da Österreich, übrigens auch die Tschechoslowakei, mehr Papier- und Silberrenten abgestempelt hatte, als seinem schlüsselmäßigen Anteil an der Übernahme der altausländischen Schuld entsprach, so war es in dieser Hinsicht von Leistungen befreit, jedoch nicht bei den anderen zu bedienenden Kategorien.

Zur Durchführung der Zahlungen an die ausländischen Gläubiger wurde 1924, ein letzter Rest der alten Monarchie oder vielmehr ihrer Gläubiger, in Paris die Caisse Commune des porteurs des dettes publiques autrichienne et hongroise d'avant la guerre errichtet, die auch heute noch ihren Dienst versieht. Sie besorgt das Inkasso jener Vorkriegsschulden an Altausländer, die 1924 bei Gründung der Caisse Commune mit 950 Mill. Dollar berechnet worden waren. Noch 1927 war die Reparationskommission in dieser Hinsicht tätig. Bei deren Auflösung durch die Haager Vereinbarungen gingen ihre Befugnisse 1930 vollständig auf die Caisse Commune über, die aber infolge der Währungsschwierigkeiten, die den Transfer der geschuldeten Summen behinderten, sich bald vor fast unübersteigbare Hindernisse gestellt sah, die sich im Zweiten Weltkrieg und der Errichtung der Volksdemokratien noch verstärkten.

Nach dem Zweiten Weltkrieg wurde Österreich 1952 seiner Verpflichtungen aus der Anschlußzeit (1938–Mai 1945) gegenüber der Caisse Commune enthoben, andererseits im Februar 1953 die Bundesrepublik zu Abschlagzahlungen für diese Zeit verpflichtet. In den Friedensverträgen mit Ungarn und mit Rumänien wurde die Verpflichtung dieser Länder zu Leistungen an die Caisse Commune neuerdings bestätigt, welche die Tschechoslowakei 1950 in einem neuen Abkommen ebenso anerkannte wie Jugoslawien in einem Wirtschaftsabkommen mit Frankreich im Jahre 1951. Diesbezügliche Verhandlungen mit Polen hatten indes zunächst wenig Erfolg, auch flossen die Zahlungen überhaupt mit Ausnahme jener Österreichs und der Bundesrepublik nur sehr schleppend ein. Ende 1953 wurden die ausständigen Leistungen mit 367,7 Mill. Goldfranken, davon 23,5 Mill. rückständige Zinsen, berechnet. Davon entfielen auf Österreich 20,5 Mill. F. Die vollständige Liquidierung dieser Vorkriegsschulden der Monarchie wird sich noch auf Jahre erstrecken, während die Liquidierung der österreichisch-ungarischen Bank verhältnismäßig rasch durchgeführt werden konnte[13].

Unmittelbar vor der Liquidierung steht aber auch noch eine andere, einst sehr bedeutsame Einrichtung Österreich-Ungarns, die zwar in Form einer privaten Gesellschaft geführt wurde, die aber so wichtig war, daß sie Gegenstand des Friedensvertrages sein mußte. Es war dies die Südbahngesellschaft, seit 1923 Donau-Save-Adria-Eisenbahngesellschaft, deren Netz zwar auf die Nachfolgestaaten aufgeteilt wurde, die aber noch immer Gebäude und Grundstücke in Österreich, Ungarn und in Italien besitzt. Die Nachfolgestaaten (Österreich, Italien, Ungarn und Jugoslawien), welche das Bahnnetz übernahmen, mußten sich zur Honorierung ihrer Obligationen durch verschiedene Abkommen verpflichten (Rom 1923, Brioni 1942

---

[13] Mit Ungarn wurde am 29. 3. 1956 ein Abkommen geschlossen, das die Abdeckung der Steg-Obligationen bis 1966 vorsieht. Diese Zahlungen sind schon eingegangen, so daß Ungarn ebenso wie Österreich von seinen Leistungen befreit ist. Die entsprechenden Vereinbarungen wurden 1963/64 im Rahmen französisch-tschechoslowakischer finanzieller Vereinbarungen geschlossen, die auch die Leistungen in die Caisse Commune berücksichtigten.
Rumänien hat sich zwar bereits 1959 zu Leistungen an Frankreich verpflichtet, aber erst am 8. 2. 1965 hat die Caisse Commune für die Gesamtheit der Gläubiger das „endgültige Abkommen" mit Rumänien schließen können, worauf es auch zu Leistungen Rumäniens gekommen ist. Die Außenstände Rumäniens waren sehr beträchtlich, da sie vor Abschluß dieses Abkommens (1963) mit 200 Mill. $ berechnet wurden. Keine Vereinbarung über die Zahlungsaufnahme konnte bisher mit Polen erzielt werden, dessen Außenstände mit 60 Mill. $ angegeben werden. Die Leistungen Jugoslawiens wurden mit Abkommen vom 28. 10. 1960 mit einer Globalsumme von 12 250 000 sfr festgelegt, die 1961–1970 ratenweise zu tilgen war, was auch durchgeführt wird.
Gegenwärtig stehen, der Eingang der rumänischen Abschlußzahlung vorausgesetzt, nur mehr die Leistungen Polens und Rumäniens offen. Die rumänisch-jugoslawischen Verbindlichkeiten gehen teils auf die ungarische Rente zurück, teils auf die ungarische Eiserne Tor-Anleihe 1895, die von ihnen garantiert worden war, so daß sie trotz Ausfalles der Leistungen durch die neue Donaukommission diese Garantie zu erbringen haben. – Auch die auf Papiergulden und -kronen lautenden Renten sollten durch Abschlagszahlungen honoriert werden.
Quelle: Caisse Commune – Rapport du Conseil d'Administration pour l'exercice 1963. Allgemeines über die Caisse Commune: Finanz-Compass Österreich 1945 und 1955. Abschnitt Staatsschulden der früheren ö.-u. Monarchie. Wien 1946 und 1955.

– durch die Pariser Friedensverträge 1947 aufgehoben – und Rom 1962). Der letzten Ausschüttung folgt ihre Liquidierung zum 13. Dezember 1970[14].

Der Friedensvertrag von St. Germain sah aber auch die Liquidierung der Österreichisch-ungarischen Bank vor, die bis dahin das Notenbankprivileg genossen hatte. Dadurch wurde auch rechtlich die Währungseinheit aufgehoben, die bereits im Februar 1919 durch die ČSR faktisch beseitigt worden war. Die Fortdauer gemeinsamer Verrechnungsinstitutionen hätte der Wirtschaft im Donauraum gedient. Nur wenige Jahre bis zu Weltwirtschaftkrise konnte die Freizügigkeit des Devisenverkehrs erhalten werden, dann traten Clearingverträge an seine Stelle. Der Ostblock bedient sich ihrer bis heute. Der Eingriff gegen dieses private Institut war kennzeichnend für die neue Art, mit der die Siegermächte sich über Privateigentum und -rechte hinwegsetzten, wie dies namentlich bei den deutsch-ausländischen Markenrechten und beim deutschen Auslandsbesitz der Fall war.

Durch den Verfall der beiden wirtschaftlichen Großräume, Österreich-Ungarns und des Russischen Kaiserreiches – die Gebietsabtretungen des Deutschen Reiches waren in dieser Hinsicht von geringerer Bedeutung[15] –, traten in Mittel- und Osteuropa an die Stelle der bisher bestehenden 11 000 km Zollgrenze 18 000 km. Dies erschwerte nicht nur den Handel an sich, sondern bewirkte auch dessen Verzerrung und eine Umlenkung der Handelsströme, weil die Errichtung dieser Zollgrenzen zugleich in den meisten Fällen auch die Aufrichtung von Zollmauern und sonstigen Barrieren bedeutete. Die verhängnisvollen Auswirkungen der protektionistischen Handelspolitik, welche vor allem von den Nachfolgestaaten Österreich-Ungarns eingeschlagen wurden, sind so bekannt und hatten solche notorische Folgen, daß sie hier nicht noch einmal angeführt werden müssen.

Immerhin konnte man sich auf der Friedenskonferenz in St. Germain nicht ganz den österreichischen Argumenten entziehen, die immer wieder auf die Lebensunfähigkeit des neuen Staates hinwiesen, der mit seiner zu groß angelegten Hauptstadt auf die Alpenländer beschränkt, praktisch fast alle Rohstoffe, aber auch jener Industrie entbehren mußte, welche in den Sudetenländern ihren Sitz hatte. Die Sudetenländer waren aufgrund der Willenskundgebungen der politischen Vertreter des Sudetenlandes und Deutschösterreichs, gemäß der Vollzugsanweisung der Staatsregierung vom 21. November 1918, integrierende Teile des neuen Staates, so daß ihre Abtretung nicht bloß eine Anerkennung der Herrschaft des tschechischen Staates über sie bedeutete, sondern auch einen Verlust von mehr als einem Drittel von Land und Leuten und des Wirtschaftspotentials Deutschösterreichs, das sich seinerseits wieder als Teil der Deutschen Republik erklärt hatte.

---

[14] Gemäß Art. 25, 10 des Staatsvertrages erkannte auch Österreich 1955 das Abkommen von Brioni für null und nichtig und erklärte sich zu einer neuen Regelung der Annuitäten.

[15] Das Deutsche Reich mußte ungefähr 12% seines europäischen Besitzstandes abtreten. Es verlor damit nicht nur agrarische Gebiete im Osten und wurde durch den Polnischen Korridor im Verkehr und in der Entwicklung Ostpreußens behindert, sondern büßte vor allem die reichen Erzvorkommen in Lothringen ein, was zu einer Umstellung seiner Hüttenwerke zwang. Auch blieben ihm die Saar-Gruben auf 15 Jahre entzogen. Anderserseits bahnten sich dadurch neue Möglichkeiten der Zusammenarbeit zwischen der deutschen und französischen Schwerindustrie an, die nach dem Zweiten Weltkrieg zum Schuman-Plan führten.

Es war daher nicht zuviel gesagt, wenn die deutschösterreichische Delegation in St. Germain, der neben Staatskanzler Renner eine große Zahl hervorragender Fachleute angehörte, auf die ihr am 20. Juli 1919 überreichten, im wesentlichen in den Vertrag eingegangenen Friedensbedingungen erklärte, indem sie die wirtschaftlichen Vorteile der Monarchie Revue passieren ließ: „Unsere gegenwärtige und auch unsere zukünftige Finanzlage macht es unmöglich, in absehbarer Zeit Reparationen zu leisten. Die gewesene österreichisch-ungarische Monarchie war nicht bloß eine politische, sondern auch eine volkswirtschaftliche Einheit. Die Produkte des Bodens reichten im allgemeinen aus, um die Bevölkerung zu ernähren; auch die industrielle Produktion befriedigte den größten Teil des Bedarfes. Dieses einheitliche Wirtschaftsgebiet war auch ein Zollgebiet mit einer Währung und einem organisch gewachsenen Eisenbahnnetze. So war es ziemlich gleichgültig, wo Getreide gebaut, Kohle gefördert oder Industrieprodukte erzeugt wurden. Wo immer die Produkte erzeugt wurden, für alle bildete die Monarchie den einheitlichen Markt, dessen ökonomische und finanzielle Leitung Wien besorgte. Der Zerfall der Monarchie hat dieses große 52 Millionen Menschen umfassende Wirtschaftsgebiet aufgelöst. Die neuen Staaten schließen sich von einander ab, die Produktionsstätten werden von den Sitzen ihrer kommerziellen und finanziellen Leitungen und auch von den Konsumgebieten losgerissen, Verkehrslinien werden geteilt, uralte Kredit- und Handelsbeziehungen getrennt.

Immer wieder muß daran erinnert werden, daß nur ein sehr kleiner Teil der Industrie des alten Staates auf dem Gebiete Deutschösterreichs liegt und daß der Boden des neuen Staates der Hauptsache nach gebirgig ist. Seine Landwirtschaft ist unentwickelt und vermag nur den vierten Teil seines Bedarfes an landwirtschaftlichen Produkten zu decken. Schon dieser Mangel an Lebensmitteln würde hinreichen, um seine Zukunft traurig und bedrohlich zu gestalten. Noch mehr gefährdet ist die eigentümliche Stellung Wiens. Dadurch, daß die außerhalb Deutschösterreichs gelegenen Produktionsstätten neuen Leitungen unterstellt werden und daß der zentrale Verwaltungsapparat des alten Reiches zu bestehen aufhört, verliert Wien und ein großer Teil der im Handel, der Industrie und der Verwaltung tätig gewesenen Bevölkerung ihr Arbeitsgebiet."

Nie wurden die Vorteile des Großwirtschaftsraumes der Monarchie klarer erkannt und ausgesprochen als in diesem Schwanengesang der Republikaner, die den Begriff „Integration" noch nicht verwendeten und doch genau wußten, was er für den Donauraum bedeutet hatte.

Hatte also so die österreichische Friedensdelegation sehr klar und eindrücklich die verheerenden wirtschaftlichen Folgen der Auflösung der Monarchie erkannt und vorausgesagt, die nicht nur ihren Staat allein treffen mußten, so wurden sie nicht müde, immer wieder die besonderen Auswirkungen der Friedensbedingungen auf die Wirtschaft Deutschösterreichs in schwarzen Farben zu schildern, was die Entwicklung der Zwischenkriegszeit nur bestätigt.

Denn die Aufrichtung der österreichischen Wirtschaft, die man nach dem Zweiten Weltkrieg erlebte, war ein langwieriger Prozeß, der nur unter geänderten weltwirtschaftlichen Aspekten unter einem starken Kapitalzufluß, vor allen Dingen durch den Marshall-Plan, aber auch durch die während des Krieges erfolgten deutschen

Großinvestitionen in Österreich möglich war. Daran hatte es aber während der ganzen Zwischenkriegszeit trotz der späteren Sanierung Österreichs durch den Völkerbund gefehlt. Um die Wende des Jahres 1918 war auch nicht im entferntesten an eine solche Hilfe zu denken, so daß die pessimistische Beurteilung über die Lebensfähigkeit Österreichs durchaus am Platze war.

Gegenüber den territorialen Bedingungen, welche mit Ausnahme von Kärnten und eines Teiles der tschechischen Forderungen auf das nördliche Niederösterreich dann im Friedensvertrag übernommen wurden, wandte Renner bereits am 10. Juni 1919 u. a. ein:

„Zu seiner Existenz braucht jeder Staat ein ausreichendes Gebiet und genügende volkswirtschaftliche Grundlagen seiner Volkswirtschaft. Nach den Bestimmungen des Entwurfes jedoch bleibt Deutschösterreich weder sein Heimatboden noch seine Lebensnotdurft zuerkannt.

Deutschösterreich würde seiner reichsten und fruchtbarsten Landstriche beraubt. Gegen ihren Willen, gegen ihr nationales Bewußtsein und ihre wirtschaftlichen Interessen würden mehr als vier von zehn Millionen Deutschösterreichern einer Herrschaft unterworfen, die volksfremd und unserem Volkstum feindselig ist. So sollen Deutschböhmen, Deutschschlesien und die deutschen Gegenden Mährens dem tschecho-slowakischen Staate unterworfen werden. Es handelt sich um geschlossene Sprachgebiete, die von nahezu drei Millionen Deutschen in kompakten Massen bewohnt werden, ohne auf die bedeutenden Sprachinseln in Böhmen und Mähren Rücksicht zu nehmen, die nach dem allgemeinen Volksempfinden ebenfalls Teile des deutschen Österreichs sind ...

Man will auch den Böhmerwaldgau einschließlich der Gegend von Neubistritz und den Znaimer Kreis vom deutschösterreichischen Gebiet trennen und man will Tausende von Bewohnern Niederösterreichs unterjochen, aus dem einzigen Grunde, weil ihre Heimat sich zu wirtschaftlichen Unternehmungen eines Nachbarn eignet, dem daran gelegen ist, uns unserer letzten Zuckerraffinerie sowie der für das Handelsleben wichtigsten Eisenbahnknotenpunkte zu berauben. Dort berufen sich die Tschechen-Slowaken auf die historischen Grenzen, hier treten sie das historische Recht Niederösterreichs mit Füßen ...

Was von Deutschösterreich übrig bleibt, kann nicht mehr leben, es bestünde bloß aus Alpenländern und der Hauptstadt Wien, die von den sechs Millionen Einwohnern zwei Millionen beherbergt und zufolge ihres Ausscheidens aus der früheren Monarchie ungleich mehr geschädigt wird, als irgendein anderer Teil des ehemaligen Reiches. Dieser neue Staat könnte nur ein Viertel der für seine Bevölkerung notwendigen Nahrungsmittel selbst erzeugen und müßte drei Viertel von außen beschaffen. Er müßte ferner jährlich zwölf Millionen Tonnen Kohle im Ausland kaufen, während seine eigene Förderung kaum zwei Millionen erreichen würde. Das Land müßte außerdem die notwendigen Rohstoffe und zahlreiche Industrieartikel einführen. Wir könnten diese Waren nicht durch die Ausfuhr unserer Produkte decken, weil uns mit den deutschen Gebieten Böhmens, Mährens und Schlesiens fast alle unsere Exportindustrien entrissen werden, so die Braunkohlenlager, die Baum-, Schafwoll- und Leinenwebereien, die Glas- und Porzellanfabriken, die Zucker- und die chemischen Fabriken. Gleichzeitig wird unser Transportwesen finanziell und betriebstechnisch ruiniert, indem die vier Eisenbahnlinien, die quer durch die Alpen von Norden nach Süden führen, und ebenso eine der zwei wichtigen Transversallinien von Osten nach Westen verstümmelt, ihrer Ausgangspunkte beraubt und durch fremde Grenzen unterbrochen werden, so daß die übrig bleibenden Linienstücke betriebsunfähig wären. Mit dem Verlust der deutschböhmischen Bäder und Südtirols entgehen uns auch die ausländischen Zahlungsmittel, die der Fremdenverkehr bisher ins Land brachte. Wir könnten also die Lebensmittel und die Waren, von denen Nahrung und Arbeit der Bevölkerung abhängt, nicht bezahlen[16]."

Hat die deutschösterreichische Friedensdelegation die Fragwürdigkeit der Friedensbedingungen nachgewiesen und gezeigt, daß die territorialen Bedingungen nicht nur dem Selbstbestimmungsrecht, sondern auch den wirtschaftlichen Erfordernissen widersprachen, so schwingt in ihren Ausführungen bereits eine Drohung mit, die später auch das Hauptargument für die Forderung nach einer Sanierung durch den Völkerbund werden sollte:

„Nun glauben wir nicht, daß die Vernichtung unseres Staates und die Entstehung eines sozialen und politischen Krankheitsherdes dem europäischen Interesse und den Interessen der alliierten und assoziierten Mächte entspricht. Sollten sie doch die Erhaltung unseres Staates und die Aufrechterhaltung der sozialen Ordnung in unseren und den benachbarten Gebieten als notwendig ansehen, dann müßten die uns mitgeteilten Friedensbedingungen aus den angeführten Gründen sehr wesentliche und grundsätzliche Änderungen erfahren...[17]"

Da sich aber die Friedenskonferenz über alle diese Einwendungen hinwegsetzte, so mußte es zum Entstehen der sozialen und politischen Krankheitsherde in der europäischen Mitte kommen, mit all den Folgen, die bis in unsere Zeit hinein wirken.

Die österreichische Friedensdelegation hat darüber hinaus noch eine Reihe konkreter Fragen wirtschaftlicher Art angeschnitten, die sich aus der Grenzziehung ergaben. So wurde, abgesehen von einleuchtenden und erfolgreichen Argumenten gegen die beabsichtigte Teilung Kärntens, auf die wirtschaftliche Bedeutung der Untersteiermark (Marburger Becken) hingewiesen, wo sich eine Hauptwerkstätte der Südbahn befand. „Die Südbahngesellschaft beschäftigt gegenwärtig in ihren Werkstätten in Marburg mehr als 4000 Arbeiter und Beamte deutscher Rasse, die mit ihren Familien die Zahl von ca. 15 000 Personen erreichen. Die Mehrzahl dieser Arbeiterfamilien ist seit mehr als 10 Jahren in Marburg ansässig. Sie würde durch die uns drohende Regelung dazu verurteilt, alle Leiden der Auswanderung und Arbeitslosigkeit zu erdulden."

Neben der Zerschneidung der durch Marburg laufenden Hauptverkehrslinien wurde als eine der schwerwiegendsten Konsequenzen der Abtrennung des Marburger Beckens der Zusammenbruch aller Anstalten zur Ausnutzung der Drau-Wasser-

---

[16] Bericht über die Tätigkeit der deutsch-österreichischen Friedenskommission in Saint Germain-en-Laye. Band 1. Wien 1919, S. 74–76. – Bei der von den Tschechen geforderten Zuckerfabrik handelte es sich um Hohenau, das bei Österreich verblieb, dagegen gingen die beiden Bahnknotenpunkte Lundenburg und Gmünd, dessen Stadt bei Österreich verblieb, ebenso verloren wie die Bahnstrecke Unterdrauburg–Marburg.
[17] Bericht der d. ö. Friedenskommission I, 78.

kräfte angesehen, wo 300 000 PS zur Energieerzeugung gewonnen werden könnten. Der Bau dieser Wasserkraftwerke war begonnen und die Projekte waren bereits ausgearbeitet, so daß durch den Wegfall dieser Kraftwerke die Stadt Wien, die ihre Kohle nicht mehr frei aus dem Norden beziehen kann, „durch die Vernichtung dieser ganzen natürlichen Energie die letzte Hoffnung, ihre Beleuchtung durch weiße Kohle sicherzustellen, und ihre industriellen Betriebe wieder in Gang bringen zu können", verlöre[18].

Die Erwähnung der Drau-Wasserkräfte im Zusammenhang mit der Kohlenversorgung der Stadt Wien ist keineswegs willkürlich, obwohl man damals erst am Beginn der Ausnützung der Wasserkräfte stand, die, was die Drau betrifft, tatsächlich erst nach dem Zweiten Weltkrieg abgeschlossen werden konnte. Denn der Ausbau der Drau-Kette begann noch in der Monarchie und es war vorgesehen, einen Energie-wirtschaftlichen Verbund mit der Kohle in Nordmähren und Schlesien herzustellen.

Um den Zugang zu diesem Kohlenrevier, wo sich noch große Stahlwerke befanden, für Deutschösterreich zu sichern, schlug die österreichische Friedensdelegation vor, den Bezirk von Ostrau als ein dauernd neutralisiertes Territorium anzuerkennen, dessen Neutralität in derselben Weise garantiert werden sollte wie jene der Schweizer Eidgenossenschaft. Eine vom Völkerbund zu ernennende, aus fünf Mitgliedern bestehende Kommission sollte die Aufsicht über dieses Gebiet führen. Die Ausfuhr von Bergwerksprodukten aus dem Ostrauer Becken wäre keinerlei Behinderung zu unterwerfen, was ebenso für die Zufuhr von Lebensmitteln zu gelten habe. Die Verbraucherstaaten sollten durch einen Spezialbevollmächtigten in diesem Bezirk vertreten sein, mit dem Recht, gegen Entscheidungen der internationalen Kommission vor dem Haager Schiedsgericht Berufung ergreifen zu können[19].

[18] Bericht der d. ö. Friedenskommission I, 155.
[19] Bericht der d. ö. Friedenskommission I, 124–127. Durch eine Sonderbestimmung wurden die ČSSR und Polen nur zu angemessenen Kohlenlieferungen an Österreich verpflichtet. – Im Gegensatz zu den nicht verwirklichten deutschösterreichischen Vorschlägen zur Erhaltung des Zugangs zum Ostrauer Gebiet stehen die Übergangsbestimmungen für Oberschlesien, das trotz des für Deutschland günstigen Ausganges der Abstimmung geteilt wurde. Allerdings galten diese Bestimmungen, die eine gewisse wirtschaftliche Einheit wahren sollten, nur für 15 Jahre und wurden bei Ablauf nicht mehr verlängert. Gewisse Übergangsbestimmungen galten auch den wirtschaftlichen Beziehungen von Elsaß-Lothringen mit Deutschland, aber nur einseitig zugunsten der elsässischen Wirtschaft und ohne Reziprozität.
Im Lichte der heutigen Entwicklung sind die Vorschläge von Keynes zur Überwindung der Wirtschaftsfolgen der Friedensverträge faszinierend. Ihm schien es klar, daß Großbritannien seine Isolierung aufgeben müsse und daß sich die Industrie Deutschlands, die unerläßlich für die Organisierung Mittel- und Osteuropas sei, frei zu entfalten habe. Eine Freihandelszone in Mitteleuropa sollte die Zollschranken überwinden, welche durch die Zerschlagung der großen Reiche entstanden. Sie möge auch das Vereinigte Königreich, Indien und Ägypten, aber auch Belgien, Holland, Skandinavien und die Schweiz einschließen. Es wäre höchst wünschenswert, wenn auch Frankreich und Italien beiträten. Nur äußerlich stelle dies eine Wiederaufnahme der deutschen Mitteleuropapläne dar, da sich dieses Projekt aber dadurch von ihnen unterscheide, daß in ihm kein Staat eine privilegierte imperialistische und diskriminierende Stellung habe.

Aus diesem Vorschlag, der wohl unabhängig von den Versailler Regelungen über Danzig entstand, ist ebenso wenig etwas geworden wie aus den österreichischen Anregungen, eine Art internationalen Betrieb auf den von den Tschechen beanspruchten Bahnen um Lundenburg einzurichten. Die Neutralisierung des Gebietes von Mährisch Ostrau hätte so etwas wie einen europäischen Bezirk entstehen lassen, wie dies nach dem Zweiten Weltkrieg auch an der Saar vorgesehen wurde.

Die österreichische Friedensdelegation hat wiederholt darauf hingewiesen, daß es eine Hauptaufgabe des Friedensvertrages wäre, die Beziehungen der neu entstandenen Staaten untereinander zu regeln, statt einem besiegten, nicht mehr bestehenden Staat Friedensbedingungen aufzuerlegen:

„Diese und ähnliche ganz unerhörte Klauseln entspringen anscheinend der sehr sonderbaren Idee, die nämlichen Bestimmungen, die die siegreichen Mächte einem besiegten Großstaate auferlegen wollen, auf das Verhältnis zwischen unserem neuen Staate und den anderen Teilen der früheren österreichisch-ungarischen Monarchie anzuwenden, mit denen wir bis zum Augenblick ihres Zusammenbruches in einem gemeinsamen Staats- und Wirtschaftsgebiet vereint waren. Die Liquidierung unseres in den alliierten Staaten vorhandenen Vermögens wäre ein sehr harter Schlag; die Wegnahme des in den Gebieten der früheren österreichisch-ungarischen Monarchie befindlichen, das heißt fast des ganzen Vermögens unserer Staatsbürger aber wäre eine Unmöglichkeit. Es würde damit nicht nur das letzte Mittel zur Bezahlung unserer notwendigsten Lebensbedürfnisse genommen, sondern es müßte sofort der vollständige finanzielle Zusammenbruch des Staates, aller Kreditinstitute, Versicherungsgesellschaften, Sparkassen und aller privaten Unternehmungen folgen...[20]."

Tatsächlich konnte man sich auch nicht der Notwendigkeit entziehen, Übergangsbestimmungen in den Friedensvertrag einzuarbeiten, welche sich aus der Auflösung der Monarchie ergaben, ohne aber damit zu einer geregelten Liquidierung zu kommen, oder gewisse gemeinsame Einrichtungen fortzusetzen, wie dies noch in den bekannten Bestimmungen der Potsdamer Konferenz für das Deutsche Reich 1945 vorgesehen war.

Man beschränkte sich lediglich darauf, als Ausnahme von der in Anspruch genommenen Meistbegünstigungsklausel ein Sonderübereinkommen zwischen Österreich-Ungarn und der Tschechoslowakei für gewisse Erzeugnisse anzuerkennen, doch sollten diese Zollpräferenzen nur fünf Jahre in Kraft bleiben. Von dieser Möglichkeit wurde jedoch von keinem dieser Staaten Gebrauch gemacht, so daß es zu ihrer unvermeidlichen Abschnürung kommen mußte. Es wäre durchaus in der Macht der Siegerstaaten gelegen, auf die Annahme solcher Bestimmungen zu drängen, was möglicherweise doch eine Art Überleitung des alten gemeinsamen Marktes der Hauptländer der Monarchie in neue Formen ermöglicht hätte.

Nur kurz sei noch auf einige Bestimmungen hingewiesen, die das Verkehrswesen

---

Würde aber die Verarmung Mitteleuropas andauern und Rachegefühle die Politik beherrschen, setzte Keynes prophetisch fort, würde es zu Bürgerkriegen kommen, gegen die der Erste Weltkrieg und seine Schrecken verblaßten.
Keynes, I. M.: The Economic Consequences of the Peace. London 1920, S. 250.

[20] Bericht der d. ö. Friedenskommission I, 178.

betrafen. So sollte Österreich durch drei Jahre Zollermäßigungen jenen Waren zuerkennen, welche über Häfen der ehemaligen Monarchie eingeführt wurden, eine Bestimmung, die sich wohl gegen die Konkurrenz der deutschen Seehäfen richtete und praktisch keine Bedeutung hatte. Dasselbe gilt aber auch für jene Bestimmungen, welche zugunsten tschechoslowakischer Transporte auf den österreichischen Eisenbahnen eingeräumt werden mußten. Der tschechoslowakische Staat erhielt im Art. 322 „Im Hinblick auf die Wichtigkeit, die der freie Verkehr mit der Adria für den tschecho-slowakischen Staate hat" ... das Recht ... „seine Züge über die auf österreichischem Gebiet gelegenen Teilstrecken folgender Linien zu führen": Preßburg–Fiume über Ödenburg und von Budweis über Linz, Aßling oder Tarvis nach Triest. Damit war aber eine Art Eisenbahnhoheit der Tschechoslowakei in Österreich begründet, denn: „Dieses Durchzugsrecht wird besonders das Recht in sich begreifen, Maschinenschuppen und Werkstätten für kleinere Ausbesserungen am rollenden Material zu errichten und Vertreter für die Überwachung des Dienstes der tschecho-slowakischen Züge zu bestellen" (Art. 323).

Durchgeführt wurde jedoch die Bestimmung nicht, so daß der tschecho-slowakische Korridor über Österreich in dieser Form nicht zustande kam, der auch in der Burgenlandfrage eine große Rolle gespielt hatte. Abgesehen davon, daß überhaupt ihre Aufrollung durch die Aliierten nicht zuletzt auf den Wunsch der ČSR nach einem Korridor nach der Adria zu erklären war, so beschränkte die Bahnlinie Preßburg–Straß–Sommerein–Csorba die österreichische Forderung, das Burgenland, der deutschen Besiedlung folgend, über die zuerkannte Grenze hinaus nach Ungarisch-Altenburg auszudehnen.

Der Verlust des Ödenburger Zipfels hätte das Durchfahrtrecht der Tschechen ohnedies nur mehr auf Linz eingeschränkt. Andererseits wurde durch die Venediger Protokolle dafür gesorgt, daß Österreich einen Eisenbahnkorridorverkehr durch Ödenburg zugestanden erhielt, der auch heute noch in Kraft ist.

Im Prinzip gelten aber noch die Bestimmungen über die Internationalisierung der Donau (Art. 290–308), wenn auch die aufgrund des Friedensvertrages eingesetzte Internationale Donaukommission eine neue Form erhalten hat.

Bemerkenswert ist an der (neuen) Donaukommission gemäß dem Belgrader Abkommen von 1948, der auch Österreich beigetreten ist, daß sie den Dienst für die Eiserne Tor-Anleihe ablehnt, die zu jenen altösterreichisch-ungarischen Anleihen gehört, die von der Caisse Commune betreut wird.

Auch Österreich mußte zwar wie Deutschland den Verlust des Auslandsvermögens in den Siegerstaaten hinnehmen, aber Art. 249 gewährt den altösterreichischen Staatsbürgern Freiheit von der Beschlagnahme ihres Eigentums in den Nachfolgestaaten, ein wichtiger Erfolg der österreichischen Unterhändler, weil die Einkünfte aus dem Auslandsbesitz in den Oststaaten einen maßgebenden Einfluß auf die teilweise Deckung des Handelspassivs hatten, das namentlich gegenüber den Nachfolgestaaten chronisch war.

Für Österreich ergaben sich, ähnlich wie für Ungarn, ganz besondere Schwierigkeiten durch die Zerreißung des einheitlichen Wirtschafts- und Währungsgebietes der österreichisch-ungarischen Monarchie. War schon die Umstellung von der Kriegs- auf die Friedenswirtschaft eine schwere Aufgabe, die nur unter Verlusten gelöst werden konnte, so brachte die Ziehung politischer Grenzen, die auch zu Zollgrenzen protektionistischer Staaten wurden, neue Erschwernisse, von denen sich weder Deutschösterreich noch Ungarn in der Zwischenkriegszeit ganz erholten. Es muß aber festgestellt werden, daß beide Staaten trotzdem manche Fortschritte machten, die weit größer gewesen wären, wenn sie nicht durch die Weltwirtschaftskrise kaum zu bewältigende Rückschläge erfahren hätten[21].

Litten die Staaten Südosteuropas einschließlich Trianon-Ungarn in dieser Zeit vornehmlich am Verfall der Agrarpreise, so standen wieder Österreich und die ČSR vor dem Rückgang ihrer Industrieexporte und deren Erlöse. Die ČSR war in dieser Hinsicht vielleicht noch schwerer getroffen als Österreich, weil sie schon bei ihrer Lösung aus dem einheitlichen Wirtschaftsgebiet jene gesicherten Absatzmärkte verlor, die bisher die Beschäftigung ihrer Industrie gesichert hatten. Dies trug nicht nur zur Verschärfung der politischen Gegensätze im allgemeinen bei, angesichts von 600 000 Arbeitslosen war das Wachsen der kommunistischen Partei in der ČSR verständlich, sondern förderte auch die Radikalisierung im sudetendeutschen Lager, da die deutsche Industrie besonders exportorientiert war.

Die neue Ordnung, welche die Pariser Vororteverträge verhießen, stand daher von Anfang an auf tönernen Füßen. Nicht nur daß die Bedingungen für die Besiegten hart waren, kann man in ihrer Kritik anführen, sondern auch die Verletzung bisher als gesichert angesehener Rechtssätze, die Verkennung wirtschaftlicher Tatbestände und die Forderung nach unmöglich zu realisierenden Werten. Die Weltwirtschaftskrise hat darauf die Antwort gegeben, nicht minder aber auch die politischen Bewegungen in Mitteleuropa, die zum Zweiten Weltkrieg führten.

Ob der Zweite Weltkrieg die unmittelbare Folge des Ersten Weltkrieges war, mögen die Historiker beantworten. Dem Nationalökonomen sollte es aber klar sein, daß die unzureichenden wirtschaftlichen Lösungen zu wirtschaftlichen Schwierigkeiten führten, welche weder die Sieger noch die Besiegten mit den ihnen damals zur Verfügung stehenden Instrumenten überwinden konnten. Von diesen Schwierigkeiten führt ein gerader Weg zum New Deal der USA, wie auch zum Neuen Plan der beginnenden deutschen Kriegswirtschaft. Es bleibt aber ein Verdienst der Nationalökonomen, vor allem von Keynes, der frühzeitig das Transferproblem der deutschen Reparationsleistung erkannte und, den Gründen der Weltwirtschaftskrise nachgehend, jene Theorie begründete, die trotz mancher Schattenseiten – schleichende Inflation – die Arbeitsplätze in der westlichen Welt nach dem Zweiten Weltkrieg, damit ihren sozialen Frieden, politische Sicherheit und freie demokratische Entwicklung sicherte.

---

[21] W e s s e l y , K.: Zisleithaniens Wirtschaft und die Nachfolgestaaten. In: Die Auflösung des Habsburgerreiches. Zusammenbruch und Neuorientierung im Donauraum. Wien 1970 und d e r s.: Österreich-Ungarns Wirtschaft vor dem Ersten Weltkrieg. Der Donauraum 1967) 13; d e r s.: Die Wirtschaftsverflechtung im Donauraum seit 1918. Der Donauraum (1969) 43–66.

HAUPTPROBLEME DER DISKUSSION

Diskussion im Anschluß an das Referat Fellner

Deuerlein: Der weit verbreiteten Ansicht, es handle sich bei der Zeitspanne von 1924 bis 1929 um fünf gute Jahre, steht die Tatsache entgegen, daß sich das Deutsche Reich in monetärer Abhängigkeit vom Ausland, die die nachfolgende Verschärfung der Wirtschaftskrise erklärt, befand. Auch begann im Jahre 1926, wie Gerhard Stoltenberg in seiner Habilitationsschrift nachgewiesen hat, eine Agrarkrise, die sich fortsetzte in einer Kapitals-, Produktions- und Arbeitsmarktkrise. Sie trug nach Meinung des amerikanischen Präsidenten Hoover entscheidend zur Provokation der Weltwirtschaftskrise 1929 bei. Die Auffassung, daß die deutsche Wirtschaftskrise erst nach dem amerikanischen Bankenkrach 1929 einsetzte, weil sie durch diesen ausgelöst wurde, ist unzulässig. In Deutschland gab es bereits vorher eine von der Agrarkrise ausgehende Wirtschaftskrise, die durch die Auslösung der Weltwirtschaftskrise im Herbst 1929 existentiell verschärft und in ihrer Verschärfung politisch artikuliert wurde. In den meisten Darstellungen über den Staat von Weimar bleibt unerwähnt, daß es im Mai 1927 in Deutschland zu einem Sturz des Aktienkurses von beachtlichem Ausmaß kam – zu einem ersten schwarzen Freitag, der alarmierte –, der Alarm wurde jedoch überhört.

Unter dem Schatten des Vertrages vom 28. Juni 1919 gab es keine ausgeglichene und zukunftsträchtige wirtschaftliche Entwicklung, auch nicht in den angeblichen fünf guten Jahren.

Birke: Ich frage mich, ob man für diese Pariser Vororteverträge noch von einem Diktatfrieden sprechen kann. Denn tatsächlich ist ja am 7. Mai 1919 nicht der fertige Vertragstext der deutschen Delegation übergeben worden, sondern ein Entwurf mit der Aufforderung, kurzfristig schriftlich dazu Stellung zu nehmen. Direkte mündliche Verhandlungen blieben allerdings weiterhin ausgeschlossen. Die deutschen Gegenvorschläge vom 29. Mai sind dann von Lloyd George benutzt worden, um gewisse Milderungen durchzusetzen, die vor allem die deutsch-polnische Grenzziehung betrafen; u. a. wurde Oberschlesien statt der bedingungslosen Abtretung eine Volksabstimmung zugebilligt, die über das zukünftige Schicksal entscheiden sollte.

Die einer Diffamierung gleichkommende unpersönliche Behandlung der deutschen Unterhändler widersprach den Traditionen der seit langem geltenden diplomatischen Praxis. Das gilt für den Wiener Kongreß und die Verträge von 1814/15 ebenso wie für die deutsch-französischen Friedensverhandlungen von 1871. Hier hat der französische Vertreter Jules Favre stets die menschliche Noblesse Bismarcks hervorgehoben, bei aller sachlichen Härte der Auseinandersetzungen.

Eine zweite Frage betrifft die mehr oder weniger wahrscheinliche Unabänderlichkeit des Geschehens von 1919 im Donau- und Sudetenraum. Gab es dafür wirklich keine Alternative mehr?

Die Kriegserinnerungen der an der Zertrümmerung der Donaumonarchie so wesentlich beteiligten Auslandsrevolutionäre Masaryk und Beneš spiegeln ihre tiefe Sorge vor einer anderen Lösung wider. Mochte das in den Memoiren auch taktisch mitbedingt sein, um angesichts der Inlandsrevolution die eigenen Verdienste zu betonen, so besaßen diese bis in das Jahr 1918 hineinreichenden Zweifel doch einen echten Kern. Selbst Marschall Foch liefert dazu noch am 27. November 1918 einen Beitrag mit einer Denkschrift, welche zu den französischen Vorbereitungen der Friedenskonferenz gehörte. Er stellt darin die Bevölkerungsziffern Deutschlands mit ihren wahrscheinlichen Gewinnen und Verlusten einander gegenüber und zählt dabei 7 Millionen Deutsch-Österreicher zu den 68 Millionen Bewohnern des deutschen Reiches[1].

Als ein weiteres Zeugnis für die französischen Zweifel an der mitteleuropäischen Entwicklung wird man die Mission Allizés betrachten dürfen. Dieser geschickte und mit den mitteleuropäischen Verhältnissen vertraute Diplomat wurde Ende März 1919 mit einem kleinen Stab aus Den Haag nach Wien versetzt, um mit politischen und finanziellen Mitteln mehr oder weniger diskret die Anschlußneigungen der Deutsch-Österreicher zu bekämpfen[2].

Von Clemenceau ist in der Viererratssitzung am 4. April 1919 die Frage binnen weniger Minuten erledigt worden: „Le plus simple est de maintenir la frontière telle qu'elle était avant la guerre et de laisser à la Bohême et à l'Allemagne le soin de faire entre elles des échanges de territoires si elles le jugent bon. Quant à la question des Allemands de Bohême, elle n'a rien à faire avec les préliminaires de paix entre nous et l'Allemagne[3]."

K r ü g e r : Ich möchte zunächst einen Punkt von Herrn Prof. Fellner dankbar aufgreifen. Es ist, glaube ich, für die Betrachtung der Vorgeschichte des Versailler Vertrages, des Vertrages selbst und auch der nachfolgenden Epoche wichtig, daß man von dieser emotional aufgeladenen Atmosphäre des Schmachfriedens, Diktatfriedens und ähnlichem wegkommt. Ein Friedensschluß wird, wie Sie betonten, gegenüber den Besiegten in gewisser Weise immer ein Diktatfrieden sein. Der Sieger setzt Bedingungen, die den Besiegten entweder in eine neue vertiefte Gegnerschaft

---

[1] G. Beyerhaus hat in seiner Studie zur „Europapolitik des Marschalls Foch", Leipzig 1942, die Denkschrift als Anlage I im Originaltext wiedergegeben.
Die von Marschall Foch veranschlagten Zahlen lauten

Empire allemand 1914	68 000 000	
Provinces allemandes d'Autriche	7 000 000	
Posnanie		2 100 000
Alsace-Lorraine		1 900 000
Pays rhénans de la rive gauche du Rhin		5 400 000
Sleswig-Holstein		1 600 000
	75 000 000	11 000 000

Différence: 64 000 000

[2] Vgl. A l l i z é, Henri: Ma mission à Vienne (mars 1919 – août 1920). Paris 1933.
[3] Bei: M a n t o u x, Paul: Les Délibérations du Conseil des Quatre (24 mars – 28 juin 1919). Bd. 1. Paris 1955, S. 149. Mantoux nahm als Dolmetscher an den Sitzungen des Viererrats in diesem Zeitraum teil und diktierte jeweils am Folgetage seine Notizen einem Parlamentsstenographen.

treiben oder aber ihm das Gefühl geben, wenn man bestimmte Dinge davon annimmt, kann man aus diesem Vertrag noch etwas machen. Und damit möchte ich auf den ersten Punkt kommen, der mir interessant erschien, und das ist die Frage: wie haben sich tatsächlich die führenden deutschen Kreise zu den Friedensbedingungen – ich sage bewußt Friedensbedingungen und nicht Friedensvertrag, denn viele Dinge, die nachher in den Friedensvertrag kamen, waren schon Monate vorher ziemlich genau bekannt, und zur richtigen Beurteilung der Reaktionen auf den Vertrag muß man auch den Zeitraum vor der Unterzeichnung betrachten – wie haben sich die führenden Kreise also dazu gestellt[4]. Es lassen sich da zwei Strömungen durchaus deutlich machen: einmal hat man sich gesagt, es gibt eine gewisse Menge an Verpflichtungen, an Leistungen, die wir tatsächlich erbringen müssen. Es gab eine starke Gruppe, die sagte, wir müssen aus dem verlorenen Krieg die Konsequenzen ziehen, wir müssen und wir wollen auch in gewissem Umfang dafür zahlen. Das war auch wörtlich, aber nicht nur wörtlich gemeint in Form von Geld, Reparationen oder ähnlichem, sondern auch Abtretungen wollte man durchaus im Rahmen der Lansing-Note und der 14 Punkte Wilsons usw. anerkennen.

Eine andere Gruppe war ziemlich oppositionell und versuchte, die gesamten Vorbereitungen dahingehend zu beeinflussen, daß man möglichst um jeden einzelnen Punkt kämpfen sollte. Und daraus ergaben sich nachher bei den Friedensverhandlungen (d. h. es waren ja keine Verhandlungen, es war, wie es einmal gesagt wurde, ein Notenfeldzug in Versailles) gewisse Diskrepanzen, und man hat sich hinterher gefragt, ob es tatsächlich richtig war, daß die Deutschen Punkt für Punkt mit Gegenvorschlägen kamen, statt die mögliche Übereinstimmung hervorzuheben und sich auf einen kleinen Ausschnitt von ganz entscheidend wichtigen Punkten zu beschränken und zu sagen: das können wir nicht machen. Wenn man jetzt teils die aus den Akten, teils aus Zeitungen, Reden, aus der Nationalversammlung usw. bekannten Fakten zusammenzählt, dann kommt man dazu, daß – wie einmal ein Mitglied der deutschen Geschäftsstelle für die Friedensverhandlungen gesagt hat – es gar nicht darum geht, ob wir bestimmte Bedingungen annehmen können oder nicht, denn im Ernstfall ist es so, daß man alles annehmen oder nichts annehmen kann. Die Frage sollte für uns sein, wenn wir uns wirklich ehrlich dieser neuen Situation gegenüberstellen: was ist erfüllbar? Und das war tatsächlich, wie sich aus den Akten deutlich nachweisen läßt, die Voraussetzung bei den für die Friedensvorbereitungen Verantwortlichen; sie wollten, so weit es ging, die Bedingungen erfüllen und sich dazu verpflichten, aber sie sagten, dann müssen sie auch in irgendeiner Weise tragbar sein. Es ist z. B. gerade angesprochen worden, wie die deutsche Delegation sich in Versailles und nach ihrer Rückkehr zu den Änderungen gestellt hat, zu den Verbesserungen, die von den alliierten und assoziierten Mächten im zweiten, endgültigen Vertragsentwurf zugestanden wurden. Ich habe hier ein Dokument, das ich kurz vor dieser Tagung gefunden habe. Da kamen sozusagen die ersten Boten der Delegation am 18. Juni aus Versailles nach Berlin zurück. Die

---

[4] Für die folgenden Ausführungen sei auf die Bestände im Politischen Archiv des Auswärtigen Amts verwiesen: Weltkrieg 30 und 31 (auch Geheimakten dazu) und vor allem die Akten der Geschäftsstelle für die Friedensverhandlungen.

deutsche Reaktion ist bekannt, doch ist diese erste Äußerung für das Thema, die Aufnahme des Vertrags und die deutschen Zukunftsaussichten, interessant. Der wirkliche Legationsrat Schmitt, ein führender Mann in der handelspolitischen Abteilung des Auswärtigen Amtes, sagte: „Ich möchte Ihnen kurz darstellen [das ist ein Dokument aus der Geschäftsstelle für die Friedensverhandlungen] zunächst, welche Änderungen in der gegnerischen Antwort gegenüber dem ursprünglichen Entwurf enthalten sind, und sodann, wie die Stellungnahme der Versailler Delegation sich zu diesen Änderungen bisher gestaltet hat. Die Änderungen selbst sind minimal; die gegnerische Antwort enthält lediglich eine Reihe vager Versprechungen, die in sehr salbungsvollem Tone gehalten sind und uns erklären: wir könnten auf ihr Wohlwollen rechnen ... Die Ansicht der Herren in Versailles ist nun die, daß diese Bestimmungen [außer dem Entgegenkommen in Oberschlesien] gar keine Bedeutung haben. Wir haben uns, nachdem wir von einigen Steinwürfen und guten Wünschen begleitet abgefahren sind, auf der Bahn das Schriftstück der Gegner eingehend überlegt... [Die Delegierten halten] den Vertrag für nicht unterzeichenbar. Sie gehen davon aus, daß wir in diesem schwerwiegenden Moment ehrlich sein müssen und nicht etwas unterschreiben dürfen, was wir doch nicht erfüllen können." Ich möchte nur eins jetzt aus diesen Dingen festhalten: es bestand also durchaus ein Wille, den Vertrag zu erfüllen, und das ist eine Situation, die man vielleicht genauer kennzeichnen müßte. Es geht nicht nur darum, die spätere Behandlung des Vertrages, wie er in den demagogischen Angriffen dargestellt wurde, zu betrachten, und daß man einfach keinen Zugang, keine Zustimmung dafür fand, ihn auch wirklich durchzuführen und damit eine neue Ordnung heraufzuführen, sondern es ist die andere Frage noch, der Stand vor und bei der Unterzeichnung, das muß man dabei unbedingt berücksichtigen. Es war sofort schon in Versailles das Problem aufgetreten, was sollen wir mit diesem Vertrag anfangen. Und wie schon gesagt worden ist von Herrn Prof. Deuerlein, von der Linken bis zur Rechten war man sich klar, daß diese Bedingungen eigentlich nicht unterschrieben werden könnten. Und auch da sagt der Abgesandte der Delegation, der nach Berlin kam, der Legationsrat Schmitt, es sei für uns letzten Endes die Frage, womit wir die besseren Chancen für die Zukunft hätten, mit der Unterzeichnung oder mit der Weigerung. Es ist also nicht so, daß man einen Vertrag zuerst angenommen hat mit dem ganz bewußten Ziel, ihn später zu brechen, sondern man hat sich überlegt; es bleibt uns gar keine andere Möglichkeit als die Frage: können wir, wenn wir jetzt nicht unterzeichnen, auf eine neue Verhandlung rechnen, auf eine mildere Behandlung oder wie auch immer man es nennen mag, oder, wenn wir unterzeichnen, gibt es die Möglichkeit einer allmählichen Revision? Das ist weder unaufrichtig noch hinterhältig. Man hatte, das läßt sich mehrfach belegen, angesichts der Entwicklung des Waffenstillstandsvertrages gar kein Vertrauen auf das alliierte Wohlwollen nach Friedensschluß. Deshalb wollte die Delegation nicht unterzeichnen. Und damit komme ich auf einen zweiten Punkt, den Sie, Herr Prof. Fellner, angesprochen haben, nämlich das evolutionäre Moment. Sie sprachen davon, daß es schließlich ein Friedensinstrument war, aus dem man – ich glaube, ich habe Sie da recht verstanden – bei weiser Anweisung, darf ich so interpretieren, von allen Seiten vielleicht eine Neuordnung hätte entwickeln können unter Berücksichtigung des Völkerbundes. Daran glaubte man im

Juni 1919 nicht, aber später haben auf diese Karte gerade die einsichtigen Kreise sehr stark gesetzt. Und ich muß sagen, da vermisse ich einen Hinweis, daß ja gerade Frankreich diese evolutionäre Entwicklung nicht gewollt und im Gegenteil immer stark an dem status quo in jeder einzelnen Frage festgehalten hat. Das wäre das eine, und das andere wäre noch: Sie sprachen kurz von der allgemeinen Forschungslage, daß man also viel mehr in die Archive in Washington, London, Paris, ich glaube, Sie erwähnten auch Rom, gehen sollte. Das finde ich ganz ausgezeichnet. Da findet man bestimmt auch noch sehr interessante Dinge. Ein Hinweis, den ich bloß vermißt habe, war, daß man auch mal hier in Deutschland in das Archiv des Auswärtigen Amtes hereinschaut. Da findet man nämlich ganz erstaunliche Sachen gerade zu diesen Fragen und zu der Atmosphäre, in der sie behandelt wurden. Und ich möchte noch etwas anfügen aus den einzigen Informationsquellen, die Deutschland in der Welt eigentlich hatte, das waren die Gesandtschaften in den neutralen Ländern. Die Leute haben dort ziemlich gute Verbindungen aufgebaut. Zunächst ist natürlich viel Material dabei, das von Zwischenträgern, Agenten und so weiter, die oft auch nicht eingehend informiert sind oder ihre eigenen Zwecke verfolgen, bereitgestellt wird. Es gab da aber immer stärker, so nachdem Adolf Müller Gesandter in Bern geworden war, immer zuverlässigeres Material, auch besonders aus Den Haag. Ich möchte in Zusammenhang mit den Spannungen zwischen England und Frankreich darauf hinweisen, daß die Engländer Mitte April durch ihre Gesandtschaft in Den Haag eine ganz formelle und geheime Aufforderung an das Auswärtige Amt ergehen ließen, die Deutschen möchten doch die entscheidenden Punkte des Friedens, in denen sie nachgeben würden, oder wo es ihnen wirklich unmöglich wäre, nachzugeben, ihnen vertraulich bekanntgeben. Daß da auch Kontakte bestanden, muß man berücksichtigen, so kam es dann dazu, daß den Deutschen immer wieder von den verschiedensten Leuten, von Amerikanern, Engländern und Neutralen, auch in offizieller Position, zu verstehen gegeben worden war, man wäre sehr enttäuscht, wenn Deutschland die sehr harten Friedensbedingungen unbesehen unterzeichnen würde. Also Deutschland war bereits, bevor die Delegation nach Versailles ging, darauf hingewiesen worden, daß man im Lager der Alliierten selbst damit rechnete, daß die Bedingungen nicht so angenommen werden. Es gibt aufschlußreiche Berichte vom April, die auf Aussagen der amerikanischen Gesandten in Den Haag und Kopenhagen beruhen, und da ist gesagt worden, man hoffe, daß Deutschland sich mit den Bedingungen sachlich auseinandersetzen und versuchen werde, sie als unannehmbar hinzustellen und das auch zu beweisen; dann würde man die englische und amerikanische Unterstützung für eine Wiederaufnahme der sehr festgefahrenen Verhandlungen in Versailles selbst erreichen können, weil im Augenblick vieles ein Kompromiß gewesen sei. Diese Dinge darf man nicht vergessen, und daß die Deutschen dann um so eher glaubten, daß regelrechte Verhandlungen stattfinden würden.

Zwei Punkte also: erstens, daß in Deutschland durchaus und gerade in der Delegation der Wille bestand, einen Vertrag, der Deutschland große Opfer auferlegte, zu prüfen und zu erfüllen, die Regierung aber vor Dingen warnte, die unerfüllbar seien und die Deutschland auch innerlich irgendwie zerreißen müßten, wie es ja nachher auch gekommen ist, und die deswegen nicht angenommen werden sollten.

Und zweitens: Als man durch das Ultimatum zur Unterzeichnung gezwungen wurde, entstand bei den Gemäßigten der Gedanke einer allmählichen Revision. Daß diese dann überholt wurde von anderen, von sehr viel schärfer, nationalistisch und demagogisch, an die Sache herangehenden Kräften, ist eine andere Frage. Wenn ich noch kurz etwas zur Frage der Reparationen sagen darf, die angesprochen wurde: Man muß sich eins klar machen, der Versailler Vertrag enthielt tatsächlich, wie von Herrn Prof. Deuerlein angedeutet wurde, wirtschaftliche Bedingungen, die katastrophal und in sich widersprüchlich waren. Und ich möchte jetzt nicht wieder Keynes zitieren, es gab auch andere, die das sahen. Es gibt noch etwas, was vielleicht nicht so sehr bekannt ist. Wahrscheinlich wird in dem Vortrag von Herrn Prof. Prinz einiges über die Friedensvorbereitungen von amerikanischer Seite, also die Inquiry, gesagt werden. Man sollte das weiterführen und einmal vergleichen, wie Deutschland, Frankreich, England und Amerika sich auf die Friedensverhandlungen vorbereiteten. In Deutschland gab es die Geschäftsstelle für die Friedensverhandlungen und es wurde ein Gremium eingerichtet, das natürlich Beamte des Auswärtigen Amtes und der Reichsbehörden umfaßte, aber vor allem auch die führenden Bankleute und Wirtschaftsfachleute in Deutschland, und zwar Unternehmer, Professoren, Gewerkschaftsvertreter usw. Es gab einen inneren und einen weiteren Kreis. Der innere Kreis war dann bei der Delegation in Versailles vertreten. In den Besprechungen stellte man fest, daß Deutschland praktisch bankrott sei, und das gehe so weit, daß man überhaupt eine Ankurbelung der Wirtschaft ohne fremde Hilfe gar nicht mehr durchführen könne. Es war also nicht so, daß man nach außen hin gesagt hat, „wir können nicht zahlen", sondern im Gegenteil – das war im März 1919 – mußte man erklären, wir sind so zahlungsunfähig, wie im Augenblick kein Mensch ahnt. Ist es überhaupt möglich oder denkbar, daß wir das jetzt dem unvorbereiteten Volk sagen? In dieser harten Form? Ich möchte einen anderen Punkt noch anführen als Abschluß:
Es haben sich wahrscheinlich alle geirrt, selbst diese Leute damals. Es wird oft davon gesprochen, daß Deutschland seine Kräfte überschätzt und die der anderen unterschätzt hätte. Das stimmt natürlich in gewisser Weise. Ich möchte aber auf eines hinweisen: Damals konnte man, weil vor allem das wirtschaftstheoretische, volkswirtschaftliche Instrumentarium noch nicht da war, das heute da ist, kaum wissen, daß man im Gegenteil die deutsche Kraft unterschätzt hatte und daß diese Leute wirklich reinen Gewissens sagten, also wir können uns wirtschaftlich nicht mehr rühren. Ich möchte da nicht im einzelnen drauf eingehen, aber es herrschte eine richtige Katastrophenstimmung in diesen Besprechungen. Deutschland konnte aber nur dann bedeutende Reparationen zahlen, wenn man es zur stärksten Wirtschaftsmacht Europas werden ließ. Das wollte man nicht. Und darin liegt einer der größten inneren Widersprüche des Versailler Vertrags.

F e l l n e r : Ich kann auf die vielen wertvollen Anregungen, die von allen Diskussionsteilnehmern beigetragen worden sind, nicht im einzelnen antworten und möchte nur auf jene Bemerkungen kurz eingehen, die mir von meinem Forschungsstand aus besonders wichtig erscheinen.
Ich danke Herrn Krüger für die sehr interessanten Mitteilungen, die viel neues

Material bringen. Der Hinweis auf die Kontaktstelle zwischen England und Deutschland in Den Haag war mir sehr wichtig, denn mir ist die seltsame Parallelität zwischen der deutschen Antwort zum Friedensvertragsentwurf und dem Lloyd-George-Memorandum vom 25. März aufgefallen und ich habe immer schon die Vermutung geäußert, die Deutschen müssen informiert gewesen sein, wo sie einhaken können. Ich glaube, man sollte diese Hinweise von Herrn Krüger weiter verfolgen.

Was die Frage der Erfüllbarkeit der Reparationen betrifft, so wäre doch zu bedenken, daß Deutschland immerhin 100 Milliarden Mark selbst angeboten hat plus Sklavenarbeit, d. h. Arbeitsverpflichtung deutscher Staatsbürger zum Wiederaufbau Frankreichs. Sicher war die Schlußziffer der Reparationsforderung höher, aber man hat ja nicht einmal die erste Summe gezahlt, die man nach eigener Angabe hätte zahlen können. Die Zahlungsunfähigkeit bestand nach innen, man war dem deutschen Volk gegenüber total verschuldet und konnte ihm jene Anleihen nicht zurückzahlen, mit denen man den Krieg finanziert hatte. Hier, in der Frage der Kriegsfinanzierung und deren Folgen liegen die Ursachen der Inflation. Die Inflation hat diese Zahlungsunfähigkeit ausgelöscht und man hat mit einer sehr geschickten Propaganda nachher diese Nichtbezahlung der Schulden gegenüber dem eigenen Staatsbürger dem Friedensvertrag in die Schuhe geschoben, indem man die Inflation u. a. aus den Reparationen erklärte. Und ich möchte doch den Aspekt noch einmal betonen, daß die deutsche Delegation in Versailles zwar bereit gewesen ist, deutsche Arbeiter anzubieten, aber nicht bereit gewesen ist, deutsches Kapital anzugreifen. Darin sehe ich einen sehr bedenklichen Grundzug in der Haltung der deutschen Diplomaten in Paris.

Zur Reparationsfrage wird immer wieder Keynes zitiert, warum wird nicht Etienne Mantoux zitiert? Mantoux hat in seinem Buch „The Carthaginian Peace" gegen Keynes nicht nur polemisiert (auch Keynes Buch ist ja eine politische Polemik und keine wissenschaftliche Untersuchung), sondern er hat offenkundige Unrichtigkeiten der Keynesschen Argumentation aufgezeigt. Und ich finde es bezeichnend, daß Keynes sofort ins Deutsche übersetzt wurde, daß aber Mantoux bis zum heutigen Tag nicht übersetzt worden ist[5].

Ergänzend zu den Bemerkungen von Herrn Prinz über die Behandlung des Problems Österreich-Ungarn auf der Konferenz möchte ich auf die Ausführungen verweisen, die Professor Mamatey auf der Tagung in Bloomington im Jahr 1966 gemacht hat. Professor Mamatey hat sehr schön herausgearbeitet, daß die Aufgabe der Pariser Konferenz bloß die Legalisierung einer Ordnung war, die vorher schon bestanden hat[6].

---

[5] Keynes, John Maynard: The Economic Consequences of Peace. London 1919. Deutsche Ausgabe: Keynes, John Maynard: Die wirtschaftlichen Folgen des Friedensvertrages. München–Leipzig 1920. – Mantoux, Etienne: La Paix calomniée, ou les conséquences économiques de M. Keynes. Paris 1946. Englische Ausgabe: Mantoux, Etienne: The Carthaginian Peace or the Economic Consequences of Mr. Keynes. With an introduction by Robert G. Colodny. Pittsburgh 1952.
[6] Mamatey, Victor S.: Legalizing the Collapse of Austria-Hungary at the Paris Peace Conference. Austrian History Yearbook 3, Teil 3 (1967) 206–237. Vgl. dazu den Kommentar von Fellner, Fritz: Ebd., S. 243–249.

Zu den Bemerkungen von Herrn Scheibert möchte ich ergänzend betonen, daß im Grunde genommen die Engländer schon am 24. März 1919 begonnen haben, gegenüber Deutschland eine Politik des Appeasements zu betreiben. Durch diese englische Appeasement-Haltung ist die Ordnung, die man gerade aufzurichten bestrebt war, schon in Frage gestellt worden, ehe sie noch richtig bestand.

Wenn wir die Bedeutung des Friedensvertrages für die europäische Ordnung bedenken, so können wir, glaube ich, nicht sagen, daß die Schwäche dieser Ordnung im Vertrag lag. Ich glaube, die entscheidende Schwäche liegt in der Haltung der Deutschen gegenüber dem Friedensvertrag. Sie liegt darin, daß die deutsche Linke, so wie bis heute, Angst hatte, als unpatriotisch gebrandmarkt zu werden, wenn sie für den Vertrag einträte; und daß sie aus lauter Angst, man könnte sie als unpatriotisch, als Vaterlandsverräter bezeichnen, sich in einen heftigen polemischen Widerstand hat treiben lassen, wodurch sie dem Chauvinismus der Rechten eigentlich erst die Voraussetzung geschaffen hat.

Richtig ist, wenn Herr Deuerlein darauf verweist, daß die US-Politiker in Potsdam immer noch von dem Versailles-Gedanken ausgegangen sind; durch den ganzen Zweiten Weltkrieg hindurch, durch die ganze Nachkriegsplanung läßt sich dieses Bemühen erkennen, ein Wiederholen der Situation von 1918 zu verhüten. Aber es waren doch die Interpretationen des Vertrages, die entscheidend waren, und nicht die eigentliche Geschichte. Die amerikanischen Politiker waren in ihrer Interpretation von Versailles von den Klischees bestimmt, die inzwischen geschaffen worden sind, und nicht von der Realität der Verhandlungen in Paris. Denn sie hatten die Akten ja gar nicht selber eingesehen, sie haben einfach das wiederholt, was die Presse gesagt hat.

Zusammenfassend: Herr Deuerlein hat ganz Recht, wenn er meine Position als Gegenposition bezeichnet. Ich habe sie bewußt so formuliert. Denn ich finde, es ist notwendig, daß die Antithese hergestellt wird, um zu der Synthese zu kommen, die wir notwendig haben, zu der Synthese, die dann letzten Endes den Vertrag von Versailles als einen Friedensvertrag in der Reihe der vielen erkennt, nicht als den besten – das habe ich auch nicht behauptet – sondern als einen Vertrag wie viele andere: hart, aber nicht unerfüllbar.

Diskussion im Anschluß an das Referat Hanák

Prinz: Ich darf Herrn Kollegen Hanák für seinen ausgezeichneten Vortrag danken, der uns, von der grundlegenden Wandlung des Jahres 1848 ausgehend, einen Gesamtaufriß der Problematik gegeben hat, wie er hier notwendig war, um die Friedensregelung von 1918/19 nicht zu isoliert zu betrachten. Ich darf hier betonen, daß gerade Peter Hanák es gewesen ist, der in seinen Forschungen die wirtschaftlichen Vorteile der Donau-Monarchie für die ungarische Reichshälfte in den Vordergrund gestellt hat. Jeder, der seine Forschungen kennt, weiß, daß er hier gegen ein sehr altes nationales Klischee angekämpft hat.

Gleichzeitig halte ich es für wichtig, eine Tatsache festzuhalten (und damit stimmt Herr Hanák ganz mit dem überein, was Robert Kann in seinem Werk über das

Nationalitätenproblem in der Donau-Monarchie geschrieben hat!), nämlich: daß der Ausgleich von 1867 das Leben der Donau-Monarchie verlängert hat, daß er also nicht die Ursache des Unterganges war. Die eigentliche Krise kulminierte im Jahre 1848/49, sie wurde durch den Ausgleich nach einem bürgerkriegartigen Zwischenstadium zu einem Teil paralysiert, zu einem Teil beseitigt, jedoch nur unter den schwerwiegenden politischen Implikationen, die im dualistischen System selbst lagen.

Peter Hanák ist es auch gewesen, der dieses dualistische System von einer neuen Seite her beleuchtet hat. Er verwies dabei nachdrücklich auf die bisher viel zu wenig beobachtete Tatsache, daß im Delegationssystem des Dualismus, d. h. in der dualistischen Staatskonstruktion an und für sich, bereits die Möglichkeit lag, Elemente des Neo-Absolutismus ohne parlamentarische Kontrolle beider Staatshälften wieder einzubauen. Der Dualismus konstituierte gewissermaßen eine gefährliche Verfassungslücke, in die die Bürokratie sehr zielbewußt hineinzuwirken begann. Es handelte sich um ein System der hohen Staatsbürokratie, die in der Umgebung des Herrschers eine maßgebliche Rolle spielte und sich – wenn man die österreichischen Kabinette bis zum Ersten Weltkrieg verfolgt – in allen Kabinetten die Tür in die Hand gab; eine Art Ringelspiel der einzelnen Teilnehmer. Einfluß besaßen sie jedoch mit oder ohne Portefeuille gleichermaßen, nur waren sie eben als „informeller Kreis" nicht in dem Maße verantwortlich, wie das etwa in westeuropäischen Staaten eine Regierung den Parlamenten gegenüber zu sein hatte. Diese Lücke hat die dualistische Staatskonstruktion geschaffen, die eben eine Hilfskonstruktion war, um die Lebensdauer dieses Staates zu verlängern. Gewisse Elemente der späteren Desintegration der Monarchie sind jedoch gerade in dem erwähnten informellen, aber einflußreichen Kreise um den Kaiser zu finden, der der demokratischen Willensbildung gleichsam entzogen war.

Für sehr wichtig halte ich auch die Feststellung für die ungarische Reichshälfte, daß die Sozialisten ihren Konnationalen integriert worden sind. Das ist genau derselbe Prozeß, den wir in der westlichen Reichshälfte ebenfalls bemerken können: der sozialistische Internationalismus wurde in der praktischen Konsequenz sozusagen zurückgenommen. Die Tatsache, daß alle Parteien im Banne der ungarischen Staatsidee geblieben sind, zeigt, wie stark diese ungarische Staatsidee gewirkt hat, vor allem, wenn man sie vergleicht mit der nach 1848/49 auch in der westlichen Reichshälfte versuchten „Kreierung einer österreichischen Nationsidee", einer supranationalen, nichtethnischen Nationsidee, die aber letzten Endes wesentlich schwächer entwickelt war als in der ungarischen Reichshälfte. Hier gibt es also zwar graduelle, aber doch wesentliche Unterschiede der Durchschlagskraft der Staatsidee in der östlichen und in der westlichen Staatshälfte.

Diskussion im Anschluß an das Referat Baumgart

D e u e r l e i n : Die Situation war, das hat Herr Baumgart immer wieder angesprochen, außergewöhnlich dramatisch. Die politische Verantwortung in Deutschland lag, soweit sie durch die Reichsverfassung festgelegt war, bei einem hoch angesehenen, aber völlig senilen Reichskanzler, bei Georg Graf von Hertling. Er hatte im Sommer 1917 das Amt des Reichskanzlers ausgeschlagen, weil ihm das ständige „Hineinregieren" der dritten Obersten Heeresleitung bekannt war. Im Herbst 1917 ließ er sich schließlich doch dazu überreden, das undankbare Amt des Reichskanzlers zu übernehmen. Bereits wenige Tage später schrieb er an seine Frau, daß die „Überregierung Ludendorff – Hindenburg", wie er es formulierte, versuchte, ihm das politische Konzept zu verderben. Die politische Führung war im Winter 1917/18 durch die Kontroverse zwischen der Reichsleitung und der Obersten Heeresleitung völlig lahmgelegt. In dieser verzweifelten Situation suchte Hertling einen Bundesgenossen; er hoffte, ihn in Wien zu finden. Es war für ihn eine bittere Enttäuschung, daß er von Wien keine Unterstützung der Aktivität der Reichsleitung, die eine Domestizierung der Obersten Heeresleitung anstrebte, erhielt; er gewann den Eindruck, daß Wien sich entweder völlig passiv verhielt, oder, im Interesse kleiner Tagesvorteile, mit der Obersten Heeresleitung „kunkelte". Diese politische Situation im Winter 1917/18 erlaubte es der dritten Obersten Heeresleitung, den Friedensvertrag von Brest-Litowsk fast allein zu bestimmen.

Über den erwähnten Kronrat in Bad Homburg existieren noch nicht edierte Aufzeichnungen von Hertling Vater und Sohn; sie berichten über die Auseinandersetzungen in dem Kräftedreieck Kaiser, Oberste Heeresleitung, Reichskanzler. Die Zuspitzung der innenpolitischen Situation zu einer neuen Kanzlerkrise, die von Anfang Januar 1918 an latent war, bis zu dem verspäteten Rücktritt Hertlings am 29. September 1918 hatte entscheidenden Anteil daran, daß es sich in Brest-Litowsk um einen Friedensvertrag der Militärs handelte. Bedauerlicherweise war der in Brest-Litowsk vertretene Verbündete, Österreich-Ungarn, nicht bereit, aus Rücksichtnahme und aus Schwäche die politische Führung des Deutschen Reiches gegenüber der Obersten Heeresleitung zu unterstützen, – auch nicht nach der Intervention der Reichskanzlei. Demgegenüber handelt es sich doch bei der Friedenskonferenz in Paris ein Jahr später um eine Konferenz von Staatsmännern, bei denen zwar verschiedene Vorstellungen vorhanden waren, die aber ein sachliches und politisches Übergewicht über die Militärs besaßen. Hier stellt sich das Problem, das Gerhard Ritter angesprochen, jedoch nicht erschöpfend untersucht und beantwortet hat, die Präponderanz des Kriegshandwerks über die Staatskunst, – eine Präponderanz, die in den westlichen Demokratien niemals vorhanden war, weshalb die Ebenen, auf denen die Verträge von Brest-Litowsk und von Paris abgeschlossen wurden, so verschieden sind, daß das ebenso mühsame wie interessante Unterfangen, beide Verträge miteinander zu vergleichen, letzthin ergebnislos ist.

Die gesuchten Vorträge Hitlers liegen im Bayer. Kriegsarchiv. Sie enthalten seine Ausführungen über Brest-Litowsk und Versailles. Für ihn war Brest-Litwosk ein generöses Entgegenkommen, Versailles dagegen ein Trauma, in dem er freilich nur reflektiert hat, was die öffentliche Meinung Deutschlands darüber empfunden, gedacht und gesagt hat.

F e l l n e r : Herr Deuerlein versucht mit großem Geschick, seit heute Vormittag, die Verantwortung für die deutsche Politik auf die österreichischen Staatsmänner abzuschieben. Nun, ich glaube, daß mit wenigen anderen Akzenten sich die

Verantwortung wieder auf die deutsche Oberste Heeresleitung schieben läßt: Die österreichische Politik war genau so abhängig von den eigenen Militärs wie die deutsche. Und die österreichischen Militärs waren abhängig von den deutschen Militärs. Die deutsche Oberste Heeresleitung hat nicht nur direkt auf die eigenen Politiker gewirkt, sondern über die österreichische Heeresleitung auch auf die österreichischen Staatsmänner. In Brest-Litowsk sah sich das österreichische Verhandlungsteam gezwungen, wegen der Ernährungslage an dem Gewaltfrieden mitzuwirken, vor allem beim „Brotfrieden" für die Ukraine. Und es wäre für die österreichische politische Führung unmöglich gewesen, in irgendeiner Form mildernd einzutreten, weil das natürlich auf Kosten des österreichischen Anteils und nie auf Kosten des deutschen Anteils gegangen wäre.

Herr Deuerlein hat mit Recht darauf hingewiesen, daß in Versailles die Dominanz des Militärs nicht zum Tragen kam. Allerdings hat Foch selbst nie jene exzessive Militärhaltung eingenommen wie die deutsche Oberste Heeresleitung. Denken wir nur daran, daß eine der Ursachen, warum im Zuge der Kriegshandlungen Deutschland nicht besetzt wurde, daran liegt, daß Foch erklärt hatte, für Prestige will er keinen Tropfen französischen Blutes vergießen. Abgesehen davon, waren auch all die Pläne der militärischen Niederdrückung Deutschlands, die Foch ausgearbeitet hat, nie so exzessiv, wie sie dargestellt waren. Es handelt sich immer nur um militärische Stützpunktepläne, nicht um Abtrennungspläne. Damit ist er nicht durchgedrungen, denn in den westlichen Ländern, auch bei den Franzosen und nicht nur bei den Amerikanern, sind die Militärs immer unter der Kontrolle der Zivilgewalt gestanden und nicht umgekehrt.

S c h e i b e r t : Der Gedanke, Friedensverträge vergleichend zu behandeln, ist gewiß neu und bemerkenswert. Baumgart hat an einer Stelle kurz von der Losung des Selbstbestimmungsrechtes der Völker gesprochen, die für Brest-Litowsk wie für Versailles von großer Bedeutung gewesen ist. Bekanntlich hat die erste Phase der Brester Verhandlungen im Zeichen der ständigen Auseinandersetzung um die Auslegung des Selbstbestimmungsrechtes der Völker, mit dem mehr oder weniger bewußten Nebeneinanderherreden von Trockij bzw. Kühlmann gestanden. Nun ist seitens der bolschewistischen Regierung ja dieses Recht nicht etwa verstanden worden als ein Recht für jegliche Nation, unter allen nur möglichen Bedingungen über sich selbst zu bestimmen bis zum Rechte der Sezession; sondern die Prämisse dabei ist nicht zu übersehen, nämlich das Selbstbestimmungsrecht Nationen oder Völkerschaften nur dann zu gewähren, wenn dieses zu den Voraussetzungen der sozialistischen Selbstbestimmung bzw. Umgestaltung gehört. In dem neuen Buch in finnischer Sprache über „Finnland und die russische Revolution" von Tuomo Polvinin wird klar herausgestellt, daß Lenin im Januar 1918 nur aus dem Grunde Finnland die Selbstbestimmung gewährte, weil er glaubte, daß in diesem Augenblick dort die Roten an die Macht kommen würden. Auf der anderen Seite hat sich z. B. in Estland schon im Sommer 1917, also zwischen den beiden russischen Revolutionen, im relativen Machtvakuum ein estnischer Landtag gebildet, der aber in dem Augenblick, als Trockij in Brest seine ersten Reden zum Selbstbestimmungsrecht der Völker hielt, von der bewaffneten roten Macht auseinander getrieben wurde, wobei die estnischen bürgerlichen Politiker im Gefängnis verschwanden. Hierüber gibt es nicht viel Material, soweit ich sehe, nur ein selten gewordenes estnisches Buch von Laaman aus dem Jahre 1936. Ähnliches könnte man – die Ukraine hat ja Herr Baumgart schon genannt – auch für Weißrußland andeuten. Die Losung vom Selbstbestimmungsrecht hat bestimmte politische Implikationen, auch auf der roten Seite.

Zum zweiten möchte ich anmerken, daß ich nicht glaube, daß der Verhandlungsspielraum der deutschen Seite in Brest etwa so breit war, wie hier angedeutet. Mir scheint, daß man davon ausgehen muß, daß die deutsche Seite davon überzeugt war, daß, wie auch immer der Ausgang des Krieges sein würde, für eine längere Zeit die deutsche Industriemacht vom Weltmarkt würde ausgeschlossen bleiben. Daher spielte das Problem der Bewahrung der Wirtschaftsmacht im Osten hier eine große Rolle, und dabei ging es nicht nur um die Interessen von irgendwelchen Kapitalisten, sondern auch um die Erhaltung der Arbeitsplätze. Friedrich Naumanns Mitteleuropa-Ideologie hat einen konkreten ökonomischen Bezug gehabt. Eine eben erscheinende Hamburger Dissertation von Borowsky über die deutsche Ukrainepolitik im Jahre 1918 zeigt ganz deutlich, wie sehr sich ein großer Teil der deutschen Industrie wegen der Absatzmärkte für die ökonomische Integration der Ukraine eingesetzt hat.

Wie nun diese teilweise Bewegung des Weltmarktes für die deutsche Industriemacht sich im Gegeneinander oder Zusammenspiel mit dem sich revolutionierenden Rußland oder seinen zerfallenen Teilen einspielen würde, das war noch offen. – Im Brester Frieden ist von beiden Seiten auf Kriegsschäden und auf Entschädigung für private Verluste, vor allem deutsche, verzichtet worden. Dies Angebot hat auf sowjetischer Seite jedenfalls den Sinn gehabt, einen Präzedenzfall für entsprechende Verhandlungen mit dem Westen zu schaffen, eine Hoffnung, die sich fürs erste nicht realisieren ließ.

Diskussion im Anschluß an das Referat Prinz

H o e n s c h : Die Bedeutung, die dem Vorhandensein und der möglichen militärischen Einsatzbereitschaft der tschechischen Legionen in den Überlegungen der alliierten Regierungen, die tschechische Exil-Regierung anzuerkennen, beigemessen worden ist, hat Herr Prof. Prinz bei der Zusammenfassung der Ergebnisse seines Vortrags mit aller wünschenswerten Deutlichkeit unterstrichen. Hier hatte sich Masaryk vorausschauend durch seinen persönlichen Einsatz in Rußland und dank der Hilfe von Beneš und Štefánik in Frankreich und Italien ein Instrument zu schaffen verstanden, das er während seines Aufenthalts in Amerika zur Durchsetzung seiner Politik mit äußerstem Geschick einzusetzen wußte. Wäre damals, bei der latenten Bolschewikenfurcht in den Vereinigten Staaten und bei den ersten Überlegungen einer möglichen Intervention in Rußland, das militärische Potential der im Lande stehenden tschechischen Legion nicht überbewertet worden, so hätte es Masaryk wahrscheinlich weit schwieriger gehabt, sein Maximalprogramm durchzusetzen.

Bei der Beurteilung der politischen Relevanz der Masaryk rasch bekannt gewordenen Überlegungen Lansings zu den vier Fragen, die Herr Prof. Prinz zitiert hat, ist dem späteren Präsidenten sofort aufgefallen, daß im Punkt 2 weder die slowakische noch die ruthenische Problematik Aufnahme gefunden hatten. Masaryk sah sich unerwartet und wider Willen gezwungen, die nach den lockeren Kontakten mit den slowakischen und tschechischen Exilorganisationen am 30. Mai 1918 in Pittsburgh zustandegekommene Vereinbarung über den Anschluß der Slowakei an die böhmischen Länder in den Mittelpunkt seiner Amerika-Propaganda zu stellen und ihr durch seine erst am 4. November 1918 geleistete Unterschrift einen größeren politischen Stellenwert einzuräumen, als ihm später selber genehm war[7]. Weit wesentlicher wurde es für Masaryk jedoch, in der letzten Phase seines Amerika-Aufenthalts in der Ruthenien-Frage zu einer vergleichbar günstigen und propagandistisch auswertbaren Lösung zu kommen. In einem mit dem Führer der nach Amerika emigrierten Ruthenen, Dr. G. Žatkovič, am 25. Oktober 1918 in Scranton, Pa., geschlossenen Übereinkommen gestand Masaryk den Ruthenen weitgehende autonome Rechte in einer auf föderativer Grundlage organisierten Tschecho-Slowakischen Republik zu. Žatkovič gelang es unter Berufung auf diese Vereinbarung, am 8. Mai 1919 die drei zerstrittenen Fraktionen in der Heimat in einen Zentralen Ruthenischen Nationalrat unter dem Vorsitz des Priesters Avhustyn Vološyn in Užhorod zu organisieren und in einer am 15. Mai unterzeichneten Deklaration für den Anschluß Karpato-Rutheniens an die ČSR zu gewinnen. In Paris wußte Beneš vor der Friedenskonferenz von dieser Erklärung den besten Gebrauch zu machen: das „autonome ruthenische Gebiet südlich der Karpaten" wurde schließlich durch den Vertrag von St. Germain-en-Laye am 10. September 1919 der ČSR einverleibt und die ihm zustehende, aber erst im Sommer 1937 zögernd in Angriff genommene Autonomie in den Art. X–XIII verankert. Wie stark in beiden Fällen Masaryk die slowakischen und ruthenischen Vorstellungen manipuliert hat, ist in dem gestern verlesenen Vortrag von Herrn Prof. Gajan leider nicht klar genug zum Ausdruck gekommen.

Ich sehe eine gewisse Gefahr darin, die amerikanische Politik zu isoliert, d. h. aus ihren eigenen nationalen Voraussetzungen im Jahre 1918, interpretieren zu wollen. Denn gerade auch bei den Überlegungen über die Behandlung der slowakischen und der ruthenischen Frage haben die Meinungsverschiedenheiten, ja die vorhandenen offenen Reibereien zwischen den Regierungen in Washington, London und Paris, Masaryk mit seinem unbestreitbaren taktischen Geschick dazu gedient, die Kabinette gegeneinander auszuspielen und so sein Maximalprogramm zu realisieren. Victor S. Mamatey hat in seinem grundlegenden Werk The United States and Eastern Central Europe diese Tatbestände zwar erkannt, aber nicht mit der notwendigen Konsequenz weiterverfolgt. Auch für Dagmar Perman fand dieser Komplex in ihrem Buch The Shaping of the Czechoslovak State[8] nur eine im großen

---

[7] Masaryks Motive bei dem Vertragsabschluß untersuchte Victor S. Mamatey: The United States and Eastern Central Europe 1914–1918. A Study in Wilsonian Diplomacy and Propaganda. Princeton 1957, S. 282 ff.

[8] Perman, D[agmar]: The Shaping of the Czechoslovak State. Diplomatic History of

und ganzen unzureichende Würdigung. Es ist wohl dem amerikanischen Historiker polnischer Herkunft, Prof. Piotr S. Wandycz, zu verdanken, dem Autor des Standardwerks France and Her Eastern Allies[9], daß er in mehreren Aufsätzen im Journal of Central European Affairs und im Journal of Modern History auf diese Eifersüchteleien der einzelnen Kabinette und auf die Ausnutzung und Instrumentalisierung dieses Tauziehens der Großmächte um ihren späteren politischen Einfluß in Ostmitteleuropa durch Masaryk ein sehr starkes Gewicht gelegt hat. Von der modernen polnischen Forschung, so besonders von dem Krakauer Historiker Henryk Batowski, sind diese Überlegungen aufgegriffen und in überzeugender Form vertieft worden.

P r i n z : Ich bin Herrn Kollegen Hoensch sehr dankbar für die Ergänzungen zu meinem Vortrag. Mit Recht hat ja die sibirische Legion und die Frage, wie man sie im politischen Kräftespiel einsetzen konnte, zentrale Bedeutung. Frau Perman ist im ersten Kapitel ihres hier schon mehrfach zitierten Buches nicht sehr ausführlich, aber doch im allgemeinen recht gut informierend auf diese Frage, die nicht unmittelbar zu ihrem Thema gehörte, eingegangen. Inzwischen liegt ja die Dissertation von Fräulein Dr. Nittner zur tschechischen Legion in Rußland vor. Man sieht doch sehr deutlich – und darauf kommt es ja in diesem Zusammenhang an! –, wie sich das tschechische und slowakische Exil sehr rasch auf neue Möglichkeiten politisch einzustellen verstand, und daß diese Möglichkeiten wirklich zum Erfolg führten. Man muß das als diplomatische Leistung hoch einschätzen, nämlich die Fähigkeit Masaryks und Beneš, neue Entwicklungen in ihren Auswirkungen sofort zu rezipieren und in aktive Politik umzusetzen.

Sie haben natürlich völlig recht, Herr Kollege Hoensch, daß man die amerikanische Politik nicht isoliert sehen darf, sondern daß sie sozusagen – wenn man die Anerkennungstermine der Alliierten verfolgt – die „Endstation" der exilpolitischen tschechischen Erfolgsserie darstellt. (Übrigens eine ganz deutliche Parallele zu der Politik Beneš während des Zweiten Weltkrieges hinsichtlich des Transferproblems. Auch damals wurden Eifersüchteleien und Spannungen zwischen den Alliierten sehr gut für einen nationaltschechischen Zweck instrumentalisiert.)

Abschließend noch ein Wort zur thematischen Beschränkung meines Vortrags. Es war ja nicht die Politik der tschechischen Emigration in Amerika an sich zur Diskussion gestellt, sondern deren Rezeption in der amerikanischen Politik. Das war das Hauptthema. Sonst hätte ich selbstverständlich auf viele Fragen stärker eingehen müssen.

Zum Schluß noch eine ganz allgemeine Bemerkung. Ich glaube, aus einer ganzen Reihe von Referaten – ich denke z. B. an die von Herrn Hanák, von Herrn Baumgart und von Herrn Rumpler – geht doch eindeutig hervor, daß es sich bei dem Schicksal der Mittelmächte nicht um einen „Betriebsunfall" gehandelt hat, sondern

---

the Boundaries of Czechoslovakia 1914–1920. Leiden 1962 (Studien zur Geschichte Osteuropas 7).

[9] W a n d y c z , Piotr S.: France and Her Eastern Allies, 1919–1925. French-Czechoslovak-Polish Relations from the Paris Peace Conference to Locarno. Minneapolis (1962).

um einen Strukturfehler. Es geht daraus m. E. ganz deutlich hervor, daß die inneren Fehlkonstruktionen bei den Mittelmächten sich als wesentliches Element für das Scheitern ihrer äußeren Kriegspolitik wie auch ihrer allgemeinen Politik in dieser Krisensituation herausgestellt haben. Das möchte ich sozusagen schon als ein Tagungsfazit mit in Anspruch nehmen, daß diese Gesichtspunkte, die, wie ich glaube, noch nicht genügend rezipiert worden sind, in der laufenden und künftigen Forschung stärker mit hineinbezogen werden, auch von unserer Seite. Sie sind bisher mehr von ausländischen Forschern herausgestellt worden.

Diskussion im Anschluß an das Referat Rumpler

Deuerlein: Zu zwei Komplexen erscheinen mir Bemerkungen veranlaßt. Die Frage, ob es in dem so bewegten Bündnis zwischen dem Deutschen Reich und Österreich-Ungarn in der Schlußphase 1914–18 Alternativen gegeben hat, ist wichtig. Ihre Beantwortung sollte dialektisch erfolgen, damit keine österreichisch-ungarische und auch keine preußisch-deutsche, sondern eine mitteleuropäische Darstellung erreicht wird. Die Fragestellung ist auch deshalb von Bedeutung, weil die historische Aufarbeitung des Ersten Weltkrieges erst begonnen hat. Es wurde gefragt nach Alternativen; die Sixtusaffäre wurde unter dem Stichwort einer Alternative zu der Bündnispolitik und der Immobilität und Inflexibilität der Bündnispolitik angesehen und angesprochen. Es gab in der Tat Alternativen, Alternativen, die auch von der Reichsleitung ausgingen. Der spektakulärste Vorgang war der Vorschlag der Reichsleitung im Frühjahr 1915, durch die Abtretung eines Teiles von Südtirol wenigstens den Versuch zu machen, Italien aus dem Krieg herauszuhalten. Die Angelegenheit ist in der Literatur noch nicht befriedigend behandelt worden. Bei Reichskanzler von Bethmann Hollweg vertiefte sich im Winter 1914/15 die Überzeugung, daß der Krieg an der Marne militärisch entschieden war. Diese Auffassung ist belegbar vor allem durch die Berichte des bayerischen Gesandten in Berlin, Hugo Graf Lerchenfeld. Aus dieser Situation heraus kam es zu der ersten Alternative, nämlich zu dem Angebot an Kaiser Franz Josef, auf Südtirol oder auf einen Teil von Südtirol zu verzichten. Es sollte der Raum bis zur Sprachgrenze abgetreten werden, um damit zu versuchen, Italien aus dem Krieg herauszuhalten. Die Behandlung des Berliner und des Münchner Abgesandten, des Grafen Wedel, des späteren Botschafters, und des früheren bayerischen Ministerpräsidenten, Podewils, war in Wien skandalös. Die darüber vom Grafen von Podewils erstatteten Berichte zeigen eine erschreckende Uneinsichtigkeit nicht nur des Kaisers, der jede Diskussion ablehnte und eine Garantie für die Donaumonarchie verlangte, sondern auch seiner Minister, die den deutschen Vorschlag als unsittlichen Antrag ablehnten. Darüberhinaus gibt es eine Reihe von Vorgängen, die die fatalistische Immobilität der österreichischen Diplomatie 1914–1918 bezeugen. Im Winter 1916/17 kam es zu der berühmten Debatte über die Eröffnung des uneingeschränkten U-Bootkrieges. Bayern war der Meinung, daß die Nachteile des Beginns des uneingeschränkten U-Bootkrieges größer sein werden als die Vorteile, die sich die Marineleitung davon erwartete. Bayern versuchte, eine österreichisch-ungarisch-süddeutsche Front gegen die Eröffnung des uneingeschränkten U-Bootkrieges zustande zu bringen, erhielt aber von Wien trotz mehrerer Interventionen keine Antwort. Vergebens bemühte Bayern daraufhin den Kapuziner Cölestin, Beichtvater zahlreicher Erzherzoginnen und Erzherzöge. Auch Matthias Erzberger fuhr nach Wien, um den Kaiser und seine Regierung zum Handeln zu bewegen. Wien blieb untätig, und zwar, wie Erzberger Hertling berichtete, aus Angst und aus Hoffnung, – aus Angst vor Preußen, obwohl man ihm klarmachte, daß die Verbündeten Preußens, die Gliedstaaten des Deutschen Reiches, nicht immer identisch waren mit Preußen, und aus Hoffnung, es könne ja doch noch alles gut werden, und dann wolle man nicht um seinen Siegesanteil kommen.

Im Frühjahr 1917 war die Haltung des Kaisers außergewöhnlich schwankend. Kaiser Karl kann von keinem Historiker anders gesehen werden als ein völlig unentschlossener und in seinen Zielen völlig unbestimmter Monarch, der immer dem letzten Besucher Recht gab. Diese Situation erklärt, daß der Kaiser gegenüber gleichen Personen in gleichen Zeiträumen gegensätzliche Standpunkte einnahm. Als bayerischer Ministerpräsident reiste Graf Hertling in Sondermission Ende Mai 1917 nach Wien mit dem Auftrag, eine Klärung der deutsch-österreichisch-ungarischen Beziehungen zu erreichen. Die Mitteilungen, die Hertling, der das monarchische Prinzip bis zum Letzten verteidigte, über Kaiser Karl machte, sind niederschmetternd. Er bedauerte in einem Schlußsatz, den frommen Herrscher so hart beurteilen zu müssen, die Wahrheit gebiete es jedoch. Kaiser Karl sei nicht in der Lage, einem politischen Vortrag aufmerksam zu folgen und die Auswirkungen seines Inhalts zu übersehen. Kaiser Karl enttäuschte alle bayerischen und süddeutschen Politiker, die von ihm eine Mäßigung der alldeutschen Reichspolitik erwarteten. Eine zweite Enttäuschung erlebte Hertling, jetzt als Reichskanzler, mit Kaiser Karl im Mai 1918 im Großen Hauptquartier in Spa.

Das entscheidende Kriterium des ungleichen Bündnisses zwischen Berlin und Wien war die inferiore Unentschlossenheit der österreichischen Politik gegenüber dem mächtigen, vielleicht sogar *zu* mächtigen Bundesgenossen. Von diesem Kriterium aus sollte auch die Sixtusaffäre beurteilt werden. Kaiser Karl stieß die bayerischen Politiker, die ihn als Verbündeten gegen die Präponderanz der Obersten Heeresleitung zu gewinnen suchten, vor den Kopf.

Auch in Bayern war man über die Mitteleuropa-Pläne nicht erfreut, und zwar aus überzeugendem Grund: Die bayerischen Bauern fürchteten, daß sie dann ihre Lebensmittel nicht mehr so gut verkaufen könnten, wie sie sie vorher verkauft hatten. Deswegen bestand im gesamten süddeutschen Raum gegen die Mitteleuropa-Pläne, wie sie von Berlin her forciert wurden, eine große Aversion.

R u m p l e r : Ich erlaube mir, zu einigen, mir wichtig erscheinenden Diskussionsbeiträgen Stellung zu nehmen:

Professor Deuerlein hält die Zession des Trentino durch Österreich-Ungarn an Italien für ein taugliches Mittel, das die Mittelmächte vor der 1915 drohenden politischen und militärischen Isolierung bewahrt hätte. Er sieht in einem Zugeständnis Österreich-Ungarns in dieser Frage eine mögliche Alternative zur Kriegspolitik, einen Ausweg aus der zwangsläufigen Eskalation der von beiden kriegführenden Lagern gestellten Sicherungs- bzw. Wiedergutmachungsansprüche. Österreich-Ungarn hätte, wenn man die Sache so betrachtet, die Verantwortung auf sich geladen, daß diese Alternative nicht verwirklicht werden konnte. Ein solches Urteil geht von Voraussetzungen aus, die m. E. nicht gegeben waren. Eine Argumentation mit dem sogenannten „schlesischen Angebot" verbietet sich striktest, weil Österreich-Ungarn nicht um eines austauschbaren territorialen Besitzes willen das Zugeständnis an Italien verweigerte, sondern um der Aufrechterhaltung des Prinzips willen, für dessen Bewahrung die Monarchie den Entschluß zum Weltkrieg gefaßt hatte. Ich würde einen von Dr. Hanák in der Diskussion vorgetragenen Gedanken so weiterführen, daß die Weigerung Kaiser Franz Josephs und der offiziellen Wiener Politik nicht als eine reale Weigerung zu verstehen sei, sondern als Proklamation an die Nationalitäten, die Integrität der Monarchie zu wahren, solange der Krieg nicht verloren war. Übrigens war man in Wien zutiefst und nicht unbegründet davon überzeugt, daß das von Berlin empfohlene Opfer nicht beruhigend auf die äußeren und inneren Feinde wirken werde, sondern als erstes Zeichen der Schwäche nur Anlaß für weitere, dann aber wirklich den Bestand der Monarchie tangierende Forderungen, sein werde. Auf Grund unseres Wissens um die italienische Politik, die ziemlich konsequent zum Londoner Vertrag führte, fällt es schwer anzunehmen, daß Italiens Neutralität auf die Dauer durch ein an den italienischen Erwartungen gemessen geringfügiges Zugeständnis zu erhalten gewesen wäre. Daß ein solches Zugeständnis gar politisch und militärisch kriegsentscheidend gewesen wäre, diese Behauptung entsprang einem Zweckoptimismus, der sich aus derselben Mentalität herleitete, die auch die psychologische Basis für die Entstehung der Dolchstoßlegende abgegeben hat. Ich sehe keinen ausreichenden Grund, die Argumente dieses Zweckoptimismus in die heutige Diskussion zu übernehmen, wo sie doch offenkundig darauf berechnet waren, von dem Faktum abzulenken, daß Deutschland zu Zugeständnissen in wesentlich kriegsentscheidenderer Frage – Belgien, Polen, Elsaß-Lothringen – nie bereit gewesen ist.

Diskussion im Anschluß an das Referat Schmid

P r i n z : Zwei Dinge möchte ich zu dem Referat von Herrn Dr. Schmid bemerken: Ich habe noch einmal in meinem Text nachgesehen. Der Terminus „self-determination" taucht in einem ganz bestimmten Kontext auf, nämlich im Zusammenhang mit dem von mir erwähnten Putney-Report. Putney ist derjenige gewesen, der von den amerikanischen Tschechen, also etwa von Karel Pergler, dem Sekretär Masaryks, mit Informationsmaterial sehr früh und sehr intensiv versorgt, man kann auch sagen, mit tschechischen Vorstellungen sehr früh indoktriniert worden ist. Den vollen Text brauche ich nicht mehr vorzulesen. Ich möchte nur an Punkt 3 und 4 jener vier Suggestivfragen erinnern, die Robert Lansing nach Lektüre des Putney-Reports an Wilson geschrieben hat, Suggestivfragen, die die neue, protschechoslowakische Politik Amerikas gegenüber Österreich-Ungarn konzipiert haben, und ich möchte sagen, daß man damit schon einen kontinentaleuropäischen „Kanal" des Verständnisses von „self-determination" exakt feststellen kann. Es heißt dort – ich darf hier den entsprechenden Passus in Punkt 3 zitieren – „Should we or should we not openly proclaim that the various nationalities subject to the Emperor of Austria and the King of Hungary ought to have the privilege of self-determination as to their political affiliations?" Und Punkt 4 zusammenfassend: „In brief, should we or should we not favor the disintegration of the Austro-Hungarian Empire into its component parts and union of these parts, or certain of them, based upon self-determination?"

Wenn ich Ihre Terminologie richtig aufgefaßt habe, Herr Dr. Schmid, würde hier in etwa doch eine Annäherung an die dritte Bedeutung der apriorisch antizipierenden Bedeutung von Selbstbestimmung vorliegen und der „kontinentale Kanal" solcher Vorstellungen ist hier sehr deutlich via Masaryk, Pergler und Putney festzustellen. Es handelt sich sozusagen um einen „Rückimport" kontinentaler Vorstellungen über das amerikanische Beraterteam in die Vorstellungen der US-Diplomatie für die Friedenskonferenz.

K r ü g e r : Ich darf zunächst ein paar Worte zum Vortrag von Herrn Dr. Schmid sagen und damit anschließen an das, was Herr Prof. Prinz eben hervorhob. Die ganze Frage des Selbstbestimmungsrechtes, die ja bei den Friedensverhandlungen eine große Rolle spielte und dann praktisch auf der Tagesordnung blieb während der letzten 50 Jahre, ist an und für sich schon sehr kompliziert, so daß ich glaube, man kommt für Versailles mit einer von zwei Seiten herangehenden Fragestellung, einmal vom aktuellen Problem, zum anderen von der geistigen Durchdringung, in noch größere Schwierigkeiten. Sie erwähnten, daß Sie es vorziehen würden, zur Erörterung dieser Frage in der gedanklichen Durchdringung bis ins Mittelalter zurückzugreifen. Ich halte das für eine sehr wesentliche Aufgabe, und ich danke Ihnen, daß Sie sie herausstellten. Ich glaube aber, daß das viel zu belastend ist für eine Diskussion der zum Teil, wie Sie selbst sagten, recht vordergründigen Behandlung des Selbstbestimmungsproblems in Versailles und der manchmal recht vordergründigen Anwendung dieses Wortes in der jüngsten Vergangenheit. Da kommt man meistens sogar weiter, nachdem man für sich selber eine Klärung der Begriffe vorgenommen hat, wenn man den jeweiligen Zusammenhang beachtet und gerade bei den Kontrahenten der Friedensverhandlungen fragt, was sollte wohl im Augenblick damit erreicht werden. Es läßt sich dann meistens schon sagen, daß und inwieweit das Selbstbestimmungsrecht ein taktisches Mittel war. Für eine politische Philosophie läßt sich daraus gar nicht so viel sagen. Ihre Schlüsse hinsichtlich der Anwendung finde ich ausgezeichnet, besonders, daß Sie sagen, das Selbstbestimmungsrecht wurde von den Amerikanern nicht isoliert angewendet, und von daher die mixed principles in ihrer Bedeutung herausheben. Das ist die pragmatischere Art, wie die Amerikaner an die Sache herangehen, die man vielleicht auch mit dem Wort „commen sense" bezeichnen kann.

Etwas ist mir aufgefallen. Ein paar rein begriffliche Bedenken. Sie sprachen von national self-determination, und da leiteten Sie ab, das wäre gleich Selbstbestimmungsrecht des Staates oder der Staaten. Ich würde sagen, dieses Selbstbestimmungsrecht des Staates ist eigentlich das, was wir unter dem alten Souveränitätsbegriff verstehen. Das wäre also nicht das, was man hier, glaube ich, erwarten sollte.

Eine andere Sache ist, Sie hatten einmal gesagt, daß bei „national self-determination" „national" immer mit Staat übersetzt werden sollte. Ich möchte bloß daran erinnern, als kleiner Hinweis, „United Nations" heißt „Vereinte Nationen" und nicht „Vereinigte Staaten". Da ist eine kleine Schwierigkeit eingetreten bei Ihnen. Ich glaube, da müßte man noch mehr auf den unterschiedlichen Nationalbegriff, den westlichen und den deutschen, eingehen. Das ist jedenfalls etwas mit Vorsicht zu behandeln. Das englische „nation" ist weder „Nation" noch „Staat" im Deutschen.

Zustimmung der Regierten zum Schluß. Die Zustimmung der Regierten zu allen Dingen kann eigentlich keine Voraussetzung des Selbstbestimmungsrechtes sein. Ich würde in manchen Fällen eher sagen: umgekehrt. Das heißt also, hier kommt der Begriff des self-gouvernment hinein, und Sie haben zum Teil den Begriff self-determination oder Selbstbestimmungsrecht wie self-gouvernment aufgefaßt. Auch hier muß eine gewisse begriffliche Abgrenzung noch eindeutig getroffen werden.

Darf ich gleich einige Bemerkungen anschließen zu dem klaren und vor allem übersichtlichen und in den Bezügen beeindruckenden Vortrag von Herrn Dr. Hartmann. Ich möchte nur einen Punkt herausgreifen: Das Rheinland als Objekt der französischen Sicherheitspolitik. Es gibt dazu ein Gegenstück in der deutschen Friedensvorbereitung für Versailles. In einer Besprechung in der Geschäftsstelle für die Friedensverhandlungen kam vom Generalstab, aber auch von Geschäftsleuten, Großindustriellen usw., die Befürchtung, eine Regelung, die das Rheinland in irgendeiner Form entweder zu einem autonomen Gebilde macht oder zumindest eine langjährige dauernde Besetzung vorsieht, müsse wiederum das Sicherheitsinteresse Deutschlands gefährden, Deutschland wäre dann völlig hilf- und wehrlos den Franzosen ausgeliefert, sie könnten also jederzeit mit ihren Truppen über die Brückenköpfe, über den Rhein einfallen, vor allem die ganze linksrheinische Industrie wäre von vornherein verloren und das Ruhrgebiet könnte allein kaum arbeiten. Das waren zum Beispiel Dinge, die führende Industrielle, unter anderem waren Stinnes und Rathenau auch dabei, sehr beunruhigten. Rathenau wies übrigens noch auf ein anderes Problem hin, nämlich daß außerdem für das Deutsche Reich bei einer Besetzung der linksrheinischen Gebiete schwerwiegende finanzielle Einbußen durch das Zollproblem entstehen und eine einheitliche Handelspolitik sehr erschwert wird – das nur am Rande. Das entspricht sich ja ungefähr, und das macht eigentlich das ganze Dilemma der französischen wie der deutschen Politik deutlich: das Gefühl der gegenseitigen Bedrohung.

Nur noch ein Wort zur Frage der Hegemonie oder Nichthegemonie Frankreichs. Da stimme ich vollkommen mit Ihnen überein. Es war allerdings so, daß auf dem europäischen Kontinent eigentlich keine größere Militärmacht als Frankreich übrig blieb. Frankreich hätte, wie Sie sagten, vielleicht Deutschland allein eine Hegemonie aufzwingen können, aber nie, da Rußland dahinterstand. Niemals hätte es mit den ganzen Problemen, die in dem Raum zwischen, sagen wir mal, der Elbe, dem Ural und dem Schwarzen Meer anstanden, fertig werden können. Das zusammen ging über die Kraft einer Nation, jedenfalls der französischen damals. Ich weiß nicht, vielleicht stimmen Sie mir zu, wenn man da ein Schlagwort anführt. Der Stellung nach war ja Frankreich doch so halb und halb Hegemonialmacht, zumindest ging nichts ohne Frankreich, in Europa jedenfalls zunächst nicht. Man kann es fast mit einem Schlagwort als Hegemonial-Verweser bezeichnen.

Eine andere Frage und die Folgerung, die ich daraus ziehen wollte, womit ich auf den Vortrag von Herrn Prof. Fellner nochmals zurückkomme. Herr Prof. Fellner sprach davon, daß ja immerhin im Versailler Vertrag bei einer weisen und verständnisvollen Anwendung die Möglichkeit der Evolution gelegen habe. Gerade aus dem Vortrag von Herrn Dr. Hartmann glaube ich wird das große Dilemma der Franzosen deutlich. Sie konnten Europa nicht beherrschen und damit auch nicht großzügig in der Auslegung des Vertrages gegenüber Deutschland sein. Sie erlebten den schweren Rückschlag, daß die Amerikaner und Engländer nicht zu ihren Bündnisverträgen standen, und waren also gezwungen, den status quo mit allen Mitteln festzuhalten. Während die Amerikaner sich desinteressierten, die Engländer praktisch die Arme kreuzten und sagten, nun laßt die mal schön, waren die Franzosen zum status quo gezwungen, und in dieser Richtung war eine Evolution zunächst mal nicht möglich. Das ging tatsächlich nur über eine gewisse deutsch-französische Verständigung. Und da haben Sie dann sehr richtig auf den Dawes-Plan als ersten Schritt zu einer Wiederherstellung des deutschen Ansehens in Europa oder des Mitspracherechts zur Normalisierung hingewiesen. So ist das auch vom Auswärtigen Amt konzipiert worden, und setzt sich dann fort in den großen Auseinandersetzungen zwischen dem englischen Botschafter D'Abernon, Stresemann und dem Staatssekretär von Schubert über den Sicherheitspakt, der dann in Locarno abgeschlossen wurde. Auch auf anderen Gebieten wie der Völkerbunds-, Handels- und Schiedsgerichtspolitik zeigt sich das Bestreben, Deutschland ohne Konflikte wieder in den Kreis der Großmächte zu führen. Das war eine Art der Verständigungspolitik, die man vielleicht in dieser Form noch nicht so beachtet hat.

Zum Sicherheitsbedürfnis Deutschlands möchte ich nur einen Gedanken noch mal erörtern. Deutschland hatte die Erfahrung gemacht, ob dieser Eindruck nun berechtigt war oder nicht, wollen wir hier gar nicht erörtern, daß im Waffenstillstand bei den Verlängerungen ihm immer neue Bedingungen auferlegt und jede Bedingung zum Schlechteren ausgelegt wurde. Und das ist ein ganz wichtiger Punkt zum Verständnis der Aufnahme des Versailler Vertrages, der Bedingungen des Versailler Friedens in Deutschland, daß man nämlich, und das ist in den Akten zu belegen, die Gefahr spürte, unter Umständen können alle diese vielen, sehr detaillierten und sehr ineinander verzahnten Bestimmungen des Versailler Vertrages ganz negativ und ganz extrem ausgelegt werden und haben dann geradezu verheerende Folgen. Man berief sich da auf die Erfahrungen, die man mit dem Waffenstillstand gemacht hatte. Daß es nachher nicht so kam, ist eine andere Frage. Man hat überlegt, was kann zum Beispiel die Reparationskommission in Deutschland alles anfangen mit den Rechten, die man ihr zugesprochen hat oder die ihr aus Parallelbestimmungen zuflossen. Das nur noch zur Erwähnung.

Goldmann: In dem recht interessanten Referat von Herrn Dr. Schmid scheinen mir das Nationalitätenprinzip als Vorstufe des Rechtes auf Selbstbestimmung und die Vorstellungen der österreichischen Sozialdemokratie – insbesondere Karl Renners – unberücksichtigt geblieben zu sein. Am Beispiel der Sudetengebiete möchte ich zeigen, daß man sich dort schon Jahrzehnte vorher Gedanken über die Verwirklichung des Nationalitätenprinzips gemacht hat.

Der Referent hat sicher recht mit der Aussage, daß das Selbstbestimmungsrecht nicht gleich ein Anschlußbegehren bedeutete. Der Führer der sudetendeutschen Sozialdemokraten, Josef Seliger, hat zunächst einmal an eine Zusammenarbeit auf der Basis der Gleichberechtigung gedacht[10].

Erst als er einsehen mußte, daß diese Vorstellung von den Tschechen nicht akzeptiert wurde, haben die sudetendeutschen Sozialdemokraten das Selbstbestimmungsrecht im Sinne eines Anschlusses an Deutsch-Österreich und damit an das Deutsche Reich ausgelegt[11].

Herr Dr. Schmid ist den historischen Realitäten in seinem Vortrag nicht ganz gerecht geworden. Der Wille des größten Teiles der deutschen Bevölkerung, insbesondere der deutsch besiedelten Sudetengebiete, war, im Sinne dieses Selbstbestimmungsrechtes behandelt zu werden und es politisch zu vertreten. Außer einigen Gruppen in Prag, die aus verständlichen Gründen nicht für diese Auslegung des Selbstbestimmungsrechtes waren, stimmten Sozialdemokraten wie die nationalen, bürgerlichen Parteien (Lodgman v. Auen) in dieser Auffassung überein. Allein die Sozialdemokraten hatten schon die Hälfte der sudetendeutschen Bevölkerung hinter sich, was durch die ersten Wahlen bewiesen wurde.

Wer daher das Recht auf Selbstbestimmung als etwas „Spekulatives" bezeichnet, macht es sich zu leicht damit. Der Wille auf Selbstbestimmung, auf Vertretung dieses Rechtes, war eine historische Realität. Ich erinnere zu der Frage des Anschlusses an die Abstimmungen in den Alpenländern Salzburg und Tirol und die spätere Entwicklung von 1919 bis 1938.

Zur Ergänzung möchte ich noch etwas über die Auffassungen der maßgebenden tschechischen Politiker zum Selbstbestimmungsrecht sagen.

Masaryk vertrat die eigenartige Ansicht, daß die Tschechen, die in Böhmen und Mähren die Mehrheit der Bevölkerung bilden, deshalb auch zu bestimmen hätten, was in und mit diesem Gebiet geschieht. Das Selbstbestimmungsrecht sollte sich auf das historische Territorium von Böhmen und Mähren erstrecken. Damit wurde die Vorstellung des „historischen Staatsrechts" mit dem neuen Nationalitätenprinzip bzw. dem Prinzip der Selbstbestimmung verbunden.

Karel Kramář ist dagegen ganz vom staatsrechtlichen Selbstbestimmungsrecht ausgegangen. Nach seiner Auffassung hatte das tschechische Volk als Träger des tschechischen Staates das alleinige Verfügungsrecht und die alleinige Entscheidungsfreiheit über den politischen Weg dieses Staates[12].

Bei Eduard Beneš sind ähnliche Ansichten festzustellen, die ja in ihrer letzten Konsequenz die Herrschaft der Tschechen über die Deutschen und deren zwangsweise Einverleibung in den neuen Staat bedeuteten.

---

[10] Rabl, Kurt: Das Ringen um das sudetendeutsche Selbstbestimmungsrecht 1918/19. Materialien und Dokumente. München 1958, S. 60 f. (Veröffentlichungen des Collegium Carolinum 3). (Rede Josef Seligers am 4. März 1919 in Teplitz: „Es gab einen Augenblick, da das tschechische Volk uns mit großer Aussicht auf Erfolg die Hand zur Verständigung hätte reichen können...") – Vgl. auch: Rede Seligers vom 14. Oktober 1918 in Teplitz. In: Hofbauer/Strauß: Josef Seliger. Ein Lebensbild. Prag 1930, S. 134.

[11] Rabl 60 ff.

[12] Kramář, Karel: Anmerkungen zur böhmischen Politik. Wien 1906 (Dt. Übers.), S. 72, S. 74, S. 114 ff.

Beneš war jedoch die wahre Einstellung der Sudetendeutschen durchaus bekannt. Auf die Frage von Lloyd George während der Verhandlungen in Paris vom 5. Februar 1919 vor dem Obersten Rat „... whether the inhabitants of these districts, if offered the choice, would vote for exclusion from the Czecho-Slovak-State or for inclusion..." antwortete er wahrheitsgemäß: „... they would vote for exclusion"[13].

Der Wille der deutschen Bevölkerung war also bei den tschechischen Politikern bekannt. Sie waren aber auf Grund ihrer Interpretation des Selbstbestimmungsrechtes nicht bereit, die deutschen Entscheidungen zu respektieren.

B i r k e : Die uns so besonders interessierende Problematik der kleinen Völker hat man manchmal identifiziert mit dem englischen Eintreten für die kleinen Nationen Europas. In den Kriegserinnerungen von Lloyd George gibt es, genau wie bei Clemenceau, bewegende Sätze darüber, daß diese beiden westeuropäischen Mächte für die Befreiung der kleinen Nationen in den Krieg gezogen seien. Aber kleine Nationen, das waren nicht die ostmitteleuropäischen Völker, die bisher keinen Staat besaßen, sondern Belgien und Serbien. Und Lloyd George wie Clemenceau beschreiben, wie durch den Kriegsverlauf plötzlich eine Fülle kleiner neuer Gebilde aus dem Boden sproß mit einer ebensolchen Fülle von Problemen für sie selber.

Wir haben damit einen Beweis dafür, daß vieles von den Ergebnissen des Ersten Weltkrieges nicht gerechtfertigt wurde durch dessen Beginn und den Eintritt der Großmächte in diesen. Erst während seines Verlaufs hat sich das gewandelt. Es würde zu weit führen, hier noch zu überlegen, wieweit die russische Revolution dann auch darauf eingewirkt hat. Man kann es bei Lloyd George und bei Clemenceau lesen[14].

Schließlich noch einige Bemerkungen zu dem ansprechenden Referat von Herrn Hartmann mit seinem Hinweis auf die Vorteile, die Frankreich dadurch zufielen, daß es als Gastgeberland den Präsidenten des Kongresses stellen durfte. Das kam nicht nur der Stellung Clemenceaus zugute, sondern auch der wirksamen Vertretung der französischen Interessen in den wichtigen Kommissionen für die territorialen Fragen Ostmitteleuropas, deren Vorsitz der in deutschen Angelegenheiten sehr erfahrene und angesehene ehemalige Berliner Botschafter Jules Cambon übernahm[15].

---

[13] Miller, David Hunter: My Diary. At the Conference of Paris. Bd. XIV, S. 217.
[14] Lloyd George: The truth about the peace treaties, vol. II. London 1938, S. 752 f. oder Clemenceau, G.: Grandeurs et misères d'une victoire. London 1930. (Hier S. 159 f. in deutscher Übersetzung: „Ach, man muß den Mut haben, es zu sagen, daß wir in den Krieg nicht mit einem Programm von Befreiern eingetreten sind. Die Kapitulation Rußlands verwandelte das Problem ... Wir waren als Verbündete der russischen Unterdrücker Polens gestartet ... jetzt fand sich Polen plötzlich befreit ... und in ganz Europa erhoben die Nationalitäten das Haupt und unser nationaler Verteidigungskrieg sah sich durch den Zwang der Entwicklung in einen Befreiungskrieg umgewandelt."
[15] Unter der Leitung von Jules Cambon standen die am 5. 2. 1919 gebildete Kommission für tschechoslowakische Angelegenheiten und die am 12. 2. geschaffene Kommission für polnische Fragen. Eine vor allem für deutsch-polnische Grenzfragen gebildete Subkommission stand unter der Leitung des französischen Generals Le Rond. Dazu u. a. P e r m a n , D.: The Shaping of the Czechoslovak State. Diplomatic History of the Boundaries of Czechoslovakia, 1914-1920. Leiden 1962, S. 121 f.

Fundierte Kenntnisse von ostmitteleuropäischen Fragen besaß damals nur eine Handvoll von Franzosen. Das änderte sich zwischen den beiden Weltkriegen aufgrund der Bündnisbeziehungen, der Errichtung von französischen Militärmissionen, Kulturinstituten u. ä. in Warschau, Prag, Bukarest. Eine gewisse Reserve von sprachkundigen Ostmitteleuropa-Experten ist daher noch in Frankreich vorhanden, ohne – soweit ich sehe – sehr hervorzutreten.

Unter den Sachverständigen, welche den Präsidenten Wilson 1919 in Paris berieten, wären besonders noch der Amerikatscheche Josef Kerner und Professor Lord zu erwähnen, den ein Buch über die zweite polnische Teilung als Polenexperte legitimierte.

H a a s : Herr Professor Birke hat davon gesprochen, daß mehrere Kommissionsgremien der Pariser Friedenskonferenz durch französische Politiker beherrscht wurden. Seine Feststellung basiert – so möchte ich meinen – auf der durch die Forschung bereits überholten Meinung, die Organisation der Konferenz sei Sache der Franzosen allein gewesen. Mittlerweile ist aber erwiesen, daß die französischen Politiker durch die organisatorische Gliederung der Konferenz keinen größeren Einfluß auf die Entscheidungen hatten, als ihrer Bedeutung als Konferenzpartner zustand. André Tardieu war wohl der Vorsitzende des „Central Territorial Committee", dafür war der Brite E. S. Montagu Präsident der Finanzkommission, Robert Lansing Präsident der Kommission für „Responsibility of the Authors of the War". Wenn sich tatsächlich zu gewissen Zeiten der Verhandlungen bei speziellen Problemen ein Übergewicht einer Delegation ergab, so lag das in dem ganz besonderen Interesse begründet, das die betreffende Delegation zeigte und nicht in einem organisatorischen Übergewicht. Der Franzose Klotz war beispielsweise Vorsitzender der Reparationskommission, trotzdem hatten hier die Amerikaner bezüglich der österreichisch-ungarischen Friedensschlüsse ein echtes Übergewicht; in diesem Sinne kann etwa für die tschechoslowakische Grenzregelung von einem Übergewicht der Franzosen gesprochen werden. Mit Pauschalbeurteilungen wird man dem ungeheuer komplizierten Apparat der Konferenz auf keinen Fall gerecht. Schon eine bloße Übersicht über die kaum überschaubaren Quellenveröffentlichungen zur Konferenz läßt die Problematik derartiger Beurteilungen erkennen. Leider aber wurden diese Quellen in Deutschland und Österreich praktisch nicht rezipiert, obwohl sie, was die Kommissionsberichte anbelangt, bereits vor dem Kriege, was die großen Protokolle betrifft, während des Krieges veröffentlicht wurden[16].

Wie kompliziert die organisatorischen Fragen sind, möchte ich mit dem Beispiel der Beantwortung der österreichischen Friedensnoten illustrieren: Allein für diese Angelegenheit wurden 15 Kommissionen bemüht, wobei einige nur für sie errichtet wurden und es auch zu Kompetenzstreitigkeiten kam. Das äußere Erscheinungsbild der Vertragsinstrumente kann oft täuschen: Die Mantelnoten zum deutschen bzw.

---

[16] La Paix de Versailles. 13 Bde. Paris 1929–1939 (La Documentation Internationale). In Bd 1: La Composition et le Fonctionnement de la Conférende des Préliminaires de Paix, S. 198–315. – Papers Relating to the Foreign Relations of the United States. The Paris Peace Conference 1919. 13 Bde. – Washington 1942–1947. In Bd. 3, S. 1–153 gute Übersicht über die Organisation der Konferenz.

österreichischen Friedensinstrument tragen wohl die Unterschrift von Clemenceau, stammten aber in der vorliegenden Form von Sir Philipp Carr.

Noch zu Herrn Goldmann: Es ist bekannt, daß Beneš in der Sitzung des Zehnerrates vom 5. 2. 1919 erklärt hat, die Sudetendeutschen würden im Falle einer Volksabstimmung nicht für den Anschluß an die Tschechoslowakei stimmen. Doch hat dies keinerlei Aussagekraft mehr für die Haltung der sudetendeutschen Bevölkerung im November 1918. Es ist eine interessante Aufgabe, die Veränderung der politischen Bewußtseinslage der Sudetendeutschen nach ihrer „psychischen Niederlage" im Herbst 1918 zu untersuchen, eine Veränderung, die im Februar noch nicht auf dem extremen Höhepunkt angelangt war, den sie dank der Politik der Landesregierung unter Lodgman *und* der verfehlten tschechischen Politik einen Monat später erreichte.

Goldmann: Wenn ich Sie richtig verstanden habe, dann wollen Sie sagen, daß die Äußerung von Beneš, die Sudetendeutschen seien mit der Einverleibung in den tschechoslowakischen Staat nicht einverstanden, auf einer Täuschung beruhte.

Das ist nicht der Fall. Er war sich über die Stimmung in den deutschen Gebieten genau im klaren. Schon im November 1918, also während der Besetzung der deutschen Gebiete durch die als Ententeeinheiten gekennzeichneten tschechischen Truppen, hat er dauernd nach Prag z. T. an Kramář telegrafiert und geschrieben, man solle dabei möglichst ohne Lärm und Blutvergießen vorgehen, damit die Alliierten in Paris nicht auf die Sudetendeutschen und ihre Zielsetzung aufmerksam würden[17].

Beneš hat die politische Aktivität der Sudetendeutschen auf Wiener Unruhestifter zurückgeführt und sie als künstlich bezeichnet.

In der Unterredung vom 5. Februar vor dem Obersten Rat mußte er dann allerdings bekennen, daß es eben nicht so war, sondern daß die sudetendeutsche Bevölkerung ziemlich einhellig gegen die Einverleibung in den tschechoslowakischen Staat Stellung nahm.

Das Vorgehen von Beneš wird auch bei der Behandlung der großen Demonstrationen des 4. März deutlich. Die Prager Regierung verhängte eine scharfe Pressezensur, um möglichst wenig von diesen Ereignissen nach Paris gelangen zu lassen. Die amerikanische und die schweizerische Presse berichtete jedoch darüber, so daß sich Beneš genötigt sah, die ganze Angelegenheit in eine große Verschwörung der Sudetendeutschen, Deutschösterreichs und des Deutschen Reiches umzufunktionieren, um negativen Auswirkungen auf die tschechischen Forderungen vorzubeugen.

Es war also immer das Bestreben der tschechoslowakischen Regierung, die Verwirklichung des Rechts auf Selbstbestimmung der Deutschen zu verhindern.

Schmid: In bezug auf den Diskussionsbeitrag von Herrn Professor Prinz möchte ich zunächst dessen Äußerungen über den *„Putney-Report"* unterstreichen[18].

---

[17] Peters, Gustav: Die Tschechen. (Die gegnerischen Gebietsforderungen und ihre Vorgeschichte.) In: Grenzdeutschland seit Versailles. Hrsg. von Karl v. Loesch/Max H. Boehm, 1930, S. 75. – (Auch in Světová válka, Bd. III, Dokument Nr. 208, S. 494; tschech. Ausgabe.)

[18] Eigentlich ginge es in diesem Zusammenhang um mehrere Memoranden Albert H. Put-

Zum Verständnis der hier aufgerissenen Probleme ist es nicht unwesentlich zu wissen, daß in Memoranden wie in jenen Putneys häufig die Terminologie und damit auch die Vorstellungswelt der Emigranten aufscheinen. Im speziellen Fall Putneys wäre zudem geltend zu machen, was grundsätzlich auf nahezu alle Fachberater nicht nur der amerikanischen Beraterkommissionen zutrifft: Meist engagierten und exponierten sich die einzelnen Kommissionsmitglieder für jene nationalen Gruppen und Aspirationen, mit denen sie sich beschäftigten. Diese oft parteiische Grundhaltung scheint sich – psychologisch gesehen – durchaus auf dem Wege der Sprache, der Terminologie vollzogen zu haben. Durch die Ausdrucksweise floß somit auch manches einer anderen Vorstellungswelt ein.

Zur *Lodgman-Denkschrift*, die ich in meinem Vortrag englisch zitiert habe[19], ist anzumerken, daß der deutschsprachige Titel im Hinblick auf unsere Fragestellung sehr aufschlußreich ist. Die Flugschrift betitelt sich nämlich „Für die Selbstbestimmung Deutschböhmens"; es wird also nicht die Selbstbestimmung *der* Deutschböhmen sondern des *Territoriums* Deutschböhmen angesprochen. Hier, so scheint mir, liegt also ein recht deutlicher Bezug auf das *Land als solches,* nicht jedoch auf die eigentliche Bevölkerung, d. h. auf die politisch denkenden und handelnden Individuen vor. Man könnte also wieder von jenem kollektiv-apriorischen Element sprechen, das in meinem Vortrag eine der Hauptthesen dargestellt hat. Zudem wird ja, das möchte ich nochmals betonen, die demokratische Selbstregierung ausdrücklich und wörtlich zurückgewiesen als nicht annehmbare Alternative zur *nationalen* Verselbständigung[20]. Dem diesbezüglichen Einwand von Professor Prinz ist insoferne vollkommen zuzustimmen, als es sich bei Lodgman durchaus um die Kollektivrechte einer Minorität gehandelt hat. Dies aufzuzeigen hielt ich ja für eine der Hauptaufgaben meines Referates, da es sich hiebei um einen deutlichen Kontrast zur amerikanischen, auch zur englischen und französischen Vorstellungswelt handelt, in der wesentlich mehr die individuelle Komponente der *persönlichen* Selbst- und Mitbestimmung, also der freien Gestaltung des eigenen, individuellen politischen Schicksals zur Geltung kommt.

Zum Diskussionsbeitrag von Herrn Krüger wäre anzumerken, daß fraglos die politischen Zusammenhänge, in denen das Wort „Selbstbestimmungsrecht" gebraucht wird, ungemein aufschlußreich und der näheren Erforschung wert sind. Die Analyse des Kontext nicht nur in terminologischer, sondern gewissermaßen auch in ideologischer Hinsicht ist sicherlich der Hauptansatzpunkt einer „politisch" motivierten Kritik im Sinne Herrn Krügers. Wenn Herr Krüger dann im folgenden auf den Ausdruck *national self-determination* eingegangen ist, den ich im Deutschen

---

neys, der zur fraglichen Zeit Chef der Nahostabteilung des U. S. State Department war und ausgezeichnete Verbindungen mit slawischen Emigranten unterhielt. Von Interesse sind vor allem: „The Slavs of Austria-Hungary" und „Bohemia de iure an Independent Elective Monarchy". Vgl. hiezu u. a. M a m a t e y, Victor S.: The United States and East Central Europe 1914–1918. A Study in Wilsonian Diplomacy and Propaganda. Princeton/N. J. 1957, S. 91–93, 253 und 303.

[19] Vgl. oben meinen – in der schriftlichen Fassung geringfügig veränderten und erweiterten – Vortrag: S. 136 Anm. 31.

[20] Vgl. oben, ebd., S. 136.

vielleicht etwas irreführend durch *staatliche Selbstbestimmung* wiedergegeben habe, so war damit im wesentlichen jene *„innerstaatliche"* Selbstbestimmung gemeint, die sich innerhalb eines fest umgrenzten und klar definierten Staates bzw. innerhalb einer integrierten Gesellschaft vollzieht. Ich wollte damit nicht auf den außenpolitisch motivierten Souveränitätsanspruch eines Staates abzielen, wie es vielleicht auf Grund meiner Terminologie mißverstanden worden sein könnte.

Was den Diskussionsbeitrag von Herrn Goldmann anbelangt, wäre zu erwidern, daß ich – auf Grund der Kürze der mir zur Verfügung stehenden Zeit – nicht auch noch spezifisch auf die Rennerschen Vorstellungen des Nationalitätenprinzips eingehen konnte. Dies hätte zudem bedeutet, daß auch die Vorstellungen einer Reihe anderer Politiker zur Analyse herangezogen hätten werden müssen, um die Gewichte einigermaßen gleichmäßig zu verteilen. Außerdem glaube ich auch nicht, daß Renners Vorstellungen 1918/1919 in bemerkenswerter Weise entscheidend waren. In einem weiteren Punkt möchte ich Herrn Goldmann widersprechen: Er sagte, es entspräche nicht – wie ich dies in meinem Referat getan hätte – den historischen Realitäten, den tatsächlichen Anschlußwillen der deutschsprachigen Bevölkerung in Böhmen und Mähren zu leugnen. Das habe ich nun keineswegs behauptet. Im Gegenteil, ich habe darauf hingewiesen, daß wir durchaus Grund zur Annahme haben, daß in der Tat bei einer Majorität der Bevölkerung der Anschlußwille vorhanden war. Wesentlich erschien mir aber, daß es hier jedenfalls um dieses sozusagen antizipatorische Element geht, nicht jedoch um die Feststellung des eigentlichen individuellen Konsensus aller Betroffenen in Form eines Plebiszites. Damit will gesagt sein, daß eben *a priori* angenommen wurde, der Anschlußwille wäre vorhanden, man unterzog sich gar nicht der Mühe, ja es wurde kaum in Betracht gezogen, diesen politischen Willen zu belegen.

Weiters hat mir Herr Goldmann vorgeworfen, ich hätte es mir durch die Einführung des Terminus *„spekulativ"* wohl etwas zu leicht gemacht. Nun habe ich dieses Wort zunächst einmal keineswegs wertend gemeint, ich wollte damit nur klar zeigen, daß die apriorische Annahme des Anschlußwillens insoferne „spekulativ" war, als sie Empirisches eindeutig transzendierte und – vielleicht unbewußt – durch ein nur *möglicherweise* aber nicht *zwangsläufig* richtiges Gedankenexperiment ersetzte. Der Anschlußwille konnte also, und nichts weiter meinte ich mit „spekulativ", wohl theoretisch angenommen werden, der konkrete Beweis für die Richtigkeit dieser spekulativen Annahme wurde jedoch – etwa in Form von Plebisziten – nie erbracht, konnte vielleicht nicht erbracht werden, wurde fraglos auch nicht grundsätzlich und überall beabsichtigt.

Schließlich ist auch die Behauptung von Herrn Goldmann, der Anschlußwille der Sudetendeutschen sei in Paris auf der Konferenz nicht bekannt geworden, als unrichtig zurückzuweisen. Abgesehen davon, daß ja für den Anschlußwillen kaum konkrete Beweise in dem Sinn vorlagen, gab es durchaus Berichte, in denen die diesbezügliche Sachlage klar und eindeutig dargestellt wurde. Archibald Cary Coolidge, der Chef einer amerikanischen Mission in Wien, nahm hierauf öfters Bezug, wie u. a. sogar aus der kleinen Publikation amerikanischer Dokumente von Kurt Rabl hervorgeht[21]. Darüber hinaus steht uns auch die große amerikanische Aktenpublikation zur Verfügung[22], auf Grund derer sich der diesbezügliche Beweis unschwer führen läßt. Coolidge machte einige Male auf den Anschlußwillen aufmerksam, und wir wissen auch, daß Wilson und sein Beraterstab diese Berichte gekannt haben. Tatsächlich bezog sich ja Wilson auf seine Informationen, die es ihm häufig gestatteten, in den Diskussionen der Großen Vier profilierter zu argumentieren als die Premierminister der drei anderen Großmächte[23].

Die Anregung von Herrn Professor Birke bezüglich des Völkerbundes greife ich besonders gerne auf: Tatsächlich beruhte die Grundidee des Völkerbundes ja nicht auf nationalen Gruppen, Nationalitäten und dergleichen, sondern bedeutete den Versuch, ein „Zusammenleben" der individuellen Staaten der Welt zu ermöglichen – nach ähnlichen Prinzipien wie das Zusammenleben von Individuen auf Grund des Privatrechts. Es geht also primär um das Zwischenstaatliche, kaum jedoch um das Innerstaatliche. Letzteres ist geregelt durch die Minderheitenschutzverträge, so daß auch hier demokratische Rechtsprinzipien gewahrt bleiben. Eine Überlegung könnte hier übrigens noch angefügt werden, die des weiteren Durchdenkens und der näheren Forschung freilich bedürfte, jedoch als Anregung verstanden werden will: Es ist zweifellos sehr aufschlußreich, daß im Deutschen das Wort „*Völkerbund*" verwendet wird, das also den Terminus *Volk* in sich einschließt. Niemand wird bestreiten, daß dieser durchaus unklarer und problematischer ist als der ziemlich eindeutige und klar umgrenzte Begriff *Staat*. Im Französischen, Englischen, Italienischen und Spanischen hingegen wird ein anderer Begriff herangezogen, es ist die Rede von *Societé des Nations, League of Nations, Societá delle Nazione* und *Sociedad de las Naciones*. Ein lateinischer Wortstamm mit präzisem Wortinhalt kommt hier zum Tragen, während im Deutschen ein vagerer Begriff (Volk) Anwendung findet. Freilich: das Wort *Nation* hätte im Deutschen nicht angewendet werden können, hingegen vielleicht *Staat*, denn Nation im Englischen und in den anderen angeführten Staaten bedeutet ja im Grunde klar und eindeutig Staat.

Abschließend möchte ich mich noch an Herrn Dozenten Baumgart wenden, der sehr zu Recht das Zusammen- und Widerspiel der amerikanischen und russischen

---

[21] R a b l, Kurt: Der nationale Anspruch der Sudetendeutschen. Die Coolidge-Berichte und andere Urkunden der amerikanischen Delegation bei den Friedensverhandlungen von 1918/19. München 1957.

[22] Papers Relating to the Foreign Relations of the United States. The Paris Peace Conference 1919. 13 Bde. Washington, D. C. 1942–1947. Vgl. vor allem die entsprechenden Missionsberichte in Bd. 2 und 12.

[23] Beispielsweise wurde am 8. Mai 1919 im Außenministerrat die ungarisch-österreichische Grenze diskutiert und beschlossen, nichts zu unternehmen, soferne diese Frage nicht von einem der beiden betroffenen Staaten aufgerollt werden sollte. (Vgl. Foreign Relations, Peace Conference, Bd. 4, S. 670 ff.) Vier Tage später griff der Zehnerrat das Thema erneut auf, und Wilson wollte sich nicht mit einer Perpetuierung der 1867er Grenze zufrieden geben, da „... he was informed that the Austrians would raise the question, and that the Allied and Associated Powers would be called upon to decide it". (Ebd., Bd. 4, S. 501 ff., hier S. 504.) Damit im Zusammenhang die einschlägigen Berichte Coolidges, und zwar jene vom 29. Jänner 1919 (Ebd., Bd. 12, S. 387–388), 3. März 1919 (Ebd., S. 264 und 264–271) und vom 11. Mai 1919 (Ebd., S. 393–394).

propagandistischen und programmatischen politischen Äußerungen hervorgehoben hat. Neben den Arbeiten von Geyer und Kennan[24] sollte man vielleicht noch auf das Buch von Arno J. Mayer[25] aufmerksam machen, der ja im übrigen darin auch nachweist, in welchen Punkten und auf welche Weise sich Selbstbestimmung im amerikanischen und russischen Fall unterscheidet. Ich bin darauf im besonderen nicht eingegangen, da eine auch nur lapidare Untersuchung des russischen Falles zu weit geführt hätte und nicht meine Aufgabe sein konnte. Zudem ist allgemein bekannt, daß das nationale Selbstbestimmungsrecht bei Lenin nur eine Durchgangsphase bedeutete. Wilson scheint das nun – wenigstens anfangs – nicht klar gesehen zu haben, er versuchte bewußt, auf dieser Basis der Selbstbestimmung im weitesten Sinn sich mit den Bolschewisten auseinanderzusetzen. Das ganze Buch von Mayer beruht ja weitgehend darauf, daß etwa die Vierzehn Punkte wesentlich als amerikanische Antwort auf die bolschewistischen Programme verstanden werden.

Dozent Baumgart hat weiterhin auf das britische Empire aufmerksam gemacht und sich auf die berühmte Äußerung Lansings bezogen, das Selbstbestimmungsprinzip würde sich als Dynamit erweisen, und zwar namentlich eben für das Empire[26]. Lansing stellt allerdings meiner Meinung nach einen Sonderfall der amerikanischen Entwicklung dar, er kommt dem Europäischen schlechthin am nächsten, er verstand sich auch durchaus eher als Realpolitiker europäischer Schule denn als Politiker gewissermaßen Wilsonscher Schule. Gerade daraus resultierte ja der Konflikt zwischen diesen beiden US-Politikern. Lansing bietet das Bild einer eigenartigen Mischung amerikanischer Ideologie und dem, was man abkürzend tatsächlich europäische Machtpolitik nennen könnte. Was darüber hinaus konkret die von Dozent Baumgart angesprochene irische Frage anlangt, glaube ich nicht, daß sie bereits zur Zeit des Ersten Weltkriegs auf dem *nationalen* Selbstbestimmungsrecht in unserem Sinne beruht hat. Zunächst handelte es sich eben um *Home Rule,* und wir sollten dabei die Implikationen dieses Terminus nicht aus den Augen verlieren. Aus unserer Kenntnis der weiteren Entwicklung der irischen Nationalitätenfrage sind wir geneigt, gewisse heutige Konzepte und Probleme in die damalige Zeit hineinzuprojizieren. Erschwert wird dieser ganze Problemkomplex ja weiters dadurch, daß sich die englischen und deutschen Termini in den letzten fünf Jahrzehnten gegenseitig durchdrungen und stark einander angenähert haben.

Diskussion im Anschluß an das Referat Wessely

K r ü g e r : Herr Prof. Wessely hat am Anfang seines Referates auf eine interessante Erscheinung hingewiesen, nämlich die einseitige Meistbegünstigungsklausel

---

[24] G e y e r, Dietrich: Wilson und Lenin. Ideologie und Friedenssicherung in Osteuropa 1917 bis 1919. Jahrbücher für Geschichte Osteuropas 3 (1955) 430–441. – K e n n a n, George F.: Soviet-American Relations 1917–1920. 2 Bde. New York 1956–1958.

[25] M a y e r, Arno J.: Wilson vs. Lenin. Political Origins of the New Diplomacy, 1917–1918. Cleveland–New York 1963.

[26] „Das ganze Wort ‚Selbstbestimmung' ist mit Dynamit bis zum Rande geladen." Aus der deutschen Übersetzung der Lansing-Memoiren zitiert: L a n s i n g, Robert: Die Versailler Friedensverhandlungen. Persönliche Erinnerungen. Berlin 1921, S. 73.

in den Pariser Friedensverträgen, und ich glaube, ich habe das recht verstanden, er hatte gesagt, daß diese einseitige Auflage nicht so bedeutend gewesen sei. Weitaus bedeutender sei die Frage des deutschen Eigentums im Ausland gewesen. Ich möchte hier nur auf einen Zusammenhang hinweisen, daß vor allem in der Mitte der 20er Jahre mit den Amerikanern Verhandlungen geführt wurden für eine Rückgabe des deutschen Eigentums in Amerika, was für Deutschland von ungeheurem wirtschaftlichem Interesse gewesen wäre, denn es handelte sich um Summen von rund 1,6 Milliarden Mark. Die Verhandlungen sind 1928 zum Abschluß gekommen. Das nur zur Bedeutung der Eigentumsfrage. Ich möchte aber trotzdem sagen, daß die einseitige Meistbegünstigung bedeutender war, und zwar aus einem Grunde: man hatte sich in der Vorbereitung der Friedensverhandlungen auch über diesen Punkt sehr eingehende Gedanken gemacht und hat gesagt, Deutschland muß unbedingt darauf bestehen, daß es die Freiheit des Handels wieder gewinnt, und vor allem, es muß eine Art Welthandelsvertrag durchgesetzt werden, ein Wirtschaftsvölkerbund sozusagen, der auf der Meistbegünstigung sowie freiem Zugang zu Rohstoffen und Märkten beruht. Diese Richtung war nicht unangefochten, sie wurde es erst nach Versailles, als Folge der einseitigen Meistbegünstigung. Diese politische Wirkung ist sehr wichtig. Es haben dann sofort nach der Bekanntgabe und der Unterzeichnung des Friedensvertrages Überlegungen eingesetzt, wie man den negativen Auswirkungen der einseitigen Meistbegünstigung entgehen kann, und das ganze deutsche Denken ist dann tatsächlich, was die Handelsvertragspolitik anging, von diesem Punkt ausgegangen. Man hat sich sofort schon damals überlegt, wie bereiten wir alles vor, daß mit dem Zeitpunkt, also Anfang 1925, wenn die einseitige Meistbegünstigung für uns aufhört, gleich ein umfassendes Konzept da ist. Und man hat ganz bewußt ein Instrumentarium geschaffen, zuletzt in der Zolltarifnovelle vom August 1925, als tatsächlich eine Art Kampfmittel für die Handelsvertragsverhandlungen geschaffen wurde. Die Erschwerung des deutschen Handels im Versailler Vertrag war weiterhin wegen der Reparationsfrage ein sehr ernstes Problem. Es geht daraus – soweit möchte ich das interpretieren, ich kann im Augenblick hierfür keine Belege bringen – eine ganz bestimmte Richtung, besonders im Auswärtigen Amt und im Reichswirtschaftsministerium, hervor. Die Handelsvertragsverhandlungen wurden ganz gezielt auf die Meistbegünstigung ausgerichtet, auf die Wiedergewinnung der Märkte Deutschlands in der Welt, die natürlich auch zu Fiktionen führte, aber in der ganzen Periode von 1925 bis 1930/31 von ganz entscheidender Bedeutung war. Ich möchte das nicht weiter ausführen, das führt zu weit.

Das war das eine, eine weitere Frage ist dann das schwierige Gebiet der Inflation.
Man war sich in Deutschland ja schon während des Weltkrieges, ich möchte das als ein Schlaglicht werfen, tatsächlich darüber im klaren, daß die Inflation nicht erst 1921/22 begonnen hat, sondern 1914. Das ist eine spätere These, die dann durchaus beweiskräftig durchgeführt wurde und einleuchtend und heute praktisch jedem geläufig ist. Was vielleicht nicht so bekannt ist, ist, daß in Deutschland schon während des Ersten Weltkrieges die Inflation gesehen, aber zum Teil geleugnet wurde. Es war z. B. – das berichtet Wiedenfeld in seinen Memoiren[27] – verboten, in der Presse

---

[27] Wiedenfeld, Kurt: Zwischen Wirtschaft und Staat. Berlin 1960.

oder in Verlautbarungen während des Krieges von Inflation, von Geldentwertung zu sprechen. Es gab da eine sehr interessante Episode. Er war bei Otto Hötzsch, dem Historiker, auf einer Abendgesellschaft, einem Herrenabend, mit dem Vizepräsidenten der Reichsbank zusammengetroffen und ist mit ihm in einen erregten Meinungsaustausch geraten. Dieser Mann hat tatsächlich geleugnet, daß eine Geldentwertung infolge des Krieges stattfand und hat das auf ganz andere Probleme, ich will das nicht im einzelnen schildern, abgewälzt. Nun, es ist fast zu Handgreiflichkeiten gekommen. Aber Wiedenfeld stellt ganz erschüttert fest, der Mann glaubte sogar, was er sagte. Er hat das nicht als eine politische Sache hingestellt, sondern er glaubte das. Es waren also bestimmte personelle Schwierigkeiten im Reichsbankdirektorium durchaus auch mitverantwortlich und nicht nur der Wille, durch Inflation Schulden abzuwälzen. Es kommt hinzu, daß damals tatsächlich die ganze monetäre Theorie und die wirtschaftswissenschaftliche Theorie hinter den Problemen, die angesprochen waren, nachhinkte und erst der Gesamtzusammenhang, Weltkrieg – Zwischenkriegszeit der 20er Jahre – Weltwirtschaftskrise, eine ungeheure Anregung für die theoretische Forschung der Volkswirtschaft geworden ist.

H a a s : Ich möchte die These von Herrn Prof. Wessely zurückweisen, wonach zwischen dem deutschen und dem österreichischen Friedensvertrag kein prinzipieller Unterschied bestand. Nun, es stimmt, daß in die Erstfassung des österreichischen Vertrages, die auf der Konferenz diskutiert wurde, viele Klauseln des deutschen Vertrages direkt übernommen wurden. Dies trifft besonders auf die sogenannten „politischen Klauseln" zu, zum Teil auch für die wirtschaftlichen. Während die rechtlichen Bestimmungen aufgrund des Einspruches des Obersten Rates grundsätzlich verändert wurden und so der Tatsache Rechnung getragen wurde, daß Österreich-Ungarn als Rechtssubjekt nicht mehr bestand, wurden viele wirtschaftlichen Belange wegen der personellen Veränderungen (nach Wilsons Abreise aus Paris) nicht mehr umgeformt. Ganz anders die finanziellen und Reparationsbestimmungen: Sie wurden auf direkten Einspruch des Obersten Rates hin ausdrücklich nach dem Prinzip der Diskontinuität zwischen Alt- und Neuösterreich und dem „principe de la solidarité" aller Feindstaaten, worunter man in diesem Falle alle Nachfolgestaaten verstand, geregelt[28]. Die tschechoslowakische Delegation hat sich – in wohlweislicher Abschätzung der Lage – auch nicht ein einziges Mal abgeneigt gezeigt, diesem Grundsatz zuzustimmen und Zahlungen zu leisten. Dies geschah unter dem Titel eines Beitrages für die Befreiung (Cost of Liberation, Frais de Guerre). In dem am 10. September durch die Vertreter der Nachfolgestaaten unterzeichneten „Agreement" stimmten diese der Zahlungsverpflichtung bei. Die Tschechoslowaken verpflichteten sich darin, einen Betrag von 750 Millionen Goldfrancs zu erlegen[29]. Es

---

[28] Siehe Sitzung des Rates der Vier vom 22. Mai 1919. Mantoux, Paul: Les délibérations du Conseil des Quatre (24 mars – 28 juin). Notes de l' Officier Interprête Paul Mantoux. Bd. 2. Paris 1955, S. 171–179. – Vgl. dazu meine Dissertation: Haas, Hanns: Österreich-Ungarn als Friedensproblem. Aspekte der Friedensregelung auf dem Gebiete der Habsburgermonarchie in den Jahren 1918–1919. Bd. 1, Kapitel 2. Phil. Diss. Salzburg 1968.
[29] Foreign Relations, Paris Peace Conference 1919, Bd. 13, S. 822–831, hier S. 823.

stimmt, daß die Tschechoslowaken nur einen verhältnismäßig geringen Prozentsatz dieser Summe tatsächlich erlegten, wie dies Beneš in seinem großen Rechenschaftsbericht vom 30. Jänner 1930 im Prager Abgeordnetenhaus zugab[30]. Österreich aber, das von Anfang an mit ungeheuren finanziellen Schwierigkeiten zu kämpfen hatte, zahlte einen noch geringeren Betrag als die Tschechoslowakei. Im übrigen bestand ja die erste Aktion der Reparationskommission nicht darin, den Österreichern Geld zu nehmen, sondern darin, ihnen einen Kredit zu gewähren. In diesem Zusammenhang muß man daran erinnern, daß es gerade die Tschechoslowakei war, die sich nach dem Kriege mit direkten finanziellen Leistungen für den Stabilisierungsprozeß Österreichs einsetzte, dies durchaus im Sinne einer Zusammenarbeit zur Erhaltung der parlamentarisch-demokratischen Regierungsform und der kleinbürgerlichen Gesellschaftsstruktur der beiden Länder.

Noch zu einem Detail: Die Sicherstellung durch die Gesamtheit der österreichischen Staatsgüter, die von der Pariser Friedenskonferenz verlangt wurde, betraf nicht die Reparationen, sondern die Lebensmittelsendungen, die Österreich seit der Jahreswende 1918/1919 zukamen[31].

S c h ü t z : Zunächst eine Vorbemerkung, dann ein Hinweis auf Herrn Professor Wessely, einige Gedanken zu den gestrigen Ausführungen von Herrn Schmid und schließlich eine Schlußbemerkung.

Im Vorjahr habe ich es schon angesprochen bei meinem damaligen Diskussionsbeitrag. Der Historiker sagt aus, was war, so weit er es in den Quellen findet. Interessiert hört der Politiker diese Aussagen. Dabei erfährt er, wie seine Vorfahren – die Politiker von damals – sich falsch oder richtig verhalten haben. Aber was dieser Politiker hier und heute in der konkreten Situation entscheiden muß, das kann ihm der Historiker leider nicht sagen. Jeder Politiker wird für die Bemühungen der Historiker aufrichtig dankbar sein. Er wird sich aber selber bewußt bleiben müssen, daß er und die, die nach ihm kommen, gegen politische Fehlentscheidungen nicht gefeit bleiben. Trotz aller guten Vorsätze wird der politische Irrtum aus der Geschichte nicht zu verbannen sein.

Zu Herrn Professor Wessely: Ihre Ausführungen, Herr Professor, waren mir eine Genugtuung. Im Vorjahr, bei der wissenschaftlichen Tagung in diesem Raum, gestattete ich mir im Anschluß an die Ausführungen, die damals Herr Professor Neumann, Köln, vortrug, drei konkrete Beispiele anzuführen, welche die Thesen des Herrn Professor Neumann stützen sollten. Durch die Ausführungen von Herrn Professor Wessely wird das, was ich im vergangenen Jahr ad hoc an Zahlen und Fakten nannte, fast präzis gedeckt: Ich meine die Diskrepanz im Wirtschaftspotential der einzelnen Nachfolgestaaten als eine der wesentlichen Quellen der Wirtschaftskrise in der ersten Tschecho-Slowakei.

---

[30] B e n e š , Edvard: Die Wahrheit über Haag, Reparationsfragen, Liquidation des Weltkrieges. Exposé des Außenministers im Abgeordnetenhause am 30. Jänner 1930. Prag 1930 (Quellen und Dokumente zur Zeitgeschichte 5).
[31] Siehe dazu die betreffenden Dokumente in: Bericht über die Tätigkeit der deutsch-österreichischen Friedensdelegation in St. Germain-en-Laye. Bd 1, Dokumente Nr. 13, 25, 34, 35 und 43 (Konstituierende Nationalversammlung. Beilagen 379).

Und nun zu Herrn Schmid: Seine Ausführungen haben uns sicher alle beeindruckt. Gerade diese Ausführungen waren für mich ein Anschauungsunterricht für das, was ich in meiner Vorbemerkung angesprochen habe. Damals mußten die Staatsmänner und Politiker aus den sich oft widersprechenden Theorien auch über die Selbstbestimmung zu konkreten Entscheidungen kommen. Ich glaube nicht, daß jene Politiker, die zu entscheiden hatten, auch die Möglichkeit hatten, die umfangreiche theoretische Literatur über das Selbstbestimmungsrecht zu studieren. Sie waren alle auf die Tageszeitungen, bestenfalls auf Zeitschriften, welche den Gegenstand erläuterten und kommentierten, angewiesen. In Amerika verspricht Wilson mit seinen 14 Punkten den Völkern, vor allem Ostmitteleuropas, ihr nationales Selbstbestimmungsrecht. In Rußland verkündet Lenin kurze Zeit später die Weltrevolution als Verbindung der sozialen Befreiung der Arbeiter im Westen (Europa und Amerika) und der nationalen Befreiung der kolonialen Völker in Asien und Afrika. Was daraus durch die Pariser Vorortsverträge geworden ist, haben wir als Zeitgenossen erlebt. Wir haben es aber auch erlebt, daß in einer unverhältnismäßig kurzen Zeit die ganze Konstruktion der Pariser Vorortsverträge zusammengebrochen ist. Hier gilt das Bibelwort, daß die letzten Dinge weitaus ärger waren als die ersten, und daß es sich nicht lohnt, mit künstlichen Konstruktionen politische Realitäten verdecken zu wollen. Die Konstruktionen, das sind Verträge, Papiere, Beschlüsse, das ist Menschenwerk. Die Realitäten, das sind die Völker und Volksgruppen, die Grenzen, die ökonomischen und soziologischen Spannungen. Auch was heute in diesem Raum als sogenannte Realität – in Wirklichkeit sind es wieder Konstruktionen – uns begegnet, ist nicht das letzte Wort der Weltgeschichte.

Schließlich eine Schlußbemerkung, die scheinbar nicht zum Thema gehört, die ich aber trotzdem nicht unterdrücken möchte: Zwei Tage lang haben wir aufmerksam zugehört. Das Ober-Thema könnte man etwa wie folgt ausdrücken: „Wie sind die Völker in dem mitteleuropäischen Raum damals mit den Kriegsfolgen fertig geworden, wie mit den Friedensverträgen zu Rande gekommen?" Da ist mir ein Gedanke gekommen, den ich nicht unterdrücken möchte. Es besteht wohl keine Meinungsverschiedenheit darüber, daß der Zusammenbruch nach dem Zweiten Weltkrieg unvorstellbar größer, das Durcheinander entsetzlicher, die Talsohle tiefer war. Aber Hand auf's Herz: Trotz der unvergleichlichen Zerstörung, der Vertreibung der vielen Millionen, trotz allem (von menschlichen Einzelschicksalen einmal abgesehen), trotz auch der mangelnden Selbstbestimmung gerade der Nationen, denen diese nach dem Ersten Weltkrieg zugedacht war, trotzdem sind wir nach dem Zweiten Weltkrieg mit all den entsetzlichen Schwierigkeiten zeitlich rascher und besser fertig geworden als nach dem Ersten Weltkrieg. Es wird sicher einmal ein interessantes Thema für eine kommende Generation sein, zu überlegen, wie man ohne Friedensverträge, immer nur mit Provisorien, nach diesem Krieg mit den Kriegsfolgen für meine Begriffe unvergleichlich rascher und schmerzloser fertig geworden ist als nach dem Ersten Weltkrieg.

Aktuelle Forschungsprobleme um die Erste Tschechoslowakische Republik

Herausgegeben von Karl Bosl
1969. 209 Seiten Gr. -8°, Leinen DM 28,–

Aus dem Inhalt: Bosl, Böhmen als Paradefeld ständischer Repräsentationen vom 14. bis zum 17. Jahrhundert – Šolle, Kontinuität und Wandel in der sozialen Entwicklung der böhmischen Länder 1872 bis 1930 – Rumpler, Der Zerfall der Habsburgermonarchie – ein Versäumnis? – Pichlík, Zur Kritik der Legenden um das Jahr 1918 – Slapnicka, Recht und Verfassung der Tschechoslowakei von 1918 bis 1938 – Lemberg, Die tschechischen Konservativen 1918 bis 1938 – Burian, Chancen und Grenzen des sudetendeutschen Aktivismus – Černý, Dr. Eduard Beneš und die deutsche Frage während des 2. Weltkrieges – Prinz, Das Schulwesen der böhmischen Länder von 1848 bis 1939 – Newman, Krisen in der tschechoslowakischen Demokratie – Seibt, Die Erste Tschechoslowakei im Bild der Forschung – Schütz, Gedanken eines Aktivisten zur Frage der Chancen und Grenzen des Aktivismus – Schütz, Diskussionsbemerkungen zum Referat von Karl Newman.

Die Gründung der Ersten Tschechoslowakischen Republik ist ein besonderes Ereignis, weil sie nicht nur Teil der Auflösung der Habsburger Donaumonarchie, sondern auch eine Wegmarke der Entwicklung des modernen Europa ist. Die Erste Tschechoslowakische Republik ist durch Hitler zerschlagen worden. Sie ist nach dem unglücklichen Ende des Zweiten Weltkrieges und der Vertreibung der Bürger deutscher Sprache zwar wieder errichtet worden, hat aber unter völlig veränderten Verhältnissen als Glied eines osteuropäischen Staaten- und Machtblockes mit einer neuen Verfassung zugleich eine neue Gestalt angenommen. Die in diesem Buch zusammengefaßten Vorträge und Referate versuchen von verschiedensten Aspekten aus strukturanalytisch das politische und geschichtliche Phänomen der Ersten Tschechoslowakischen Republik zum 50. Jahrestag ihres Bestehens aus ihren Voraussetzungen, unmittelbaren Anlässen, Folgeerscheinungen und Wirkungen zu deuten. Verfasser und Herausgeber hoffen damit einen Beitrag zu einer aktuellen Diskussion europäischer Fragen geleistet zu haben, deren Folgen uns alle noch berühren und auch in Zukunft berühren werden.

R. Oldenbourg Verlag – München und Wien

Detlef Brandes

Die Tschechen unter deutscher Herrschaft

Teil 1:

Besatzungspolitik, Kollaboration und Widerstand im Protektorat Böhmen und Mähren bis Heydrichs Tod (1939–1942)

Herausgegeben vom Vorstand des Collegium Carolinum, Forschungsstelle für die böhmischen Länder. 1969. 372 Seiten, Gr. -8°, Leinen DM 45.–

Aus dem Inhalt: Von der deutschen Besetzung am 15. 3. 1939 bis zu den Demonstrationen am 28. 10. und 15. 11. 1939 – Von der Schließung der tschechischen Hochschulen am 17. 11. 1939 bis zur Ernennung Heydrichs zum stellvertretenden Reichsprotektor am 27. 9. 1941 – Vom Amtsantritt Heydrichs bis zu seiner Ermordung am 27. 5. 1942 und der anschließenden Terrorwelle.

Im Mittelpunkt der Arbeit steht das Verhalten der tschechischen Bevölkerung in den Jahren 1939–1943. Dadurch unterscheidet sich die vorliegende Arbeit von der Mehrheit der Darstellungen der deutschen Politik oder des Widerstandes in den besetzten Gebieten. Grund für diese Themenstellung war die Erkenntnis, daß zumindest im Protektorat der Übergang vom Widerstand zur Kollaboration stets fließend war, und daß die Mehrheit der Bevölkerung weder von der Widerstandsbewegung noch den kollaborationsbereiten Gruppen erfaßt wurde. Der Verfasser hat sich bemüht, immer dann, wenn er in der bisherigen Literatur allgemeine Behauptungen über die angeblich humane Protektoratspolitik, die Bedeutungslosigkeit des tschechischen Widerstandes, die deutsche, besonders Heydrichs, Sozialpolitik, die angebliche kommunistische Kollaboration mit den Protektoratsbehörden usw. vorfand, diese an Hand der Akten zu überprüfen, um sowohl den Miterlebenden von damals, als auch den nur mittelbar Betroffenen von heute bei der Beurteilung der Vergangenheit zu helfen.
Die Darstellung baut auf dem Studium umfangreicher Aktenbestände aus deutschen und besonders tschechischen Archiven und der gesamten, vor allem tschechisch-sprachigen Literatur auf. Dem Leser von heute werden verblüffende Parallelen, aber auch grundsätzliche Unterschiede zu den gegenwärtigen Vorgängen in der Tschechoslowakei auffallen.

R. Oldenbourg Verlag · München und Wien